DANIELLE TOWN
PHIL TOWN

GUT INVESTIERT

Wie **WARREN BUFFETT** und **CHARLIE MUNGER** *(und Paps*)* mich lehrten, meine Gedanken, meine Emotionen und mein Geld unter Kontrolle zu bekommen

Börsenbuchverlag

Die Originalausgabe erschien unter dem Titel
Invested: A 12-Month Plan to Financial Freedom. How Warren Buffett and Charlie Munger Taught Me to Master My Mind, My Emotions, and My Money (with a Little Help from My Dad)
ISBN 978-0-06-267265-0

5. Auflage 2023

Übersetzung: Egbert Neumüller
Gestaltung Cover: Daniela Freitag
Gestaltung und Satz: Sabrina Slopek
Bildquelle: Shutterstock
Lektorat: Claus Rosenkranz
Druck: GGP Media GmbH, Pößneck

ISBN 978-3-86470-604-2

Bibliografische Information der Deutschen Nationalbibliothek:
Die Deutsche Nationalbibliothek verzeichnet diese Publikation in der Deutschen Nationalbibliografie; detaillierte bibliografische Daten sind im Internet über <http://dnb.d-nb.de> abrufbar.

BÖRSEN MEDIEN
AKTIENGESELLSCHAFT

Postfach 1449 • 95305 Kulmbach
Tel: +49 9221 9051-0 • Fax: +49 9221 9051-4444
E-Mail: buecher@boersenmedien.de
www.boersenbuchverlag.de
www.facebook.com/plassenbuchverlage
www.instagram.com/plassen_buchverlage

FÜR UNSERE FAMILIE

INHALT

INHALT

VORWORT

Wenn Sie der perfekte Elternteil waren, können Sie gerne den ersten Stein werfen. Andernfalls haben Sie bitte ein wenig Mitgefühl, wenn ich Ihnen beichte, dass dieses Buch entstanden ist, weil ich meiner eigenen Tochter nicht beigebracht habe, wie man das macht, was ich beruflich mache. Kennen Sie die alten Geschichten vom Schustersohn, der keine Schuhe hatte, oder vom Bauernjungen, der keine Milch hatte? In diesem Buch geht es zum Teil um das Kind des Investors, das keine Investments hatte.

Aber glauben Sie mir, das ist nicht meine Schuld. Ich habe versucht, meine Tochter Danielle, seit sie genug rechnen kann – etwa ab der vierten Klasse –, dazu zu bringen, dass sie lernte, wie man Geld anlegt. Ich investiere nämlich seit 1980 und ich lehre die Geldanlage, seit ich im Jahr 2006 mein erstes Buch schrieb, „Regel Nummer 1". Es ist ganz einfach: Ich will, dass Danielle glücklich ist, und zu diesem Glück gehört, dass sie genug Geld hat, um das zu tun, was sie will.

Ich wusste, dass ich ihr das selbst beibringen musste, denn echte Geldanlage wird nirgendwo als praktikable Strategie gelehrt, außer in manchen Büchern und Kursen sowie von mir. Gemeinhin gilt es als Investing, seine Anlagen zu diversifizieren und zu halten, aber in Wirklichkeit ist diese Strategie nur eine geschickt getarnte Form der Spekulation, die Wall-Street-Haien und kriecherischen Finanzberatern jährlich 100 Milliarden Dollar an Gebühren und Provisionen beschert. Aktien und Anleihen zu kaufen, die man nicht versteht, ist keine Investition. Laut Warren Buffett besteht Geldanlage darin, dass man einen Vermögenswert, der einen Cashflow produziert, für deutlich weniger als seinen Wert kauft, zum Beispiel indem man eine 10-Dollar-Note für 5 Dollar kauft. Mit anderen Worten: Man braucht für echte Investitionen ein hohes Maß an Gewissheit, dass man aufgrund der Differenz zwischen dem, was man dafür bezahlt hat, und dem Wert des Cashflows, den man damit erworben hat, daran Geld verdienen wird. Alles andere ist Spekulation.

Aus ebenso naheliegenden Gründen wollte ich auch, dass Danielle lernt, wie man einen Reifen wechselt. Sie wollte keines von beiden lernen.

Das änderte sich, als sie aus dem Gröbsten raus war und einen Job und eine Eigentumswohnung hatte. Plötzlich war sie mit Steuern, mit Studiendarlehen und Darlehensraten konfrontiert – und mit der schockierenden Entdeckung, dass es selbst für eine Anwältin, die in einer guten Kanzlei arbeitet und nach normalen Maßstäben gutes Geld verdient, schwierig war, ein Vermögen zu bilden. Schließlich rechnete sie doch und entdeckte, dass es – wenn sie nicht lebenslang Lohnsklavin bleiben wollte – ohne Geldanlage annähernd unmöglich war, genug Geld anzuhäufen, um Wahlmöglichkeiten zu haben.

Sie fragte mich, was sie tun sollte. Ich gab ihr meine beiden Bücher zum Lesen. Irgendwie las sie sie, dann erklärte sie mir, diese Bücher seien für Menschen gedacht, die bereits daran interessiert seien zu lernen, wie man Geld anlegt. Sie wollte aber nicht lernen zu investieren, sondern sie wollte, dass ihr Problem sich in Luft auflöst. Und so begann ihre Reise, deren Resultat das vorliegende Buch ist.

Sie dachte ein paar Wochen darüber nach und kam zu dem Schluss, wenn sie sich für die Geldanlage interessieren und sie tatsächlich erlernen könnte, dann könnte es jeder. Sie schlug vor, dass wir einen Podcast unserer Gespräche über Investments mit ihr als Versuchskaninchen machten könnten. Ich war mir ziemlich sicher, dass das böse enden würde. Wer möchte schon einen Podcast über Geldanlage hören, in dem die Ideen des Mentors regelmäßig von seiner sehr klugen und skeptischen Tochter in der Luft zerrissen werden? Nun, überraschenderweise wollen das viele Menschen. Unser Podcast steht stets an der Spitze der Wirtschafts- und Investment-Ranglisten und wir erhalten E-Mails von Menschen, die sich die Aufnahmen immer wieder anhören.

Offensichtlich können sich viele Menschen instinktiv mit Danielles Reise einer klassischen Heldin identifizieren, auf der sie sich in einer ihr unbekannten, kopfstehenden Welt durchschlug, in der unten oft oben ist und Verbündete oft Feinde sind. So sehr ich es auch wollte, ich konnte sie nicht dazu bewegen, Geld anzulegen. Sie musste ihre eigene Leidenschaft dafür finden, indem sie als bewusste Kapitalistin für ihre Werte „stimmte". Die Angst, Fehler zu machen und Geld zu verlieren, spielte bei ihr eine viel größere Rolle, als ich je gedacht hatte. Da ich bei Investitionen nie viel Angst hatte, nahm ich diese Angst nun zum ersten Mal persönlich. Als Vietnam-Kriegsveteran sah ich das immer so: „Niemand schießt auf mich, also wie beängstigend kann das schon sein?" Ich brauchte eine Weile, um zu realisieren, dass wirklich die Angst sie davon abhielt, Geld zu investieren. Sobald ich das verstanden hatte, öffnete es mir die Augen für die missliche Lage Tausender potenzieller Investoren, die genauso verzweifelt nach einer Lösung für ihre finanzielle Zukunft suchen wie Danielle. Danielle musste ihren eigenen Weg finden, sich ihren Ängsten zu stellen, die Bösen zu besiegen und mit einer Botschaft der Hoffnung sowie einem Plan für den Sieg zurückzukehren.

Dies ist die richtige Zeit für den Sieg. Dies ist nicht nur der richtige Zeitpunkt für die Botschaft, dass man mit seinem Geld für seine Werte stimmen sollte, es ist auch der richtige Zeitpunkt, um keine Angst mehr davor zu haben, Geld zu verlieren – indem man lernt, sich auf einen Börsencrash vorzubereiten. Trotz der explodierenden Börsenkurse sind einige Ökonomen und Investoren, darunter auch ich, der Meinung, dass die Vereinigten Staaten bald in eine weitere Rezession und einen Börsenrückgang geraten könnten. Im Gegensatz zu dem, was die meisten Menschen denken, könnte diese Situation tatsächlich eine großartige

Gelegenheit bieten, wunderbare Unternehmen zu attraktiven Preisen zu kaufen. Meine Mission ist es, die Menschen über die Realitäten des heutigen Marktes und darüber aufzuklären, wie man die erforderlichen Fähigkeiten erwirbt, um enorme finanzielle Belohnungen zu ernten – unabhängig davon, was die Börse tut, welcher Krieg gerade tobt, welcher Präsident im Amt ist oder was die Menschen laut Aussage der Medien und der Investmentgurus tun oder nicht tun sollten.

Dieses Buch ist unsere Lösung. Das Kind des Investors hat jetzt Investments und ist auf seine Zukunft vorbereitet. Wie man einen Reifen wechselt, muss ich ihr auch noch beibringen.

– Phil Town

EINFÜHRUNG – ODER: WIE MAN DIESES BUCH BENUTZT

Ich bin eine widerwillige Anlegerin

Wenn ich „persönliche Finanzen und Investments" höre, sehe ich vor meinem geistigen Auge einen langen, dunklen Pfad in dichtem, waberndem grauen Nebel voller Zahlen und Bilanzen, die in der „Suppe" schweben. Manche glücklichen Menschen scheinen in der Lage zu sein, leicht einen Weg durch den Nebel zu finden. Ich habe schon vor langer Zeit den Versuch aufgegeben zu lernen, einer von ihnen zu sein. Ich war nie ein Zahlenmensch. Die Zahlen schwimmen in meinem Kopf herum und auch wenn ich sie normalerweise erfassen und zur Unterwerfung zwingen kann, so ist das für mich kein Vergnügen. Und doch ... dieses Buch handelt von meiner persönlichen Reise vom finanziellen Analphabetismus zur ausgebildeten Investorin. Niemanden überrascht es mehr als mich, dass ich ein Buch darüber geschrieben habe, wie man bezüglich seiner persönlichen Finanzen und seiner Geldanlage erfolgreich wird.

Wenn ich das kann, dann kann es wirklich jeder.

Ich habe gelernt, auf eigene Faust zu investieren. Ich habe von meinem Vater sowie von der Weisheit von Charlie Munger und Warren Buffett, die diesen Ausdruck ursprünglich geprägt haben, die sogenannte „Regel Nummer 1" gelernt. Ich habe die Theorie, die Strategie und die Praxis der Geldanlage gelernt. Und zu all dem habe ich noch etwas hinzugefügt, was das wichtigste Element sein könnte, das mich dazu bringt, mich weiterhin daran zu halten, nachdem sich der Reiz des Neuen verflüchtigt hat: mein Geld so investieren, dass es Einfluss auf eine Mission hat, die ich unterstütze.

Sein Geld gemäß seinen eigenen Werten zu verteilen und damit Unternehmen zu unterstützen, die der Investition würdig sind, ist Grund genug, diese Praxis und diese Investitionsmethode zu erlernen. Es ist ein Weg, mit seinem Geld für diejenige Zukunft zu stimmen, die man sich wünscht. Ich erkannte, dass ich dann, wenn ich mit meinem persönlichen Geld für meine persönlichen Werte abstimmen wollte, meine Trägheit und meine Angst überwinden und es selbst tun musste.

Vieles in diesem Buch handelt von Angst: wie ich damit umgehe und wie andere Menschen, die an der Börse investieren, damit umgehen. Mit meinem Geld für eine Mission zu stimmen brachte mich dazu, eine Leidenschaft für die Geldanlage zu entwickeln, aber ich hatte immer noch Angst davor, mich in diesen grauen Nebel vorzuwagen. Viele Wirtschaftswissenschaftler und Investoren – einschließlich meines Vaters – glauben, dass die Vereinigten Staaten unmittelbar vor einer weiteren Rezession und einem Marktrückgang stehen. Entscheidend ist aber, dass ich gelernt habe, meine eigene Angst zu nutzen, um zu erkennen, wann andere Anleger Angst haben, sodass ich ihre Angst an den Märkten womöglich ausnutzen kann. In den Kapiteln dieses Buches bitte ich Sie inständig, nicht zu ignorieren, was Ihnen die Angst mitteilen kann – Vorsicht ist nichts Schlechtes. Aber ebenso bitte ich Sie inständig, die Macht nicht zu auszublenden, die einem die Angst verleiht.

Zum Beispiel erlebte ich die Panik rund um den Börsencrash von 2008 und sie machte mir schreckliche Angst vor der Geldanlage. Aber ich habe gelernt, dass ein Börsencrash ein natürlicher Teil des Wirtschaftszyklus ist, der geschehen wird, ob ich es nun will oder nicht.

Regelmäßige Marktrückgänge sind unvermeidlich. Ich lernte auch, dass ein Crash, auch wenn es nicht unmittelbar einleuchten mag, die beste Chance ist, die man für den Sprung in die finanzielle Freiheit bekommt, indem man wundervolle Firmen kauft, die zu Schleuderpreisen verhökert werden. Das ist in der Geldanlage das Pendant dazu, Designerkleidung für die Hälfte dessen zu bekommen, was sie im Kaufhaus gekostet hätte. Lektionen dieser Art verliehen mir die nötige Kraft und das Verständnis, um meine Angst zu überwinden und mein Leben in finanzieller Hinsicht zu transformieren.

Mein Vater und ich haben eine Anlagemethode geschaffen, die jeder praktizieren kann, unabhängig von Alter, Einkommen, Beruf oder angeborenen mathematischen Fähigkeiten. Diese wird Monat für Monat dargelegt. Jeder Monat des Jahres hat seinen Schwerpunkt, dazu kommen detaillierte Handlungsanweisungen und Übungen, die ihn vertiefen. Die meisten Aufgaben des jeweiligen Monats werden sehr wenig Zeit in Anspruch nehmen, während andere mehr Aufwand erfordern, zum Beispiel in den Monaten, in denen Recherchen betrieben werden. Ihre Zeit ist ebenso begrenzt und wertvoll wie meine. Diese Methode ist so gestaltet, dass sie in das Leben all derjenigen von uns passt, die einen Vollzeitjob haben und sich anstrengen müssen, um alles zu bewältigen, was neben der Arbeit getan werden muss – und ich weiß, dass es viel ist. Diese Anlagemethode ist darauf ausgerichtet, sich in Ihr Leben einzufügen und nicht davon abzulenken. Denken Sie daran, dass dies Ihre Methode ist und dass Sie sie dahingehend anpassen müssen, dass sie das bewirkt, was Sie brauchen.

Das ist meine individuelle Erfahrung. Was mir passiert ist, ist einzigartig für mich und meine Umstände, genauso wie Ihre Anlagepraxis und das, was mit Ihnen passiert, einzigartig für Sie und Ihre Umstände sein wird. Übung macht den Meister – aber niemand ist vollkommen. Dass sich unsere Methoden in der Praxis voneinander unterscheiden, ist eigentlich etwas Schönes. Wenn Sie feststellen und beachten, was für Sie einfach und was für Sie schwierig ist, wird dies Ihre eigene Anlagepraxis viel besser unterfüttern, als wenn Sie blind dem folgen würden, was ich getan habe.

Meine Erfahrung gibt Ihnen ein Barometer an die Hand, an dem Sie Ihre eigene finanzielle Situation ablesen können, und dazu Investitionsressourcen in Form der Berechnungen, Checklisten und Arbeitsblätter, die im Laufe dieses Buches vorgestellt werden. Wenn Sie einmal die Grundlagen erlernt haben, können Sie Ihre Praxis in die von Ihnen gewünschte Richtung lenken. Machen Sie die Anlagemethode zu Ihrer eigenen, dann haben Sie etwas, das Ihnen lebenslang erhalten bleibt, eine machtvolle Fähigkeit, die Ihnen nichts und niemand nehmen kann. Ich hoffe, dies bringt Sie dazu, über Ihre Finanzen anders zu denken – nicht als Mittel zum Zweck, sondern als Quelle von Glück und Freiheit.

„Glück fühlt sich nicht immer glücklich an", schrieb Gretchen Rubin in „The Happiness Project" über kleine Ziele wie die tägliche Benutzung von Zahnseide oder das Aufräumen von Regalen. Wenn es um Dinge geht, die das Leben so sehr verändern wie die finanzielle Freiheit, sehe ich das anders. Meine Praxis der Geldanlage hat ein tiefes Glücksgefühl erzeugt, das daher rührt, dass ich authentisch das Leben führe, das ich mir wünsche, und dieses Glück fühlt sich leidenschaftlich, groß und frei an. Möge Ihre Anlagepraxis über Ihre kühnsten Träume hinaus erfolgreich sein! Diese Art von Glück fühlt sich immer glücklich an.

Fangen wir an.

KAPITEL 1

MUT FASSEN

JANUAR

Diesen Monat:

- Warren Buffett und das Value-Investing
- Geldanlage nach Regel Nummer 1
- Inflation
- Meine Anlagepraxis

Ich hatte eine dieser extrem langen Wochen hinter mir und der Schlaf einer einzigen Freitagnacht hatte bloß die gröbsten Ecken und Kanten meiner Müdigkeit geglättet. Ich war mir nicht sicher, wie viele Monate es her war, seit ich wirklich von meinem Schreibtisch aufgeblickt hatte, und an diesem Morgen hatte ich endlich einen Moment Zeit, mich daran zu erinnern, dass es eine Welt außerhalb meines Büros gab.

Ich war angehende Anwältin in der Kanzlei einer internationalen Anwaltsfirma in Boulder im Bundesstaat Colorado und wie viele andere Mitarbeiter von Anwaltskanzleien dachte ich, das College-Studium, das weiterführende Studium, die juristische Fakultät und die harte Arbeit in einer Anwaltskanzlei seien „kluge“ Entscheidungen für meine finanzielle Zukunft gewesen. Nach meinem Abschluss an der New York University School of Law hatte ich um die auf Hochtouren arbeitenden New Yorker Anwaltskanzleien bewusst einen Bogen gemacht und war in die Rocky Mountains und damit die „am Lebensstil orientierten“ Anwaltskanzleien von Colorado zurückgekehrt. Ich hatte meinen Traumjob als Venture-Capital- und Start-up-Juristin in der hochgradig innovativen Unternehmer-Community von Boulder ergattert. Da ich aber trotzdem in einer renommierten Anwaltskanzlei arbeiten wollte, arbeitete ich am Ende doch genauso viel wie in einer großen New Yorker Kanzlei. Dabei lernte ich viel und die Tatsache, dass ich mit dem Stress einer 80-Stunden-Woche meine Schulden abzahlen konnte, war für mich ein akzeptabler Kompromiss.

Als ich jedoch den Lebensstil der Menschen beobachtete, die in ihrer Karriere weiter waren als ich, dämmerte mir langsam, dass die einzige Belohnung, die mich erwartete, noch längere Arbeitszeiten, das Verdauen von noch mehr Stress und die fortgesetzte Lohnabhängigkeit war – und kein Ende in Sicht. Ich hatte gedacht, ich hätte in mich selbst investiert, aber in Wirklichkeit hatte ich in eine lebenslange Tretmühle investiert.

Das Geld war das einfach nicht wert. Nun ja, als Anwältin konnte ich genug Geld verdienen, um gut zu leben, aber ich hatte eigentlich gar keine Zeit, gut zu leben. Ich wollte mich für mein Leben begeistern. Ich wollte aufwachen und mich auf den Tag freuen. Ich dachte an die Partner in meiner Firma, die trotz jahrelanger Erfahrung immer noch in der Tretmühle steckten, und ich begriff: Ein solches Leben will ich nicht.

Das Streben nach Glück durch meine Anwaltskarriere funktionierte nicht, aber ich wusste auch, dass es unrealistisch war, ohne Rücksicht auf Geld nach dem Glück zu streben. Tatsache ist: Es gibt eine bestimmte Art von Glück, die man mit Geld kaufen kann. Eine Anwältin kann sich damit die Befreiung von der Schufterei von sechs Uhr morgens bis

Mitternacht kaufen. Man kann sich damit ein Haus in einem guten Schulbezirk kaufen. Man kann sich damit kaufen, dass man nicht mehr ständig nachts aufwacht und sich Sorgen über Arztrechnungen, Studiendarlehen oder die Raten für das Haus macht. Und man kann sich damit buchstäblich Zeit und Erfahrungen und Wahlmöglichkeiten im Leben kaufen, beispielsweise einen Porsche 911 und die Zeit, um damit durch die Gegend zu düsen. Die Fähigkeit, zu tun, was man will, fühlt sich nach mehr als nur Glück an – es fühlt sich nach Freude an. Es fühlt sich nach purer Freiheit an.

Als ich an diesem Morgen aus dem Fenster in die Kälte schaute, empfand ich keine Freude. So sehr ich die Menschen um mich herum und meine Anwaltskanzlei auch liebte: Es gibt einen Wendepunkt, an dem das durch Überarbeitung verursachte Leiden die Erfahrung und das Gehalt eines Jobs nicht wert ist.

Ich war krank. Ich war seit zwei Jahren nicht mehr in der Lage, das Essen richtig zu verdauen, und ich hatte begonnen, mich wahllos zu erbrechen. Aus heiterem Himmel bekam ich 24 Stunden lang hohes Fieber oder verließ das Büro mit einem Schwindelgefühl, als hätte ich einen Schlag auf dem Kopf bekommen. Ich bekam eine Mandelentzündung, dann bekam ich sie wieder und wieder und wieder und wieder. Ich verbarg meine Symptome vor meinen Mitarbeitern, so gut ich konnte – also nicht sehr gut. Als ich Medikamente nahm, um das Erbrechen in den Griff zu bekommen, deutete meine Ärztin behutsam an, dass meine Krankheit durch Stress verursacht wurde. „Ich fühle mich nicht gestresst, ich fühle mich normal“, versicherte ich ihr und meinte es ernst. Mir war nicht klar, dass meine „Normalität“ verzerrt war.

Ich hätte sehen müssen, dass die Reaktion meines Körpers eine Warnung des Universums war, dass ich davon abgekommen war, das zu tun, wozu ich in meinem Leben bestimmt war – was in alten indischen Texten „im Dharma leben“ heißt. In seinem Dharma zu sein sollte sich so reibungslos anfühlen wie in der Strömung eines ruhigen Flusses zu treiben. Der Fluss fließt immer in einer geraden Linie, bis er zu einer

Biegung gezwungen wird, was dann bedeutet, dass man in eine andere Richtung als auf das endgültige Ziel ausgerichtet ist. Und so gehen wir alle im Zickzack auf der Suche nach der Strömung unseren Weg durchs Leben.

Aber ich machte weder Zick noch Zack. Ich plagte mich in den kabbeligen Wellen ab, wurde vom Wasser gegen das Flussufer geschleudert, rang um Atem und darum, mich über Wasser zu halten, und ich konnte mich nicht daran erinnern, dass es direkt neben mir eine glatte Strömung gab, wenn ich nur – „zack" – die Richtung ändern würde.

Ich war so lange unten gewesen, dass es für mich wie oben aussah. Bei mir war der Mangel an Work-Life-Balance zwar besonders schlimm, aber die meisten meiner Freunde, die ebenfalls Mitte 30 waren, hatten Jobs von der gleichen Sorte und ähnlichen Stress. Ein befreundeter Anwalt hatte einen Mini-Schlaganfall in einem Flugzeug, als er beruflich ins Ausland flog, nachdem er monatelang kaum geschlafen hatte. Der Burnout eines anderen begann nach Monaten intensiver Arbeit damit, dass er anfing, Flecken vor seinen Augen zu sehen, und sich nicht mehr an seinen Heimweg erinnerte. Die nächste Kollegin hatte stressbedingte Magenprobleme, sodass sie zweimal ins Krankenhaus eingeliefert wurde. Ich kannte mindestens drei Personen, die nur dadurch auf der Arbeit funktionieren konnten, dass sie jede Woche zur Akupunktur gingen. Und das betraf nicht nur meine Generation. Der Vater einer Freundin, ein hochrangiger Manager in einem bekannten Technologieunternehmen, war die einzige Person auf dieser Ebene, die durchhielt, bis er seine Aktienoptionen ausüben konnte – alle anderen Manager kündigten aus gesundheitlichen Gründen oder starben. Als meine Freundin mir davon erzählte, sagte sie, er sei „der Einzige, der lebte".

Natürlich ist die Arbeit nicht der einzige Teil des Lebens, der lebensverändernden Stress verursacht. Ein Paar, das ich kannte, versuchte, Kinder und Arbeit unter einen Hut zu bringen. Es litt dermaßen unter Schlafmangel, dass sie kaum noch miteinander sprachen, um einen unvermeidlichen Streit zu vermeiden. Der Verlobte einer anderen Freundin trennte sich von ihr, sodass sie an einem Tag ihre Liebe, ihre Zukunft und ihr Zuhause verlor und sich strecken musste, eine Wohnung zu finden, die sie sich allein leisten und in die sie schnell einziehen konnte. Geld allein kann solche Probleme nicht lösen, aber man kann sich davon auf jeden Fall einiges an konkreter Hilfe kaufen – Kinderbetreuung, Umzugsunternehmen, Kaution – und es beruhigt sehr.

Wir sind alle erschöpft und halten das für normal, weil es so verbreitet ist. Sich in die Arbeit „hineinzuknien" gilt als *die* Tugend – auch wenn Sheryl Sandberg höchstpersönlich kürzlich verriet, sie habe nicht wirklich begriffen, wie schwer es ist, im Beruf erfolgreich zu sein, wenn man zu Hause überfordert ist.[1]

Wir laufen in der Tretmühle weiter, weil die Herausforderung unseren Ehrgeiz befeuert, und wenn wir aufhören, gibt es ja manchmal keine andere Tretmühle, mit der wir weitermachen und unsere Studienkredite bezahlen könnten.

Trotzdem war ich mir sicher gewesen, dass ich mich durchbeißen würde. Es war ja nicht alles schlecht. Meine innovativen Kunden zu unterstützen war für mich der Lieblingsaspekt meiner Arbeit und es war ein Vergnügen, mit meinen blitzgescheiten, pragmatischen und freundlichen Kollegen zusammenzuarbeiten. Als aber auch meine Familie darunter zu leiden begann, war das mehr, als ich ertragen konnte.

Ich hatte Verabredungen mit meinem Vater, meiner Mutter und meiner Schwester abgesagt und ich arbeitete über Weihnachten – so oft, dass sie gar nicht mehr damit rechneten, dass ich kommen würde. Irgendwann hörten sie auf, mich einzuplanen, weil es sinnlos war – wir wussten alle, dass ich es nicht schaffen würde. Harte Arbeit und Ehrgeiz werden in meiner Familie durchaus geschätzt und sie hatte Verständnis. Der mitschwingende Ton der Besorgnis war aber stetig lauter geworden und sie begannen, klare Ansagen zu machen, dass das auf lange Sicht nicht funktionieren werde und kein Job es wert sei, meine Gesundheit zu

[1] Sheryl Sandberg, Facebook-Posting vom 6. Mai 2016.

ruinieren. An jenem Morgen im Januar, als ich darüber nachdachte, wurde mir klar, dass ich sie beschützen musste und ihnen nicht wehtun durfte.

Aber ich kam nicht aus der Tretmühle heraus, weil ich Studienkredite und eine Hypothek abzuzahlen hatte, und vieles an meiner Arbeit gefiel mir sehr gut.

Ich rief Kamala an, eine meiner besten Freundinnen vom College. „Ich weiß nicht mehr, was ich tun soll, Kam. Ich weiß nicht, wie lange ich das noch durchhalte."

Sie seufzte. „Ich auch. Ich schreibe jeden Morgen vor der Arbeit, aber ich hasse das, was ich schreibe." Kamala ist eine außergewöhnliche Schriftstellerin und Romanautorin, die damals jeden Tag um 5:00 Uhr aufstand, um ihr zweites Buch zu schreiben, während sie tagsüber im Marketing arbeitete. Ihr Potenzial wurde langsam von den Mieten in New York City begraben. „Ich fühle mich die ganze Zeit zu müde und nicht kreativ. Wenn ich auf die nächsten Jahre blicke, denke ich nur: Ist es das? Werde ich weiterhin zu kämpfen haben? Ist das einfach so?"

„Nein", entschied ich. „Nein. Du bist zu gut, um mit deinem Job in einer Sackgasse stecken zu bleiben. Das kann auf keinen Fall das Ende deiner Geschichte sein."

„Na ja, das kann es bei dir auch nicht sein. Ich denke, die Sache ist klar. Du musst da raus. Du musst nur herausfinden, wie du es dir finanziell leisten kannst."

„Das ist ganz schön schwer", sagte ich ausweichend. „Es gibt so viel, was mir an meiner Arbeit gefällt. Aber ehrlich gesagt: Ich sehe keine Möglichkeit, diesen Job zu machen, ohne so viel zu arbeiten wie ich."

„Wir müssen dieses Jahr zu dem Jahr machen, in dem wir wirklich etwas ändern", entschied Kam. „Wir können so nicht weiterleben. Es ist so ... sinnlos."

„Foin", stimmte ich widerwillig zu. Kamala prägte den Begriff „foin", als wir auf dem College waren, und das sollte heißen: „Fein, einverstanden, aber widerwillig und zähneknirschend." „Ich habe keine Ahnung, wie sich irgendwas ändern kann, aber ich werde diese Absicht jetzt klar äußern."

„Ich auch", verkündete sie. „Vielleicht wird das Universum etwas Staub aufwirbeln und die Dinge ein wenig durcheinanderbringen."

Ich wusste, dass Kamala und ich nicht die einzigen waren, die sich zerrissen fühlten. Meine Freundinnen und ich, die alle in sehr unterschiedlichen Bereichen arbeiteten und in Familien mit unterschiedlichem wirtschaftlichen Status aufgewachsen waren, sprachen regelmäßig über unsere ähnlichen Träume von finanzieller Flexibilität weit vor der Zeit des offiziellen Ruhestands mit goldener Uhr und Golfplatz, um zu tun, was immer wir wollen (falls es so etwas überhaupt noch gibt). „Finanzielle Freiheit" könnte bedeuten, gerade genug auf der Bank zu haben, um unser Leben flexibler zu gestalten – einen schlecht bezahlten Arbeitsplatz zu behalten, den wir lieben, und problemlos in der Lage zu sein, geliebte Menschen zu unterstützen, in Teilzeit zu arbeiten, eine zuverlässige Kinderbetreuung zu haben, den Gehaltsjob zu kündigen und eine gemeinnützige Organisation zu gründen, in ein sichereres Viertel zu ziehen, zu reisen, einfach für die Apokalypse ein finanzielles Polster auf der Bank zu haben. Um das Leben zu leben, für das jede von uns geboren wurde, was auch immer das sein mochte. Und dann ist da noch das ultimative Ziel: zu dem Zeitpunkt, an dem wir uns in den Ruhestand begeben wollen, wirklich finanzielle Sicherheit zu haben oder – noch besser: das Geld vergessen zu können und einfach für immer das zu tun, was wir lieben. Das ist finanzielle Freiheit.

„Finanzielle Freiheit" bedeutet für jeden von uns etwas anderes. Für mich bedeutete finanzielle Freiheit Ausgewogenheit in meinem Leben: meinen Kanzleijob kündigen, gesund werden und genauso mit Start-up-Unternehmen und -Unternehmern zusammenarbeiten, nur ohne den Druck, zehn Stunden am Tag arbeiten zu müssen. Ich wollte Flexibilität und ein finanzielles Polster, das dick genug war, damit ich mir keine Sorgen um die Rechnungen machen musste. Ich wollte schuldenfrei sein.

Ich habe gemerkt, dass ich in meinem „finanziellen Leben“ mit zwei Menschen zusammenlebte: dem jetzigen Ich und dem zukünftigen Ich, die beide das Leben genießen und sich sicher fühlen wollten. Häufig gerieten die Gegenwarts-Danielle und die Zukunfts-Danielle jedoch zwangsläufig in Konflikt. All diese New-Age-Ratschläge, im Augenblick zu leben und sich nicht um die Zukunft zu sorgen, waren für die Gegenwarts-Danielle großartig – alles aufzugeben und toskanische Weingüter zu besuchen –, aber nicht so großartig für die Zukunfts-Danielle, die Lebensmittel und Unterkunft brauchte. Im Räderwerk der unternehmerischen Mühlen zu stecken war für die Zukunfts-Danielle toll, aber nicht für die Gegenwarts-Danielle oder für meine Familie. Das Leben in der antagonistischen Beziehung meiner beiden finanziellen Ichs fühlte sich ständig instabil an. Die Gegenwarts-Danielle und die Zukunfts-Danielle mussten eine symbiotische Beziehung führen. Ich musste mein finanzielles Ich ins Gleichgewicht bringen.

Ich musste diese Freiheit erringen. Aber ich hatte keine Ahnung, wie.

Ich fing an, inneren Druck zu spüren, einen Ausweg finden zu müssen. Mir wurde flau im Magen. Vielleicht gab es eine einfache Lösung? Vielleicht auch nicht. Der Bammel wurde immer schlimmer und ich wurde vor Angst hibbelig. Was in aller Welt sollte ich tun? Ich musste mich bewegen. Ich stand von meinem großen Lehnstuhl auf, machte Tee und ließ mich wieder in den Stuhl fallen.

Ich rief meinen Vater an. Er weiß so einiges.

„Dad, ich denke ernsthaft über meine berufliche Laufbahn nach. Was kann ich tun, um etwas finanzielle Freiheit zu erlangen, damit ich diesen Job aufgeben kann, wenn ich muss? Ich will nicht auf diesen Job angewiesen sein – oder überhaupt auf irgendeinen Job. Ich möchte die Arbeit machen können, die ich machen will, ohne mir Sorgen um die Finanzen machen zu müssen. Ich will Freiheits-Geld.“

Mein Vater erwiderte: „Mein Liebes, dieser 80-Stunden-Job in der Anwaltskanzlei hat für dich eindeutig seine Schuldigkeit getan. Ich glaube, das sagt die Natur deinem Körper laut und deutlich. Und jetzt musst du herausfinden, wie du das Gleichgewicht in deinem Leben findest und trotzdem irgendwie das Geld auftreibst, das du für deinen Lebensstil brauchst, stimmt's?"

„Stimmt. Ich liebe es, Start-up-Anwältin zu sein, aber ich will auch ein Leben haben."

„Okay, du liebst deine Arbeit und du bist wirklich gut darin. Wenn du diese Karriere also willst, dann liegt die Antwort doch auf der Hand, oder?"

Tut sie das?

„Du musst anfangen, Geld anzulegen. Dann hast du das Geld, das du brauchst, um die Wahl zu haben. Im Moment hast du keine Wahl."

Ach ja! Ich wusste, dass er das sagen würde. Ich dachte an die vielen Male, die er mir das schon gesagt hatte.

Mein Vater Phil Town führt bereits ein Leben in finanzieller Freiheit: Er liebt seine Arbeit und er hat das nötige Geld, um zu tun, was er will. Er weiß, wie man Geld quasi aus dem Nichts macht, denn er hat es selbst getan.

Nachdem er das College abgebrochen und sich die Finger schmutzig gemacht hatte – als junger Leutnant in der Eliteeinheit „Green Berets" der US-Armee in Lateinamerika und als Zugführer in Vietnam –, bot sich ihm in seiner Zeit als Flussführer im Grand Canyon[2] die Gelegenheit, sich mit einem Investor zu treffen, der ihm schließlich beibrachte, wie man die Value-Strategie der renommierten Investoren Benjamin Graham und Warren Buffett anwendet. Value-Investing ist eine Anlagestrategie, bei der man Aktien anhand finanzieller Fundamentaldaten zu Preisen kauft, die unter ihrem Wert liegen. Sie wurde erstmals 1934 von Benjamin Graham und David Dodd in ihrem Buch „Wertpapieranalyse" dargelegt.

---

[2] 1970-1971: First Lieutenant, U.S. Army Special Forces, S-4, Bravo Company, 8th SFG, Ft. Gulick, Panama; 1971-1972: Security Platoon Leader, 5th Trans Command, Ft. Baxter, RVN; 1972-1980: Flussführer, Arizona Raft Adventures, Grand Canyon.

Ein Hinweis von Phil

Die Grundideen der Geldanlage sind: Aktien als Unternehmen betrachten, die Schwankungen des Marktes zu seinem Vorteil nutzen und eine Sicherheitsmarge anstreben.

– Warren Buffett

Wenn Sie reich werden und reich bleiben wollen, studieren Sie Warren Buffett; er ist einfach der beste Investmentlehrer der Welt. Im Jahr 1956 gründete er in Omaha im Bundesstaat Nebraska die Gesellschaft Buffett Partnership, um sein eigenes Geld und das von Verwandten und Freunden zu investieren. In den nächsten 14 Jahren erzielte seine Kapitalanlagegesellschaft eine durchschnittliche Jahresrendite von 31,5 Prozent und aus seinen 100 Dollar wurden 25 Millionen Dollar (das wären heute etwa 175 Millionen Dollar). Nach dem rasanten Erfolg schloss er die Gesellschaft 1969 und drängte seine Investoren, Aktien von Berkshire Hathaway zu kaufen, einer Aktiengesellschaft, die Buffett und sein Investmentpartner Charlie Munger von Omaha aus kontrollierten und in die er sein gesamtes Vermögen investierte. Mittels Berkshire, das zum Synonym für Buffett wurde, kaufte er Aktien von Dutzenden börsennotierten Unternehmen wie American Express und Coca-Cola sowie auch komplette Unternehmen wie Geico und Dairy Queen. Seine ursprünglichen Investoren sahen eine Investition von 10.000 Dollar auf 1,2 Milliarden anwachsen, weshalb man Buffett auch das „Orakel von Omaha" nennt. Heute ist er der große alte Mann des Value-Investings: Mit 87 Jahren besitzt er über 73,4 Milliarden Dollar und leitet Berkshire immer noch. Praktisch das ganze in diesem Buch enthaltene Wissen über Investments beruht auf dem Wissen, das mir von Warren Buffett und Charlie Munger vermittelt wurde.

Mein Vater investierte, als hätte er einen beleuchteten Pfad, der ihm den Weg durch den Nebel wies. Nachdem er innerhalb von fünf Jahren 1.000

Dollar in mehr als eine Million verwandelt hatte, entwickelte er seine eigene Strategie des geringen Wertes („deep value"), die auf den erwähnten, auch „Regel Nummer 1" genannten Methoden basiert. Diese Bezeichnung erweist Buffetts Äußerung die Ehre, dass es nur zwei Regeln für die Geldanlage gibt: Regel Nummer 1 lautet, dass man keinen Verlust machen soll, und Regel Nummer 2 besagt, dass man Regel 1 nicht vergessen soll.

Klingt einleuchtend, ich weiß, ebenso wie „Billig kaufen, teuer verkaufen", aber einfach ist nicht dasselbe wie leicht. Was mein Vater sagen wollte, reicht tiefer, als es klingt: Man kaufe ein wunderbares Unternehmen (mein Vater nennt Unternehmen, die ihm gefallen, „wunderbar") dann, wenn es ein Schnäppchen ist, und nur dann, wenn man sicher ist, dass es in zehn Jahren mehr wert sein wird als heute. Dann wartet man ab, manchmal jahrelang, während das wunderbare Unternehmen tut, was wunderbare Unternehmen eben tun: Es wird im Laufe der Zeit immer wertvoller. Man besitze so viel Zuversicht, im Moment ein wunderbares Unternehmen zu besitzen, dass man sich selbst dann keine Sorgen macht, wenn sein Aktienkurs sinkt, sodass man so lange dabeibleibt, bis er wieder steigt – und dass man es im Idealfall niemals verkauft. Auf diese Art macht man „keinen Verlust". Das ist die Regel Nummer 1 der Geldanlage.

Als mein Vater merkte, dass andere Menschen an seiner Anlagestrategie interessiert waren, schrieb er zwei Bücher darüber, „Regel Nummer 1" und „Jetzt aber!". Beide erreichten Platz 1 auf der Bestsellerliste der *New York Times*. Ich las beide, als sie erschienen, fand sie großartig und vergaß dann prompt alles, was ich gelesen hatte. Ich merkte erst kürzlich, dass mein Vater den Börsencrash 2008 bei einem Auftritt auf *CNBC* korrekt vorhergesagt hatte, ebenso den Börsenboden 2009. Heute investiert er, spielt Polo und treibt sich auf seinem Pferdehof außerhalb von Atlanta herum. Er ist unglaublich leidenschaftlich darauf aus, Menschen aufzuklären, wie sie selbst investieren können, und sie reisen aus der ganzen Welt an, um das von ihm zu lernen.

Ich war nie einer von ihnen.

Ich wuchs in einer kleinen Stadt in Iowa auf, wo die Hälfte der Einwohner, einschließlich meiner Familie, von anderswo hingezogen war, um Teil einer transzendentalen Meditationsgemeinschaft zu sein – samt Universität, Privatschule und kuppelförmigen Hallen für Gruppenmeditation. Meditation und Yoga gehörten zu meinem Schulalltag. Mein Vater konnte mit seiner Familie dorthin ziehen, weil er seine Investitionen von überall aus tätigen konnte.

Wir hatten in einem großen Haus gewohnt, das meine Eltern gemeinsam auf einem großen Grundstück mit Blick auf ein Maisfeld und einen großen See dahinter entworfen und gebaut hatten – Iowa fast wie in dem Film „Feld der Träume". Als ich fünf oder sechs Jahre alt war, hatten mein Vater und ich einen Unfall in dem Haus, bevor es fertig war. Wir verbrachten damals viel Zeit miteinander und ich wanderte mit ihm ziemlich oft durch das halb fertige Haus, um zu sehen, wie es voranging. An jenem Tag zog er Trockenbauplatten, die an einer Wand des Hausflurs lehnten, leicht auf uns zu, um etwas heruntergefallenen Beton herunterzuschütteln, aber sie bewegten sich einfach weiter, obwohl er all seine Kraft aufwandte. Laut schreiend forderte er mich auf, wegzugehen, während er das Gewicht noch ein paar Sekunden hielt und sich rückwärts Richtung Treppenhaus bewegte. Nachdem ich weggeflitzt war, fielen die Platten auf ihn drauf und klemmten seine Beine ein. Ihr Gewicht drückte langsam und unaufhaltsam beide Schienbeine gegen die scharfkantigen, unfertigen Treppenstufen. Ich kroch über die Trockenbauplatte und saß auf der Treppe über dem Kopf meines Vaters, wobei es mich immer mehr irritierte und mir Angst machte, dass er nicht aufstand. „Kannst du Hilfe holen, Schatz?", fragte er. Ich hätte in seiner Situation wahrscheinlich geschrien, aber er war ruhig und sachlich. Green-Beret-Ausbildung. Damals gab es keine Handys und wir waren mitten im Nirgendwo. Ich begann zu begreifen, dass mein Vater nicht aufstehen konnte, und ich konnte kaum atmen. Ich rannte zum Auto und hupte, aber wir waren auf einem einsamen Feldweg und niemand kam vorbei. In einiger Entfernung gab es eine Farm und ich hatte schreckliche Angst, allein zu einem großen fremden Haus zu gehen, aber mir blieb nichts anderes übrig. Ich rannte über das Feld, raffte meinen ganzen Mut zusammen und klopfte an die Tür, so laut ich konnte. Der netten Dame, die mir aufmachte, flüsterte ich zu, dass mit meinem Vater etwas nicht in Ordnung sei. Ich erinnere mich nicht mehr, was danach geschah, bis wir im Krankenhaus waren und er auf Krücken mit Verbänden an den Beinen herumhumpelte und Witze machte. Nach einer Woche ging es ihm wieder gut. Wir hatten es zusammen geschafft, so wie wir damals vieles gemacht haben, und wir nahmen unsere regelmäßigen Spaziergänge und Radtouren sowie unsere Diskussionen und unsere Inspektionen des Hauses wieder auf.

Dann ließen sich meine Eltern scheiden. Ich war elf, meine Schwester und ich lebten hauptsächlich bei unserer Mutter und die Beziehung unserer Eltern konnte man nur als Krieg bezeichnen. Der Krieg bedeutete, dass meine Schwester und ich plötzlich nicht mehr jeden Tag unseren Vater um uns hatten, und wenn wir ihn besuchten, wollte keiner von uns besonders viel Zeit damit verbringen, über langfristige Sparkonten oder Finanzabschlüsse zu reden. Wir konzentrierten uns auf wichtigere Dinge, zum Beispiel darauf, unsere Familie zusammenzuhalten und uns zu fragen, wo wir wohnen würden.

Meine Schwester und ich wussten immer, dass mein Vater Geld verdiente und es uns finanziell gut gehen würde, aber die Scheidung erschütterte unsere Welt. Es war eine typische Scheidungs-Horrorshow und meine Schwester und ich waren mittendrin. Haruki Murakami schrieb einmal: „Das Glück hat nur ein Gesicht, aber Unglück hat für jeden Menschen ein anderes.“[3] Unseres war, dass mein Vater nicht mehr viel da war, und ich konnte keinen Grund dafür finden, außer dass ich nicht Grund genug war, damit er blieb.

Der Krieg führte auch zu finanziellem Druck. Mama bekam einen Job als Lehrerin an der Privatschule, sie verkaufte das Haus, das sie gebaut

[3] Haruki Murakami: *Kafka am Strand*, 2006.

hatten, und wir zogen mit unserer Mutter in den Maharishi University Utopia Park – einen Wohnwagenpark für Studenten und Lehrkräfte. Es war ein wirklich schöner Wohnwagenpark, aber trotzdem war es eine große Veränderung. Am Abend unseres Umzugs von unserem Haus in den Wohnwagen, nach einem langen, ereignisreichen Tag, an dem wir unseren Hausstand in einen Wohnwagen packten, der in unser altes Wohnzimmer gepasst hätte, und nach Monaten, in denen ich die starke große Schwester gewesen war, brach ich zusammen und weinte. Obwohl keiner unserer Eltern es so gewollt hatte, gingen uns gleichzeitig Liebe und Geld verloren und an diesem Tag wurde es Realität. Ich fühlte mich schrecklich bei meinem Zusammenbruch, weil meine Mutter so unglücklich war und ich ihren harten Tag nicht noch schlimmer machen wollte, aber ich war so traurig. Ich war zwölf Jahre alt, aber ich krabbelte auf ihren Schoß wie eine Vierjährige und weinte und sie kuschelte mit mir und versprach, dass alles in Ordnung kommen würde.

Sie war so tapfer für uns; sie hatte ihren Mann verloren, sie musste aus dem Haus ausziehen, das sie entworfen und gebaut hatte, sie focht einen brutalen Finanzkrieg aus und trotzdem brachte sie die emotionale Energie auf, mich zu trösten. Ich werde ihren Mut in dieser Nacht nie vergessen: weiterzumachen, weiter da zu sein. Meine Mutter versuchte uns vor den Folgen der Scheidung zu schützen, während mein Vater mit seiner Firma nach Kalifornien gegangen war.

In meinem Schmerz und meinem Leid stellte ich ihn mir ohne mich vor, wie er das Leben eines reichen, alleinstehenden Mannes führte. Das schien mir so unfair und ich war wütend darüber. Mama sorgte dafür, dass wir zu essen hatten und ab und zu in unserer kleinen Stadt in Iowa essen gingen, aber plötzlich gab es kein Geld mehr für viel mehr als das Nötigste.

Mein Vater schien an manchen Wochenenden wie mit dem Fallschirm bei uns zu landen, er beschaffte ein Hotel und einen Gameboy und wir verbrachten oberflächlich betrachtet eine sehr schöne Zeit, wenn er uns besuchte, aber sie wurde von dem unterschwelligen Schrecken der ganzen

Situation getrübt. Er war ein stereotypischer Disneyland-Daddy und das war peinlich. Mama strampelte sich ab, um über die Runden zu kommen, und Dad fuhr mit uns zum Urlaub in den Club Med. Es ergab keinen Sinn und doch liebten meine Schwester und ich ihn so sehr, dass wir nicht weniger begierig darauf waren, ihn zu besuchen, auch wenn uns bewusst war, wie unfair die Situation war.

Nach zwei Jahren kam Papa zurück, beschaffte sich einen Wohnwagen im Utopia Park, fünf Türen von uns entfernt, und meine Schwester und ich rannten zwischen ihren Wohnwägen hin und her, während unsere Eltern die Wogen unserer Welt nach der Scheidung glätteten. Das war für uns alle eine Zeit großer Veränderungen. Zusammen mit Mama und Papa zogen wir nach Jackson Hole in Wyoming, in zwei Häuser auf einem Bergrücken mit Blick auf das Tal und in fußläufiger Entfernung. Wir fingen an, unser Leben als getrennte Familie wieder zusammenzufügen. Das lief nicht immer glatt und war nicht immer einfach, aber beide versuchten, es für uns alle besser zu machen, und trotz der Wunden aus den Jahren nach der Scheidung klappte es. Geld war kein Thema mehr und zusätzlich zum Unterhalt bezahlte Papa sogar zum Teil das Studium meiner Mutter. Heute feiern wir größere Feste mit unseren beiden Eltern zusammen und sie verstehen sich gut, im Grunde wie Bekannte, die viel miteinander durchgemacht haben. Für uns ist das in Ordnung.

Als ich das Highschool-Alter erreicht hatte, fing Dad in Jackson Hole an, mit mir über Geldanlage zu reden. Ich ließ mich in keiner Weise davon überzeugen, dass das, was mein Vater vorhatte, in irgendeiner Weise meine Zeit wert war – im Gegenteil, es war per Definition durch mein tiefes Gefühl der Verlassenheit irreparabel befleckt. Wenn wir einmal miteinander essen gingen oder im Auto unterwegs waren, piesackte er mich und meine Schwester damit, dass wir wirklich anfangen müssten, Geld anzulegen. Halb hörten wir zu, halb überhörten wir das, was er sagte.

Für ihn war die Geldanlage das beste Thema auf Erden. Wenn er darauf zu sprechen kam, war er wie der Typ, mit dem man auf einer Cocktailparty festsitzt und dem nicht klar ist, dass es einem egal ist, wie sein

Tag war – und man nur Smalltalk betreiben wollte. Er liebt es, Berechnungen im Kopf durchzuführen, so wie ich es liebe, Promiklatsch-Blogs zu lesen – es ist einfach unterhaltsam genug, um sich zu entspannen, und keiner von uns kümmert sich darum, ob jemand anderes mitmacht. Er kann stundenlang darüber reden. Schließlich lernte ich, in Schweigen zu verfallen und einfach zu essen, bis er mit seiner Mathestunde fertig war. Dann wechselte ich das Thema und hoffte, ich würde alles, was er gerade gesagt hatte, sofort vergessen, denn Finanzangelegenheiten erschienen mir undurchsichtig und kompliziert – und die Scheidung hatte sowieso schon alles undurchsichtig und kompliziert gemacht. Alles, was mit Investieren zu tun hatte, war durch meine Erinnerungen an meine finanziellen Ängste während der Scheidungsjahre belastet.

Noch als ich über 20 war und entdeckte, dass ich Menschen kannte, die Aktien kauften oder Finanzberater hatten, und dass die Börse etwas war, das Menschen außer meinem Vater für lohnenswert hielten, dachte ich manchmal, dass ich möglicherweise zu voreingenommen gegenüber etwas war, das offenbar eine nützliche Fähigkeit war. Mein Verhältnis zu meinem Vater war zu dieser Zeit ziemlich gut und ich begann mich dafür zu interessieren, womit mein Vater sein Geld verdiente, und dafür, ein Vermögen zu bilden. Vielleicht könnte ich mich für die Geldanlage interessieren, wenn ich es nur versuchen würde, dachte ich mir.

Also versuchte ich es. Ich tat es einigen Freunden nach und versuchte es auf dem College mit Day-Trading – etwas, wozu einen mein Vater nicht ermuntert. Ich wusste gar nicht, wie viel ich nicht wusste, und verlor die Hälfte meines Geldes in ungefähr zwei Tagen, teils weil ich so wenig zu investieren hatte, dass die Gebühren etwaige Gewinne auffraßen, und teils weil die Aktien extra für mich fielen – trotz meiner todsicheren Kombination aus Bauchgefühl und heißen Aktientipps von besagten Freunden. Schnell wurde mir klar, dass die Börse ein Sumpf war, den ich nicht verstand.

Dann, aus dem anhaltenden Gefühl heraus, dass irgendein mysteriöses „Investment-Ding“ eine nützliche Fähigkeit wäre, und wahrscheinlich in der Hoffnung, meinen Vater ein bisschen besser zu verstehen, verbrachte ich einen Sommer damit, für ihn Investmentresearch zu betreiben, was eigentlich nur bedeutete, Zahlen in eine Tabellenkalkulation einzugeben. Ich tat das mechanisch, auf seine Art und nach seinen Methoden, wobei ich mich nicht sehr bemühte, es zu verstehen. Es war das erste Mal, dass ich ihn direkt bei der Arbeit sah – gewissermaßen wie die Wurst gemacht wurde, anstatt nur seine Berichte davon zu hören –, und ich entwickelte großen Respekt davor, wie viel er arbeitete, und für die Anlagemethode, die er entwickelt hatte. Trotzdem blieb nichts hängen.

Für einen Mann mit einem Hammer sieht alles wie ein Nagel aus. Für meinen Vater war die Geldanlage auf eigene Faust die Lösung für alles.

Ich kam auf jenen Januarmorgen und auf unser Telefongespräch zurück. „Ich will nicht selbst investieren, Dad", sagte ich zu ihm. „Es ist zu schwer, ich habe keine Zeit und es ist viel zu schwierig." Er fing an zu kichern, also machte ich weiter. „Ich bin beschäftigt. Ich meine, sogar echte Genies bauen beim Anlegen an der Börse Mist. Es ist zu schwer. Ich habe keine Zeit, das zu lernen."

Mein Dad lachte schallend. „Versuchst du mir zu sagen, dass es schwer ist und du beschäftigt bist?"

„Ich bin froh, dass du zwischen den Zeilen lesen kannst, denn genau das wollte ich dir sagen."

„Lass uns ein paar Berechnungen anstellen, um zu sehen, wie lange es dauern könnte, bis du die Freiheit hast, deinen Job aufzugeben und zu tun, was immer du willst."

„Ich kann das einfach nicht, Dad. Ich weiß schon, was du sagen wirst, und ich bin sicher, dass meine Aussichten schlecht sind, aber ich möchte lieber konservativ sein."

„Konservativ!" Er verschluckte sich quasi. „Was sagt Regel Nummer 1?"

„Mach keinen Verlust", zitierte ich trocken.

„Was ist denn konservativer als das?"

„Ich bin absolut deiner Meinung, dass es wichtig ist, kein Geld zu verlieren, aber ist die Börse der beste Weg dafür? Ich traue dem Markt nicht. Es muss doch einen sichereren Weg geben."

Schließlich gab er nach, wechselte das Thema und bald legten wir auf. Ich wusste, was er sagen würde, aber ich hoffte, diesmal würde es anders sein. Ich hatte es schon tausendmal gehört. Er würde eine Tabellenkalkulation erstellen und tausend Zahlen so schnell herunterrasseln, dass ich nicht folgen konnte, und mir dann erklären, wenn ich lernen würde, wie Warren Buffett zu investieren, würde es mir gutgehen. Keine Details. Keine wirkliche Hilfe.

Ich war zu müde, um wie Warren Buffett zu investieren, was auch immer das bedeutete. Und ich hatte erlebt, wie virtuos mein Vater mit Zahlen jonglierte. Ich hatte meine Talente, aber Zahlen gehörten nicht dazu. Ich war mir sicher, dass ich kein Mensch war, der mit seinem eigenen Geld herumspielen sollte.

Sicherlich musste es einen anderen Weg geben, der mich zur finanziellen Freiheit führen würde. Ich verbannte das Problem in den Hintergrund, damit ich mich auf meine Anwaltspraxis konzentrieren konnte, doch während ich in den nächsten Wochen weiter mein sogenanntes Leben führte, versuchte ich jedes Mal, wenn ich meine Magenmedikamente nahm, es herauszufinden: Was konnte ich tun, um keine Lohnsklavin mehr zu sein?

Das Problem war, dass das Finanzdienstleistungssystem – das wirklich ein so festgefahrenes Ungetüm ist, dass man es den finanziell-industriellen Komplex nennen sollte – wohl kaum ein freundliches Gesicht hatte. Die Herren des Universums, die sich auf *CNBC* gegenseitig anschreien, schreckten mich gründlich ab, die Bücher und Zeitungen verwendeten eine mir fremde Finanzsprache und die beiden großen Rezessionen, die ich durchlebt hatte, hatten mich gelehrt, dass die Börse ein unzuverlässiger Geschäftspartner ist.

Ich verweigerte mich der Finanzwelt bereits so sehr wie der Möglichkeit, zu lernen, auf eigene Faust zu investieren. Trotzdem musste ich mir etwas ausdenken.

Der finanziell-industrielle Komplex erklärt mir, dass es nur zwei Möglichkeiten gibt, mehr Geld zu generieren:

1. **HAMSTERN:** Nichts mehr kaufen, das Spaß macht, nichts mehr außer der Reihe kaufen, um zu sparen, zu sparen, zu sparen … und nur die allerkonservativsten Anlagen kaufen.
2. **ABGEBEN:** Mein Geld einem Vermögensverwalter übergeben, dem ich Gebühren für das Privileg bezahlen soll, ihm mein Geld auszuhändigen, unabhängig davon, ob er mein Geld dann verliert oder nicht.

Natürlich wollte ich nicht selbst mein eigenes Geld verlieren, aber ich wollte auch nicht, dass jemand anders es verliert. Meinen Einstieg in den Arbeitsmarkt hatte ich spektakulär schlecht geplant. Das College schloss ich während der Rezession Anfang der 2000er-Jahre ab und mein Jurastudium während der Rezession Ende der 2000er-Jahre, also beide Male dann, als sich der finanziell-industrielle Komplex in heillosem Aufruhr befand. Diese Leute schienen nicht aus ihren Fehlern zu lernen. Als der Markt nach oben tendierte, schien jeder ein Genie zu sein, aber als er fiel, wurden die Abgründe ihrer Unwissenheit bloßgelegt. Hamstern hörte sich sicher an und „sicher" klang fantastisch. Ich fasste einen einfachen Entschluss.

Ich würde ein finanzieller Hamsterer werden.

Ich war begeistert von meiner Entscheidung und ich begann wie wahnsinnig online zu recherchieren, um mehr zu erfahren. Wo waren die Erfolgsgeschichten von 80-jährigen Hamsterern, die Geldscheine in die Luft warfen?

Ich fand keine, dafür fand ich Schatzwechsel (Treasury Bills oder T-Bills), die sich gut anhören, es aber nicht sind. Ein Schatzwechsel oder eine Schatzanweisung ist eine Anleihe des US-Finanzministeriums und wird vom Bund verbürgt, sodass sie als risikolose Anlage gilt – zumindest so risikolos wie irgendeine Anlage sein kann –, weil der Staat über eine Druckerpresse für Banknoten verfügt. Sie sind weltweit so sehr der Maßstab für risikoarme Anlagen, dass der Zinssatz des zehnjährigen Schatzwechsels als „risikofreier Zins" bezeichnet wird. Jede Investition, die risikoreicher ist, müsste höhere Renditen als der risikofreie Zinssatz bringen, damit sie sich lohnt.

Gott sei Dank konnte mir das Internet diese Dinge erklären, denn die Finanzsprache lässt uns „Normalos" absichtlich im Unklaren, wenn es um Finanzentscheidungen geht, und wir brauchen Mittelsmänner, um uns auch nur ein einfache Transaktion auszuführen. Die Demokratisierung der Informationen im Internet, dank derer ich den Fachjargon der Finanziers schnell nachschlagen konnte, war die einzige Waffe, die ich gegen sie hatte.

Ich brütete einen Hamsterplan aus. Ich wollte, bildlich gesprochen, mein Geld unter meine Matratze stopfen. Mein schöner kleiner Sparstrumpf würde auf ein Sparkonto wandern, wo er, wie ich wusste, sicher sein würde. Er würde nicht sehr wachsen, das wusste ich, aber er würde auch nicht kleiner werden. Ich würde so viel sparen, wie ich konnte, ohne meinen Lebensstil aufzugeben – ab und zu ein Americano mit einem Freund von dem guten Kaffeestand auf dem Bauernmarkt von Boulder macht mich lebendig und ich brauchte diese Momente. Ich würde meinen Job so lange behalten, wie ich es physisch könnte, meine Studiendarlehen abzahlen, die Höhen und Tiefen des Marktes völlig ignorieren, meinem Sparbuch beim Wachsen zusehen und vielleicht mal einen Schatzwechsel kaufen, wenn die Zinsen stiegen. Solange ich noch ein paar Jahre durchhalten konnte, ohne dass meine Gesundheit wirklich schlimm litt, konnte ich später in eine weniger belastende Position in einem Unternehmen wechseln. Schluss, aus, erledigt.

Für mich war das ein Sieg. Und sicher würde auch mein Vater das als Sieg betrachten. Ich hielt mich ja buchstäblich an Regel Nummer 1: Mache keinen Verlust.

Ich klopfte mir auf die Schulter und war dermaßen begeistert von meinem Plan, mein Geld zu sparen, dass ich, als mein Vater Ende Januar für ein paar Tage in Boulder vorbeikam, übersprudelte. Er hatte ab und zu geschäftliche Termine in der Nähe und versuchte dann, übers Wochenende zu bleiben, damit wir Zeit zusammen verbringen konnten. Wir gingen zum Sonntagsbrunch in der Innenstadt in der Nähe meiner Wohnung und triumphierend verkündete ich meinen Plan.

„Ich habe beschlossen, mein Geld unter meiner Matratze zu sparen. Ich werde sparen und mir überlegen, was ich später damit machen werde."

Schweigen. Ich wusste, dass er dachte, in seinen Büchern hätte er etwas über Sparkonten als tragfähige Option zusätzlich zur aktiven Geldanlage schreiben sollen. C'est la vie, Dad. „Warum sind denn nicht alle auf diesen genialen Plan gekommen, kein Geld zu verlieren?", fragte ich ihn.

„Sparen?", entgegnete er. „Nur sparen?"

„Ja, ich weiß, dass Sparkonten keine Zinsen abwerfen. Ich weiß, das ist keine Wachstumsstrategie. Aber wenigstens verliere ich kein Geld. Ich halte mich strikt an Regel Nummer 1!"

„Und was ist mit der Inflation?", fragte er.

Inflation?

„Du weißt doch, was Inflation ist, oder?", fragte er. Irgendwie schon. Ich wusste, dass es Inflation gibt. Jeder wusste von der Inflation. Inflation bedeutet, dass die Preise steigen und die Kaufkraft des Geldes mit der Zeit abnimmt. Ich wusste nicht, warum. Irgendwie dass der Staat Geld druckt und dass dieses zusätzliche Geld, das umläuft, irgendwie bedeutet, dass das Geld weniger ... weniger nützlich ... weniger wert ... weniger gut ... einfach weniger wird? Foin, ich konnte „Inflation" nicht genau definieren.

„Inflation bedeutet, dass die Kaufkraft deines Geldes sinkt, weil der Staat will, dass die Menschen Arbeit haben, damit sie Kredite aufnehmen. Und wenn mehr Geld umläuft, kaufen die Verbraucher mehr, und mit der Zeit lässt die erhöhte Nachfrage die Preise steigen. Und weil die Unternehmen versuchen, die gestiegene Nachfrage zu befriedigen, erhöhen sie die Löhne oder schaffen neue Arbeitsplätze, sodass die Wirtschaft wächst. Auch das führt zu mehr Konsum, was wieder zu mehr Nachfrage, höheren Löhnen, mehr Arbeitsplätzen und erneut mehr Konsum führt. Man nennt das den ‚Engelskreis' der Inflation."

Er zeigte auf seine Cola – für ihn eine besondere Sonntagsdosis Zucker. „Als ich ein Kind war, bekam ich für zehn Cent eine Cola, und jetzt bekomme ich sie für einen Dollar 50. Die gleiche Cola. Der Wert des Groschens ist gefallen wie ein Ziegelstein. Als Benjamin Franklin sagte: ‚Ein gesparter Penny ist ein verdienter Penny', konnte man sich für einen Penny fast so viel kaufen wie heute für einen Dollar. Seit Franklins Zeit hat die Inflation die Kaufkraft eines Penny um mehr als 98 Prozent reduziert."

„Klingt alles absolut logisch. Mehr Konsum, höhere Löhne, mehr Arbeitsplätze gleich ‚Engelskreis'. Aber warum fragst du mich überhaupt nach der Inflation?"

„Die einzige Möglichkeit, auch nur die heutige Kaufkraft des Geldes zu erhalten, ist, mit diesem Geld zusätzliches Geld zu verdienen."

„Nein, nein, nein! Du sagst doch immer, dir ist es lieber, „auf Barem zu sitzen", anstatt in überteuerte Unternehmen zu investieren und möglicherweise an der Börse Geld zu verlieren. Das ist doch das, was ich tue. Ich sitze auf Cash."

„Also gut, ja, technisch gesehen sitzt du auf Barem. Aber die Inflation wird dich schädigen, wenn du langfristig Cash hältst. Die Inflation verringert die Kaufkraft deines Geldes mit der Zeit. Deshalb wird der Dollar, den du heute sparst, morgen in Kaufkraft gerechnet buchstäblich weniger wert sein. Am nächsten Tag wieder weniger, am Tag darauf noch weniger, in zehn Jahren viel weniger und in 30 Jahren massiv weniger – nur noch 40 Cent –, ohne dass du irgendetwas tust."

Bei 3 Prozent Inflation im Jahr sinkt die Kaufkraft eines Dollar in 30 Jahren auf 0,40 Dollar.

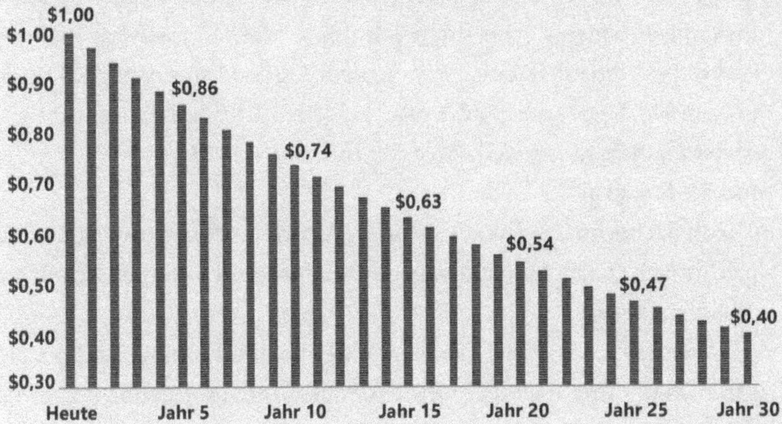

In 30 Jahren könnte der heutige Lebensstil für 80.000 Dollar im Jahr locker fast 200.000 Dollar kosten.

Die tiefe finanzielle Lücke, die durch die Inflation entstanden war, begann in den Fokus zu rücken. Die Wahrheit war, dass ich drei Prozent oder mehr verdienen musste, damit mein Geld nicht jedes Jahr weniger wert wird. „Moment mal ... du willst doch nicht sagen, dass mich das Sparen buchstäblich Geld verlieren lässt, ohne dass ich etwas falsch mache. Ich muss also investieren, nur um da zu bleiben, wo ich bin? Ich muss investieren, nur um wenigstens auf der Stelle zu treten?“

„Genau das sage ich dir.“ Papa sah etwas verwirrt darüber aus, dass ich immer noch überrascht war. Er versuchte es noch einfacher auszudrücken. „Die Inflationsrate liegt im historischen Durchschnitt bei drei Prozent pro Jahr, also muss man eine durchschnittliche Rendite von drei Prozent pro Jahr erzielen, nur um die Inflation auszugleichen.“

Es war ja nicht so, dass ich es nicht verstanden hätte. Verstanden hatte ich es durchaus. Aber ich hatte nie die Tatsache der Inflation auf meine Ersparnisse angewandt. Er redete so, als ob jeder erwachsene Mensch wüsste, dass er investieren muss, um mit der Inflationsrate von drei Prozent im Jahr Schritt zu halten. Warum hatte mir das noch keiner gesagt? Warum hatte *er* mir das nicht früher gesagt? Oder wussten es etwa alle außer mir? Das fragte ich mich. War ich noch gar nicht erwachsen geworden? Habe ich etwa an dem Tag den Unterricht geschwänzt, an dem wir besprachen, dass man auf jeden Fall drei Prozent im Jahr erwirtschaften muss, weil sonst die Inflation so sicher ist wie der Tod und die Steuern?

„Ich dachte an das Sparen als nettes, neutrales Nichtstun." Ich seufzte. „Einfach jeden Monat etwas Geld beiseitelegen und es sich schön anhäufen lassen."

„Aber das tut es nicht." Dad machte es noch schlimmer und erklärte mir, dass die Preise einiger sehr wichtiger Dinge sogar noch schneller steigen als die Inflation. Seine Eltern kauften ihr erstes Haus in Portland im Bundesstaat Oregon 1951 für 5.000 Dollar – das entsprach dem Jahresgehalt meines Großvaters als angehender Buchhalter. Ein annehmbares Haus zu finden, das man für das Jahresgehalt eines Buchhalters bekommt, ist heutzutage schwierig und in begehrten Städten wie Portland sicher unmöglich. Dort würde dasselbe Haus heutzutage 300.000 Dollar kosten, während selbst ein Buchhalter mit Berufserfahrung dort nur rund 40.000 Dollar im Jahr verdient.

„Die Inflation hat das Gehalt eines Buchhalters in 65 Jahren um 800 Prozent steigen lassen – durchschnittlich drei Prozent im Jahr. Aber wegen der begehrten Lage, der gewachsenen Bevölkerung, der staatlichen Bürgschaften für Immobiliendarlehen und der steuerlichen Förderung ist der Preis für dasselbe Haus in Portland um 6.000 Prozent gestiegen – etwa sieben Prozent im Jahr."

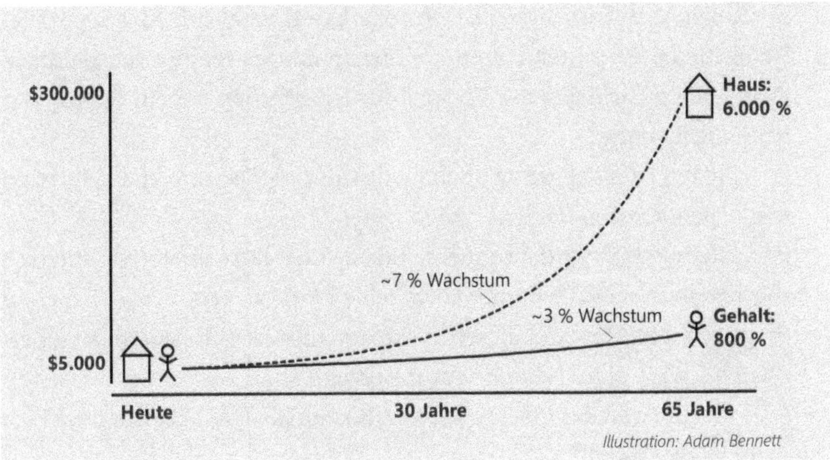

Dad fuhr fort: „Wenn deine Ersparnisse nicht wachsen, wird es dir im Ruhestand schwerfallen oder gar unmöglich sein, in einem guten Restaurant essen zu gehen. Und von der gesundheitlichen Versorgung wollen wir gar nicht reden. Also, ja, du musst investieren, nur um auf der Stelle zu treten, und du musst vielleicht sogar mehr als drei Prozent schaffen, um dich über Wasser zu halten."

„Aber alle sagen doch, wir sollen sparen! Das ist der übliche Rat! Hortet! Spart euer Geld! Bewahrt es sicher auf! Regel Nummer 1: Verliere kein Geld!"

Da lachte er mich einfach aus. *Oh Herr, bewahre mich davor, diesen Mann mit meiner Gabel zu erstechen.* Ich würde schließlich meine Zulassung als Anwältin verlieren.

„Diejenigen, die zum Sparen auffordern, meinen, dass man sparen sollte, anstatt Geld auszugeben. Aber wegen der Inflation und der Tatsache, dass das, was die Leute kaufen, ‚morgen' teurer sein wird, geben sie ihr ganzes Geld aus und dazu noch alles, was sie sich ‚heute' leihen können. Also müssen wir ermutigt werden, das Geld zu sparen statt es auszugeben. Aber niemand sagt, wenn man einmal Geld gespart hat, soll man es auf einem Sparkonto aufbewahren."

So ein Mist. Fast sprang ich frustriert vom Stuhl auf. Also sogar diejenigen, die vermittelt hatten, sie hielten das Sparen für den richtigen Weg, sahen darin nur das Vorspiel zur eigentlichen Arbeit? Sparen war also nicht genug?

„Sparen ist nicht genug", hob mein Vater an. Dass er versuchte, nicht zu lachen, machte mich nur noch wütender.

„Die Inflation wird also meine Ersparnisse aktiv zerstören", stieß ich hervor und versuchte immer noch, seine Worte zu verarbeiten. Langsam begann mein Verstand diesen Wust verdammter Informationen zu erfassen. „Warum hast du mir das nie gesagt?"

Er lachte und das machte mich wahnsinnig. „Das habe ich doch! Ich habe es dir gesagt!"

Nicht dass ich mich daran erinnern würde. Wenn er es jemals gesagt hat, dann hat er sich nicht darum gekümmert, ob ich es gehört habe.

„Guter Gott." Ich sprach laut mehr oder weniger zu mir selbst: „Also ist es unentwirrbar. Ich bin mit dieser Wirtschaft und dieser Börse verbunden, ob es mir gefällt oder nicht."

„Ja", bestätigte Dad zum vierzehnten Mal. „Du siehst aus, als wolltest du unter den Tisch kriechen und dich verstecken."

„Nein, ich will mich nicht verstecken, ich will nur eine Lösung finden, bei der ich nicht mein eigenes Geld investiere! Ich dachte, ich hätte eine Lösung gefunden, und jetzt eröffnest du mir, dass ich dadurch sehr zuverlässig tatsächlich Verlust mache."

Papa sah mich fest an. „Ja."

„Ich bin so frustriert", schrie ich halb.

Ich musste mich bewegen. Wir gingen die paar Blocks zurück zu meiner Wohnung und Dad dachte sich nichts dabei, als ich mich auf den Teppich rollte und die Yogahaltung des hinabschauenden Hundes einnahm. Meine Eltern hatten mich seit meiner Kindheit mit transzendentaler Meditation und Yoga als festen Bestandteilen meines Lebens erzogen, also war das Strecken in einer Yogahaltung meine Art geworden, solche Frustration daran zu hindern, sich festzusetzen. Ich atmete tief in meinen unteren Rücken ein, um zu versuchen, etwas Atem in meinen Solarplexus zu bringen und diese schreckliche Panik, lange Zeit etwas Wichtiges verpasst zu haben, hinauszuspülen. Der Gedanke der Inflation, die sich negativ auf meine Ersparnisse auswirkte, setzte sich und ich begann zu spüren, wie mein Gehirn Purzelbäume schlug und versuchte, einen Ausweg aus dieser Situation zu finden. Ich hatte mich so sicher gefühlt mit meinem Geld unter meiner Matratze. Jetzt fühlte ich mich, als hätte sich eine Ratte unter meiner Matratze eingenistet und sie knabberte meine hart verdienten und viel geschätzten Dollar an, einen nach dem anderen, und baute daraus ein riesiges Rattennest.

Papa hatte sich schon auf die Couch fallen lassen, also setzte ich mich in meinen großen Sessel. Er hatte angefangen, das zu tun, was er immer tut, wenn er irgendwelche finanziellen Sachen erklären will: Er startete Excel, erstellte eine Tabellenkalkulation, dann drehte er sie in meine Richtung. Ich überflog sie halb. Tabellenkalkulationen waren nicht mein Ding und ich hatte keine Lust, sie zu entschlüsseln.

Er fasste sie kurz zusammen: „Du kannst nach 30 Jahren Sparen wie Dagobert Duck und einem spartanischen Lebensstil in Rente gehen, aber dein sogenannter Ruhestand wird dann nur vier Jahre dauern, weil die inflationsbedingt überhöhten Kosten selbst eines spartanischen Lebensstils deine Ersparnisse sehr schnell auslöschen werden."

Nun, das klang ... schlecht.

„Siehst du nun, warum ich diese Arbeit mache und angefangen habe, zu investieren?" Er atmete durch. „Ich fing erst an, über Geld nachzudenken, nachdem ich im Alter von 28 Jahren in einem Ashram in Frankreich ein halbes Jahr lang zwölf Stunden am Tag meditiert hatte. Ich musste meine Vietnamkriegserfahrung irgendwie aus mir herauskriegen und es hat funktioniert. Ich brauchte für das nächste halbe Jahr 4.000 Dollar für Unterkunft und Verpflegung und ich hatte sie nicht. Es war schrecklich, zu wissen, dass das Einzige, was zwischen mir und der vollständigen Erleuchtung stand, Geld war."

„Sechs weitere Monate tiefer Meditation hätten dich erleuchtet?", fragte ich skeptisch.

„Nun, im Nachhinein, nein." Er lachte. „Aber es war das, was ich tun wollte. Damals ging es um spirituelle Freiheit. Und ich konnte es wegen des Geldes nicht tun. Als ich in die Vereinigten Staaten zurückkehrte, hielt ich Meditationskurse und leitete weiterhin Flussfahrten, aber Geld war immer ein Thema. Irgendwann traf ich den Mann, der anbot, mir das Investieren beizubringen.[4] Ich nahm sein Angebot an, weil ich es satt hatte, die ganze Zeit pleite zu sein. Als ich anfing zu lernen, spürte ich, dass ich genau das Richtige tat – es war so einfach wie der Strömung des Flusses zu folgen."

Er hatte mich wohl nicht verstanden. *Mich* machte die Geldanlage ja nicht glücklich. Sie machte mir Angst.

Wenn ich mich entschied, mutig zu sein und den Sprung in ein Investment ganz allein zu wagen, war ich mir sicher, dass ich das ganze Geld, das ich in den Markt gesteckt hatte, verlieren würde. Mein Vater nennt dies die emotionale Regel der Geldanlage: Sobald man eine Aktie kauft und erwartet, dass sie nach oben geht, wird sie ganz nach unten gehen, weil man die Aktie gekauft hat. Das ist wie die Entscheidung, in welcher Schlange man wartet. Ich wähle immer die Schlange, die am schnellsten aussieht, und sobald ich mich einreihe, wird sie sofort langsamer. Aktien zu kaufen scheint so ziemlich dasselbe zu sein wie eine Warteschlange auszusuchen, nur mit viel größeren Konsequenzen. Aber hier ist der Unterschied: Man muss sich eine Schlange aussuchen, aber man braucht sich keine Aktie auszusuchen.

Wenn ich an all die Faktoren denke, die schiefgehen können und dann bewirken, dass der Aktienkurs eines Unternehmens sinkt, habe ich das Gefühl, dass ich durch ein fensterloses Beton-Treppenhaus mit

[4] Die Geschichte, wie mein Vater seinen Mentor kennenlernte und sein Leben änderte, ist Thema seines ersten Buches, „Regel Nummer 1". Habe ich schon erwähnt, dass es ein Bestseller war?

schweren Türen an beiden Enden in ein schwach beleuchtetes Parkhaus gehe, und ich habe mein Pfefferspray nicht eingesteckt, weil es nicht in meine Handtasche passte und ich außerdem Angst hatte, ich könnte es aus Versehen in der überfüllten Bar auslösen. Und ja, ich habe ein paar großzügig eingeschenkte alte Bourbons getrunken, aber trotzdem geht mein Radar los und sagt mir: „Mädchen, geh nicht in dieses Beton-Treppenhaus." Beschwipste Angst ist die schlimmste Angst, denn wenn man sie durch den Rausch hindurch spüren kann, weiß man, dass sie wirklich groß ist. Es gibt zwei Arten von Menschen auf der Welt – diejenigen, die das fensterlose Beton-Treppenhaus betrachten und sich nichts dabei denken, und diejenigen, die das fensterlose Beton-Treppenhaus betrachten und sich denken: Es besteht eine hohe Wahrscheinlichkeit, dass dies für mich nicht gut ausgehen wird. Der erste Typ ist in den meisten Fällen männlich, der zweite Typ ist in der Regel weiblich. Ihr Männer wisst, dass das stimmt – euch ist noch nie ein fensterloses Beton-Treppenhaus aufgefallen. Ihr Frauen wisst auch, dass es stimmt – ihr seid euch des fensterlosen Beton-Treppenhauses auf einer zutiefst instinktiven Ebene sehr bewusst und ihr wisst auch, dass sich die meisten Männer nie groß Gedanken darum gemacht haben.

Anlegerinnen haben in der Regel eine geringere Risikotoleranz als Männer. Eine aktuelle Studie ergab, dass nur vier Prozent der Frauen, die bei Fidelity Geld angelegt haben, bereit waren, einen erheblichen Betrag zu investieren, um potenziell höhere Erträge zu erzielen, hingegen 15 Prozent der Männer. Gleichzeitig werden 90 Prozent aller Frauen irgendwann in ihrem Leben die alleinige finanzielle Entscheidungsträgerin ihrer Haushalte sein. Ich war es in meinem Haushalt zweifellos, aber meine instinktive Reaktion auf den Gedanken des Investierens an der Börse war: NICHTS WIE WEG AUS DIESEM FENSTERLOSEN BETON-TREPPENHAUS UND RUF EIN UBER, DER AUFPREIS LOHNT SICH.

„Aber du reagierst da anders als ich. Ich habe das Gefühl, meine Welt zieht sich zusammen. Ich habe keine Zuversicht, dass ich investieren kann. Du scheinst alles Selbstvertrauen der Welt zu haben."

Dad hielt inne. „Am Anfang war das bei mir nicht so. Ich musste es lernen. Aber pleite zu sein kann einen mutig machen. Dieses Vertrauen habe ich jetzt, weil ich mir bezüglich des tatsächlichen Wertes eines Unternehmens sicher bin und mich weigere, es zu kaufen, wenn ich es nicht zu einem wirklich niedrigen Preis bekomme, weil Dinge passieren, die niemand vorhersehen konnte. Wir alle liegen manchmal falsch. Das schützt mich."

„Du magst aber riskante Situationen. Du magst es wirklich, am Rand des Abgrunds zu leben."

„Eigentlich überhaupt nicht. Nur wenn man nicht weiß, was man tut, gerät man an den Abgrund. Ich möchte hingegen genau wissen, was ich tue."

„Ich bin eine risikoscheue Anwältin. Ich will kein bisschen in die Nähe des Abgrunds geraten."

„Das ist für Anleger eine tolle Eigenschaft. Man sollte nicht mit seiner finanziellen Zukunft spielen." Es war unerträglich, er zwinkerte! „Du bist dafür vielleicht besser geeignet, als du denkst."

„Eh", meckerte ich vor mich hin. Es war eine äußerst logische Entscheidung, nicht auf eigene Faust zu investieren, die mich vor dem Gefühl des fensterlosen Beton-Treppenhauses schützte, das sehr real und sehr greifbar ist. Nicht darüber nachzudenken und schon gar nichts damit zu tun haben ließ dieses schreckliche Gefühl der Angst verschwinden. Und es ist schön, wenn es verschwindet. Auf der anderen Seite erzeugte das Wissen, dass mein Ruhestand vier Jahre dauern würde, sein eigenes Gefühl des fensterlosen Beton-Treppenhauses. Ich hatte das Gefühl, als hätte ich die Wahl zwischen Pest und Cholera.

Ich lenkte unser Gespräch weg von allem, was mit Investments zu tun hat, und Dad und ich arbeiteten den Rest des Tages in meinem Haus. Wir hielten uns für den Rest des Wochenendes an unverfängliche Themen, bis er nach Atlanta zurückkehrte.

Dass mir eine wichtige Information entgangen war, stank mir ganz schön. Über ein Konzept nachzudenken, das man schon immer irgendwie kannte, über das man aber nie wirklich viel nachgedacht hat, ist wie zu entdecken, dass man einen riesigen Popel hat, der kaum noch im Inneren des Nasenlochs hängt: Man wusste, dass er die ganze Zeit im dunklen Loch versteckt war, aber jetzt sieht man ihn wirklich in all seiner abscheulichen Pracht. Nun dachte ich jeden Tag an die Inflation und jedes Mal, wenn sie mir in den Sinn kam, fragte ich mich: Was habe ich noch alles verpasst? Was weiß ich noch nicht, was ich nicht weiß? Das ließ mich einfach nicht los.

Im Laufe jener Woche traf ich bei einer Veranstaltung im Büro eine Freundin, die Finanzberaterin ist. Mir wurde klar, dass sie vielleicht das wissen müsste, was ich von meinem Vater über die Inflation gelernt hatte. Sie würde wahrscheinlich ihre Klienten warnen wollen. „Hast du schon gehört? Das mit der Inflation?", rief ich aus.

Sie zögerte kurz und sagte dann: „Ja?" – in diesem Ton, wenn jemand nicht recht weiß, was auf einen zukommt.

„Wusstest du, dass sie den Wert deines Geldes anfrisst, ohne dass man etwas tut?" Ich wurde laut. Meine Frustration kehrte mit voller Wucht zurück.

„Ja?", erwiderte sie und trank einen Schluck von ihrem Wein. Sie war nicht beunruhigt. Offensichtlich hatte sie nicht verstanden, wie schrecklich die Inflation ist.

„Sie nimmt einem einfach das Geld weg! Also selbst wenn ich spare und spare und spare, verschwindet mein Geld langsam, Dollar für Dollar, bis nichts mehr übrig ist! *Nichts*!"

„Das stimmt irgendwie schon", stimmte sie freundlich zu. „Die Inflation verringert die Kaufkraft deines Geldes in der Regel um durchschnittlich drei Prozent pro Jahr. Es verschwinden nicht deine konkreten Dollar, nur ihre Kaufkraft."

„Also wusstest du das."

Sie zuckte ratlos mit den Achseln und schien nun ernstlich besorgt um mich zu sein. „Ich wusste nicht, dass du es nicht wusstest."

Vielleicht gab es zu viel, was ich nicht wusste. Vielleicht musste ich nachforschen.

Der Popel der Inflation ist ein seltsamer. Auf volkswirtschaftlicher Ebene sehen Ökonomen sie als positive Kraft. Studien von Ökonomen des Internationalen Währungsfonds und anderen weisen darauf hin, dass, solange die Inflation relativ niedrig und stabil bleibt, der Engelskreis aus Konsum, Löhnen und Arbeitsplätzen mehr Arbeitsplätze schafft oder die Löhne steigen lässt.[5] Wenn jedoch die Inflation über das „gute" Niveau hinaus steigt, dann wird unser Geld zu schnell abgewertet und ist so wenig wert, dass Löhne und Arbeitsplätze nicht mithalten können. Dann nimmt der Wert unserer Ersparnisse ab. Natürlich erodiert die Inflation auch den Wert der Schulden, sodass sie die Kreditaufnahme und die Ausgaben der Verbraucher befeuert. Aber wenn die Verbraucher nichts mehr ausgeben, bricht der Kreislauf ab. Japan ist wegen zu geringer Nachfrage in einer langen Periode der Deflation und der extrem niedrigen Inflation stecken geblieben. Der dortige Arbeitsmarkt hat die Löhne nicht steigen lassen und die japanischen Verbraucher geben einen ungewöhnlich niedrigen Teil ihres Einkommens aus, sie sparen es lieber, als es auszugeben.[6] Die Aktienmärkte steigen jedoch normalerweise gemeinsam mit der Inflation, weil die Umsätze und Gewinne der Unternehmen normalerweise in gleichem Maße steigen.[7] Summa summarum schadet die Inflation den Ersparnissen, hilft aber den Aktien.

Hmmm. Vielleicht sollte ich mich tatsächlich einmal etwas ernsthafter mit der Börse befassen.

Ich wälzte diesen Gedanken etwa eine Woche lang in meinem Kopf hin und her und wollte den Anruf eigentlich nicht machen, wusste aber, dass ich es wirklich tun sollte. Das könnte eine Interaktion mit meinem

[5] Siehe M. Sarel: „Non-Linear Effects of Inflation on Economic Growth", *IMF Staff Papers* 43, (März 1996). Siehe auch R. Barro: „Inflation and Growth", *Federal Reserve of St. Louis Review* (Mai/Juni 1996) und M. Bruno: „Does Inflation Really Lower Growth?", *Finance and Development* 32, Nr. 3 (September 1995).

[6] Paul Krugman: „What Is Wrong with Japan?", http://web.mit.edu/krugman/www/nikkei.html, Robin Harding: „Japan Returns to Inflation for First Time Since 2015", *Financial Times*, 3. März 2017.

[7] http://www.investopedia.com/university/inflation/inflation4.asp

Vater über Geld lostreten, von der ich nicht ganz sicher war, ob ich sie wollte. Andererseits war er ein Experte, unmittelbar in meiner Familie, und bereit zu helfen. Ich wusste, was die richtige Entscheidung für meine Zukunft war.

Am nächsten Wochenende atmete ich tief durch und rief meinen Vater an.

„Ich könnte möglicherweise Lust haben, mit dir darüber zu reden, was ich mit meinem Geld machen soll", fing ich an. Aber er hatte schon gewusst, dass ich nachgeben würde. Er war auf mich vorbereitet.

„Ich denke Folgendes", sagte er vorsichtig.

Ich stieg darauf ein. „Was denkst du denn?"

„Ich denke, du solltest dieses Jahr damit verbringen, die Geldanlage nach Regel Nr. 1 zu erlernen. Im Laufe dieses Jahres wirst du dich vom Neuling, der du jetzt bist, in jemand verwandeln, der sein Geld kompetent und selbstbewusst investiert."

Ähm, was? Das Gefühl des fensterlosen Beton-Treppenhauses lauerte wieder. Ich wusste, dass ich etwas tun musste, um zur finanziellen Freiheit zu gelangen, ja, aber selbst zu investieren schien mir immer noch der letzte Ausweg zu sein. Hamstern schied wegen der bescheuerten Inflation natürlich aus, aber dies alles einem Finanzberater zu überlassen klang immer noch überaus vielversprechend. Meinen Vater konnte ich dafür nicht einspannen, denn sein Fonds nahm aufgrund der SEC-Vorschriften nur Investoren mit einem großen Vermögen an – und das gab mein Bankkonto nicht her. Doch vielleicht konnte ich jemand anders finden, vielleicht jemand noch Besseren?

Er merkte, dass ich nicht überzeugt war.

„Ich weiß, was du denkst", sagte er, „und ich werde aus dem Stegreif beweisen, dass eine andere Person, die dein Geld verwaltet, dir nicht die finanzielle Freiheit bringen wird. Ich werde es dir beweisen. Und wenn ich das getan habe, werde ich dir bis zum Ende des Jahres beibringen, wie man investiert."

„Du bist ja ganz schön zuversichtlich."

„Auf jeden Fall. Du kannst das schaffen. Keine Frage."

Ich dachte darüber nach. Wie konnte ich mir Zeit für die Geldanlage verschaffen? Ich hatte ja nicht einmal Zeit für ein Date – womit ich eigentlich vollkommen zufrieden war: Nachdem ich mit einem langjährigen Freund Schluss gemacht hatte, brauchte ich etwas Zeit. Ich beschloss, keine Beziehung mehr anzufangen, bevor ich in meinem Leben Platz für jemand anderen hatte. Mir gefiel es sehr gut, mich einmal nur auf mich selbst zu konzentrieren. Aber obwohl ich mein Leben so weit wie möglich abgespeckt hatte, konnte ich nicht so weitermachen wie bisher. Meine Gesundheit und die Ansprüche meiner Familie würden es nicht zulassen. Wenn schon nicht für mich, dann musste ich für sie ein besseres Leben führen. Ich wollte etwas gegen meine Probleme tun, so wie Kamala und ich es uns versprochen hatten. Ich konnte mich ja nicht beschweren und mich dann hinsetzen und nichts tun.

Ich hatte wirklich keine Wahl. Das Universum reichte mir eine Hand und ich musste meinerseits nur die Hand ausstrecken und sie nehmen.

Was ich auch tat, wenn auch behutsam. „Es könnte funktionieren, wenn ich es wie eine normale Aktivität in meinem Leben behandeln könnte. Wenn ich Zeit für Investitionen aufwenden will, muss ich das so in mein Leben einbauen wie meine Yoga-Übungen."

Dad war meiner Meinung. „Es wird ein fester Bestandteil deines Lebens werden. Außerdem wirst du darin mit der Zeit immer besser werden. Ich mache das sehr gerne, weil ich ständig etwas über neue Branchen oder Unternehmen oder Berufe erfahre. Es ist ein Fenster zur Welt."

„Stetige Weiterbildung" – ich lächelte –, „wie meine Anwaltskanzlei es verlangt. Oder eine Arztpraxis oder die praktische Ausübung eines anderen Berufs."

„Das gefällt mir. Es wird deine Anlagepraxis."

Ja, meine Anlagepraxis, meine Anlage-Übungen.

Das erinnerte mich an etwas, das der Arzt Atul Gawande über das Praktizieren als Arzt in der Ausbildung schrieb. Er hatte es mehrmals nicht geschafft, Patienten einen zentralen Venenkatheter zu legen (ein langer Schlauch, der in eine große Vene eingeführt wird, um verschiedene Arten von Flüssigkeiten einzuleiten), und dann, eines Tages, machte er es richtig: „Ich habe immer noch keine Ahnung, was ich an diesem Tag anders gemacht habe. Aber von da an gingen meine Schläuche rein. In der Praxis zu üben ist schon eine komische Sache. Tagelang macht man nur Bruchstücke von dem, was zu tun ist. Und dann, eines Tages, kriegt man die ganze Sache hin. Bewusstes Lernen wird zu unbewusstem Wissen und man kann nicht genau sagen, wie."[8]

Wenn mein Vater mir die Bruchstücke der Geldanlage vermitteln würde, könnte ich sie üben – praktizieren – und hoffen, dass daraus ein Ganzes würde.

„Sag mir, wie das konkret laufen wird", bat ich ihn.

„Ich bewerte eine Firma, indem ich ihre Geschichte schreibe. Jeden Monat werde ich dir eine Komponente dieser Geschichte beibringen, bis du selbst recherchieren und die Geschichte schreiben kannst, ohne auch nur nachzudenken. Ich helfe dir, deine eigene Wunschliste von Unternehmen zusammenzustellen, und dann sprechen wir über den richtigen Zeitpunkt, die Unternehmen zu kaufen, und über den Aufbau eines unempfindlichen – oder „antifragilen" – Portfolios. Du kannst deine praktischen Übungen so gestalten, dass sie in den Zeitplan deiner Arbeit passen. Wir machen Folgendes:"

Dann erklärte er jeden Monat:

„In diesem Monat, im Januar, geht es darum, Mut zu fassen. Es ist riesig, dass du überhaupt an solche Sachen denkst. Die meisten Menschen tun das nicht und ich weiß, dass es einschüchternd ist. Ich bin sehr stolz darauf, dass du diesen Weg einschlagen willst."

Ich lächelte. „Danke, Dad."

„Es kommt noch besser. Nächsten Monat, im Februar, werde ich dich davon überzeugen, die Geldanlage nicht aufzugeben, indem wir deine ‚Zahl' berechnen – die Anzahl Dollar, die du brauchst, um in finanzieller

---

[8] Atul Gawande: *Die Schere im Bauch: Mysterien der Medizin* (btb 2010).

Hinsicht frei zu sein. Du wirst sehen, es ist unmöglich, dass du so weit kommst, wenn du dein Geld einem Finanzberater übergibst. Keine Frage. Das wird also ein einfacher Monat. Im März sprechen wir darüber, was die Börse eigentlich ist und wie sie funktioniert. Im April, Mai und Juni werden wir zu den Grundlagen des guten Investings übergehen – wie man ein Unternehmen auswählt und wie man herausfindet, ob es ein gutes Geschäft ist. Im Juli und August befassen wir uns mit der Bewertung und mit der Frage, welchen Preis man bezahlen sollte."

„Au." Ich konnte nicht anders.

„Ich weiß, du machst dir Sorgen wegen der Rechnerei, und deshalb gebe ich uns viel Zeit, das zu lernen. Wir nehmen uns zwei Monate für etwas, das du eigentlich in etwa einem Tag verstehen wirst. Aber so hast du Zeit, es zu üben und dich wirklich damit wohlzufühlen, bevor du mit etwas anderem weitermachst."

„Okay, und was ist mit den letzten Monaten?"

„Der September wird genau deine Baustelle – wir werden die Argumente, die für Unternehmen sprechen, die dir gefallen, ins Kreuzverhör nehmen und den Spieß umdrehen – wir werden versuchen zu beweisen, dass es eine schlechte Idee ist, sich in diesen Unternehmen zu engagieren. Im Oktober und November geht es dann darum, wie man ein antifragiles Portfolio zusammenstellt, das von Krisen profitiert, und im Dezember ziehen wir das Fazit. All diese Elemente ergeben die Geschichte – die Story – eines Unternehmens. Bis Jahresende wirst du wissen, wie du erfolgreich allein investieren kannst, und diese Fähigkeit wird dir für den Rest deines Lebens erhalten bleiben. Du wirst auf dem Weg in die Freiheit sein. Klingt das nicht gut?"

Ich atmete durch und lächelte, versprach aber nichts.

„Nur wenn du mich zuerst davon überzeugst, nicht gleich wieder auszusteigen."

JANUAR-ÜBUNG: Der Investmentprozess begann für mich, als ich erkannte, dass ich mein Leben deshalb nicht so lebte, wie ich es wollte, weil ich mir so viele Sorgen um Geld machte. Machen Sie ein Brainstorming und schreiben Sie auf, was Sie tun würden, wenn Sie finanziell unabhängig wären, was auch immer das für Sie bedeutet. Würden Sie Ihren Job behalten, weniger arbeiten, ehrenamtlich arbeiten, einen anderen Job suchen, Studiendarlehen oder Arztrechnungen bezahlen, ein Familienmitglied unterstützen, reisen, für wohltätige Zwecke spenden oder besser schlafen? Seien Sie mutig genug, aufzuschreiben, wie Sie sich dabei fühlen würden.

KAPITEL 2

KENNE DEINE ZAHL

FEBRUAR

Diesen Monat:

- Börsenfibel
- Mehrere Arten des Abgebens
- Die Berechnung meiner Zahl
- Anlagemöglichkeiten außerhalb des Aktienmarkts
- *Maro* – Dankbarkeit

Dad war ein paar Wochen zuvor in sein Haus zurückgekehrt und seit seinem Besuch hatte ich über alles nachgedacht, was wir besprochen hatten. Ich war nicht gerade begeistert davon, meine Geldanlage selbst in die Hand zu nehmen. Daher verschlimmerten meine Ängste, die zu dem üblichen Arbeitsstress hinzukamen, den Zustand meines Magens noch. Konnte ich mich wirklich ein Jahr lang auf die Geldanlage konzentrieren?

Das Leben schafft es immer wieder, einen schwer zu beschäftigen, und ich war mir bewusst, dass es mir wohl besser gelingen würde, mich das ganze Jahr über zu konzentrieren, wenn das Ganze strukturiert wäre und ich irgendwie dafür verantwortlich wäre. Meinen Vater fragte ich, ob wir wöchentliche „Anlagepraxis"-Telefonate führen könnten, um sicherzugehen, dass wir den Überblick behalten. Ich dachte mir, dass wir beide sehr bald mit anderen Dingen beschäftigt sein würden, und ich hoffte, die Anrufe würden uns helfen, bei der Stange zu bleiben. Über die ganze Sache dachte ich noch einmal nach. Die Börse? Ich wollte der Börse vertrauen?

Der „Aktienmarkt", die „Börse", der „Markt" oder die „Märkte", das sind lauter Oberbegriffe für den Marktplatz, den die Börsen auf der ganzen Welt bilden. Die New York Stock Exchange (NYSE) ist wahrscheinlich die bekannteste Börse der Welt und in Deutschland ist die Deutsche Börse in Frankfurt die bekannteste, aber es gibt in vielen Ländern verschiedene Börsen und zusammen bilden sie den weltweiten Aktienmarkt. Wenn mein Vater von der Börse oder vom Markt spricht, meint er normalerweise die Börsen in den Vereinigten Staaten, also die NYSE, die NASDAQ und kleinere Börsen, an denen die Aktien von insgesamt etwa 6.000 Unternehmen gehandelt werden. Wenn er von „besser als der Markt" oder davon spricht, „den Markt zu schlagen", dann meint er damit, dass man eine Durchschnittsrendite erzielt, die über der Durchschnittsrendite des US-amerikanischen Marktes als Ganzes liegt.

Im 17. Jahrhundert wurde in den Niederlanden eine Neuerung eingeführt, die den Lauf der Geschichte veränderte und einen Marktplatz entstehen ließ, wie wir ihn heute kennen: Man teilte Unternehmen in Aktien auf – sodass man anstatt des ganzen Unternehmens Anteile besitzen konnte – und diese konnten von der Allgemeinheit gekauft werden. Diese „Aktien" genannten Firmenanteile konnten dann an einer Börse gehandelt werden – das ist die moderne Bezeichnung für etwas, das damals im Grunde nur eine Versammlung von Männern war, die in einem Wirtshaus saßen, tranken und dabei darüber spekulierten, wie viel die Aktien eines Unternehmens wert sein könnten, wenn eines seiner Schiffe sicher nach Indien und zurück gelangen würde.[9]

Dieser erste Markt für Aktiengesellschaften in öffentlichem Besitz (im Gegensatz zu Personengesellschaften in Privatbesitz, deren Eigentumsrechte nicht öffentlich an einer Börse zum Verkauf stehen) funktionierte fast genauso wie unsere heutigen Börsen: Verkäufer riefen Preise aus, Käufer riefen Gegenangebote aus – und irgendwann kamen ein Verkäufer und ein Käufer zu einem bestimmten Preis miteinander ins Geschäft. Auf diese Weise bewegen sich die Preise auf einem Marktplatz nach oben und unten. Das ist wie bei einem Flohmarkt, auf dem kein Unternehmen einen festgelegten Preis hat. Der Preis hängt ausschließlich davon ab, wie viel ein Käufer zu einem bestimmten Zeitpunkt bezahlen will und wie viel ein Verkäufer zu diesem Zeitpunkt haben will.

Der finanziell-industrielle Komplex macht auch heute noch genau das, was die Niederländer im Wirtshaus vor Hunderten von Jahren taten, nur in einem viel größeren Maßstab. Die Börsenkurse werden genauso ausgehandelt wie im Wirtshaus – in einem auch als „Börsenparkett" bezeichneten Handelssaal kaufen und verkaufen Menschen untereinander Aktien, nur dass heutzutage ein Mittelsmann die Käufe und Verkäufe abwickelt, sodass die Preise ohne größere Sprünge reibungslos steigen und fallen. Wenn man an einer Börse eine Aktie kauft oder verkauft, dann kauft man sie von einem Aktionär oder verkauft sie an einen anderen Investor. Der gesamte Vorgang findet an der Börse statt – die Transaktion läuft nicht über das betreffende Unternehmen – und die Herren in den bunten Jacken auf dem Börsenparkett machen das möglich. Ich sah sie im Hintergrund, wenn mein Vater auf dem Börsenparkett von *CNBC* interviewt wurde. Seit der Einführung von Computern wird ein großer Teil der Kauf- und Verkaufstätigkeit elektronisch abgewickelt, sodass man

[9] Eine der denkwürdigsten Börsenblasen der Geschichte entstand ebenfalls in den Niederlanden: Der Preis für eine Tulpenzwiebel blähte sich bis zum Preis eines *Hauses* auf und fiel dann in sich zusammen.

den Ablauf des Prozesses nicht mehr ohne Weiteres sieht. Es ist aber immer noch der gleiche Verhandlungsprozess, an dem Menschen beteiligt sind. Allerdings läuft er unsichtbar innerhalb von Millisekunden ab – anstatt der 30 Sekunden, die es dauert, bis ein Käufer dem Verkäufer neben ihm einen Preis zuruft.

Gewisse Menschen kamen auf die Idee, dass sie Geld verdienen könnten, indem sie im Auftrag anderer Menschen Aktien auswählen. So entstanden der Beruf des Vermögensverwalters und die gesamte Finanzberatungsbranche. Als ein paar Tage später unser erstes Telefonat anstand, schien es, als würden sich die Mauern des fensterlosen Beton-Treppenhauses auf mich zubewegen. Da beschloss ich, der Idee mit der Anlagepraxis doch noch ein Schnippchen zu schlagen, indem ich der Frage nachging, wie es wäre, einen Finanzberater zurate zu ziehen. Vielleicht könnte ich diese ganze „Selbermach"-Angelegenheit noch abwenden und die Übungen sofort beenden.

Die Verantwortung abzugeben, indem ich mein Geld einem kompetenten Vermögensverwalter übergab, war für die finsteren Winkel meiner Seele, die vor diesem ganzen Finanzkram weglaufen wollte, äußerst reizvoll. Als Hochzeitveranstalter versicherte Martin Short Steve Martin in „Vater der Braut": „Vertrauen Sie mir. Ich mache das für ein Laaachen, wissen Sie?" Ich wollte unbedingt jemandem vertrauen können, der für mich investiert.

Ich war mir bewusst, dass ich damit ein schlechtes Geschäft anstrebte. Der finanzielle und industrielle Komplex hat das Wertversprechen verbreitet, Vermögensverwaltungen wüssten, was sie tun, und ich sollte sie für das Privileg bezahlen, dass sie mein Geld verwalten. Indem sie den Eindruck aufrechterhalten, es sei dermaßen schwierig, dass ich sie dafür bezahlen sollte, dass sie das für mich übernehmen, versuchen sie mein Vertrauen in meine Fähigkeit zu zerstören, es selbst zu tun.

Und sie hatten das mit dem Marketing gut gemacht. Ich war mir ihrer Strategie bewusst und trotzdem hatte ich fast das Gefühl, dass es mir besser damit geht, wenn ich einen Profi dafür bezahle, einen Teil meines

Geldes zu verlieren, als wenn ich es selbst verlieren würde. Dann wüsste ich wenigstens, dass es nicht zu 100 Prozent meine Schuld war. Ich bräuchte bloß den falschen Piloten auszusuchen. Der Flugzeugabsturz ging dann auf sein Konto.

Um vorzufühlen, rief ich die befreunde Finanzberaterin an. Ich wollte eigentlich nicht Freundschaft und Geschäfte vermischen, aber ich dachte, es wäre unterhaltsam zu hören, wie sie sich mir anpries. Stattdessen erklärte sie mir, sie könne mein Geld nicht verwalten, weil ich nicht genug davon hätte.

Ich war fassungslos – Hedgefonds haben SEC-Vorschriften, die sie daran hindern, Kleinanleger anzunehmen, aber meine Freundin arbeitete für eine normale große Bank, von der ich erwartet hatte, dass sie sich nur um Kleinanleger wie mich kümmert. Sie erklärte, dass sie wegen der Struktur ihrer Provision niemanden mit weniger als 250.000 Dollar als Anleger annimmt. Ich hatte nicht mal annähernd so viel, also hatte ich Pech.

Sobald sie einen Kunden bringt und etwa zwei Prozent pro Jahr für das Management kassiert, kann sie in andere Fonds investieren, die ebenfalls Gebühren verlangen. Sie gibt diese Gebühren an den Kunden weiter. Die Kunden brauchen genügend Kapital, um sich all diese Gebühren leisten zu können, und damit sich die Zeit des Beraters lohnt. Theoretisch erzielt der Finanzberater einen ausreichenden Ertrag, der die Gebühren mehr als ausgleicht.

Dies ist natürlich nur dann der Fall, wenn man überhaupt Zugang zu seinen Diensten hat. Meine Freundin sagte, dass viele Vermögensverwaltungen niemanden mit weniger als 500.000 Dollar, die etablierten Finanzhäuser nicht mit weniger als 3.000.000 Dollar akzeptieren. Und sie berechnen die Verwaltungsgebühr unabhängig davon, ob sie für einen Geld verdient oder verloren haben. Vermögensverwaltungen berechnen Gebühren, unabhängig davon, ob sie für einen Geld verdienen oder nicht. Ich sage es noch einmal: Sie werden unabhängig von ihrem Erfolg oder Misserfolg bezahlt. Wir bezahlen für das Privileg, Kunde zu sein.

Es ist keine leistungsorientierte Gebühr oder „Performance Fee". Es ist eine Bearbeitungsgebühr.

Ich konnte also diese Bank nicht einmal dafür bezahlen, dass ich die Verantwortung für mein Geld abgeben konnte. Ich bin sicherlich nicht die Einzige, die sie abgeben wollte. Im Jahr 2017 steckten weltweit etwa 70 Billionen Dollar in den Aktienmärkten:[10]

70.000.000.000.000 Dollar

Das sind viele Nullen. Offensichtlich versuchen die meisten von uns verzweifelt, den Stress zu vermeiden, tatsächlich etwas über Finanzen, Aktienmärkte, Rohstoffe und Buchhaltung lernen zu müssen. Offen gesagt sind wir zu sehr damit beschäftigt, unser Leben zu leben, und wir glauben nicht, dass wir das effektiv lernen können. Trotzdem wollen wir offenbar an der Börse investieren, denn 85 Prozent des Geldes an der Börse stammen von Kleinanlegern wie mir: Geld aus diversen Altersvorsorgeplänen, von Bankkonten und aus Versicherungspolicen, das ganz normale Menschen zwecks Verwaltung an Fachleute übergeben.

Die Börse besteht zu 85 Prozent aus UNSEREM Geld.

Wir beherrschen den Markt, aber nur über Stellvertreter – es ist ja viel einfacher, jemand anderem eine feste oder prozentuale Gebühr zu zahlen, damit er für uns die Entscheidungen trifft. Jemand anders zu bezahlen bedeutet aber leider auch, dass wir jemanden finden müssen, der diese Arbeit gut macht (nicht einfach), dass wir diesem Jemand ein Gutteil unseres schwer verdienten Geldes bezahlen (kein Spaß) – und oft bleibt im Dunkeln, wohin unser Geld fließt (keine gute Idee).

Na gut, dachte ich. Es gibt ja noch andere Möglichkeiten, die Verantwortung abzugeben, als an traditionelle Vermögensverwalter. Vielleicht würde bei mir eine andere Möglichkeit klappen. Ich würde meinen Vater die Optionen durchgehen lassen.

---

[10] https://data.worldbank.org/indicator/CM.MKT.LCAP.CD

Arten, die Verantwortung abzugeben:

- Investmentfonds
- Indexfonds
- Börsengehandelte Fonds (ETFs)
- Robo-Advisors

Investmentfonds: Ein Investmentfonds ist eine Kollektion von Aktien und Anleihen, die in der Regel von einem Finanzberater ausgewählt wird. Dieser verlangt Gebühren für die Dienstleistung, den Fonds zusammenzustellen, und zwar unabhängig davon, ob der Fonds Gewinn oder Verlust macht. Ja genau, die Berater verdienen Geld – auch dann, wenn sie meines verlieren! Als mein Vater mir das zum ersten Mal sagte, glaubte ich es nicht. Hinzu kommen die Gebühren des Fondsmanagers, in der Regel ein bis zwei Prozent zuzüglich Marketinggebühren. Man nennt das „aktiv gemanagt", um anzudeuten, dass eine reale Person den Versuch unternommen hat, den Markt zu schlagen. Bis zur Gründung von Indexfonds (wie unten beschrieben) waren Investmentfonds für Kleinanleger die einzige Möglichkeit, sich problemlos ein Stück vom Markt zu kaufen. Der Grund, warum die Menschen sie immer noch nutzen, ist wahrscheinlich, dass die meisten Altersvorsorge-Pläne verlangen, dass man die von ihrer Fondsgesellschaft oder ihrem Fondsanbieter getroffene Auswahl an Fonds kauft. Insgesamt können sich die Gebühren, die der Altersvorsorge-Anbieter oder -Berater und der Investmentfondsmanager kassieren – ob der Fonds nun Geld verdient oder nicht –, leicht auf mehr als drei Prozent summieren. Drei Prozent Inflation plus drei Prozent Gebühren ergibt sechs Prozent, die weg sind – wieder unabhängig davon, ob sie Ihr Geld verlieren oder nicht. Irrsinn!

Indexfonds: Ein Marktindex oder Börsenindex ist eine Gruppe von Aktien, deren Durchschnitt anzeigt, wie sich der Aktienmarkt insgesamt entwickelt. Die Indizes werden zwar jeden Tag in den Nachrichten erwähnt, aber bevor ich diese Recherchen anstellte, wusste ich nicht wirklich, was ein Index ist. Der Standard & Poor's 500 ist ein klassisches Beispiel für einen

Marktindex – das ist der „S&P 500", der in der Börsenberichterstattung immer wieder erwähnt wird. Man hält die 500 darin enthaltenen Aktien für einen guten Indikator dafür, wie sich die rund 6.000 an der Börse gehandelten Aktien entwickeln. Der „Dow Jones" ist der Dow Jones Industrial Average, ein aus 30 großen Industrieunternehmen bestehender Index und ebenfalls ein guter Indikator für den breiten Markt. Indexfonds-Anbieter wie Vanguard kaufen alle im Index enthaltenen Aktien in den passenden Mengen, um den Index nachzubilden, und verkaufen sie als Fonds an uns weiter. Indexfonds sind also keine „aktiv gemanagten" Sammlungen von Aktien und Anleihen wie ein gängiger Investmentfonds, sondern sie werden „passiv gemanagt" – eine geschwollene Art, zu sagen, dass niemand irgendwelches Research betreibt, um herauszufinden, welche Aktien er kaufen soll. Einen Indexfonds kann man direkt bei der Fondsgesellschaft oder bei einem Fondsanbieter kaufen. Das Gute daran ist, dass die Gebühren niedriger sind: irgendwo zwischen 0,05 und 0,74 Prozent, in der Regel mit einer Mindestanlagesumme von 1.000 Dollar oder höher. Wenn allerdings Ihr Finanzberater die Indexfonds für Sie auswählt, können Sie nochmals ein bis zwei Prozent für diese Dienstleistung draufschlagen, also zahlen Sie insgesamt etwa drei Prozent im Jahr.[11]

Börsengehandelte Fonds (ETFs): ETFs sind eine beliebte Anlagemöglichkeit. Dahinter steht die gleiche Idee, den Index nachzubilden, wie beim Index-Investmentfonds. ETFs kann man wie Aktien bei Brokerhäusern kaufen oder verkaufen und ihr Preis steigt und sinkt je nachdem, ob es mehr Käufer oder mehr Verkäufer gibt. Wegen dieser Flexibilität kosten sie etwas mehr als Indexfonds, die Gebühr liegt allerdings unter einem Prozent, obwohl einige Indizien darauf hindeuten, dass sie in Wirklichkeit ein bis zwei Prozent kosten – genau wie eine Vermögensverwaltung. Das liegt an der Differenz zwischen dem Marktpreis des ETFs

[11] Siehe zum Beispiel: guides.wsj.com/personal-finance/investing/how-to-choose-an-exchange-traded-fund-etf/; https://www.fool.com/investing/general/2015/07/23/vanguard-500-index-fund-low-cost-but-are-there-bet.aspx

und den zugrunde liegenden Aktienkursen.[12] Und auch hier gilt: Sobald Sie einen Profi ins Spiel bringen, der sie für Sie auswählt, können Sie zusehen, wie jährlich drei Prozent aus Ihrem Depot verschwinden.

Robo-Advisors: Robo-Advisors bieten ebenso wie menschliche Berater eine Auswahl an Fonds an, allerdings macht hier ein Computer statt einer Person die Beratung, was billiger ist. Man findet sie über eine App oder eine Website und zunehmend auch über traditionelle Brokerhäuser, die versuchen, mit diesen neumodischen Ideen Schritt zu halten. Die Gebühren liegen zwischen 0,15 und 0,50 Prozent. Ob Sie es glauben oder nicht, Finanzberater beraten die Menschen sogar dahingehend, welche Robo-Advisors sie verwenden sollen, und schlagen ihre Gebühren drauf, sodass die Gesamtkosten bis zu 2,5 Prozent betragen können.

Meine Zahl

Nachdem ich mich über Möglichkeiten erkundigt hatte, die Geldanlage zu delegieren, war ich vorbereitet. Nun konnte es kommen, unser erstes wöchentliches Telefongespräch über die Anlagepraxis! Ich wusste, dass mein Vater mit Begeisterung versuchen würde, mich davon zu überzeugen, dass es auf keinen Fall funktionieren würde, das Investing zu delegieren, aber zunächst hatte ich ihm ein paar Dinge zu sagen.

„Dad, ich habe mich über Anlagemöglichkeiten erkundigt und ich habe ein paar Ideen."

„Okay, lass mal hören, was du herausgefunden hast."

„Es gibt mehrere Möglichkeiten für mich, das nicht selbst zu machen, aber die meisten von ihnen verlangen etwa zwei, drei Prozent oder noch mehr pro Jahr für ihre Dienstleistung."

„Cool!" rief er komischerweise aus. „Niemand Vernünftiges übernimmt die Verantwortung dafür, wo du dein Geld einsetzt, ohne sich das gut bezahlen zu lassen. Jetzt lass uns deine Zahl herausfinden und dann

[12] Jason Zweig, „The Expensive Ingredient of Cheap ETFs", *Wall Street Journal*, 14. April 2017.

werden wir sehen, ob eine der Möglichkeiten, die du gefunden hast, dich dorthin bringt."

„Meine Zahl?" Ich wollte doch über das Delegieren reden.

„Deine Zahl besagt, wie viel Geld du sparen musst, bevor du deinen Job kündigen kannst, wenn du das willst."

Willst du mich verkohlen? Woher soll ich das denn wissen? Mein erster Gedanke war „bald", mein zweiter war: „Hängt das nicht von mehreren Faktoren ab?" Und mein dritter: „Hilfe, ich hasse es doch, über Zahlen zu reden." Mein Gehirn geriet ins Stottern und ich sagte nichts.

Dad ignorierte mein ausweichendes Schweigen und fuhr fort. „Um deine Zahl herauszufinden, musst du zuerst die unglaubliche Macht des Zinseszinses kennen."

Aha. Ich hatte den Vortrag über die Macht des Zinseszinses schon bei unseren Vater-Tochter-Mahlzeiten gehört. Stellen Sie sich eines dieser Diagramme über die Vermehrung von Kaninchen vor, die mit zehn Kaninchen beginnen, und drei Generationen später sind so um die 40 Millionen Kaninchen da, die alle von den ursprünglichen zehn abstammen. Der Zinseszinseffekt bedeutet, dass das Geld, wenn man die Gewinne stetig reinvestiert, genauso wie die Hoppelhäschen von allein mehr wird, weil sich die Gewinne auf den ursprünglichen Betrag exponentiell ansammeln. Ein Beispiel:

1. Ich investiere 10 Dollar und erhalte am Ende des Jahres einen Ertrag von 20 Prozent. Ich bekomme also 2 Dollar.
2. Dann reinvestiere ich die 2 Dollar. Jetzt habe ich 10 Dollar ursprünglich angelegtes Geld und 2 Dollar „House Money", also Geld, das vom „Haus" im Sinne eines Spielcasinos stammt.
3. Ich bekomme wieder 20 Prozent Rendite, diesmal auf 12 Dollar, also bekomme ich 2,40 Dollar.

Diese zusätzlichen 40 Cent sind von allein „auf dem Geld gewachsen", und zwar auf dem „Hausgeld", ohne dass ich einen Dollar eigenes Geld in den Pot gelegt hätte. Es ist wie hergezaubertes Geld, das ohne zusätzliche Investitionen wächst und wächst und wächst. Die Macht des Zinseszinses zur Vermögensbildung ist beachtlich.

„Jedes Jahr, in dem du nicht investierst und auf dein Geld keine Rendite beziehst, ist ein Jahr, in dem dir die Energie des Zinseszinses entgeht", sagte mein Vater. „Am Anfang ist der Unterschied klein, aber am Ende verändert er dein Leben. Dann kann ein weiteres Jahr Zinseszins auf dem Konto Millionen Dollar bedeuten. Du wirst nicht glauben, wie unterschiedlich die Zahlen bei Menschen sind, die über viele Jahre hinweg investieren, und andererseits Menschen, die nur ein paar Jahre lang investieren. Dieser Unterschied kann einen Privatjet ausmachen."

„Wirklich?" Der Privatjet ließ mich aufhorchen. Bei diesem Unterschied wollte ich auf der richtigen Seite stehen.

„Schau mal, Danielle, du hast großes Glück. Du bist jung, du hast eine gute Ausbildung und verdienst gutes Geld. Du kannst den Ruhestand genießen, wenn du nur zehn Prozent deines Einkommens sparst, den Börsenindex kaufst und lernst, vom Rest zu leben. Aber ältere Leute wie ich, die kein Geld gespart und investiert haben, haben Jahre des potenziellen Zinseszinses verpasst und haben definitiv ein Problem. Nur 15 Prozent der Menschen in meinem Alter haben mehr als 500.000 Dollar gespart. Das bedeutet, dass den meisten Menschen der Babyboom-Generation im Ruhestand das Geld ausgehen wird. Die gute Nachricht für dich ist, dass Menschen in deinem Alter den Vorteil vieler Jahre mit Zinseszins haben. Wenn du in deinem Alter und bei deinem Einkommen lernst, erfolgreich zu investieren, führt kein Weg daran vorbei, dass du sehr, sehr reich wirst."

Foin. Sprich weiter von Privatjets und davon, sehr, sehr reich zu werden, dann höre ich mir meine Zahl an. Niemand hat je gesagt, mein Vater sei kein guter Verkäufer. „Hau rein", sagte ich. „Rechne nur."

Ich konnte ihn am Telefon tippen und Wörter wie „Zelle" murmeln hören. Ich dachte schon, beim Zahlenverarbeitungs-Rausch meines Vaters würde ich auf der Strecke bleiben.

„Wie viel Geld hast du jetzt?", fragte er. „Nicht viel", war die Antwort, aber ich hatte ein Ass im Ärmel.

„Wenn ich meine Wohnung verkaufen würde, könnte ich meine Studienkredite zurückzahlen und hätte am Ende 40.000 Dollar."

„Okay. Wenn du wirklich dein Leben ändern willst, musst du solche Sprünge machen und sparen."

Er ging so gleichgültig über den Verkauf meiner Wohnung hinweg, als würde er Pizzabeläge empfehlen: *Gut, Danielle, wenn du wirklich die beste Pizza kosten willst, musst du es einfach mal mit Romatomaten probieren.* Aber so ist er eben – Mr. Risk Taker Extraordinaire – und für ihn war es wirklich keine große Sache. Er fuhr mit seinen Pizza-Empfehlungen fort.

„Du kannst also jetzt mit ungefähr 40.000 Dollar anfangen und nehmen wir an, dass du ungefähr 15.000 Dollar im Jahr in ein Rentenkonto stecken kannst. Das ist hart, aber machbar, oder? Und dann nehmen wir an, du kannst aufgrund von Gehaltserhöhungen jedes Jahr fünf Prozent mehr sparen."

„Eigentlich hatte ich erwartet, du sagst, dass ich pro Jahr 50.000 Dollar mehr oder so sparen muss."

„Aber nein. Wenn du mehr verdienen und mehr sparen kannst, ist das toll und es wird dich schneller in die Freiheit bringen, aber verlassen wir uns nicht darauf. Nehmen wir zunächst eine wirklich hohe Rendite aus der Geldanlage auf eigene Faust, nur um zu sehen, was dann passieren würde: 15 Prozent im Jahr, mit Zinseszins. Ich weiß, das klingt nach viel, aber allein kann man das schaffen. Bei 15 Prozent Rendite pro Jahr auf deine 40.000 Dollar und wenn du zunächst 15.000 pro Jahr auf einem steuerfreien Konto sparst und diese Summe jedes Jahr um fünf Prozent erhöhst, wenn du in 30 Jahren in Rente gehst und im Ruhestand einen Lebensstil für jährlich 80.000 Dollar pflegst, dann bleiben dir im Alter von 95 Jahren immerhin 615 Millionen Dollar."[13]

[13] Für die Berechnungen in diesem Kapitel trafen wir folgende zusätzliche Annahmen: 3 Prozent Inflation und 30 Prozent Einkommensteuer auf Entnahmen aus einem Rentenplan, der ab einem Lebensalter von 65 Jahren auszahlbar ist. Wenn Sie selbst die Berechnungen dieses Kapitels durchspielen wollen, gehen Sie auf www.danielletown.com

„Sagtest du gerade 615 Millionen Dollar?"

„Ja, das habe ich gesagt. Das kommt dank des Zinseszinses bei jährlich 15 Prozent raus. Natürlich sind die 615 Millionen aufgrund der Inflation – deines Lieblings – dann nur noch ungefähr 105 Millionen in heutigen Dollar wert, aber wer nimmt es bei solchen Beträgen schon genau?"

„Moment mal. 615 Millionen Dollar sind dann weniger als ein Fünftel wert?"

„Ja, wegen der Inflation."

Mir kam es vor, als wäre das fensterlose Beton-Treppenhaus jetzt fett mit dem Wort „Inflation" tapeziert. Trotzdem würde ich im Alter von 95 Jahren wohl mit 105 Millionen Dollar auskommen.

„Also gut, sprechen wir über deine realistischen Möglichkeiten, auf 15 Prozent zu kommen: an einen Finanzberater delegieren, einen Börsenindex kaufen oder auf eigene Faust anlegen. Du weißt jetzt, was herauskommt, wenn du allein investierst und 15 Prozent pro Jahr schaffst."

Dann wartete Dad mit Analystenschätzungen für das Wachstum des Marktes in den nächsten sieben bis zehn Jahren[14] auf, die sich auf ein bis sechs Prozent beliefen. „Da haben wir es!", rief er aus. „Denk dran, dass niemand glaubt, der Markt würde nach oben rauschen wie in den 1980er-Jahren, den 1990er-Jahren und seit 2009."

Er tippte weiter und wandte sich dann wieder an mich. „Oh Mann. Ich habe jetzt noch zwei Quellen überprüft, die Buffett benutzt, um herauszufinden, ob der Markt insgesamt hoch oder niedrig steht, und sie zeigen beide an, dass er im Augenblick irrsinnig hoch steht. Die werde ich dir beide im Laufe des Jahres noch zeigen, aber vorläufig würde ich sagen, ein Prozent Wachstum für die nächsten Jahre erscheint jetzt vernünftig und die Schätzung, dass der Markt in den nächsten Jahren um durchschnittlich sechs Prozent jährlich steigt, ist ziemlich optimistisch. Aber sind wir mal verrückt und sagen, dass die Börse mit Dividenden den Durchschnitt der letzten hundert Jahre abwirft – circa sieben Prozent."

[14] Morningstar.

„Gut“, stimmte ich zu. Ich hörte ihn auf der Tastatur herumhacken und nach ein paar Minuten war er wieder da.

„Okay, hier sind ein paar vernünftige Zahlen, was passiert, wenn du die Anlage einem Finanzberater übergibst, der ETFs und Investmentfonds einsetzt. Wenn der Markt sieben Prozent jährlich bringt, aber deine Berater und Manager zwei Prozent pro Jahr kosten, bekommst du fünf Prozent. Wenn du in den nächsten 30 Jahren fünf Prozent bekommst und arbeitest und sparst, wobei du wie besprochen deine Wohnung verkaufst, dafür 40.000 Dollar bekommst und jedes Jahr 15.000 Dollar sparst, dann geht dir im Alter von 72 Jahren nach sieben Jahren Ruhestand das Geld aus. Und dann, mein Liebes, wirst du bei Walmart arbeiten, bis du stirbst.“

„Ja“, sagte ich, „das ist beschissen.“ Was hätte ich sonst sagen sollen?

„Und jetzt“, fuhr Papa fort, „schauen wir mal, was passiert, wenn du einen Indexfonds mit sehr niedrigen Gebühren kaufst. Und ... das reicht auch nicht. Dann geht dir das Geld nach zwölf Jahren im Ruhestand aus und du stirbst immer noch, während du bei Walmart arbeitest. Im Grunde genommen“, sagte er zusammenfassend, „ist es so: Wenn der Markt seinen historischen Durchschnitt schafft, kannst du noch jahrelang schuften und sparen wie Dagobert, aber im reifen Alter von 76 Jahren geht dir fast mit Sicherheit das Geld aus. Und wenn du im Alter von 76 Jahren noch gesund bist, kannst du dich auf weitere 20 Jahre deines Lebens freuen, in denen du völlig pleite bist. Da kannst du nur hoffen, dass der Staat die Sozialversicherung und das Gesundheitswesen auf die Reihe bringt.“

Eine Minute lang sagten wir nichts und verarbeiteten das.

„Nun ja, das ist beschissen“, sagte ich wieder nur, mehr oder weniger zu mir selbst. „Was ist denn nun mit den 615 Millionen Dollar?“

„Ich dachte schon, du würdest gar nicht mehr fragen“, verkündete er. „Lass mich diese Zahlen mal durchspielen und dir ein anderes mögliches Ergebnis zeigen.“

Dad tippte ein paar Minuten in seinem Spreadsheet herum und war dann triumphierend wieder da. „Okay!“ Nichts macht ihm mehr Freude, als mit einer Tabellenkalkulation zu spielen. „Das sind die Investmenterträge, wenn man zu 20 Prozent pro Jahr investieren kann."

Ich hustete. „Das sind aber ein bisschen mehr als sieben Prozent – und mehr als 15 Prozent."

„Aber es ist machbar", behauptete er. „Eine Studie hat Folgendes ergeben: Wenn man einfach Warren Buffetts Trades 30 Jahre lang kopieren würde, hätte man eine Jahresrendite von über 20 Prozent.[15] Wenn du lernst, eine 20-prozentige Rendite pro Jahr zu erzielen – ich kann dir zeigen, wie alle sehr guten Investoren das machen –, und wenn du jedes Jahr den besprochenen Betrag einzahlen kannst; wenn du 30 Jahre lang arbeitest und im Ruhestand die inflationsbereinigten 80.000 Dollar pro Jahr ausgibst, wird dir nicht nur *nicht* das Geld ausgehen, sondern dann hinterlässt du im Alter von 95 Jahren deinen Erben auch noch 7,3 Milliarden Dollar."

Und was genau musste ich tun, um solche Renditen zu erzielen? Seine Zahlen versprachen mir das Blaue vom Himmel, aber sie waren so astronomisch, dass sie meine Aufmerksamkeit erregten. Jetzt war ich neugierig.

„Und die legendären 26 Prozent?" Ich neckte ihn. Aus irgendeinem Grund hatte er immer von 26 Prozent Jahresrendite gesprochen. „Wenn ich die wirklich knacken würde, wie lange würde es dann dauern, bis ich in Rente gehen kann?"

„Warren Buffett hat einmal gesagt, er sei sicher, er könnte 50 Prozent pro Jahr verdienen, wenn er nicht die riesigen Geldmengen investieren würde, die er bewegen muss,[16] also sei mal nicht so pessimistisch mit

---

[15] Gerald S. Martin und John Puthenpurackal, „Imitation is the Sincerest Form of Flattery: Warren Buffett and Berkshire Hathaway", SSRN, 15. April 2008, Tabelle VII.

[16] „Wer sagt, Größe schade der Anlageperformance nicht, lügt. Meine höchsten Renditen aller Zeiten erzielte ich in den 1950er-Jahren. Ich stampfte den Dow Jones in Grund und Boden. Sie sollten mal die Zahlen sehen. Aber damals investierte ich Peanuts. Es ist ein großer struktureller Vorteil, nicht viel Geld zu haben. Ich glaube, mit einer Million Dollar könnte ich Ihnen 50 Prozent im Jahr einbringen. Nein, ich *weiß*, dass ich das könnte. Das garantiere ich Ihnen." (Warren Buffett, zitiert von Amy Stone in: „Wisdom from the ‚Oracle of Omaha'", *BusinessWeek*, 5. Juni 1999).

deinen 26 Prozent. Wenn du so gut anlegen würdest wie Warren Buffett und andere große Investoren vom Typ Regel Nummer 1 und eine kumulierte Rendite von 26 Prozent im Jahr schaffen würdest, dann könntest du schon nach neun Jahren aufhören zu arbeiten. In neun Jahren! Das verändert dein Leben. Und es wird dir überhaupt nicht wehtun. Dann wirst du im Alter von 95 Jahren viel Geld haben. Fast 15 Milliarden Dollar. Natürlich würdest du dann wohl einen etwas besseren Lebensstil als einen für 80.000 Dollar pflegen, also wird es nicht ganz so viel sein."

„Also wirklich!"

„Ich meine es ernst. Sieh dir die Zahlen an." Er schickte mir seine Tabelle per E-Mail und ich sah nach. Er hatte recht. Sie zeigte, dass ich bei einer Anfangsinvestition von 40.000 Dollar und 26 Prozent Jahresrendite nach 60 Jahren 14,9 Milliarden Dollar haben würde, die abzüglich der Inflation einer Kaufkraft von 2,5 Milliarden Dollar entsprechen würden. Dies, wenn meine Ausgaben bei 80.000 Dollar jährlich in heutiger Kaufkraft verharren würden, was ein nicht zu vernachlässigender Punkt ist. Ich würde zweifellos mehr ausgeben. Es hatte mir erstaunlich viel Spaß gemacht, mit der Tabellenkalkulation herumzuspielen und den Wendepunkt zu finden, ab dem ich nicht mehr zu arbeiten bräuchte.

Die ganze Sache war unglaublich. Neun Jahre. Keine 30. Die Macht des Zinseszinses war echt.

„26 Prozent als angepeiltes Ziel sind eine merkwürdige Zahl."

„26 Prozent ist genau die kumulierte Jahresrendite, mit der man sein Geld in drei Jahren verdoppelt. Das ist das Ziel – dass du dein Geld alle drei Jahre verdoppelst. Es gibt einen großen Regel-Nummer-1-Investor namens Mohnish Pabrai, der auf die 26 Prozent so viel Wert legt, dass er sie auf sein Nummernschild prägen ließ. Natürlich wäre Mohnish der Erste, der dir sagt, dass hohe Renditen viel schwerer zu erzielen sind, wenn man mit Hunderten Millionen Dollar anstatt mit Tausenden Dollar arbeitet."

Ich hörte eine Stimme im Hintergrund. „Moment", sagte mein Vater zu mir, und er sagte „Danke" zu jemandem, während lautes Klirren durch das Telefon hallte, als würde Geschirr durch sein Büro geworfen. „Meine Haushälterin hat gerade das Frühstück gebracht."

„Ach du lieber Gott!" Ich schüttelte den Kopf.

„Ich weiß", stimmte er zu und ich konnte ihn grinsen hören. „Das Leben ist schön!" Er fing an, hörbar zu essen, während ich noch am Telefon war, und erzählte mir durch das Mampfen hindurch, dass die besten Investoren der Welt auf diese Art investieren und solche Renditen erzielen und dass sie das nicht geheim halten. Der renommierte Fondsmanager Peter Lynch hat sogar ein Buch darüber geschrieben. Sie erklären den Menschen seit Jahren, dass sie besser dran sind, wenn sie selbst investieren und dass sie ohne die Gebühren höhere Renditen erzielen, als wenn sie ihr Geld einem Vermögensverwalter geben und damit jegliche Verantwortung abgeben. Warren Buffett investiere in diesem Stil, sagte mein Vater, und er nannte andere Investoren, die im Buffett-Stil anlegen. Die Erfolgsbilanz dieser Sorte Investoren, sagte er und beendete sein Frühstück, liege häufig über Jahrzehnte hinweg im Schnitt über 20 Prozent pro Jahr, und dies sogar bei Investoren, die Milliarden verwalten.[17]

Ich schlürfte meinen Tee direkt ins Telefon, um es ihm heimzuzahlen, und verdaute diese Informationen. Wenn diese Zahlen stimmten, dann würde das Ganze wirklich etwas bringen. Das war allerdings ein sehr großes „Wenn". „Wenn ich 15 Prozent pro Jahr schaffe, wie lautet dann meine Zahl?"

„Bei 15 Prozent pro Jahr sind es 1,7 Millionen Dollar und du kannst sie in 17 Jahren schaffen", sagte Dad. „Wenn du 26 Prozent pro Jahr verdienst, weiterhin ein bisschen arbeitest und jetzt mit 40.000 Dollar anfängst, ist deine Zahl 780.000 Dollar und du kannst in neun Jahren die Vollzeitarbeit aufgeben."

Neun Jahre. Meine Gedanken rasten. Was könnte ich tun, um das auf etwa zwei Jahre zu verkürzen? Das wollte ich nämlich.

---

[17] Im Anhang finden Sie unter „Superinvestoren mit überprüften Erfolgsbilanzen" eine Tabelle mit Anlegern und ihren geprüften Renditen.

Dad las meine Gedanken. „Fang damit an, wo du gerade stehst, und versuche, so viel Geld wie möglich in die Anlage zu stecken."

„Ich schätze, ein Finanzberater, der Gebühren verlangt, bringt mir keine solchen Renditen."

„Richtig", stimmte er zu. „Wenn du das delegierst, kannst du nicht auf solche Renditen hoffen, und dann dauert dein Ruhestand ohnehin nicht lange. Das ist eine gute Wette: eine Menge Vorteile, wenn du gewinnst, nicht viel Nachteile, wenn du verlierst."

„Und die Indexfonds und die ETFs folgen offensichtlich dem Markt, was nicht reichen wird."

„Genau. Buffett sagt, wenn man nicht lernt, richtig zu investieren, dann ist der Kauf eines Indexfonds mit niedrigen Gebühren, der beispielsweise dem S&P 500 folgt, die nächstbeste Wahl – und erkennt an, dass man damit im Durchschnitt eine Marktrendite von vielleicht sieben Prozent erzielt. Damit setzt man im Grunde genommen darauf, dass es mit Amerika im Laufe der Zeit aufwärts geht. Das ist wahrscheinlich die richtige Wette, denn Amerika hat gegenüber anderen Nationen einen dauerhaften Wettbewerbsvorteil. Wir haben buchstäblich einen aus zwei Ozeanen bestehenden Burggraben, die mächtigsten Streitkräfte der Welt, eine solide Währung, eine freie Presse und Billionen von Dollar, die in die Zukunft investiert werden können. Wir haben auch brillante Köpfe, fleißige Arbeiter, eine tolle Ethik, eine Kultur der persönlichen Verantwortung, eine gerechte Besteuerung und eine begrenzte Einmischung des Staates. Das sind die Gründe, weshalb es eine Investition ist, Geld in den amerikanischen Aktienmarkt zu stecken, und weshalb das keine schlechte Entscheidung ist. Investiere das gleiche Geld in die griechische oder in die argentinische Börse, dann ist es ein Glücksspiel. Aber wie ich dir gezeigt habe, bringt es dir, wenn du nur in einen Index investierst, nicht die Freiheit, die du suchst, es sei denn, du hast viel mehr Geld zum Anlegen als jetzt."

„Ich wünschte immer noch, ich könnte das an einen fantastischen Fondsmanager delegieren", sinnierte ich und wehrte mich dagegen, mich mit der naheliegenden Schlussfolgerung abzufinden, dass ich weder hamstern noch delegieren, sondern zur Investorin werden sollte. Daraufhin legte er richtig los.

„Du traust ihnen zu viel zu. Es ist ja so, dass die meisten dieser Leute den Markt nur knapp schlagen, wenn überhaupt.“[18]

„Aber das kann doch nicht sein. Wenn sie den Markt nicht schlagen würden, dann würde ihnen doch niemand sein Geld geben.“

„Doch, das stimmt. Fast keiner von ihnen schlägt den Markt – aber das spielt offenbar keine Rolle. Die meisten Menschen wissen so wenig von Finanzdingen, dass sie sich gar nicht darum kümmern; sie wollen sie einfach delegieren – genau wie du. Aber dafür würdest du einen hohen Preis zahlen.“

„Ach komm schon, sicher gibt es doch auch gute Investmentfondsmanager, die für ihre Kunden gute Arbeit leisten und ihre Gebühren wert sind, sodass ihre Kunden bei ihnen bleiben. Deshalb gibt es doch den Beruf des Fondsmanagers immer noch.“

„Die meisten Menschen, die Geld verwalten, haben so viel Unsinn im Kopf, dass Wunderheiler im Vergleich gut dastehen. Den Job des Investmentfondsmanagers gibt es nur noch als Überbleibsel aus der Zeit vor dem Internet, bevor es dank der online verfügbaren Informationen möglich wurde, sein Geld selbst zu verwalten. Und manche Fondsmanager kaufen tatsächlich nur Fonds, die von anderen Leuten gemanagt werden. Sie verbringen ihre Zeit damit, neue Kunden zu gewinnen, anstatt zu investieren, weil sie dafür bezahlt werden, dass sie neue Kunden gewinnen, und nicht dafür, dass sie gute Investitionen tätigen.“

„Wow! Echt?“

„Ja“, sagte Dad. „Ihr einziger Anreiz, gute Arbeit zu leisten, besteht darin, dass sie mehr Kunden gewinnen können, wenn sie eine ebenso

---

[18] Laut einer Studie von S&P Dow Jones schlagen nur 5,88 Prozent der Large-Cap-Aktienfonds nach drei Jahren den Markt und im vierten Jahr schlägt keiner dieser Fonds erneut den Markt. Kein einziger. (S&P Dow Jones Indices, „Fleeting Alpha: Evidence from the SPIVA and Persistence Scorecards“.)

gute Erfolgsbilanz (den sogenannten Track Record) vorweisen können wie die Konkurrenz, und dass ihre Bilanz nicht so schlecht wird, dass sie Kunden verlieren. Man erzählt uns das Märchen, man könnte Renditen erzielen, die den Markt übertreffen, wenn man den Managern ihre Gebühren zahlt; und von seltenen Ausnahmen abgesehen schaffen Leute, die ihren Kunden gute Renditen bescheren, das nur für kurze Zeit und den Rest der Zeit sind sie damit zufrieden, sozusagen der Schatten des Marktes zu sein. Ihnen geht es nicht darum, hohe Renditen zu erzielen, sondern darum, ihre Kunden zu halten."

„Die eigentliche Frage ist also, wie man die Guten findet und bei ihnen investiert", sagte ich ironisch. „Wie die Investoren im Stil von Regel Nummer 1, von denen du mir gerade erzählt hast!"

Er schnaubte. „Die einzige Möglichkeit, die Guten auszuwählen, besteht darin, dass man sich mit der Geldanlage gut genug auskennt, um ihre Arbeit beurteilen zu können. Wenn du etwas über Geldanlage lernst, bringt dir das noch viel mehr Vorteile als die Fähigkeit, auf eigene Faust zu investieren. Du hättest dann ein echtes Wissenskapital, von dem du bei allen Arten von Investitionen zehren könntest – auch bei Immobilien oder beim Kauf privater Unternehmen. Wenn du die Grundsätze des Regel-Nummer-1-Investings gelernt hast, wirst du wissen, wie man Fondsmanager beurteilt. Du wirst wissen, ob sie gut sind oder ob sie Bernie Madoff sind. Und du wirst genug Geld haben, damit sich ein guter Manager für dich interessiert."

„Du willst mir also sagen, selbst wenn ich einen guten Vermögensverwalter will, muss ich lernen, wie man investiert, nur um einen zu finden?"

„So ungefähr. Nächsten Monat befassen wir uns damit, *warum* sie den Markt nicht schlagen und warum Regel-Nummer-1-Investoren das regelmäßig tun."

„Ja, lass uns *darüber* reden", pflichtete ich ihm bei. Das Gewicht dessen, was er mir sagte, lastete schwer auf meinen Schultern. Die einzige Möglichkeit, gute Investoren zu bewerten, bestand also darin, zu lernen, wie man investiert. Der einzige Weg, genug Geld zu verdienen, um frei zu werden, war zu lernen, wie man investiert.

„Okay, diese Renditen würden mir Freiheit verschaffen, das ist mir klar“, stimmte ich zu. „Aber ich bin nicht überzeugt, dass die Börse der einzige Weg ist, solche Renditen einzufahren. Ich traue ihr immer noch nicht.“

„Ich glaube ja gar nicht, dass man unbedingt an der Börse investieren muss“, erklärte mein Vater.

„Was?“, rief ich aus. „Aber du redest doch immer nur davon, an der Börse zu investieren!“

„Das liegt daran, dass jeder vom Sofa aus Zugang zu ihr hat. Wie du gemerkt hast, kommt man an andere Investments schwerer heran. Aber die Prinzipien, von denen ich spreche, die Regel-Nummer-1-Prinzipien, lassen sich auch auf andere Arten von Investments anwenden. Sie gelten für jede Art von Investition, die einen Cashflow produziert.“

„Sie gelten also zum Beispiel auch für Immobilien?“

„Natürlich. Du hast doch eine Eigentumswohnung gekauft. Und als du das gemacht hast, besprachen wir die verschiedenen Faktoren, die sie zu einer guten oder schlechten Investition machten.“

„Ja, wir sprachen über die begrenzten Flächen in Boulder, darüber, dass die Universität für einen stetigen Zustrom von Menschen sorgt, über die schöne Natur und die Lage, darüber, was passieren würde, wenn die Tech-Szene so zusammenbrechen würde wie 2001, und über das, was beim Immobiliencrash 2008 passierte.“

„Und wir kamen zu dem Schluss, dass sie aus zwei Gründen eine gute Investition war, keine Spekulation: Erstens würden sich die Immobilienpreise in Boulder langfristig halten und zweitens könntest du die Wohnung jederzeit sofort vermieten und daraus Einkünfte beziehen. Das war Regel-Nummer-1-Investing. Du hast eine Regel-Nummer-1-Analyse vorgenommen, ohne es zu merken. Und du hattest mit allem recht.“

Ich lachte. „Nun ja, das war doch ziemlich einfach! Ich kenne mein Viertel und meine Stadt. Ich kenne den Kaufpreis und weiß, was ich an

Miete hätte zahlen müssen. Ich musste keine Finanzberichte lesen oder mutmaßen, was ein mir unbekannter CEO vielleicht tun könnte."

„Es ist aber der gleiche Prozess. Vielleicht gibt es beim Aktienkauf ein paar Informationsschichten mehr, aber der Prozess ist der gleiche. Man muss unterscheiden, was eine Spekulation und was eine Investition ist. Eine Investition ist durch ihre Sicherheit gekennzeichnet."

Ich dachte darüber nach. Wenn ich mich auf die Investition in Mietobjekte verlegen würde, bräuchte ich ein erhebliches Anfangskapital und mein gesamtes Geld wäre in einer einzigen Anlage gebunden, die sich vielleicht nur schwer oder gar nicht loswerden ließe. Außerdem konnte ich keine Toiletten reparieren. An der Börse hingegen konnte ich mein Geld in verschiedene Unternehmen investieren, die ich jederzeit bequem von meiner Couch aus verkaufen konnte. Ich war aber immer noch verzweifelt auf der Suche nach einer anderen Möglichkeit. Ich wollte nicht, dass mein Vater recht hat. Ich wollte der Börse einfach nicht trauen.

„Ich habe eine andere Idee für dich", meldete er sich wieder zu Wort. „Ein Freund von mir hat dadurch genug Geld verdient, um oft Polo zu spielen, dass er Franchises von Domino's Pizza aufbaute. Das ist für ihn ein tolles Geschäft. Dabei dreht sich alles um den Standort, die Marke und die Markenpflege. Wenn du so etwas schaffst, schwimmst du im Geld. Ich glaube, er hat inzwischen über 40 Standorte."

„Ja ja, und ich müsste ein Geschäft führen, mit dem ich null Erfahrung habe."

„Du müsstest das Gleiche tun, was er gemacht hat – in diesem Geschäft arbeiten, eine Franchise leiten und dann eine eigene kaufen. Aber du hast recht, das ist wohl nicht deine Stärke."

„Ähm, nein. Nicht, dass ich das nicht lernen könnte, wenn ich müsste, aber das ist nicht das Œuvre, das mir von Natur aus liegt. Meine Karriere als Juristin aufgeben und eine Pizzeria eröffnen? Nein."

„Ja, allein schon die Tatsache, dass du das Wort ‚Œuvre' verwendest, deutet darauf hin. Elitär!", neckte er mich. „Außerdem ist es auch wirklich schwer, eine Franchise zu bekommen. Es gibt so ziemlich in jeder guten Lage schon ein Fast-Food-Restaurant, also muss man sich entweder an einem zweitklassigen Ort niederlassen oder eine Franchise von einem aufstrebenden Unternehmen bekommen, was dann natürlich eine weniger sichere Investition ist."

„Ich könnte ein Technologie-Start-up gründen", schlug ich vor.

„Ach ja, wirklich?" sagte er bedächtig, aber nicht ablehnend.

„Damit habe ich ja wirklich schon etwas Erfahrung. Na gut, nicht direkt, aber ich habe mit Dutzenden solcher Unternehmen gearbeitet. Ich habe wirklich eine Menge Erfahrung mit den Problemen, auf die Start-ups normalerweise stoßen. Ich weiß, wo die Fallstricke sind, ich weiß, was wichtig ist – ich weiß Dinge, an die die meisten Erstgründer nicht denken."

„Das stimmt", sagte er gedehnt. „Das ist allerdings ein hartes Brot." Dad hatte schon ein paar Start-ups finanziert und geleitet. „Egal, wie viele Bücher darüber geschrieben werden, dass Scheitern etwas Gutes sei – in der Regel ist das Scheitern eine persönliche Katastrophe. Man sieht erfolgreiche Unternehmer, man sieht Seriengründer und erfolgreiche Wagniskapitalgeber. Man sieht hingegen nicht die Menschen, die sieben Pleiten hinter sich haben und danach weder einen Beruf noch Ersparnisse vorweisen können. Menschen, die 50 Jahre alt sind und keinen Erfolg hatten. Das kann ein sehr hartes Leben sein, wenn man nicht wirklich gut darin ist und viel Glück hat. Und man braucht beides."

Das erinnerte mich daran, warum ich stattdessen Jura studiert hatte und dass es mir sehr gut gefallen hatte, zwar mit Start-ups zusammenzuarbeiten, dies aber ohne meinen eigenen Hals zu riskieren.

Nun, das war es dann wohl. Die Argumente waren mir ausgegangen. Ich saß fest. Ich sah keinen anderen Ausweg, als mein eigenes Geld in die Börse zu investieren, und dieser Gedanke bereitete mir Bauchschmerzen. Ich wollte wirklich nicht mein eigenes Geld verlieren.

„Liebes", sagte er, „geh mal einen Schritt auf Abstand, dann merkst du, welches Problem dich gerade stresst. Du machst dir Sorgen, dass du die Chance verstreichen lässt, Schritte für ein besseres Leben einzuleiten.

Dabei ignorierst du aber, dass du überhaupt und tatsächlich die Möglichkeit hast, etwas für ein besseres Leben zu tun!“

Eine Dosis Perspektive. Er hatte absolut recht.

„In deiner jetzigen Situation zu verharren ist schlimmer als das Risiko einzugehen. Komm schon! Du befürchtest, dass du die wenigen Jahre Ruhestand aufs Spiel setzt, auf die du hoffen kannst, wenn du nicht lernst, wie man Geld anlegt. Beschäftige dich nicht zu sehr damit, wie schrecklich das wäre. Die Alternative ist ja auch ganz schön beängstigend. Also sei einfach dankbar, dass du nicht so darin feststeckst wie die meisten anderen Leute. Erinnerst du dich an Wahei Takeda?“

Hm. Ganz vage sagte mir der Name etwas.

„Wahei Takeda ist der japanische Warren Buffett.“

„Heißt das, er hat durch Anlegen Milliarden verdient oder er ist ein berühmter Value-Investor?“

„Beides. Als ich vor ein paar Jahren in Japan war, habe ich ihn zu Hause besucht, weißt du noch? Er investiert natürlich wie Buffett, aber ich wollte wissen, ob er noch irgendetwas macht, was seiner Meinung nach wesentlich für seinen Erfolg ist. Und weißt du, was er gesagt hat?“

„Kein Geld verlieren?“

Dad grinste. „Ich bin sicher, dass er das gedacht hat.“

„Aber er wollte Warrens Spruch nicht klauen.“

„Er hat mir wirklich eine Antwort gegeben. Er nannte sein Geheimnis *Maro.* Das bedeutet ‚Dankbarkeit‘. Einer der reichsten und erfolgreichsten Investoren der Welt, und sein Geheimnis war Dankbarkeit.“[19]

Ich lachte. „Das hat er sich wahrscheinlich zurechtgelegt, um lästige Fragen wie ‚Worin besteht Ihr Geheimnis?‘ zu beantworten.“

Dad hörte auf zu lachen. „Nur dass er in Japan dafür berühmt ist. Es ist das Herzstück seiner Investitionstätigkeit. Er hat in allen Unterneh-

[19] Über Takedas Praxis der Dankbarkeit wurde sogar ein Buch geschrieben: Janet Bray Attwood und Ken Honda: *Maro Up: The Secret of Success Begins with Arigato: Wisdom from the „Warren Buffett of Japan“* (Amazon Digital Services, 2015).

men, in die er investiert hat, Dankbarkeit als regelmäßige Institution eingeführt."

Wow. Da lässt einer wirklich seinen Worten Taten folgen.

„Wenn er in ein Unternehmen investiert, fordert er den CEO dieses Unternehmens auf, im gesamten Unternehmen eine Politik der Dankbarkeit einzuführen. Die Mitarbeiter werden ermahnt, dankbar zu sein; gegenseitige Dankbarkeit ist Teil ihrer Meetings und wird zum Bestandteil der Unternehmenskultur. Wenn der CEO das nicht tut, verkauft Takeda seinen Anteil. Er erklärte mir, er habe es sich zur Gewohnheit gemacht, tausend Mal am Tag dankbar zu sein, und das sei der Schlüssel zu seinem Erfolg."

„Tausend? Da würde man ja an gar nichts anderes mehr denken. Schon zehnmal am Tag ist ganz schön viel, auf das man sich konzentrieren muss."

„Also gut, nehmen wir die Tausend nicht wörtlich, aber könntest du vielleicht zweimal am Tag darüber nachdenken? Oder einmal am Tag?"

„Natürlich." Eigentlich war es ja eine wirklich nette Idee. Dankbarkeit ist grundsätzlich gut. Allerdings habe ich schon öfter versucht, mich bewusst dankbar zu fühlen, aber das fühlte sich gezwungen an, danach fühlte ich mich unaufrichtig und dann schuldig, weil ich mich bezüglich der Dankbarkeit unaufrichtig fühlte. „Ich glaube nicht, dass erzwungene Dankbarkeit bei mir wirklich funktioniert."

„Ja, das kann ich verstehen." Er dachte darüber nach. „Kannst du Dinge, über die du nicht glücklich bist, nehmen und darin einen Silberstreif am Horizont erkennen? Dich für deine Probleme bedanken? Du brauchst dich gar nicht zu irgendwelchen Gefühlen zu zwingen, sag einfach danke für einen Teil dessen, was du erlebst."

Ich dachte auch darüber nach. Das gefiel mir. Fest umrissene Probleme finden und das Gute daran suchen – so kehrt man die Energie der Probleme um. Man zieht sie aus der dunklen Seite heraus ins Licht.

In diesem Moment war ich dankbar für den Stress in meinem Körper, weil er mir offenbarte, wie dringend ich mein Leben verändern musste. Ich war dankbar, dass mein Vater das Wissen, die Erfahrung und die

Zeit hatte, mir zu helfen. Ich war dankbar, dass ich in diesem Monat den Mut gefunden hatte, mich meiner finanziellen Realität zu stellen, und dadurch löste sich der Knoten in meinem Magen ein winziges bisschen. Meine Dankbarkeit war sehr real.

Mein Vater sagte sanft: „Ich bin dankbar, dass du so tapfer bist und dir von mir helfen lässt. Das ist nicht einfach.“

Ich wusste nicht, was ich dazu sagen sollte. Noch nie zuvor hatte er eingeräumt, dass es nicht von Grund auf, selbstverständlich und lächerlich leicht sei, sich in die Geldanlage zu stürzen. Ich wusste nicht, was ich mit einem Vater anfangen sollte, der anerkannte, dass einen die Geldanlage einschüchtern kann. Oder, noch überraschender, dass er mir wirklich auf lange Sicht und mit vollem Engagement helfen wollte. Da hatte ich auf einmal das Gefühl, dass ich ihm gar nicht so sehr zu widersprechen brauchte. Vielleicht konnte er sich ja ein kleines bisschen in mich hineinversetzen. Ab diesem Punkt wollte ich nicht mehr so sehr, dass er unrecht hat, und ich öffnete mich innerlich ein bisschen.

Papa räusperte sich und fasste zusammen: „Grundsätzlich gibt es vier ziemlich einfache mathematische Komponenten, um zur finanziellen Freiheit zu gelangen:

1. Die jährlichen Mindestausgaben
2. Die zum Anlegen noch verbleibenden Jahre
3. Das anzulegende Geld
4. Die erforderliche Anlagerendite

Die erste Komponente – die Ausgaben – liegt bei dir. Ich habe 13 Jahre lang von weniger als 4.000 Dollar gelebt und nicht gemerkt, dass ich arm war. Mein höchster Sold während des Vietnamkriegs waren glaube ich 441 Dollar im Monat und da waren Zulagen dafür, aus Flugzeugen zu springen und sich in Kampfgebieten aufzuhalten, schon drin. Du wirst natürlich mehr brauchen, sonst wirst du definitiv merken, dass du arm bist. Die zweite Komponente – die verbleibenden Jahre – steht fest: Dir bleibt in deinem Leben ab jetzt nur eine bestimmte Anzahl von Jahren, um den Zinseszinseffekt erfolgreich zu nutzen. Also musst du jetzt anfangen. Die dritte – das Geld – ist ebenfalls fix, es sei denn, du kannst dank irgendeines Zaubers plötzlich viel mehr Geld verdienen. Die meisten von uns können das nicht und das Merkwürdige daran, wenn man mehr Geld verdient, ist, dass dann irgendwie die Ausgaben entsprechend dem Einkommen steigen und man deshalb immer noch nicht genug spart."

Er hatte recht, dachte ich reumütig.

„Du musst dagegen ankämpfen und so viel Geld wie möglich in deine Investitionen stecken, besonders am Anfang, wenn die meiste Zeit für den Zinseszins bleibt."

„Ich wünschte, du hättest mich früher darauf gebracht", wagte ich mich vor.

„Das habe ich versucht! Du hast aber nicht auf mich gehört."

„Das stimmt."

„Und deshalb musst du es jetzt tun. Und pass auf – die vierte Komponente zum Erreichen der finanziellen Freiheit, die erforderliche Rendite, steht bei den meisten Menschen ebenfalls fest. Es hat überhaupt keinen Sinn, eine höhere Rendite als der Markt anzustreben, es sei denn – und dieses ‚es sei denn' kann dein Leben verändern –, es sei denn, man ist bereit zu lernen, wie Buffett und Munger zu investieren."

„Aber das ist ein Vollzeitjob", protestierte ich. „Ich würde es in Teilzeit machen, also kann ich nicht so viel Research betreiben wie du. Und ich habe ja nicht einmal Zeit, mich darauf einzulassen! So wie die Dinge liegen, trete ich gerade mal auf der Stelle."

„Ich weiß, dass es ein unglaublich hoch gestecktes Ziel ist, eine Jahresrendite von 26 Prozent anzupeilen, aber was wäre denn, wenn man das mit weniger Risiko machen könnte, als wenn man Geld in einen Index steckt? Wenn du jetzt ein wenig Zeit investierst, wird der künftige Lohn riesig sein. Wenn nicht, wirst du …"

„Ich weiß", unterbrach ich ihn. „Bis zu meinem Tod bei Walmart arbeiten." In meinem Kopf rangen die Gegenwarts-Danielle und die Zukunfts-Danielle miteinander. Ich hatte keine Zeit, aber ich konnte es mir auch nicht leisten, mir diese Zeit nicht zu nehmen, nicht wenn die Möglichkeit bestand, schon in wenigen Jahren ein ganz neues Leben zu beginnen.

„Das wünsche ich dir natürlich nicht. Das ist die nützlichste Sache und der größte Schutz, den ich dir beibringen kann. Was hält dich davon ab?"

Er hatte die Chance auf eine Ja-Nein-Frage verpasst. Der erste Fehler, den er machte. All meine Ängste kamen zurück und ich rollte alles auf.

„Was ist mit der Tatsache, dass volkswirtschaftlichen Gegebenheiten den Aktienmarkt in einer Art und Weise beeinflussen, die ich weder vorhersagen noch mir vorstellen kann? Was mit der Tatsache, dass ich 2008 keine Ahnung hatte geschweige denn begriff, dass es Immobilienpapiere gab, die unsere Konjunktur einbrechen lassen würden? Was ist mit einem Weltkrieg? Was ist mit Unternehmen, die gegenüber den Aufsichtsbehörden lügen? Was ist, wenn man nicht genug Ahnung von einer Branche hat, um zu wissen, ob ein bestimmtes Unternehmen in dieser Branche eine gute Investition ist oder ob die ganze Branche untergeht?" Er hatte meine praktischen Einwände entkräftet und nun brachen meine tieferen Sorgen mit voller Wucht hervor. „Es gibt *so* viele Dinge, die man wissen müsste, und ich weiß zwar, dass du dir deiner Investments in gewissem Maße sicher bist, aber ich weiß nicht, wie ich es dahin bringen soll. Die eigentliche Frage ist doch, woher ich wissen soll, wann ich genug weiß."

Dad wusste, dass ich mir Sorgen um den Zugang zu guten Informationen machte. „Okay, *das* ist eine wirklich gute Frage. Du wirst es wissen, weil ich es dir beibringen werde."

Ich war mir nicht sicher, ob ich es wissen würde. Unternehmen bestehen aus Menschen. Menschen machen Fehler. Menschen handeln emotional, in ihrem Leben gibt es noch andere Dinge neben ihrer Arbeit und sie haben Anreize, zu lügen und den schwarzen Peter jemand anders zuzuschieben, und sie wollen zwar das Richtige tun, aber sie tun es nicht. Manchmal stehlen Menschen etwas und vertuschen es. Der Blick auf ein Unternehmen als unerschütterliche monolithische Einheit ist völlig falsch. Ich musste in der Lage sein zu erkennen, ob ein Monolith bebte.

„Zuerst möchte ich dir auf der allgemeinen Ebene zeigen, wie man wunderbare Unternehmen findet", unterbrach mich Dad. „Dann gehen wir auf die Details ein, wie man konkrete Unternehmen auswählt und wie man an gute Informationen kommt. Das Geheimnis der guten Geldanlage ist das Warten. Ich werde dich nichts unternehmen lassen, bevor du bereit bist und auch der Markt bereit ist."

„Das erinnert mich an die vier Stufen der Meisterschaft, von denen du immer sprichst."

„Ja genau!", rief Dad aus.

Mein Vater zitiert oft ein altes Sprichwort über die vier Stufen der Meisterschaft in irgendeiner Fähigkeit und das ist bei mir hängen geblieben. Die erste Stufe ist die unbewusste Inkompetenz, wenn man in der betreffenden Fähigkeit völlig inkompetent ist und einen das nicht einmal kümmert, weil man überhaupt nichts davon weiß. Jetzt, wo ich darüber nachdenke, bin ich unbewusst inkompetent, was Regatten angeht.

Die zweite Stufe ist die bewusste Inkompetenz, also wenn man weiß, was man wissen müsste, es aber nicht sehr gut kann. Ich bin bewusst inkompetent im Karaoke-Singen und ich versuche nicht, darin besser zu werden. Lieber verdrücke ich mich in einen Winkel, trinke meinen Whiskey, feuere meine Freundinnen an und gehe auf die Tanzfläche, wenn ein Song von Britney Spears kommt. So etwas nenne ich „keinen schlechten Abend". Bei Fähigkeiten, bei denen ich kompetent sein möchte, fühlt sich die bewusste Inkompetenz allerdings unerträglich schmerzhaft an.

Die dritte Stufe der Meisterschaft ist die bewusste Kompetenz. Das bedeutet, dass man weiß, was man wissen muss; und wenn man konzentriert und bewusst bei der Sache ist, kann man sie gut. Das Gute an der bewussten Kompetenz ist, dass man, wenn man einmal so weit gekommen ist, sehr schnell besser wird. Die grausamen Tage der bewussten Inkompetenz sind vorbei und bessere Tage liegen vor einem.

Die vierte Stufe der Meisterschaft, die unbewusste Kompetenz, ist das Erlebnis, etwas gut zu machen, ohne darüber nachzudenken. Sportler bezeichnen die extreme Erfahrung der unbewussten Kompetenz oft als „Zone", als einen Aktivitätszustand, der so erlebt wird, als würde man ohne nachzudenken zuschauen, wie beispielsweise der Ball durch den Korb fällt. Warren Buffett kann nach eigener Aussage in wenigen Minuten entscheiden, ob er eine ganze Firma kaufen will. Ich nehme an, er befindet sich in diesem Zustand der unbewussten Kompetenz. Ich wäre schon mit der bewussten Kompetenz glücklich und zufrieden.

„Du wirst schneller bewusst kompetent werden, als du dir vorstellen kannst", versprach mir Dad

Es war sehr nett von meinem Vater, dass er mir anbot, seine Zeit damit zu verbringen, mich zu unterrichten. Er ist ein vielbeschäftigter Mann und ich nahm sein Angebot nicht auf die leichte Schulter. Ich war mir nicht ganz sicher, ob er es das ganze Jahr über durchziehen würde, aber er schien für mich da sein zu wollen und mir blieb nichts anderes übrig, als zu sehen, was passieren würde. Die Zukunfts-Danielle brauchte das, so viel wusste ich. Vielleicht, so dachte ich mir, würde auch die Gegenwarts-Danielle etwas davon haben. Ich verbrachte meine Tage damit, mich im Auftrag anderer Menschen um Projekte, Aufgaben und Fragen zu kümmern. Die Anlagepraxis war nun etwas, das ich für mich und nur für mich tun konnte. Und vielleicht würde ich dabei meinen Vater ein bisschen besser kennenlernen – auf jeden Fall aber würde ich ihn anders kennenlernen.

Eine Sorge blieb jedoch bestehen. Es hat seinen Grund, dass ich Jura studiert habe. Zahlen schwimmen so lange in meinem Gehirn herum, bis sie auf Nimmerwiedersehen aus meinen Ohren hinaustreiben. Für mich sehen Bilanzen und Abschlüsse wie undurchdringliche Spalten aus winzigen schwarzen Zahlen aus. Ich spüre, wie sie meinem Geist physisch wehtun, während die Minuten verstreichen, als fände in meinem

Gehirn eine Elektrolyse statt. Ich weiß, dass ich nicht die einzige bin, der die Buchhaltung Angst macht, und das aus gutem Grund. Der Bilanzierungsskandal um Enron hat bewiesen, dass die Finanzbuchhaltung auch für Wirtschaftsprüfer eine Geheimwissenschaft sein kann.

„Du weißt, dass ich in mathematischen Dingen schrecklich schlecht bin, oder? Finanzabschlüsse machen mir keinen Spaß."

Es war etwas peinlich, als er sagte: „Ob meine Investment-Schüler in der Lage sein werden, etwas nachzuvollziehen, probiere ich an dir aus. Wenn du etwas verstehst, weiß ich, dass sie es auch können."

Ich lachte. „Gut, dann sind wir uns ja einig. Bin ich belehrbar?"

„Natürlich bist du das. Ich werde dir beibringen, wie man ein Unternehmen bewertet. Wir versuchen nicht, über 1,80 Meter hohe Hürden zu springen, wie sich Buffett ausdrückt. Wir nehmen nur 20 Zentimeter in Angriff. Kein Problem für dich. Mach dir keine Sorgen."

„Muss ich bald Aktien kaufen? Das will ich ja eigentlich gar nicht."

„Nein! Du darfst nicht einmal Aktien kaufen, wie findest du das? Wahrscheinlich wirst du sogar ungeduldig werden und Aktien kaufen wollen, bevor du so weit bist."

Daraufhin schaute ich ihn ziemlich schief an – was er natürlich nicht sehen konnte, aber er schien es trotzdem zu spüren. „Du solltest nicht damit rechnen, auch nur ein einziges Unternehmen zu kaufen, bevor dieses Jahr vorbei ist", fuhr er fort. „Zuerst musst du dich auf das Wissen konzentrieren. ‚Gefestigt im Sein die Handlung ausführen'", zitierte er aus der Bhagavad Gita.

Ich wusste, was er damit meinte. Neben transzendentaler Meditation und Yoga war ich auch damit aufgewachsen, vedische Texte auf Englisch und im Sanskrit-Original zu lesen – Zitate in einer 5.000 Jahre alten toten Sprache auszutauschen war für uns völlig normal. Meine Eltern waren Spinner, die irgendwie erfolgreich wurden, was soll ich sagen? Dad meinte damit, dass mein Wissen über die Geldanlage so sehr in mir gefestigt sein müsste, dass meine Instinkte echt sein würden. Was natürlich perfekt war, denn ich hatte Angst davor, echtes Geld in die Börse zu stecken.

„Keine Sorge, Dad. Ich glaube nicht, dass ich überstürzt etwas kaufen will. Wahrscheinlich werde ich länger warten wollen, als du es willst!"

„Ich denke, du wirst tiefer hineingezogen, als du denkst."

Ich konnte nichts anderes tun, als das so stehen zu lassen und mich auf jeden Schritt der Übungen zu konzentrieren. Wenn ich schon lernen will zu investieren, dann auch richtig – entschied ich für mich. Ich hatte nicht jahrelang Zeit, um irgendwie herumzuspielen, und die Möglichkeit, schneller zu einem Leben in Freiheit zu kommen, als ich es je für möglich gehalten hatte, war wie ein Magnet, der mich anzog.

Wir verabschiedeten uns und legten auf. Er hatte mich davon überzeugt, dass Delegieren keine Option war. Ich wollte das selbst machen. Ich empfand eine seltsame mehrschichtige Mischung aus neugierig, ängstlich und ermächtigt. Ich wollte das selbst machen.

Ich wollte das selbst machen.

FEBRUAR-ÜBUNG: Ich wollte meine Zahl gar nicht wissen, aber sie herauszufinden gab mir das Gefühl, es könnte möglich sein, sie zu erreichen. Entscheiden Sie für sich, ob Sie Ihre Zahl wissen und mehr Kontrolle haben wollen. Spielen Sie mit verschiedenen Renditen und anderen Größen herum, damit Sie die verschiedenen Wege zur finanziellen Freiheit erkennen. Um es Ihnen leichter zu machen, Ihre Zahl zu finden, habe ich den Rechner „Your Number" auf meine Website gestellt: www.danielletown.com. Am wichtigsten ist dabei, dass Sie bewusst und regelmäßig üben, Ihre Probleme anzuerkennen, sich ihrer bewusst zu sein und einen Grund zu finden – sei er auch noch so klein –, für jedes Ihrer Probleme wirklich dankbar zu sein.

KAPITEL 3

MIT MEINEM GELD FÜR EINE MISSION STIMMEN

MÄRZ

Diesen Monat:

- Die Einrichtung meines Investmentbüros
- Unternehmensfibel
- Missionen finden
- Die Story eines Unternehmens

Meine Einwände waren sozusagen in der Luft zerrissen worden und ich hatte mich mit meinem Vater auf die Anlagepraxis samt Übungen eingelassen. Meine ganzen Ausreden galten immer noch – ich hatte immer noch viel zu tun, war immer noch schlecht in Mathe, immer noch überwältigt davon, wie viele Informationen es aufzunehmen galt. Wie konnte ich den Lernprozess so gut in mein Leben integrieren, dass ich dabeibleiben würde? Ich musste jetzt praktisch denken.

Schon immer war Aufräumen und Organisieren meine Rettung, wenn ich mich überfordert fühlte. Wenn ich meine Sachen aufräume, fühlt sich auch mein Verstand nicht mehr so unordentlich an.

Am nächsten – kalten – Samstagmorgen zu Hause, als mein Panoramafenster nach dem Sonnenaufgang von blauem Himmel ausgefüllt wurde, saß ich in meinem großen Sessel und begann über die Logistik nachzudenken. Wo und wann würde ich meine Übungen für die Geldanlage machen? Was meine Yogapraxis angeht, erdete mich meine Yogamatte – wenn ich auch nur fünf Minuten auf ihr verbracht hatte, betrachtete ich meine Übungen für diesen Tag als erledigt. In letzter Zeit war ich, was die Zeit angeht, so verzweifelt gewesen, dass meine Yoga-Übungen lediglich darin bestanden, mich in der Behindertentoilette einzuschließen, mir vorzustellen, ich wäre woanders, zu atmen und ein paarmal meine Zehen zu berühren. Dabei mied ich es wie die Pest, den Boden zu berühren, aber in meinem Kopf war ich auf meiner Yogamatte und zumindest war das besser als nichts. Wenigstens versuchte ich es. Läufern reicht es oft schon, die Laufschuhe zu schnüren und das Haus zu verlassen, um in Schwung zu kommen. Was war nun bei der Geldanlage das Pendant zu meiner Yogamatte oder meinen Laufschuhen?

Die Zeit für die Geldanlage borgte ich mir von anderen Punkten auf meiner To-do-Liste. Wenn ich keine einladende Umgebung hätte, die den Wunsch wecken würde, Zeit mit meiner Investmentpraxis zu verbringen, würde ich sie wahrscheinlich im Sande verlaufen lassen, weil die anderen Punkte auf meiner To-do-Liste unweigerlich dringlicher wurden.

Eigentlich hatte ich überhaupt kein Umfeld für die Geldanlage. Weder hatte ich ein Arbeitszimmer noch hatte ich in meiner kleinen Wohnung dafür Platz. Laut Marie Kondo, einer Expertin für Aufräumen, soll man sich den idealen Raum konkret vorstellen.[20] Ich kuschelte mich in meinen großen Sessel, schaute wie so oft aus dem Fenster hinaus auf den stattlichen Universitätscampus, der sich quer durch die Stadt zieht, und dachte darüber nach, was wohl den Funken für meine Übungen

[20] Marie Kondo: *The Life-Changing Magic of Tidying Up* (Berkeley, CA: Tenn Speed Press, 2013).

entfachen würde. Es müsste etwas sein, das mich daran erinnerte, weshalb ich Geld anlegen wollte, ich bräuchte einige Investment-Requisiten und genug Platz, um Unterlagen und anderes Zeug zu stapeln. Ich machte mich daran, mir einen Raum für die Geldanlage zu schaffen.

Die Magie der Schaffung eines Investitionsraums

Der Buffett-Jünger Guy Spier schrieb in seinem Buch „The Education of a Value Investor", dass er ein liebevoll gehütetes Foto von sich und Warren Buffett in seinem Büro hängen hat, das ihn daran erinnert, wer sein Vorbild ist; dass er ein Stehpult benutzt, um seinen Geist wach zu halten, und dass er sich so wenig wie möglich mit Unternehmensanalysen befasst, damit seine eigenen Überlegungen möglichst unbefleckt bleiben. Mein Vater hingegen sitzt meist an seinem Desktop-PC und liest regelmäßig Analysen als Kontrapunkt zu seinem eigenen Standpunkt. Er hat zwar einige Fotos im Raum, aber sie befinden sich alle hinter seinem Rücken, sodass er sie sich eigentlich gar nicht so oft anschaut. Jedem das Seine.

Jede Ecke in meiner winzigen Schachtel von einer Wohnung war bereits belegt. Aber Marie Kondo hatte recht: Die Visualisierung rief mir in den Sinn, was mir am wichtigsten war. Ich neige immer dazu, im Esszimmer oder in der Küche zu arbeiten – dort, wo Energie vorhanden ist, etwas Platz, um mich auszubreiten, und ein paar Snacks. Snacks sind sehr wichtig, um gute Arbeit zu leisten.

Ich beschloss, dass meine eigentliche Investmentpraxis an meinem Esstisch stattfinden musste. Das bedeutete allerdings, dass mein Investmentmaterial oft weggeräumt und verstaut werden musste, also würde ich eine Plastikbox mit Investmentutensilien füllen und sie als eine Art mobiles Büro verwenden. Wo meine Anlagebox war, da war auch mein Investmentbüro.

Ich legte ein paar Talismane in eine Schachtel, die mich daran erinnern sollten, worauf ich meine Absichten und mein Gehirn ausrichten sollte, und dazu ein paar praktische Dinge, die jedes Büro braucht. Als Erstes legte ich den Talisman hinein, der mich daran gemahnte, für meine Probleme dankbar zu sein – Maro. Jahre zuvor hatte ich Herzprobleme gehabt, die schwer zu diagnostizieren waren, und mein Arzt gab mir hinterher einen herzförmigen Stein, der mich daran erinnern sollte, dass es besser wird.

Als Zweites etwas, das mich daran erinnerte, warum ich das tat, wenn ich einmal müde würde und keine Lust mehr hätte, mich auf die Geldanlage zu konzentrieren. Meine Schuhe von North Star erinnern mich sozusagen an die Tradition der Value-Investoren, von denen ich etwas lernte. Die Anwesenheit meines Vaters war immer gegeben, wenn ich mich zu den Investing-Übungen hinsetzte – am Telefon, per E-Mail, in meinem Kopf. Außerdem stellte ich auf dem Ehrenplatz im Bücherregal neben meinem Esstisch handsignierte Erstausgaben seiner beiden Bücher zur Schau. Dad war also da.

Bücher waren allerdings eine gute Idee. Ich stapelte Bücher aufeinander, um den Laptop daraufzustellen: weitere Exemplare von „Regel Nummer 1", „Jetzt aber!" und „The Education of a Value Investor"; „Let My People Go Surfing" von Yvon Chouinard; „The Happiness Project" von Gretchen Rubin und „Complications" von Atul Gawande. „The Life-Changing Magic of Tidying Up" legte ich auch auf den Stapel, um mich daran zu erinnern, dass ich bei der Organisation meiner Finanzen ordentlich und in effizienter Weise rücksichtslos sein sollte, und „The Big Short", um mich daran zu erinnern, dass ich unter die Oberfläche vordringen und über makroökonomische Marktkräfte nachdenken musste – und dass die Dinge auch dann so richtig schieflaufen können, wenn es so aussieht, als würden sie sehr gut laufen.

Spier hat in seinem Büro Fotos von seinem Vater – einem seiner ersten Investoren –, um sich daran zu erinnern, für wen er arbeitet. Nicht, dass sie mich unbedingt brauchen würden, aber dass ich in der Lage wäre, mich um meine Mutter und meine Schwester zu kümmern, ist ein großer Teil meiner Vorstellung von finanzieller Freiheit. Also nahm ich ein Foto von uns aus dem Regal und stellte es neben meinen Computer.

Das war schon recht gut, aber noch nicht ganz. Ich hatte schon Fotos von meiner Familie überall in meinem kleinen Haus. Ich stellte ein Foto von mir mit Kamala und zwei anderen engen Freundinnen auf, das an einem Abend in New York aufgenommen worden war, und es kam mir richtig vor, mich von ihnen inspirieren zu lassen. Ich schnappte mir auch ein Foto, das eine Freundin von mir beim Wandern in einer fantastischen Berglandschaft aufgenommen und mir geschenkt hatte, weil mir dabei das Herz aufging und es mich daran erinnerte, dass meine Vorstellung von finanzieller Freiheit bedeutete, dass ich tagelang Zeit hätte, um in die Berge zu gehen ... oder ans Meer zu fahren ... oder in eine Stadt ... eben um zu tun, was immer ich wollte. Ich liebte diese Fotos und wollte sie sehen und die einzige Möglichkeit, sie zu sehen, bestand darin, sie aus der Kiste zu nehmen und mein Investmentbüro einzurichten. Ein kleiner Anreiz, aber ein schöner.

Was noch? Ich dachte an etwas, das mich verlockt, die Box zu öffnen, und das eine einladende Atmosphäre schafft. Ich legte eine duftende Reisekerze hinein, damit es gut roch, wenn ich mich zum Üben hinsetzte. Und ein Feuerzeug, damit ich nicht jedes Mal eines suchen musste.

Ich dachte darüber nach, Kopfhörer in die Box zu tun, damit sie schnell zur Hand sind, aber ich hatte nur ein Paar hochwertige Kopfhörer und die wollte ich auch zu anderen Zeiten als beim Investieren verwenden. Ich entschied, dass ich sie ja problemlos von ihrem üblichen Platz in der Schüssel mit den Schlüsseln bei der Wohnungstür nehmen konnte, und legte sie nicht in die Schachtel.

Und schließlich – ich wusste gar nicht recht, warum – nahm ich noch eine kleine Gebetsmühle, die ich ein paar Jahre zuvor in einer Touristenbude in Kathmandu gekauft hatte. Sie war etwas schräg und nichts Besonderes, aber sie weckte bei mir gewisse Empfindungen. Im tibetischen Buddhismus ist es so, dass die Energie eines Gebets ins Universum gesendet wird, wenn man dabei die Gebetsmühle dreht. Ich stellte sie auf das Regal neben die signierten Bücher meines Vaters und drehte sie. Sie sandte meine Wünsche, meine Gebete und meine Hoffnungen für die Investmentpraxis in das Universum. Sie erinnerte mich durch ihre Anwesenheit auch daran, dass etwas nicht von allein passiert, nur weil man es wünscht. Ich muss die Gebetsmühle drehen. Ich muss die Geldanlage üben.

Das war nun also mein Büro, in einem hässlichen Plastikbehälter, der in meinem Bücherregal verstaut war – überaus nobel. Ein Stapel Bücher, eine Kerze, Talismane, Fotos und ein Computer auf meinem Esstisch. Nicht gerade Guy Spiers perfekt gepflegte Bibliothek. Aber gut, ich rief mir ins Gedächtnis, dass das Vollkommene nicht der Feind des ausreichend Guten sein darf.

Dass ich etwas getan hatte, um meinen Raum einzurichten, auch wenn es nur Kleinigkeiten waren, gab mir das Gefühl, mehr Kontrolle zu haben. Ich fühlte mich, als würde ich mich mit dem Kopf voran in den dichten, wabernden Nebel stürzen, aber nun waren wenigstens meine Sachen geordnet.

Dann bereitete ich meinen Computer vor. Ich legte einen Ordner mit dem Namen „Anlagepraxis" an und platzierte ihn auffallend auf meinem Desktop. Ich verwendete bereits eine Notiz-App[21], um Zeitungsausschnitte zu sammeln und zu ordnen, also legte ich auch noch ein neues Notizbuch mit dem Titel „Anlagepraxis" an. Ich wusste noch nicht recht, was ich in diese Ordner legen würde, aber zumindest war ich vorbereitet. Ich wollte es so einrichten, dass ich in zwei, acht oder zehn Jahren, wenn ich alles wissen wollte, was ich zu einem Unternehmen gefunden hatte, es leicht finden konnte und mir keine doppelte Arbeit zu machen brauchte.

Jetzt, wo ich mich eingerichtet hatte, konnte ich darüber nachdenken, in was ich eigentlich investieren wollte. Die Gesellschaftsform der Aktiengesellschaft kannte ich. Sie ist die Grundlage aller Aktien und Börsen und um zu verstehen, wie das heute funktioniert, muss man verstehen, wo sie herkommt. Dass Manager Millionen Dollar dafür bekommen,

[21] Während ich dies schreibe, verwende ich Evernote, aber es gibt noch viele andere tolle Apps und Websites, um sich Notizen zu machen und Dateien zu organisieren.

dass sie ihre Unternehmen in den Sand setzen, liegt an der Entwicklung der Kapitalgesellschaften und der Haftung und ich wollte auf jeden Fall die Grundlagen des Systems kennen, dem ich bald mein Geld aussetzen würde.

Kapitalgesellschaften: Kurze Geschichte einer rechtlichen Fiktion

Unternehmen bieten uns Produkte, Transport, Lebensmittel, Unterkunft und so weiter an. Natürlich tun sie das; Unternehmen und Börsen sind nur Menschen und wir Menschen haben diese Konstrukte erfunden (wir Anwälte nennen sie gerne „Fiktionen"), damit wir in sie investieren können, ohne persönlich für das belangt zu werden, was sie tun. Ihre Geschichte führte dazu, dass ich an diesem Tag in meiner Wohnung stand, mein Anlagebüro durchging und darüber nachdachte, wie ich mich davor schützen würde, dass ich mein Geld einem skrupellosen Managementteam aussetzen könnte.

Kapitalgesellschaften gibt es schon seit Tausenden von Jahren, aber ein paar Hundert Jahre nach der Erfindung der Börse durch die Niederländer haben die Briten ihre eigene geschichtsträchtige Innovation dazu beigetragen: die beschränkte Haftung für die Eigentümer von Kapitalgesellschaften: Der Begriff sagt es schon selbst: Die Haftung der Firmeninhaber beschränkte sich auf das Vermögen der Gesellschaft und Gläubiger hatten auf ihr Privatvermögen keinen Zugriff. Dies beflügelte das Unternehmertum wie nichts anderes, denn sobald die beschränkte Haftung galt, brauchte niemand mehr zu befürchten, dass seine Familie durch einen Firmenbankrott für alle Zeiten ruiniert würde. Für das Unternehmertum war die beschränkte Haftung eine fantastische Sache, aber für die Gesellschaften und die Investoren erwies sie sich als zweischneidiges Schwert. Die Grundprämisse des britischen Ökonomen Adam Smith, dass Menschen stets rational im eigenen Interesse handeln, verändert sich erheblich, wenn die Strafe für skrupelloses Verhalten durch den Schild der Kapitalgesellschaft abgeschirmt wird.

In den Vereinigten Staaten setzte sich allmählich die Auffassung durch, dass trotz gelegentlicher Exzesse der Unternehmen die Vorteile der Kapitalgesellschaft ihre Nachteile überwiegen. Die Evolution der Kapitalgesellschaft macht Engel ebenso wie Ungeheuer möglich: Das eine Unternehmen beschert der Mittelschicht königlichen Komfort, während ein anderes Gemeinschaften zerstört; das eine Unternehmen macht arme Menschen reich und ein anderes macht reiche Menschen arm. Ich wusste, dass ich mich, wenn ich schon Investorin werden wollte, nach Werten und Missionen würde richten müssen und zwischen den Engeln und Ungeheuern unter den Unternehmen würde unterscheiden müssen. Welche Unternehmen verhalten sich ehrenhaft und halten sich an die Werte, die ich für wichtig halte, und welche nicht? Das wollte ich wissen.

Die Asymmetrie bewältigen

Durch meine gesellschaftsrechtliche Tätigkeit war ich mir der inhärenten Informationsasymmetrie zwischen Aktiengesellschaften und ihren Aktionären ständig bewusst. Wenn ich in mein berufliches Fachgebiet investieren würde, also in ein Start-up in einem frühen Stadium, würde ich zuerst die Gründer persönlich kennenlernen wollen, um zu entscheiden, ob es sich lohnt, auf sie zu setzen. Großinvestoren machen das auch bei börsennotierten Unternehmen so: Sie treffen sich oft mit den Vorständen, besuchen die Büros und die Produktionsstätten des Unternehmens und haben Fachleute, die die Finanzdaten prüfen. Kleinanleger wie ich können all das nicht machen. Etwas, das mir bei Investitionen in börsennotierte Unternehmen Angst machte, war die Tatsache, dass die Aktionäre weniger Informationen haben als die Unternehmensleitung und dass sie daher von Grund auf benachteiligt sind. Die Informationen, die das Unternehmen hat, und die Informationen, die der Aktionär hat, werden niemals genau die gleichen sein.

Die Aktionäre sind die Eigentümer eines Unternehmens, aber sie führen das Unternehmen nicht – ein Aspekt der Unternehmensstruktur, die mich als Juristin fasziniert, aber als potenzielle Investorin erschreckt. Die beschränkte Haftung beschert mir als potenzieller Eigentümerin die Möglichkeit, zu investieren, aber auch die Möglichkeit, mich aus der Unternehmensführung herauszuhalten. Da haben wir wieder das zweischneidige Schwert. Stattdessen wählen die Aktionäre diejenigen Personen, die im Verwaltungsrat des Unternehmens sitzen, der die für das Unternehmen wichtigen Entscheidungen trifft. Dann stellt der Verwaltungsrat die geschäftsführenden Manager der Gesellschaft ein, die den Geschäftsbetrieb lenken. Der Verwaltungsrat hat eine treuhänderische Pflicht sowie eine rechtliche und moralische Verantwortung, Entscheidungen für das Unternehmen zum Wohle der Aktionäre zu treffen, jedoch hat er bei der Erreichung dieses Ziels einen großen Spielraum. Insofern kontrollieren die Aktionäre das Unternehmen theoretisch indirekt und wenn ein Verwaltungsratsmitglied keine gute Arbeit abliefert, können die Aktionäre eine andere Person auf dessen Sitz wählen (oder andere Regressmethoden anwenden, wenn gravierende Verletzungen der Treuepflicht durch das Verwaltungsratsmitglied vorliegen). In der Praxis und je nach Unternehmen sind viele Vorstandsmitglieder sehr darauf aus, in etwa 250.000 Dollar pro Jahr für ein paar Stunden Sitzungen zu bekommen, also vermeiden sie es, Ärger zu machen, und segnen oft schlicht die Entscheidungen des CEOs ab. Sehen Sie sich als Beispiel einmal die Managergehälter an:

Der Verwaltungsrat hat einen Anreiz, Führungskräfte einzustellen, die dem Unternehmen zu Wachstum verhelfen und den Aktienkurs steigen lassen – und die Führungskräfte haben einen Anreiz, den Vorstand mit ihrer Leistung zufriedenzustellen, sowie in der Regel außerdem einen Anreiz, den Aktienkurs steigen zu lassen. Aktionäre mögen höhere Aktienkurse, aber diese Anreizstruktur fördert manchmal in verquerer Art und Weise kurzfristige Entscheidungen des Unternehmens anstelle von Entscheidungen für längerfristiges Wachstum. Ist es da ein Wunder, dass die Vergütungen von Führungskräften in einigen Unternehmen immer höher und höher ... und noch höher geworden sind? Die unglaublich hohe Entlohnung hat Söldner-CEOs hervorgebracht, die selbst dann, wenn die langfristigen Ergebnisse ihrer Entscheidungen dem Unternehmen schaden, ihre alljährlichen Millionen und am Ende eine als goldener Fallschirm bezeichnete Abfindung bekommen.

Im Jahr 2015 erhielt der CEO der Ölbohrfirma Schlumberger eine Gesamtvergütung von 18,3 Millionen Dollar, darin enthalten eine Gehaltserhöhung von zwölf Prozent. Im selben Jahr baute das Unternehmen 25.000 Arbeitsplätze beziehungsweise 20 Prozent seiner Belegschaft ab, weil es 27 Prozent weniger Umsatz und 41 Prozent weniger Gewinn erzielte als im Vorjahr. Enron, WorldCom, Tyco und HealthSouth führen die Liste der Unternehmen an, deren CEOs sich lediglich selbst bereichern oder auch nur gut präsentieren wollten. Leider gibt es für dieses moralisch zweifelhafte Missverhältnis zwischen dem Vorstandsgehalt und der Unternehmensleistung sowie den Mitarbeitergehältern viele Beispiele – und im Laufe der Jahre wurde es nur noch schlimmer. Vor 50 Jahren bekamen CEOs von Großunternehmen durchschnittlich das 20-Fache ihrer Angestellten, heute bekommen sie durchschnittlich das 300-Fache.[22]

Die Börse wird vom kurzfristigen Denken von Söldner-CEOs angetrieben. Viele Unternehmen machen dabei mit, einige aber auch nicht.

Als Investorin wollte ich diejenigen unterstützen, die es nicht tun.

Mit meinem Geld für eine Mission stimmen

Als ich mehr über Unternehmenspraktiken nachdachte, beschloss ich, nach den wenigen Unternehmen zu suchen, die mir wirklich sehr gut gefallen, solche, die in dem Sinne wunderbar sind, dass sie meine Werte teilen und dass sie tun, was ich für gut halte. Ich wollte Menschen unterstützen, die wie Andrew Carnegie, Steve Jobs und Oprah Winfrey sind. Die nicht nur von Gier getrieben werden. Die durchaus nicht perfekt sind, aber von dem persönlichen Wunsch getrieben, die Besten zu

[22] Robert Reich: *Saving Capitalism* (New York, 2015), S. 94.

sein, das beste Produkt zu schaffen, sich mit Haut und Haaren dem Bestmöglichen zu verschreiben. Das auszusprechen ist nicht idealistisch.

Wie sollte ich herausfinden, wer die Guten sind? Ich dachte immer, dass der reizend unterdurchschnittliche Lloyd Dobler in „Teen Lover" absolut recht hatte, wenn ich vorsichtig genug sein wollte, nicht in ein beliebiges Unternehmen zu investieren: „Ich will in meinem Beruf nichts verkaufen, nichts kaufen, nichts verarbeiten. Ich möchte nichts Gekauftes oder Verarbeitetes verkaufen oder etwas Verkauftes, Gekauftes oder Verarbeitetes reparieren. Weißt du, so etwas will ich nicht beruflich machen." In Ordnung, Lloyd, du boxender, großer, cooler Langweiler. Aber das war nicht mehr ich. Ein paar Monate zuvor ja, aber jetzt nicht mehr. Jetzt wollte ich in Menschen investieren, die alles machten, was Lloyd nicht wollte: Menschen, die hochwertige Waren verkauften, die Dinge kauften, die sie sorgfältig ausgewählt hatten, die sich integer verhielten. Einige meiner Freunde meinen, wir würden in einer dystopischen Welt des Unternehmensfaschismus leben, die von der Gier gesichtsloser Männer angetrieben wird. Wenn wir nichts tun, mag das stimmen. Aber ich konnte eine Stimme dafür abgeben, welche Unternehmen und CEOs in Zukunft meine Welt bevölkern würden.

Plötzlich wurde mir klar, dass ich mit meinen Dollar in einem größeren Sinne abstimmen konnte. Jeden Tag handeln wir, Sie und ich, mit unserem Geld entsprechend unserer Moral. Wir kaufen Biolebensmittel, ohne Ausbeutung hergestellte Kleidung oder Autos aus heimischer Produktion. Aber wir haben die Möglichkeit, mit unserem Geld auf eine viel größere und wirkungsvollere Weise abzustimmen, als im Lebensmittelgeschäft nur delfinfreien Thunfisch zu kaufen: Wir können die Mission eines rechtschaffen handelnden Unternehmens unterstützen, indem wir seine Aktien kaufen. Wenn wir mit all unseren Dollar abstimmen würden, könnten wir dieses Börsenchaos in Ordnung bringen.

Als Verbraucherin hatte ich jeden Tag mit meinem Geld für das gestimmt, wovon ich mehr auf dem Markt sehen wollte. Ich kaufte keine

Produkte aus konventionellem Anbau mit Herbizideinsatz und hoffte, dass meine Entscheidung die Menge an Bioprodukten im nächsten Jahr erhöhen würde. Wenn ich Bio kaufte, regte das zu mehr Bioprodukten an – und in der Tat hatte der Markt für biologische Lebensmittel, der vor 30 Jahren noch gar nicht existierte, inzwischen das Gesicht der Lebensmittelindustrie vor allem dank derjenigen Verbraucher verändert, die mit ihrem Geld bei Whole Foods abstimmten. Dies hatte die konventionellen Lebensmittelgeschäfte gezwungen, mehr natürliche und biologische Lebensmittel anzubieten, um konkurrenzfähig zu bleiben.

Auf genau die gleiche Art konnte ich nun mit meinem Geld mein Abstimmungsverhalten auf die Börse ausdehnen. Nicht mehr durch die physische Nähe und meine unmittelbaren Bedürfnisse als Verbraucherin eingeschränkt sein – vielmehr konnte mein Geld Unternehmen unterstützen, die bei bedeutenden Entscheidungen alle Stakeholder berücksichtigen und die von integren Führungskräften geleitet werden. Wenn ich schon investieren musste, dann in Unternehmen, die verstanden haben, dass das Ergebnis, der Reingewinn, für ihre Existenz zwar erforderlich, aber nicht ihre einzige Existenzberechtigung ist. Ich wollte für Unternehmen stimmen, die genauso sehr wie die Gründer der Start-ups, die ich liebte, eine Mission hatten, die Welt zum Besseren zu verändern. Je mehr ich darüber nachdachte, desto mehr fand ich, dass solche Unternehmen mit einer starken Mission, die ich unterstützte, bessere Hüter meines Geldes sein würden als alle anderen.

Ich wollte kein Unternehmen unterstützen, das gute Menschen ausnutzt, die nach ehrlicher Arbeit suchen, indem es seinen Mitarbeitern das absolute Minimum zahlt und sie schlecht behandelt, so wie Walmart es tut. Einem Unternehmen kann es finanziell sehr gut gehen, ohne dass es seine Mitarbeiter gut behandelt, so wie es Walmart getan hat, aber ich glaube nicht, dass es langfristig große Perspektiven hat. In einem Unternehmen mit vielen unzufriedenen Mitarbeitern kommt es zu einem langsamen Verfallsprozess. Abgesehen vom ethischen Aspekt ihrer Behandlung werden diese Mitarbeiter definitiv nicht die zusätzliche

Stunde aufbringen, die nötig wäre, um etwas perfekt zu machen, sie werden den Kunden keinen exzellenten Service bieten und sie werden wahrscheinlich nicht in diesem Unternehmen bleiben, wenn sie eine vernünftige alternative Stelle finden. Ebenso wollte ich kein Unternehmen besitzen, das Hühner kauft, die in winzige Käfige gepfercht und mit Antibiotika vollgestopft worden sind, zum Beispiel McDonald's. Mir ist es wichtig, nicht in solchen Läden einzukaufen und keine derartigen Lebensmittel zu kaufen, wenn ich es vermeiden kann.

So wie ich nicht bei Firmen einkaufen möchte, mit denen ich nicht einverstanden bin, wollte ich auch nicht in sie investieren.

Ich erkannte, dass die Geldanlage in dieser Welt tatsächlich nützlich sein konnte. Gute Unternehmen brauchen mich und andere Leute wie mich, damit wir mit unserem Geld für ethische Tierhaltung, Bio-Erdbeeren und gut bezahlte Arbeitskräfte abstimmen. Aktien von Whole Foods kann ich kaufen, egal wie nahe das nächste Geschäft von Whole Foods ist. Ich kann Lululemon-Aktien kaufen, egal ob ich dieses Jahr dort Kleidung kaufe oder nicht (Ha!). Ich kann die Aktiengesellschaft kaufen, der Jack Daniel's und Brown-Forman gehört, um meine Bourbon-Besessenheit zu unterstützen, selbst wenn ich versuche, eine gute Abstinenzlerin zu sein. Ich habe die Möglichkeit, mit meinem Geld abzustimmen. Diese Wahl existiert, ob ich mir dessen bewusst bin oder nicht, und sie existiert definitiv, ob ich es will oder nicht. Ich konnte diese Tatsache wie die meisten Anleger ignorieren oder ich konnte mich darauf einlassen.

Ich bin nicht die Einzige, die mit ihrem Geld abstimmen kann. Von den 70 Billionen Dollar an den Weltbörsen sind 85 Prozent unser Geld, erinnern Sie sich? Die meisten Wall-Street-Profis und Robo-Advisors betrachten Investitionen nicht als Abstimmung und Missionen ziehen sie überhaupt nicht in Betracht. Ihr Fokus liegt ausschließlich auf dem Endergebnis. Diejenigen, die versuchen, in rechtschaffen handelnde Unternehmen zu investieren, tun dies fast immer auf Kosten einer guten Rendite.

Würde man die Mission mit einem wachsenden, gut geführten, Einnahmen produzierenden Unternehmen kombinieren, wäre die Wirkung unglaublich. Ich würde der Zukunfts-Danielle etwas Gutes tun, indem ich Einkommen generiere, um mir finanzielle Freiheit zu verschaffen, und ich würde mich den restlichen 85 Prozent anschließen, um durch Investitionen Unternehmen zu unterstützen, die mein hart verdientes Geld verdient haben – bewusst kapitalistische Unternehmen, bei denen das Gute, das sie tun, aktiv die Bilanz stärkt und aufbessert. Das ist bereits geschehen: Investoren haben ihr Geld aus Unternehmen und Organisationen abgezogen, die die Apartheid unterstützten oder davon profitierten, und die Apartheid ging zugrunde. Investoren zogen ihr Geld aus Zigarettenfirmen heraus und schwächten sie dadurch sehr. Investoren steckten ihr Geld in Bio- und Naturkostfirmen und jetzt bieten auch konventionelle Lebensmittelgeschäfte Natur- und Bioprodukte nicht nur an, sondern positionieren sie auch ganz vorne, wo sie leicht zu finden sind.

Geld regiert die Welt. Die größten Investoren Amerikas sind nicht Warren Buffett und Bill Gates; es sind Pensionsfonds wie CalSTRS, der Fonds des California State Teachers' Retirement System, der über 110 Milliarden Dollar an der Börse investiert hat.[23] Das Geld kleiner Leute. Wenn wir Kleinanleger alle zusammen unser Geld der Kontrolle von Wall-Street-Pensionsfonds wie CalSTRS entziehen und es individuell in etwas investieren würden, das wir unterstützen wollen, würden sich Unternehmen ohne gute Missionen entweder ändern oder zugrunde gehen. Die lang erwartete Ethik-Revolution in der amerikanischen Unternehmenswelt würde dann schnell voranschreiten, denn der Aktienkurs folgt dem Geld. Zieht man das Geld aus der Aktie ab, sinkt der Aktienkurs, der CEO wird entlassen und der Verwaltungsrat ausgetauscht. Dabei geht es Monate, nicht um Jahre. Dieser Gedanke ließ mich leicht erschauern.

[23] https://www.calstrs.com/portfolio-holdings-asset-category

Dies könnte das Ende der überbezahlten CEOs und von Verwaltungsräten sein, die sich zu ihren Spießgesellen machen, das Ende der Ausbeutung von Arbeitskräften, das Ende der Umweltsünder. Es könnte das Wachstum von Unternehmen bedeuten, die Arbeitskräfte im eigenen Land einsetzen und gut bezahlen, die im eigenen Land Produkte herstellen, die fundierte ökologische Entscheidungen treffen und die ihre Stakeholder bei wichtigen Entscheidungen berücksichtigen. Der Markt könnte von gut geführten, ethisch gemanagten, an Missionen ausgerichteten Unternehmen erobert werden, die für ihre Investoren hervorragende Renditen erzielen. Wenn wir uns alle wie Erwachsene benehmen würden, die Verantwortung für ihre finanziellen Entscheidungen übernehmen, hätten wir eine enorme Macht. Dann würde auch das Anlegen viel mehr Spaß machen.

Wir haben keine Möglichkeit, institutionelle Fondsmanager zu kontrollieren. Wir können ihnen nur unser Geld wegnehmen und es selbst anlegen.

Ich begann mich ein wenig wie eine Unternehmerin mit eigenem Investmentportfolio zu fühlen – wohin würde ich mich als Nächstes wenden? Was würde ich als Nächstes tun, um die Welt zu verändern?

Schwer beeindruckt von meinem Willen, Gutes zu tun, und überrascht, wie begeistert ich davon war, mit meinem Geld an der Börse für eine Mission zu stimmen, merkte ich, dass ich mich nicht mehr so sehr davor fürchtete, Geld anzulegen.

Ich notierte, was all die Firmen, die ich mochte, miteinander verband, und bezeichnete das als meine Missionsliste.

Meine Missionsliste

- Die Mitarbeiter anständig behandeln und einen Lohn bezahlen, von dem man leben kann: Ein Unternehmen, das nicht ethisch ist, setzt keine gute Schwingungen in die Welt; es schafft Mitarbeiter, die es nicht mögen. Es wird irgendwann untergehen.
- Die Produkte anständig behandeln: Tiere human behandeln; mit Produkten umweltfreundlich umgehen; bei Lebensmitteln nachhaltige landwirtschaftliche Praktiken anwenden.
- Vorzugsweise lokal und klein: die Gemeinschaft unterstützen und lokale Informationen über das Umfeld des Unternehmens, seinen lokalen Ruf und seine Mitarbeiter nutzen.

Mir fiel auch auf, was nicht auf meiner Missionsliste stand. Da stand nichts über bestimmte Branchen oder Produkte. Zum Beispiel würden manche Menschen, die gegen Schusswaffen sind, grundsätzlich niemals Smith & Wesson kaufen. Ich vertrat keine rigiden Positionen wie diese, aber andere tun dies sicherlich und sie sollten mit der gleichen Begeisterung für ihre Werte stimmen, mit der ich für meine stimmen wollte.

Man könnte nun einwenden, ich hätte so wenig Geld zu investieren gehabt, dass es nicht die geringste Auswirkung auf irgendeine Firma haben würde, die ich kaufte. Das ist das gleiche Argument wie „Ich gehe nicht wählen, weil eine Stimme keinen Unterschied bewirkt", oder „Ich kaufe nur die billigsten/nächstliegenden/leichtesten Dinge, weil es sowieso egal ist". Aber multipliziert man eine Stimme oder einen Kauf mit Tausenden von ähnlichen Wählern oder Käufern, kann sie großen Einfluss haben. Was noch wichtiger war: Ich wusste, dass ich alles tun würde, um mein Gewissen zu beruhigen. Ich glaube, dass es ein Karma gibt, und ich wollte, dass meines gut ist.

Ich stand also in meinem frisch eingerichteten Investmentbüro und fühlte mich zum ersten Mal wirklich begierig auf dieses Unterfangen. Ich erkannte, dass mir bewusst kapitalistische Unternehmen wichtig sind. Ich überlegte, einen Anteil an einer Firma mit einer tollen Mission zu kaufen, zum Beispiel Whole Foods. Als ich zwei Monate zuvor beim Mittagessen mit meinem Vater darüber nachgedacht hatte, Aktien zu kaufen, hatte ich das Gefühl, das fensterlose Beton-Treppenhaus würde auf mich eindringen. Aber jetzt fühlte ich mich seltsamerweise wie eine Kriegerin. Ich sah mich nun als missionsorientierte Impact-Investorin, die sich fragt, welche Unternehmen sich ehrenhaft verhalten und sich an Werten orientieren, die ich für wichtig halte – und welche nicht.

Ich dachte mir zwar, Dad würde meine Idee gefallen, für Unternehmen mit Missionen zu stimmen, aber ich war mir nicht sicher, wie er darauf reagieren würde, dass ich seine Methoden um eigene Ideen ergänzte. Ich wusste, dass er mir genau seine Art der Geldanlage beibringen wollte und mich zu seinen Lösungen drängen würde. Als ich ein Kind war, fragte er mich bei langen Autofahrten gemäß der Methode von Sokrates über Fragen der Philosophie und der Religion aus. Wie mein Vater hatte auch Sokrates bohrend lenkende Fragen gestellt, um sein Gegenüber zu der Antwort zu führen, die er hören wollte. Kein Wunder, dass die Athener ihn getötet haben.

Dad und ich hatten gegen Ende des Monats ein weiteres Telefonat über die Anlagepraxis. Zwar hielten wir schon nach wenigen Wochen unseren Plan der wöchentlichen Anrufe nicht mehr wirklich ein, wir bemühten uns aber beide sehr, uns Zeit dafür zu nehmen, und mir reichte das.

Ich platzte heraus: „Dad, ich muss in Unternehmen investieren, deren Werte ich mit meinem Geld unterstützen will. Andernfalls werde ich mich schlecht mit dem fühlen, was ich unterstütze, und dann würde ich letztendlich das Interesse verlieren und nicht mehr weitermachen wollen."

„Gut! Stimme für deine Werte, das finde ich toll. Die Mission des Unternehmens und seine Werte sind Teil dessen, was ich als Story des Unternehmens bezeichne."

Ich hatte keine Ahnung, wovon er sprach. Von der Geschichte des Unternehmens?

Die Story eines Unternehmens

„Wenn ich Nachforschungen über ein Unternehmen anstelle", fuhr er fort, „lege ich mir automatisch im Kopf eine Erzählung darüber zurecht, wie dieses Unternehmen entstanden ist, wer es leitet und warum es das tut, was es eben tut. Ich bezeichne diese Erzählung als Story oder Geschichte. Ich halte mich beim Zusammenstellen der Story an eine Art einfachen Plan: Bedeutung, Management, Burggraben, Sicherheitsmarge. Ich weiß, auf diese Punkte sind wir noch nicht eingegangen, aber das werden wir noch gründlich tun. Ein anderer sehr wichtiger Teil der Unternehmensstory sollte sein, dass seine Werte so beschaffen sind, dass man mehr davon in der Welt sehen möchte: eine Mission." Wenn man Research über ein Unternehmen betreibt, so erklärte er mir, kann das schnell ausarten: Man fängt mit Apple an und am Ende befasst man sich mit Supraleitern in chinesischen Fabriken. Er sagte, wenn er die Story im Hinterkopf behält, dann bleibt er auf die wichtigsten Punkte fokussiert, anhand deren er ermittelt, ob das Unternehmen eine gute Investition wäre.

„Schreibst du die Geschichte auf oder trägst sie laut vor?"

Dad überlegte.

„Ich mache das schon so lange, dass ich mir keine Zeit für eine formelle Aussage nehme. Ich mache das irgendwie in meinem Kopf und dann spreche ich normalerweise mit ein paar Leuten darüber, denen ich vertraue."

Da wusste ich sofort, dass ich einiges anders machen würde, aber das verriet ich ihm nicht. Ich hatte in den Jahren meines Jurastudiums und meiner Anwaltstätigkeit eine Methode entwickelt und ausgefeilt, wie ich ein Argument formuliere, und ich wusste, dass ich es schwarz auf weiß aufgeschrieben sehen musste. Ich schreibe solche Sachen auf. Das zwingt mich, präzise zu sein. Die Wortwahl ist wichtig. Sie ist nicht zufällig.

Er legte mir sein System der Story dar. Sie fängt damit an, wie er das Unternehmen gefunden hat und ob andere Investoren es kaufen. Dann geht es darum, das Unternehmen zu verstehen, vor allem was es vor den

Wettbewerbern schützt, wer es leitet und was es wert ist. Dann beschreibt er die Branche, die Konkurrenz und warum dieses Unternehmen einen dauerhaften Wettbewerbsvorteil hat, der durch eine überzeugend konsistente historische Unternehmensleistung und eine solide Führungsmannschaft untermauert wird. Dann gibt die Story den Wert des Unternehmens an, den Preis, zu dem er es kaufen würde – den Kaufpreis –, welches Ereignis dieses Unternehmen so preiswert gemacht hat und wie lange es brauchen könnte, um sich wieder zu erholen. Abschließend fasst er drei gute Gründe zusammen, das Unternehmen zu kaufen.

„Das wirst du mir alles erklären, oder?"

Er lachte. „Natürlich, damit verbringen wir den Rest des Jahres."

Ich dachte darüber nach, wie ich als Investorin ein Start-up-Unternehmen bewerten würde: Was tut dieses Unternehmen jetzt im Moment und was hat es in Zukunft vor? Solche Dinge wollte ich auf jeden Fall wissen. Als Anwältin für aufstrebende Unternehmen hatte ich ziemlich viel Erfahrung darin, nach Punkten zu suchen, die eine Investition entgleisen lassen könnten – Anwälte leben davon, dass sie Geschichten umkehren. „Mir gefällt es, dass du es als Geschichte bezeichnest. Das erinnert mich daran, dass es meine Sichtweise dieser Firma ist. Meine Apple-Story könnte sich ja von deiner unterscheiden."

„Absolut – vor allem wenn du noch deine Werte einbringst, also das, was du die Mission des Unternehmens nennst. Beschreibe seine Mission und seine Werte, warum du es wirklich magst und warum du sehen willst, dass es floriert. Mir gefällt es sehr gut, dass du das tust. Deine Missionen sind andere als meine, also werden unsere Sichtweisen, was ein Unternehmen in der Welt wert ist, wahrscheinlich unterschiedlich ausfallen."

Das fand ich sehr lieb von ihm. Es freute mich, dass mein Vater meinen Beitrag zu meiner eigenen Anlagepraxis, aber auch zu seiner würdigte. Es fühlte sich ein bisschen so an, als würden wir diesen Weg des Lernens gemeinsam gehen, anstatt dass er mich immer anleitete. Er schien mir zuzuhören und aufzunehmen, was ich zu sagen hatte. Das hatte er schon früher getan, zum Beispiel wenn er mich nach rechtlichen Aspekten fragte, aber jetzt befanden wir uns in seinem Revier und er schien mit ein paar Änderungen an der Landschaftsgestaltung einverstanden zu sein. Das veranlasste mich, ihm bei dieser Praxis etwas mehr zu vertrauen.

„Echt? Es macht dir nichts aus, wenn ich deiner Anlagemethode etwas hinzufüge?“

„Überhaupt nicht“, versicherte er mir. „Das sagt mir doch, dass du ein Naturtalent bist. Du wirst im Laufe deines Lebens sowieso nur in wenige Unternehmen investieren, also sollten es Unternehmen sein, die dir absolut gefallen. Buffett investiert nur in Unternehmen, die er liebt – aber die Unternehmen, die er liebt, sind wahrscheinlich ganz andere als diejenigen, die du liebst. Auf einer Jahreshauptversammlung wurde Buffett kürzlich gefragt, warum er immer noch in Coca-Cola investiert; ob er denn nicht sehe, dass der viele Zucker schlecht ist. Buffett sagte, er trinke sechs Cola am Tag und das mache ihn glücklich. Dann sagte er noch, dass er einmal bei Whole Foods war und dass dort niemand lächelt.“

„Was?“, erwiderte ich mit gespieltem Schrecken.

„Das war ein Scherz, aber nicht bezüglich seiner Werte. Er investiert sein Geld dort, wo er es für gut hält.“

Natürlich hatte der Meister bereits daran gedacht, mit seinem Geld für eine Mission zu stimmen. So viel zu meinem Geniestreich. Und seine Missionen waren andere als meine, weil das selbstverständlich ist. Wir sind verschieden und das ist der Punkt: Ich würde für meine Werte stimmen, er für seine, und dann würden wir sehen, was passiert – aber zumindest haben wir dann nicht so getan, als würde unser Geld für nichts stimmen.

Ich erinnerte mich an die vierte Stufe der Meisterschaft, die wir alle anstreben: unbewusste Kompetenz. Ich stelle mir das so vor, dass die Vögel singen, dass der Nebel aufsteigt und ein Strahl vom Himmel auf mich herabscheint. Das war mein Ziel. Ich wollte von jemandem lernen, der sich auf dieser Ebene befindet. Es klang so, als befände sich Buffett dort.

Wir hatten seit Langem einen Familienausflug nach Hause – nach Jackson Hole in Wyoming – geplant. In Arbeit ertrinkend tauchte ich dort auf und stand die ganze Zeit mit dem Büro in Kontakt. Dennoch war das eine sehr gute Gelegenheit für Dad und mich, zusammen zu sein, über die Geldanlage zu reden und noch etwas anderes zu machen.

Zuerst wollte ich wissen, was grundsätzlich hinter dem „Value-Investment"-Unfug steckt, den Warren Buffett und mein Vater so sehr mochten.

Und ich wusste, dass andere das auch lernen wollten. Als wir zusammen im Wohnzimmer saßen, sagte ich: „Ich finde, wir sollten einen Podcast darüber auflegen. Ich bin nicht die Einzige, die in einer solchen Situation ist und Freiheit braucht. Ich kenne viele Leute, denen es etwas bringen würde, diese Anlagepraxis gemeinsam mit mir zu lernen."

„Ach ja?", sagte Dad. „Was ist denn ein Podcast?"

„Etwas, das du dir als Junge nicht für einen Groschen kaufen konntest." *Alte Leute.* Ich zeigte es ihm auf meinem Handy.

Ihm war sofort klar, dass es eine gute Möglichkeit wäre, Menschen zu erreichen, die wie ich den finanziell-industriellen Komplex meiden. So wurde *InvestED: The Rule #1 Podcast* geboren. Ich hoffte, wenn ich gezwungen wäre, regelmäßig mit meinem Vater über Investments zu sprechen, würde ich mit meinen Übungen bei der Sache bleiben, und ich wusste, dass es anderen helfen würde, das auch zu tun.

Genauso wie das Recht hat die Geldanlage ihre eigene Sprache und die wird nicht in der Schule gelehrt. Wir Normalos brauchten diese Hilfe.

Als ich mein Jurastudium begann, fühlte ich mich, als versuchte ich, aus einem Feuerwehrschlauch zu trinken. In Urteilen wurden Wörtern verwendet, die ich noch nie zuvor gelesen hatte, also verbrachte ich viel Zeit mit „Black's Law Dictionary" und vier farbigen Textmarkern, um die verschiedenen Teile des Falls farbig zu markieren. Unser Strafrechtsprofessor erklärte unserem Kurs, das Recht sei eine Sprache und man müsse diese Sprache lernen, bevor man damit reibungslos arbeiten kann. Es dauerte etwa ein halbes Jahr, bis der Moment kam, wo mir klar wurde, dass ich gerade einen Fall gelesen hatte, ohne bewusst mit der Form oder mit dem Vokabular zu kämpfen. Ich hatte die Sprache gelernt.

Nun, als ich darüber nachdachte, ein Unternehmen zu verstehen, in das ich möglicherweise investieren könnte, hatte ich ein merkwürdiges Déjà-vu meiner ersten Tage an der juristischen Fakultät. Alle diese Wörter, die mein Vater mühelos verwendete – „Zinseszinseffekt“, „Renditen“, „Inflation“ und so weiter –, gehörten einer Fremdsprache an und ließen vermuten, dass weitere Wörter verwendet werden müssten und dann noch mehr neue Vokabeln gelernt werden müssten. Ich wusste, es würde immer schlimmer werden. Aber wie bei jeder anderen Fremdsprache brauchte ich mir bloß etwas Mühe zu geben, um die Sprache zu lernen. Jedenfalls sagte ich mir das selbst.

„Buffett ist der Beste, oder?“, fragte ich meinen Vater.

„Er ist der Beste. Wir fangen aber trotzdem nicht mit ihm an.“

Nicht?

„Wir fangen mit seinem Geschäftspartner Charlie Munger an. Wenn es einen Investor gibt, der so schlau ist wie Warren Buffett, dann ist es Charlie Munger. In einem Interview mit der *BBC* hat er die Grundlagen ihrer Anlagestrategie in Form von vier einfachen Prinzipien dargelegt. Alles, was ich bei der Geldanlage tue und was Munger und Buffett tun, lässt sich von diesen vier Prinzipien ableiten.“

MÄRZ-ÜBUNG: Verwenden Sie zehn Minuten auf die Einrichtung Ihres Anlagebüros. Was schafft Ihre eigene Atmosphäre der finanziellen Freiheit? Was hält Sie bei der Stange, wenn Ihre Übungen schwierig sind? Überlegen Sie dann in Ihrem Investmentbüro, inwiefern Sie bereits mit Ihrem Geld abstimmen. Welche Werte unterstützen Sie? Wollen Sie diese Werte weiterhin unterstützen? Erstellen Sie daraus eine Liste der Missionen, für die Sie mit dem Geld stimmen möchten, das Sie anlegen.

KAPITEL 4

DAS OBERSTE PRINZIP DES VALUE-INVESTINGS

APRIL

Diesen Monat:

- Ereignisse
- Das Unternehmen verstehen
- Der Kompetenzradius und die Übung mit den drei Kreisen
- Gurus
- Der Investment-Intensivkurs

„Zuerst", so begann Dad, „müssen wir etwas ausholen, damit du den Kontext kennst, um ein bestimmtes Unternehmen zu verstehen. Reden wir über den Markt und warum er so funktioniert, wie er eben funktioniert."

Die Effizienzmarkthypothese (EMH)

„Nehmen wir mal an, die Menschen wären rational", fuhr Dad fort. „Ein rationaler Fondsmanager würde eine Aktie im Wert von 100 Dollar nicht für 50 verkaufen und eine Aktie im Wert von 50 Dollar nicht für 100 Dollar kaufen. Das würde ich nicht tun, du nicht und auch keiner der Tausenden von klugen Fondsmanagern."

„Ganz deiner Meinung." Ich nickte.

Es gibt sogar eine Theorie, die das erklärt: die Effizienzmarkthypothese (EMH). Die EMH besagt, dass dann, wenn die Menschen rational handeln und sich beim Kauf und Verkauf nach dem Wert richten, der Aktienkurs vollständig rational ist und – das ist das Entscheidende – zu jedem Zeitpunkt alle vorhandenen Informationen widerspiegelt. Alle Möglichkeiten einer Aktie, zu steigen oder zu fallen, werden von Tausenden intelligenten Menschen, die über alle Informationen verfügen und auf die Aktie bieten, sofort und gleichzeitig in den Kurs eingepreist. Die Theorie besagt, dass die Preisbildung von Aktien auf der Grundlage von Informationen, die zu jedem Zeitpunkt verfügbar sind, den Markt *effizient* macht. Daher entspricht der Kurs der Aktie zu einem bestimmten Zeitpunkt exakt ihrem zugrunde liegenden *Wert*.

„Wenn in einem effizienten Markt Informationen fast augenblicklich in die Aktie eingepreist werden, erklärt das, warum kaum ein professioneller Manager den Markt schlagen kann", fasste Dad die EMH zusammen. „Sobald neue Informationen vorliegen, passen sich die Marktteilnehmer an und die Aktie wird sofort zu einem Preis gehandelt, der ihren neuen Wert widerspiegelt."

Ich erinnerte mich an die Entdeckung, dass fast keine Investmentfonds den Markt mehr als ein paar Jahre am Stück schlagen. Mein Vater sagte mir, dass die EMH perfekt erklärt, warum: Jeder Versuch, den Markt zu überlisten, indem man „gute" Unternehmen auswählt, sei sinnlos, weil jedes gute und jedes schlechte Unternehmen bereits so bewertet sei, dass der Aktienkurs mit einer Wahrscheinlichkeit von 50 Prozent steigt und mit einer Wahrscheinlichkeit von 50 Prozent sinkt.

Nun ja. Hmmm.

Aber es gibt ein Gegenbeispiel zur Effizienzmarkthypothese: Wenn man 1956 die Summe von 10.000 Dollar in Buffetts erste Kapitalanlagegesellschaft gesteckt hätte, wären sie bis 1973 auf 2,5 Millionen Dollar angewachsen, während das gleiche Geld im Börsenindex nur auf 50.000 Dollar angewachsen wäre. Wenn die EMH zutrifft und niemand den Markt schlagen kann, wie erklärt sich dann der Erfolg von Buffett?

Ein Wissenschaftler hat einmal gesagt, Buffett sei wie ein Gewinner in der Lotterie oder am Spielautomaten oder wie ein Affe, der Münzen wirft – er habe lediglich Glück gehabt.[24] Wenn die Chancen bei jedem Münzwurf fifty-fifty stehen und ein Affe eine Milliarde Münzen wirft, erhält er ziemlich genau 50 Prozent Kopf und 50 Prozent Zahl. Wenn der Affe aber nur 100 Münzen wirft, ist es da so schwer, sich vorzustellen, dass er mit viel Glück hundertmal hintereinander Kopf bekommen könnte? Es gibt immer ein paar Ergebnisse am „Tail" oder „Schwanz" der Glockenkurve. Mit anderen Worten: Wäre die Börse zufallsgesteuert, müsste es uns eigentlich überraschen, wenn es nicht mindestens einen Warren Buffett gäbe.

Das klang alles derart sinnvoll und solide, dass mehrere Wirtschafts-Nobelpreise für Arbeiten über EMH verliehen wurden, die bewiesen, wie rational und effizient der Markt sei und dass die einzige Möglichkeit, den Markt zu schlagen, darin bestehe, immer und immer wieder Glück zu haben – wie man es von Warren Buffett dachte.

Affen, die Glück haben

Warren Buffett, der ja im Grunde als glücklicher Affe bezeichnet worden war, reagierte darauf, indem er ... schwieg.

Neun weitere Jahre lang ließ er seine Anlagerenditen sprechen. Wenn Malkiel nur 1.000 Dollar bei Buffett investiert hätte, als sein

---

[24] Im Jahr 1973 veröffentlichte Burton Malkiel, Professor an der Princeton University, das Buch „Börsenerfolg ist (k)ein Zufall", in dem er einem breiten Publikum die EMH erklärte. Darin sprach er auch den „Elefanten im Raum" an: Warren Buffett. Seit fast 20 Jahren hatte Buffett den Aktienmarkt in Grund und Boden gestampft, aber Malkiel tat das ab.

Buch 1973 herauskam, hätte er 2015 den Betrag von 2.378.280 Dollar gehabt.[25]

Im Jahr 1984 ließ Buffett alle Welt wissen, dass er sich bewusst war, dass über ihn geredet wurde, und dass er den Artikel natürlich gelesen hatte. Er veröffentlichte in der Zeitschrift der Columbia Business School einen Artikel mit dem Titel „The Superinvestors of Graham-and-Doddsville", in dem er dagegen argumentierte, er sei nur ein Affe, der Glück hat. Er brachte das Argument vor, wenn man glückliche Affen finde, die alle „aus einem bestimmten Zoo in Omaha stammen, könnte man ziemlich sicher sein, dass man auf etwas gestoßen ist … Das heißt, wenn man wirklich außergewöhnliche Erfolgskonzentrationen gefunden hat, will man vielleicht sehen, ob man Konzentrationen ungewöhnlicher Merkmale identifizieren kann, die kausale Faktoren sein könnten."

Buffetts „Zoo" war von seinem Lehrer und Mentor Benjamin Graham gegründet worden, der das Fundament für die Anlagestrategie von Buffett und Munger legte. Benjamin Grahams „Zoo" der Value-Investing-Strategie hatte mehrere „Affen" hervorgebracht, die auf eigene Faust vorgingen, und Buffett führte die Erfolgsbilanzen einiger dieser „Affen" an, die alle Benjamin Grahams Anlagestrategie anwandten, „im Geiste immer das Unternehmen zu kaufen, nicht die Aktie", und dies zu einem niedrigeren Preis als ihrem Wert. Er wies darauf hin, dass ihre Aktienauswahl völlig unabhängig sei – sie hätten sie nicht miteinander besprochen und ihre Überschneidungen seien äußerst gering. „Diese Aufzeichnungen sagen nicht aus, dass einer den Münzwurf vorhersagt und 50 Leute es ihm nachplappern", hielt er fest. Ihre Ergebnisse? Die schlechteste Erfolgsbilanz der Gruppe ließ den Börsenindex weit hinter sich. Die beste, die von Rick Guerin, schlug sogar die von Buffett.

Buffett kam zu dem Schluss, es müsse am Markt Ineffizienzen geben, sodass alle diese Investoren, die unabhängig voneinander nach derselben

[25] http://uk.businessinsider.com/warren-buffett-berkshire-hathaway-historical-returns-2015-3?r=US&IR=T.

Methode investierten, Abweichungen zwischen Preis und Wert ausnutzen konnten. „Wenn der Preis einer Aktie", erklärte er, „von einer ‚Herde' an der Wall Street bestimmt werden kann, und zwar im Grenzfall von der emotionalsten, der gierigsten oder der depressivsten Person, dann lässt sich nur schwer behaupten, der Markt sei immer rational. Tatsächlich sind die Marktpreise oft unsinnig."[26] Erinnern Sie sich noch an die Niederländer in dem Gasthaus, die die erste Börse gegründet haben? Buffett sprach über solche Menschen, die sich gegenseitig beeinflussen, und über die Herdenmentalität, die sich daraus ergibt und damit beginnt, dass sie befürchten, hinter den anderen zurückzubleiben. Buffetts springender Punkt ist, dass Fondsmanager gewöhnlich aus Angst oder Gier kaufen und verkaufen, nicht aufgrund von rigoros rationalen, vollständig fundierten Entscheidungen.

Warren Buffett und Charlie Munger erkannten, dass Entscheidungen oft von Emotionen bestimmt werden, und das nutzten sie aus. Sie kauften, wenn die Herde aus Angst verkaufte, und sie verkauften, wenn die Herde aus Gier kaufte. Aus ihrer Erfolgsbilanz mit hohen jährlichen Renditen geht klar hervor, dass das funktionierte.

Machten sich nun etwa Wirtschaftsprofessoren Buffetts Argument zu eigen, dass Gefühle und Ineffizienzen auf die Börse einwirkten und dass der Markt nicht so gnadenlos effizient war, wie die EMH behauptete, und hörten sie sofort auf, die EMH zu lehren? Aber nein. Sie ignorierten Buffett oder erklärten ihn zu einer Ausnahme und blieben bei der EMH. 1999 schließlich veröffentlichte Robert Shiller, Wirtschaftsprofessor in Yale, sein Buch „Irrationaler Überschwang". Der Titel bezieht sich auf ein Zitat des damaligen Vorsitzenden der Federal Reserve, Alan Greenspan, der 1997 erklärte: „Die Börse ist in irrationalen Überschwang verfallen." Er sagte, der vermeintlich rationale und effiziente Markt sei manisch, er reagiere auf emotionale Launen und nicht auf Vernunft. Shiller bewies,

---

[26] Warren E. Buffett: „The Superinvestors of Graham-and-Doddsville", 1984, veröffentlicht in *Hermes*, der Zeitschrift der Columbia Business School.

dass Greenspan recht hatte und sich der Markt regelmäßig irrational verhielt. Dies war der erste große Schuss, der von einem renommierten Wissenschaftler auf das EMH-Paradigma abgefeuert wurde, und es war nicht der letzte. Im Jahr 2013 erhielt Shiller den Wirtschafts-Nobelpreis.

Plötzlich fiel manchen ein, dass Buffett und Munger seit Jahren gesagt hatten, der Markt bewege sich sinnfrei, und dass ihre Formel darin bestand, dann zu kaufen, wenn der Markt voller Angst war, und zu verkaufen, wenn er voller Gier war.

Die nächste Breitseite auf die EMH war „Der Schwarze Schwan“ von Nassim Nicholas Taleb, einem zum Wissenschaftler mutierten ehemaligen Optionshändler. Er verriss die Theorien, für die Robert Merton 1997 den Nobelpreis bekommen hatte, und argumentierte, der Markt sei weder zufällig noch eine Glockenkurve noch unschlagbar. Der von Taleb geprägte Begriff „Schwarzer Schwan“ bezieht sich auf Ereignisse, von denen ebenso angenommen wurde, es gebe sie nicht, wie man angenommen hatte, es gebe keine schwarzen Schwäne – bis man in der Natur auf sie stieß. Taleb fand heraus, dass solche vermeintlich seltenen Ereignisse in Wirklichkeit regelmäßig eintreten.

Beispiele aus der jüngeren Vergangenheit, dass sich der Aktienmarkt im Sinne Schwarzer Schwäne bewegt, sind der Aufstieg des Internets (das war die Gier, in eine wachstumsstarke Branche einzusteigen – eine Blase), der Dotcom-Crash im Jahr 2001 (das war die Angst vor extrem überbewerteten Tech-Aktien – ein Crash) und der Immobiliencrash 2008 (das war die große Angst nach der Entdeckung betrügerischer Finanzinstrumente, fast die gleiche Angst wie in der Depressionszeit). Jetzt, da sich der Markt seit zehn Jahren in einem ununterbrochenen Aufwärtstrend befindet, setzt wieder die Gier ein.

Zwei israelische Verhaltensökonomen/Psychologen, Daniel Kahneman und Amos Tversky, verstärkten den Angriff auf die EMH, indem sie im Laufe ihrer jeweils 30-jährigen akademischen Laufbahn bewiesen, dass Menschen im Gegensatz zu der Hypothese von Adam Smith und der EMH über menschliches Verhalten nicht immer rational handeln. Tatsächlich bewiesen sie, dass der Mensch unter Bedingungen wie hohem Stress, Unsicherheit und sich schnell ändernden Informationen in der Regel zuverlässig auf das zurückgreift, was sie als „schnelles Denken" bezeichneten – Denken auf der Basis von Vorurteilen und Emotionen. Sofort wegzulaufen, wenn man meint, gleich von einem Löwen angegriffen zu werden, ist schnelles Denken, das einem das Leben retten kann. Aber diese Veranlagung des Menschen, in Situationen von hohem Stress und Unsicherheit in eine Handlung zu verfallen, die in der Vergangenheit funktioniert hat, kann in der Gegenwart zu falschem Handeln führen.

An der Börse ist es nicht immer richtig, vor Unsicherheit davonzulaufen. In Anbetracht der Tatsache, dass der Aktienmarkt ein sehr stressiges, sich schnell veränderndes Umfeld sein kann, legt die Arbeit von Kahneman und Tversky nahe, dass der Markt von der Masse der Trader, die anhand unreflektierter Verzerrungen vorgehen, in eine irrationale Richtung getrieben werden kann, vor allem wenn ein unerwartetes Ereignis Angst erzeugt. Kahneman erhielt für sein Werk 2002 den Nobelpreis.

Die gegen das EMH-Schiff gerichteten Torpedos werden zahlreicher. Richard Thaler, ein Verhaltensökonom von der University of Chicago, erhielt 2017 den Nobelpreis für den Nachweis, dass die Grundannahme der EMH, wir alle träfen völlig rationale Entscheidungen, mit denen wir unsere eigenen Interessen verfolgen, falsch ist. Aber die alte Garde gibt sich nicht kampflos geschlagen. Eugene Fama, ebenfalls an der Universität von Chicago und Nobelpreisträger für seine Arbeiten in den 1960er-Jahren, mit denen er die EMH bewies, sagte einmal über Thaler: „Seine Arbeit ist interessant, aber da ist nichts dran."[27] Trotz der Nobelpreise der letzten Zeit wird die EMH immer noch an allen Business Schools in den Vereinigten Staaten gelehrt. Und Buffett verdient an den Narrheiten, die vom EMH-Paradigma befeuert werden, immer noch 20 Prozent im Jahr.

[27] Frank Armstrong III: „Richard Thaler, a Giant in Economics, Awarded the Nobel Prize", *Forbes*, 13. Oktober 2017.

All das bedeutet, dass das Value-Investing funktioniert. Und das tut es wirklich. Finden Sie ein Unternehmen, das Ihnen wirklich gefällt. Warten Sie auf die unvermeidliche Rezession, die die Gewinne der börsennotierten Unternehmen sinken lässt und an der Börse einen Zyklus der Angst und der Massenverkäufe – auch Börsencrash genannt – auslöst, der dafür sorgt, dass ihre Preise unter ihrem jeweiligen Wert liegen. Da die meisten Fondsmanager verkaufen, wenn andere Fondsmanager verkaufen, werden die Käufer immer weniger und die Preise sinken. Warten Sie, bis Ihr Lieblingsunternehmen zu Ausverkaufspreisen zu haben ist. Kaufen Sie. Dann lehnen Sie sich zurück und warten Sie, bis der Konjunkturzyklus die Erträge wieder steigen lässt und aufgrund der steigenden Gewinne und Börsenkurse die unvermeidliche Gier einsetzt, sobald sich die Erträge erholen und die Marktpreise wieder steigen, sodass immer mehr Käufer auftauchen. Verkaufen Sie. Das war es auch schon. Und was machen wir jetzt mit dem restlichen Wochenende?

„Aber", fragte ich, meinem Vater gegenübersitzend, „wenn das so offensichtlich und so einfach ist, warum betreiben dann nicht alle Value-Investing?"

Ereignisse oder Shit Happens

Dad antwortete mit einem realen Beispiel. „Im Jahr 2011 sah es wegen des Arabischen Frühling so aus, als würde es Ägypten schwerfallen, seine Baumwolle zu liefern. Ein börsennotiertes Unternehmen namens Gildan ist der größte T-Shirt-Hersteller der Welt. Es stellt T-Shirts für Walmart her und kauft für deren Herstellung viel Baumwolle aus Ägypten. Die potenzielle Baumwollknappheit ließ den Baumwollpreis so sehr steigen, dass der CEO von Gildan öffentlich erklärte, sein Unternehmen könne im nächsten Jahr auf keinen Fall einen Gewinn erwirtschaften. So etwas nenne ich ein Ereignis."

Ereignisse sind der Dreh- und Angelpunkt der Regel-Nummer-1-Strategie. Im Unterschied zu einem tödlichen Problem eines schlechten Unternehmens ist ein Regel-Nummer-1-Ereignis eine zwar unerwartete, aber vorübergehende und behebbare Katastrophe, die kurz- bis mittelfristig Unsicherheit über den Cashflow eines Unternehmens erzeugt. Das kann ein Ereignis sein, das nur dieses Unternehmen betrifft, nur diese Branche oder den gesamten Markt. Entscheidend ist, dass es vorübergehend ist und dass wir wissen, wie lange es dauern wird, bis das Ereignis überwunden ist und die Dinge wieder ihren normalen Lauf nehmen, weil wir Research über das Unternehmen und die Branche betrieben und verstanden haben, wie es funktioniert.

„Aber jetzt kommt's", fuhr Dad fort. „Der CEO hat ja auch erklärt, die Baumwollknappheit sei vorübergehend. Er hatte so etwas schon einmal erlebt und wusste, dass es eine Sache von ein bis zwei Jahren sein würde. Bei diesem hohen Baumwollpreis würden die Farmer in Georgia von einem Ende des Bundesstaats bis zum anderen Baumwolle pflanzen und wenn diese Rekordernte ein Jahr später auf den Markt kommen würde, würden sich die Preise wieder normalisieren."

„Was für die Großinvestoren ein zu langer Zeithorizont ist", wurde mir klar. Die praktischen Gegebenheiten der Tätigkeit eines Fondsmanagers verbieten ihm, so etwas auszusitzen. Die Kunden – meist Pensionsfonds – bezahlen den Fondsmanager ungern fürs Nichtstun, vor allem wenn der Markt steigt. Wenn ein Fondsmanager auf Diskrepanzen zwischen Preis und Wert wartet, läuft er Gefahr, Monat für Monat vom Markt geschlagen zu werden. Wenn seine Performance nicht Quartal für Quartal mit der seiner Kollegen Schritt hält, schichten seine Kunden innerhalb von ein oder zwei Jahren ihr Geld zu einem anderen Fondsmanager um und er wird entlassen. Fondsmanager leben in einer Welt des Wettbewerbs, neben der die NFL wie ein Kindergarten aussieht.

„Das nehme ich an", stimmte Dad zu. „Ich denke schon immer, die kennen nichts anderes als der Herde zu folgen. Denn du hast recht, sie haben Gildan-Aktien verkauft, als wäre es Gift. Das ist irrational."

Ich war mir aber nicht sicher, ob ich das genauso sah. „Ich verstehe, was du sagen willst, aber ich glaube nicht, dass die Fondsmanager irrational handeln", dachte ich laut. „Sie handeln innerhalb der Regeln ihrer

Welt, die du gerade beschrieben hast, rational. Wenn ein Ereignis eintritt, das Unsicherheit hervorruft, sind Fondsmanager aufgrund der Natur ihrer Branche gezwungen, zu verkaufen. Langfristig heißt für sie 90 Tage. Und bei diesem Ereignis dauerte die Erholung ja viel länger. Wenn ein Fondsmanager Gildan-Aktien hat und weiß, dass alle anderen aussteigen werden, kann er nicht einfach dasitzen und zusehen, wie dieser Teil seines Portfolios um 70 Prozent abstürzt, wenn seine Peergroup längst draußen ist. Er muss selbst dann aussteigen, wenn er es eigentlich gar nicht will."

„Das ist mir klar", stimmte Dad zu.

Das war eine regelrechte Offenbarung! Dad stimmte mir zu! Dann sagte er schlussfolgernd: „Wie du siehst, kann die EMH nicht stimmen – der Preis entspricht nicht dem Wert." „Ja", stimmte ich ihm zu, „und ich verstehe auch, dass damit zu rechnen ist, dass die Fonds aussteigen, wenn ein langfristiges Ereignis eintritt. Aber ich sollte wegen so etwas nicht ausflippen."

„Ganz genau. Du solltest dich vielmehr freuen, denn der Abverkauf lässt den Kurs sinken und das verschafft dir eine Kaufgelegenheit."

Ich empfand das als unglaublich gute Nachricht, denn das bedeutet, dass ich nicht schlauer zu sein brauche als die Profis an der Wall Street. Ich brauche bloß nach anderen Regeln zu spielen. Nach Buffetts Regeln.

Gesamtmarktereignisse

Um Börsencrashs und Blasen machte ich mir wirklich Sorgen. Blasen bilden sich, weil die Käufer meinen, es gebe jemand anderen, der noch mehr zahlen wird als sie bislang – nicht unbedingt wegen des Wertes.

Eine der ersten Börsenblasen der Geschichte entstand, als die britische Handelsgesellschaft South Sea Company von der Krone das Monopol zur Kolonisierung Südamerikas erhielt. Dass es in Wirklichkeit unmöglich war, im von Spanien kontrollierten Südamerika Geschäfte zu machen, war keineswegs allgemein bekannt, hingegen hatte jeder schon Geschichten über den sagenhaften Reichtum gehört, der dort zu holen war. Ohne dass die South Sea Company irgendwelche Einnahmen erzielte, stürzten sich daher Spekulanten auf die Aktie und trieben sie in einem einzigen Jahr von 110 auf fast 1.000 Pfund im Jahr 1720 in die Höhe. Das ist ein klassisches Beispiel für die potenziell verheerende Asymmetrie der Informationen zwischen einem Unternehmen und seinen Investoren. Die Nachfrage war plötzlich so groß, dass die Fakten bei der Preisbildung überhaupt nicht mehr berücksichtigt wurden, und den damaligen schlecht Informierten erging es nicht besser als den heutigen. Die Blase platzte, bevor das Jahr vorbei war, und die Aktie fiel auf 100 Pfund zurück. Bewies dies etwa, dass zu jedem Zeitpunkt alle Informationen korrekt in den Aktienkurs eingepreist wurden? Nein, natürlich nicht – ganz im Gegenteil.

Eine Blase oder ein Crash ist demnach nichts anderes als ein solches Ereignis in einem viel größeren Maßstab, durch das zahlreiche Unternehmen ineffizient und falsch bewertet werden. Sie tauchen scheinbar aus dem Nichts auf.

„Ah." Dad lächelte. „So scheint es, wenn man nicht aufpasst. Ich werde dir nun sagen, wie du herausfinden kannst, wann der Preis falsch ist. Ich habe zwei Quellen für Informationen zur Bewertung der Börse; die eine wurde von Warren Buffett empfohlen, die andere von Robert Shiller. Wenn der Markt durch die Decke schießt und mich hinter sich lässt, behalte ich das Shiller-KGV und den Buffett-Indikator im Auge."

Das Shiller-KGV

Das Shiller-KGV ist ein Indikator, der von Robert Shiller entwickelt wurde, dem Verfasser von „Irrationaler Überschwang". Um festzustellen, wie stark der Markt über- oder unterbewertet ist, berechnet Shiller die zyklus- und inflationsbereinigten Gewinne des S&P 500 über die letzten zehn Jahre und teilt diese Zahl durch den Gesamtmarktpreis des S&P 500 – so ergibt sich ein zyklusbereinigtes Kurs-Gewinn-Verhältnis. Das klingt zwar irgendwie nach Buchstabensalat, aber ich habe festgestellt, dass ein Diagramm sehr zum Verständnis beiträgt. Ich habe hier eines mit den Werten seit 1890 abgebildet.

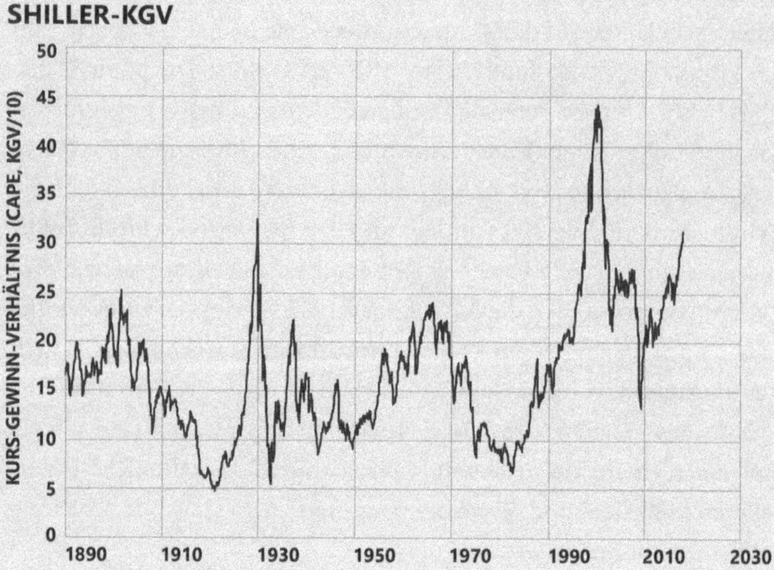

Zahlen mit freundlicher Genehmigung von Robert Shiller aus seinem Buch „Irrationaler Überschwang" in der aktualisierten Fassung auf seiner Website, Stand 17. November 2017.

Das durchschnittliche Shiller-KGV über 140 Jahre liegt bei 16,4. Seit 1870 ist das Shiller-KGV nur dreimal über 25 gestiegen. 1929 stieg es auf 32, dann brach der Markt um 90 Prozent ein. Im Jahr 2000 stieg es auf 44, dann brach der Markt um 50 Prozent ein. Das dritte Mal haben wir jetzt. Das Shiller-KGV stieg im Jahr 2016 auf über 28 und im Oktober 2017 war es auf 31 gestiegen.

Dad fuhr fort: „Shiller bekam für diese Analyse und für die Entdeckung, dass sich der Markt sehr irrational verhalten kann und dies auch regelmäßig tut, den Nobelpreis. Das Shiller-KGV zeigt keinen unmittelbar drohenden Absturz an, es ist nur ein Indikator, der einem sagt, wann der Markt insgesamt stark fehlgepreist ist. Er könnte schon nächste Woche abstürzen, aber er könnte auch noch zwei weitere Jahre steigen oder drei Jahre lang herumdümpeln.

Der Buffett-Indikator

Buffett bezeichnete das Verhältnis zwischen dem Gesamtmarkt und dem Steueraufkommen einmal als „das wahrscheinlich beste Maß für die Bewertung zu einem bestimmten Zeitpunkt". Ein konkretes Maß dafür ist das Verhältnis des Wilshire 5000 Total Market Full Cap Index zum Bruttoinlandsprodukt (BIP), landläufig auch „Wilshire-BIP" genannt. Das Wilshire-BIP wird von der Federal Reserve Bank of St. Louis (FRED) berechnet und ist unter fred.stlouisfed.org zu finden.

Um das Wilshire-BIP zu ermitteln, nimmt die FRED den Börsenindex, der die meisten Aktien abdeckt, den Wilshire 5000, berechnet seine Kapitalisierung (wie viel der gesamte Index wert ist) und teilt diese durch das Bruttoinlandsprodukt (den Gesamtumsatz der US-amerikanischen Unternehmen).

Dad erläuterte: „Wenn das Wilshire-BIP-Verhältnis bei circa 60 Prozent liegt, dann steht der Markt insgesamt unter seinem realen Wert. Liegt das Ratio über 100 Prozent – wie 1999, 2007 und jetzt –, ist das ein Zeichen dafür, dass der Markt überbewertet ist." Mit anderen Worten: Wenn der Markt im Vergleich zur Produktion von realen Produkten und Dienstleistungen unverhältnismäßig hoch steht, sollten wir uns auf einen großen Marktrückgang gefasst machen.

Im Jahr 2000 stieg das Wilshire-BIP auf mehr als 100 Prozent und der Markt crashte. Auch im Jahr 2008 stieg es über 100 Prozent und wieder crashte der Markt. Diesmal verhinderte jedoch eine extreme Intervention der Federal Reserve Bank im Jahr 2009 in Form einer Geldspritze von vier Billionen Dollar und eines Zinssatzes von null Prozent, dass das Wilshire-BIP weiter einbrach, und da es daher an rentablen Anlagealternativen zu Aktien mangelte, wurden die Börsenkurse und die Immobilienpreise wie beabsichtigt auf höhere Niveaus befördert als vor dem Crash des Jahres 2008.

Inzwischen hat das Wilshire-BIP die 100 Prozent durchbrochen und erreichte im dritten Quartal 2017 die historisch beispiellose Höhe von 155 Prozent. Auf dieser Ebene hat sich der Marktpreis vollständig von der historischen Beziehung zwischen den tatsächlichen Einnahmen der Unternehmen in den Vereinigten Staaten und den Preisen der Unternehmen, die diese Einnahmen erzielen, entkoppelt. Dies dürfte keine dauerhafte Veränderung sein.

„Wenn man das Shiller-KGV und den Buffett-Indikator beobachtet, bekommt man ein gutes Gefühl dafür, wo wir uns im Konjunkturzyklus befinden. Und jetzt befinden wir uns an der Spitze."

„Und was ist, wenn kein Crash kommt? Was soll ich tun? Zehn Jahre warten, ohne zu investieren?" Das klang irgendwie schrecklich. So viel Arbeit und am Ende würde ich doch nur hamstern?

„Auf dem Niveau, auf dem sich der Markt derzeit im Verhältnis zum BIP und zu den Gewinnen befindet, hat er sich zu keinem Zeitpunkt in der Geschichte länger als ein paar Jahre gehalten. Irgendetwas wird ihn ins Wanken bringen. Doch selbst wenn er so überteuert bleibt wie im Moment, wird es Möglichkeiten geben, in bestimmte Unternehmen aus bestimmten Branchen zu investieren. Du recherchierst einfach weiterhin, liest weiterhin, suchst weiterhin. Auf diese Weise bist du bereit, wenn ein Branchen- oder Gesamtmarkt-Ereignis eintritt. Habe ein wenig Vertrauen in die Strategie; Buffett hält nicht ohne Grund 100 Milliarden Dollar in bar."

„Wie bitte? Buffett hat 100 Milliarden Dollar, die er einfach behält und nicht investiert? Das ist verrückt."

„Jawohl. Denk also daran, dass auch er auf ein Ereignis wartet."

Charlie Mungers oberstes Prinzip der Geldanlage: In der Lage sein, das Unternehmen zu verstehen

Im Rahmen dieses Themas saßen wir einander gegenüber, mit einem Mikrofon zwischen uns, um unseren ersten Podcast aufzunehmen. Dad fummelte an seinem Handy herum. Er zeigte mir ein Youtube-Video von einem alten weißen Mann im Anzug, dem ganz offensichtlich egal war, was andere Leute dachten. Er sah aus wie jemand, der die Idee, mit meinem Geld für etwas zu stimmen, für liberalen jugendlichen Unsinn hielt, der mich ins Armenhaus bringen würde. Er sah aus wie jemand, der das Wort „Armenhaus" benutzt. „Das", sagte Dad, „ist Charlie Munger."

Ein Hinweis von Phil

1959 lernte Charlie Munger, der die Harvard Law School magna cum laude abgeschlossen hatte, Warren Buffett kennen, den einzigen Menschen, dem Benjamin Graham an der Columbia Business School jemals die Note A+ gegeben hatte, und so wurden zwei der intelligentesten Männer der Welt lebenslange Freunde und Investmentpartner. Buffett war von Graham in der Kunst geschult worden, zehn Dollar Wert zum Preis von fünf Dollar zu kaufen, aber Munger fügte Buffetts Strategie noch etwas hinzu, nämlich dass „es besser ist, ein wunderbares Unternehmen zu einem anständigen Preis zu kaufen als ein anständiges Unternehmen zu einem wunderbaren Preis". Buffett und Munger richten sich seit 50 Jahren nach dieser Offenbarung und kaufen Unternehmen, die sie nie verkaufen wollen – sie verlassen sich auf die Kraft eines großartigen Unternehmens, die Investition im Laufe der Zeit mit Zinseszins zu vermehren und eine sehr hohe Rendite abzuwerfen. In Mungers Augen sind die Schlüsselbestandteile einer großartigen Investitionstätigkeit, dass man berücksichtigt, was man nicht weiß, dass man rational bleibt und dass man auf ein großartiges Unternehmen wartet, von dem einem klar ist, dass es bald verschleudert wird. Munger konnte so gut warten und lehnte so viele potenzielle Käufe ab, dass Buffett ihn inzwischen als „abscheulichen Neinsager" bezeichnet. Munger kontert, dass 15 Geschäfte, auf die man geduldig gewartet hat, ausreichten, um sie in die Spitzengruppe aller Investoren zu bringen. Mungers Weisheit in Sachen Leben, Integrität, Rationalität, Geduld, Fokus, Inversion, Divergenz, Antifragilität, Macht der Faulheit, falsch bewertete Glücksspiele, Gefahren der Vermessenheit und sonstige menschliche Schwächen ist in der Anleger-Community legendär.

Das war also der Mann, der so klug ist wie Warren Buffett?

„Charlie Munger ist Warren Buffetts Partner. Sie haben die meiste Zeit ihres Lebens gemeinsam investiert. Und ich zeige dir, dass er in diesem Interview die Strategie nach Regel Nummer 1 in vier Prinzipien zerlegt. Diese vier Dinge sind alles, was du wissen musst, um dein Geld gut anzulegen."[28]

Der entsprechende Teil des Interviews ist nur eine Minute lang. In dieser einen Minute fasst Charlie Munger kurz und bündig 85 Jahre Anlage-Erfahrung zusammen, die 1930 mit seinem und Buffetts Mentor Benjamin Graham begann. Damit Charlie Munger Geld in ein Unternehmen steckt, muss Folgendes gegeben sein:

1. Es muss ein Unternehmen sein, das er verstehen kann.
2. Es muss ein Unternehmen mit spezifischen Eigenschaften sein, die ihm einen dauerhaften Wettbewerbsvorteil verschaffen.
3. Es soll ein Unternehmen sein, dessen Management integer und talentiert ist.
4. Er muss das Unternehmen für einen Preis bekommen, der sinnvoll erscheint und ihm eine Sicherheitsmarge verschafft.

Die Sicherheitsmarge, erklärt Charlie in dem Video, verschafft uns Trost, was die natürlichen Wechselfälle des Lebens angeht (auch wenn ich keine Ahnung hatte, was er mit der Sicherheitsmarge meinte). Dann sagt er sachlich, diese Ideen seien so offensichtlich und einfach, dass es nichts weiter zu sagen gebe. Das war alles. Wie man genauso wie die besten Investoren der Welt investiert (und vermutlich die gleichen Milliarden verdient) – in einer Minute oder weniger.

Toll, sagte ich mir, es gibt also nichts mehr zu bereden.

---

[28] Das Video, das Dad mir vorführte, ist ein Interview, das Charlie Munger 2012 der *BBC* gegeben hat. Sie finden es auf Youtube unter „Charlie Munger Reveals Secrets to Getting Rich".

Diese Prinzipien schienen einfach zu sein. Zusammenfassend: In der Lage sein, die langfristigen Aussichten eines Unternehmens bequem vorherzusagen, und es zu einem Preis kaufen, der unter seinem Wert liegt, wobei man bedenkt, dass Höhen und Tiefen völlig natürlich und unvermeidlich sind – diese Formulierung gefiel mir am besten: „die natürlichen Wechselfälle des Lebens". Charlie hatte es gut erklärt. (Übrigens: Auch wenn ich ihn wahrscheinlich wegen seines wohlverdienten Status als Elder Statesman der Welt des Value-Investments mit „Mr. Munger" ansprechen würde, werde ich ihn hier Charlie nennen, weil ich eine Zuneigung zu ihm empfinde, als wäre er mein schrulliger Großonkel, der mir Weisheiten serviert, wobei er sich über „die Jugend von heute" beschwert und damit alle gemeint sind, die unter 50 sind. Ich möchte allerdings feststellen, dass er sich nicht von solchen nervigen „Kids" fernhält, sondern sich durch dieses *BBC*-Interview Kids wie mir zur Verfügung stellt, was ich als Zeichen dafür werte, dass er heimlich entweder uns oder unsere Aufmerksamkeit oder beides genießt. Und darum ist er für mich „Charlie".)

„Aber nicht doch", warnte Dad. „Es gibt durchaus noch viel zu bereden." Ich rollte innerlich mit den Augen wegen dieses Kerls, der gerade Buffetts Investmentpartner widersprach.

„Wir werden seine Prinzipien einzeln durchgehen", sagte Dad, „und das wird ein paar Monate dauern."

„Wirklich?" Ich sah ihn schief an. „Monate? Also mir scheinen sie ziemlich einfach und unkompliziert zu sein."

Er lachte. Er lachte Charlie aus!

Aber nein, einen Moment, dann wurde es mir klar: Er lachte *mich* aus, weil ich dachte, Charlies Prinzipien seien so einfach. *Hmpf.*

„Sie wirken einfach", kicherte er, „aber sie sind tiefgründig. Da steckt viel drin, das wirst du sehen, wenn wir anfangen, über sie zu reden. Die Prinzipien sind in der Reihenfolge ihrer Bedeutung geordnet. Ich werde sie eins nach dem anderen durchgehen. Diesen Monat werden wir uns damit befassen, was er damit meint, dass er das Unternehmen ‚verstehen kann'."

Noch nie hatte ich mich so sehr getäuscht. Charlie mag seine Investitionsmethodik zwar in vier leicht verständliche knappe Prinzipien destilliert haben, aber darunter erstreckt sich eine Tiefe wie bei einem großen Staudamm. Sie bildeten den Rahmen aller unserer Diskussionen über die Geldanlage. Sie bilden jetzt den Rahmen meiner Investitionsentscheidungen. Wir werden wohl nie aufhören, darüber zu reden. Und deshalb ist Onkel Charlie der Meister.

Sein erstes Prinzip ist ein Prachtstück. Verstehen können klingt doch einfach, oder? Wenn ich mich darauf konzentriere, kann ich so ziemlich alles verstehen.

Aber wie könnte ich mich jemals für fähig halten, ein börsennotiertes Unternehmen wirklich, durchdringend und tiefgründig zu verstehen? Über solche Unternehmen gibt es riesige Informationsmengen, die ich niemals kennen kann. Die Informationsverteilung zwischen einem Unternehmen und seinen Investoren ist völlig aus dem Gleichgewicht. Um ein Unternehmen wirklich zu verstehen, muss man seine Konkurrenz und seine Branche verstehen, was ein ganz anderes Unterfangen ist. Und das Verstehen einer Branche erfordert das Verstehen ihrer Beziehung zu anderen Branchen, was auch das Verstehen der einzelnen Branchen erfordert. Und natürlich müsste ich den Markt als Ganzes verstehen, um zu verstehen, wie diese Branche und dieses Unternehmen dazu passen – und wie kann ich erwarten, dass ich den Markt als Ganzes verstehe, wenn ich gerade erst mit allem anfange und beginne, mich im fensterlosen Beton-Treppenhaus wohlzufühlen?

Das Treppenhaus reicht tief. Und ich wühlte mich in die feuchte Dunkelheit, meinem Vater genau gegenüber sitzend. Ich begann nun zu verstehen, was er meinte, als er sagte, dass an diesen Prinzipien eine Menge dran sei.

Ich trat einen Schritt zurück, bemerkte, dass ich geistig in einer Spirale nach unten sackte, und atmete durch. „Dad", traute ich mich zu sagen, „auf einer gewissen Ebene würde ich sagen, dass ich jetzt in der Lage bin, zu verstehen, doch auf der breiteren makroökonomischen

Ebene würde ich sagen, dass ich sie auf gar keinen Fall werde verstehen können, bevor ich mich jahrelang damit beschäftigt habe. Was meint er denn damit?"

Dad nickte. „Beachte, dass Charlie nicht gesagt hat, er müsse das Unternehmen jetzt im Moment verstehen. Er benutzte die Zukunftsform, nicht die Gegenwartsform. Nein, er muss glauben, dass er es in Zukunft verstehen ‚kann', nicht dass er es von Anfang an versteht."

Ah. Das war ein großer Unterschied. Ich konnte mir vorstellen, dass ich, wenn ich ausreichend Aufwand betreiben würde, in der Lage wäre, ein bestimmtes Unternehmen zu verstehen. Dass ich es *nicht von vornherein* verstehen müsste.

Nicht einmal Charlie versteht Unternehmen auf Anhieb. Da fühlte ich mich schon besser.

„Okay", überlegte ich, „also wie kann ich im Voraus wissen, dass ich ein bestimmtes Unternehmen und eine bestimmte Branche verstehen kann, wenn ich den entsprechenden Aufwand betreibe? Ich habe keine Zeit, in Sackgassen hineinzurennen."

„Stelle dir das Unternehmen wie den Kauf deiner Wohnung vor", schlug mein Vater vor. „Genau wie beim Kauf einer Eigentumswohnung muss man die Nachbarschaft kennen und wissen, was die Lage langfristig mit sich bringt. Auf börsennotierte Unternehmen bezogen ist die Nachbarschaft die Branche. Das ist alles. Verstehe sie so, wie du eine Wohngegend verstehen würdest. Was hat es schon durchgemacht, wie sehen seine Zyklen aus, wo sind seine Stärken, wo seine Schwachpunkte und wohin geht die Reise deiner Meinung nach in den nächsten 10 bis 20 Jahren? Werden die Schulen besser oder schlechter, eröffnen oder schließen Geschäfte, steigen oder fallen die Einkommen, steigen oder fallen die Preise?"

Nun hatte ich es begriffen. Zwei scheinbar gegensätzliche Gedanken können gleichzeitig wahr sein: Ich bin absolut in der Lage, manche Unternehmen zu verstehen, und es gibt so gewaltig viele Informationen, dass es unmöglich ist, alles zu wissen. Beides ist wahr. Und das gilt für jedes einzelne Unternehmen, vom Limonadenstand eines Kindes über das Mietshaus bis hin zu Enron. Als Investoren befinden wir uns im Spannungsfeld zwischen diesen beiden Wahrheiten und wenn wir den optimalen Punkt zwischen beiden finden, um zu verstehen, wie sich dieses Unternehmen als Reaktion auf unbekannte Ereignisse verhalten dürfte, investieren wir. Der Gedanke an den Kauf meiner Eigentumswohnung half mir sehr. Die Analyse einer Wohnung schaffte ich. Eigentumswohnung konnte ich.

„Und nun kommt der Schlüssel", sagte mein Vater. „Hier ist der Schlüssel zu der ganzen Sache, der dich beschützen wird: Wenn etwas nicht so offensichtlich ist wie eine Wohnung in Boulder, tu es nicht. Wenn es nicht so offensichtlich ist, dann ist es für dich keine gute Investition. Wir wollen ja über 20-Zentimeter-Hürden springen, nicht über 2-Meter-Hürden. Du fängst ja gerade erst an. Halte dich an das Offensichtliche."

„*Keep it simple, stupid.*" Ich lachte.

Dad lachte nicht. „Ganz genau."

Er nannte das seine Regel der Offensichtlichkeit und ich fühlte mich dank ihrer besser. Ich musste mich nicht zu etwas zwingen, dessen ich mir nicht hundertprozentig sicher war, oder zu etwas, wofür ich noch nicht bereit war. Ich dachte an die Wohnung. Dauerhafter Wettbewerbsvorteil. Lage in der Pearl Street Mall. In einem tollen Gebäude. In Boulder. Schöne Lage, im Hintergrund die University of Colorado und nur 40 Minuten nach Denver. Im Grunde genommen gab es da nichts zu überlegen, wenn der Preis stimmte. Das war eine 20-Zentimeter-Hürde. Die konnte ich überspringen. Die hatte ich bereits übersprungen.

„Buffett" – mein Vater grinste – „hat eine Schachtel auf seinem Schreibtisch stehen. Eine Schachtel namens ‚Zu schwierig'. Er will Unternehmen in diese Schachtel stecken. Er sucht krampfhaft nach einer Ausrede, um Dinge in die ‚Zu-schwierig-Schachtel' zu werfen. Und du solltest das auch tun. Hab keine Angst, zu sagen, dass etwas zu schwierig ist. Finde die niedrigen Hürden, um sie zu überspringen, nicht die hohen. Charlie sagt, wenn man sich mit einem Unternehmen befasst, soll man sein ureigenes Wissen und seine ureigene Erfahrung einsetzen, um festzustellen, ob dieses Unternehmen eventuell in der eigenen Komfortzone liegt oder ob es, gerade jetzt, heute, zu schwierig ist."

„Die Sache ist die, dass mir alles zu schwierig vorkommt."

„Das ist ein ausgezeichneter Kommentar dazu, an welcher Stelle des Prozesses du dich befindest. Im Moment hast du keine Ahnung, ob es überhaupt möglich ist, ein Unternehmen zu verstehen, weil du noch kein einziges Unternehmen studiert oder erforscht hast. Aber sobald du anfängst zu lesen und ein Gefühl dafür bekommst, was es so alles gibt, wirst du schnell genug eine Perspektive entwickeln und wissen, wann du dazu in der Lage bist und wann nicht. Und um diesen Prozess in die rechte Perspektive zu rücken: Erfahrene Regel-Nummer-1-Investoren rechnen damit, dass mindestens 90 Prozent von dem, womit sie sich befassen, zu schwierig ist oder überhaupt nicht infrage kommt."

„90 Prozent! Das ist verrückt. Da geht ja fast nichts durch."

„Genauso ist es. Vergiss das nicht. Und bei Anfängern wie dir wird es noch weniger sein."

„Also gut, am Anfang muss ich nur ein paar Firmen finden und dann darauf aufbauen."

„Und du musst die Branche verstehen. Was du absolut kannst. Suche dir einfach eine aus, die für dich einfach ist. Du bekommst keine Zusatzpunkte dafür, dass du dich mit Branchen befasst, über die du nichts weißt. Du lebst in dieser Welt, du kennst viele Branchen. Wähle eine, über die du etwas weißt."

Um festzustellen, ob ich in der Lage war, eine Branche oder ein Unternehmen zu verstehen, musste ich einige Vorabrecherchen durchführen, um zu sehen, ob ich mit den grundlegenden Konzepten vertraut war. Wenn nicht, dann war es zu schwierig. Ich musste die marktbreiten Indikatoren überprüfen, um zu sehen, ob das allgemeine Klima dafür sprach, dass Unternehmen günstig zum Verkauf standen oder überteuert waren. Und ich musste nach Ereignissen suchen.

Ereignisse waren eine Möglichkeit, meine Angst als Hebel zu benutzen, um unglaubliche Anlage-Ergebnisse zu erzielen. Ich wusste, wenn ich anfangs ängstlich wäre, dann würden es auch andere sein. Aber sie würden mit Verkäufen auf ihre Angst reagieren, während ich auf meine hin abwarten würde.

Die Bereitschaft, aggressiv zu handeln, wenn überall Angst herrscht, scheint eines der großen Paradoxa von Regel Nummer 1 für die Geldanlage zu sein. Unsere Praxis erfordert äußerste Geduld und äußersten Mut, um zu investieren, wenn kluge Menschen die Beine in die Hand nehmen. Dad sagte, Warren Buffett spreche von „Faulheit, die an Trägheit grenzt", aber in Wirklichkeit sei es die Geduld eines Jägers, nichts zu tun, wenn Unternehmen überteuert sind, und aggressiv zuzuschlagen und zu kaufen, wenn Unternehmen weit unter ihrem Wert bewertet sind.

Ich merkte, dass alle Informationen, die ich bisher bekommen hatte, tatsächlich meine Angst vor dem Unbekannten ansprachen. Anstatt zu versuchen, meine Angst auszumerzen, was wahrscheinlich sowieso sinnlos war, konnte mir das Wissen um die Angst helfen, dumme Investitionen zu vermeiden. Wenn ich Angst hatte, hatten wahrscheinlich auch andere Investoren Angst. Dieses Gefühl verschaffte mir wertvolle Informationen über den Markt.

Das Schwierige daran war, zu erkennen, wann die Angst irrational war und wann sie mich vor echter Gefahr warnte. Das würde ich nicht allein herausfinden. Ich brauchte meinen Lehrer.

Ich bekam ein wenig ein Gefühl dafür, über welch enorme Mengen an Informationen echte Investoren wie Charlie verfügen, und dass ich nicht nur von meinem Vater lernen konnte, sondern auch von Charlie und von anderen großen Investoren. Es war eine kurze Mahnung, dass ich hier genau wie beim Yoga immer eine Schülerin sein würde. Warren Buffett, Charlie, andere bedeutende Investoren und mein Vater waren alle meine Lehrer. Ich wäre damit nicht allein und würde auch nicht das Rad neu erfinden, das sie bereits entwickelt und auf Herz und Nieren getestet hatten. Die Tradition der Meister, von denen mein Vater sprach, war echt. Diese meisterlichen Anleger hatten seit den 1930er-Jahren Millionen und sogar Milliarden von Dollar verdient. Es war definitiv nichts Neues und Unerprobtes. Ich fühlte mich nun zuversichtlicher. Das Unbekannte erschreckte mich zwar, aber die Information, dass diese Anlagetradition so lange so gut funktioniert hatte, dämpfte meine Angst. Und ich hatte nun einige Werkzeuge, die mir insgesamt eine Perspektive auf den Markt ermöglichten, was ziemlich außerordentlich war. Noch vor ein paar Monaten war es eine meiner ganz großen Ängste gewesen, nichts darüber zu wissen, was allgemein an der Börse passiert.

Dann stiegen wir ein paar Stufen hinunter, von der Weite des Marktes als Ganzes hinab zu bestimmten Unternehmen. Zeit für Research.

Der Kompetenzkreis

„Und jetzt werde ich dir etwas über deinen Kompetenzkreis beibringen. Wir werden darüber sprechen, wie man Unternehmensresearch betreibt und wie man sich seinen eigenen Fokus auf eine oder zwei Branchen verschafft. Buffett nennt diesen Fokus seinen Kompetenzkreis.[29] Du hast bereits einen, ohne dass du es weißt. Denk nur an die vielen Unternehmen, zu denen du eine Meinung hast."

Ich versuchte, an ein Unternehmen zu denken, zu dem ich eine Meinung hatte. Er erklärte: „Eine Meinung zu haben ist ein guter Anhaltspunkt dafür, dass es sich um eine Branche handelt, die du vielleicht schon ziemlich gut kennst, weil du bereits eine Perspektive darauf hast. Ich habe Jahre in der Armee verbracht und wurde daher so etwas wie ein Waffenexperte, also war es für mich einfach, eine Meinung zu haben, wenn es darum ging, mein Geld in einen Waffenhersteller zu stecken. Über solche Unternehmen hatte ich bereits eine Meinung. Ich wusste bereits, was ich von den Produkten dieser Firmen hielt. Ich brauchte mir nur ihre Unternehmensstruktur und ihr Management anzusehen, um

[29] http://finance.yahoo.com/news/buffett-munger-circle-competence-221834144.html

zu erkennen, ob die Unternehmen an sich gute Investments waren, denn über solche Dinge wusste ich Bescheid, ohne zu recherchieren."

Ich erinnerte mich an die vier Stufen der Meisterschaft. Man weiß, dass man bewusst kompetent ist, wenn man weiß, was man nicht weiß. Das ist der Vorsprung.

„Okay", dachte ich laut. „Ich muss mich entscheiden, wo ich mit meinem Kompetenzkreis anfangen soll. Wie suche ich mir aus, womit ich meine Zeit verbringe? Ich nehme an, dass es einige Branchen gibt, die ich einfach aus meinem Leben kenne. Ich mag Yoga. Ich koche gerne und bewirte gerne Gäste. Ich mag Start-up-Tech-Unternehmen. Aber ich weiß nicht genau, in welche ‚Branche' die Finanzwelt diese einteilt."

„Machen wir Folgendes", schlug mein Vater vor. „Es gibt eine Übung, die Jim Collins in seinem Buch ‚Good to Great' verwendet, um herauszufinden, auf welche Unternehmen man sich bei Investments konzentrieren sollte. Wir werden drei Kreise zeichnen, und die Überschneidung der drei ist der Ort, wo dein Kompetenzkreis beginnt."

„Ein Venn-Diagramm der Kompetenz?"

„Genau."

Ich griff einen Notizblock aus meinem Notizblockregal. Ein Notizblock und ein guter Stift tragen viel zu meinem Glück bei – ein weiteres Beispiel dafür, dass Geld mein Glück fördert –, also halte ich einen hübschen Stapel davon für genau solche Momente vor. Ich zeichnete drei Kreise, die sich in der Mitte überschnitten, und Dad sagte mir, was ich hineinschreiben sollte: „Schreibe in einen Kreis, was du leidenschaftlich magst, in den zweiten, wofür du mit deinem Geld stimmst, und in den dritten, womit du dein Geld verdienst."

Wir machten eine Viertelstunde Pause, damit ich die Kreise ausfüllen konnte.

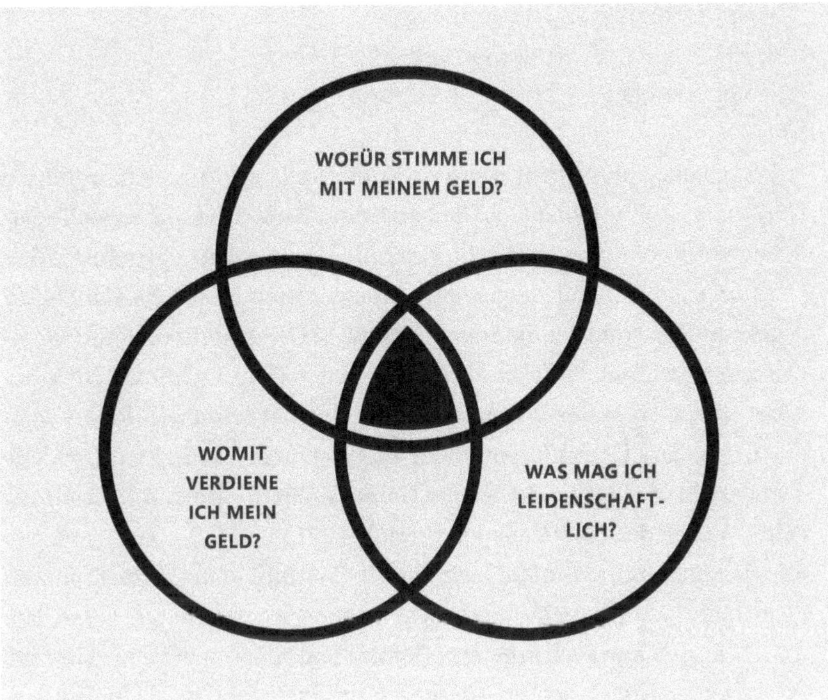

Der erste Kreis war ziemlich einfach – *was ich leidenschaftlich mag*: Yoga, Autos, Start-ups und juristische Angelegenheiten, gesunde Ernährung, Kochen, Dinnerpartys und Gäste, Schlafen, so viel ich kann, Snowboardfahren.

Für den zweiten Kreis musste ich eine Weile darüber nachdenken, wohin mein Geld floss und wofür ich somit bereits stimmte, ohne groß darüber nachzudenken.

- Lebensmittelgeschäfte wie Whole Foods und Safeway
- Meine Hypothek – bei Chase
- Möbel- und Haushaltswarengeschäfte wie Restauration Hardware, Crate and Barrel, T.J.Maxx und Williams Sonoma
- Mein Auto – ein Nissan

- Bekleidungsgeschäfte wie Zappos
- Flugreisen mit United, Delta oder Southwest
- Restaurants wie Chipotle und Subway

Ich schaute auf meinem Amazon-Konto nach, um zu sehen, wofür ich in letzter Zeit mit meinem Geld gestimmt hatte. Ich hatte sogar Toilettenpapier bei Amazon bestellt. Charmin. Dann suchte ich online „Wem gehört Charmin-Toilettenpapier?". Procter & Gamble hat die Marke 1957 gekauft. Charmin hat die Suchmaschine SitOrSquat für öffentliche Toiletten entwickelt. Die Zeitschrift *Parenting* wählte SitOrSquat zu „einer der besten Apps, die Eltern das Leben einfacher machen". *Roto-Rooter* schrieb, dass Charmin von mehr Installateuren benutzt wird als jede andere Marke. *Better Homes and Gardens* wählte Charmin Ultra Strong in die Liste der „Besten neuen Produkte 2013".

Ich habe mir das nicht ausgedacht. Charmin klang fantastisch und noch nie hatte ich mein Toilettenpapier mit solchem Interesse betrachtet.

Ich nahm also auch Procter & Gamble und Amazon in meine Liste auf.

Zweiter Kreis – *wofür stimme ich mit meinem Geld*: Lebensmittel, Haushaltswaren, Start-ups, Yoga, coole Autos, gesundes Essen, Reisen, Snowboarden, Kleidung.

Der dritte Kreis war der einfachste – *womit verdiene ich mein Geld*: rechtliche Angelegenheiten, Start-ups. Und – ich verdiente damit zwar kein Geld, aber ich war mir ziemlich sicher, dass ich auch mit Dinnerpartys und Bewirtung Geld verdienen könnte.

Die Schnittmenge meiner Kreise enthielt: Start-ups, Yoga, Autos, gesundes Essen und Bewirtung. Es war wirklich ziemlich hilfreich, es schwarz auf weiß zu sehen, damit ich bei der Suche nach Firmen darauf zurückgreifen konnte. Ich zeigte es meinem Vater und er nickte anerkennend.

„Und was jetzt? Ist das mein Kompetenzkreis?"

„Fast", sagte er, „denn die drei Kreise decken deinen Kompetenzkreis für Investments nicht ganz ab. Die Übung mit den drei Kreisen schränkt die Branchen ein, mit denen du beginnen solltest. Wir fangen mit Unternehmen und Branchen an, mit denen wir bereits in irgendeiner Weise zu tun haben. Dann grenzen wir sie nochmals ein, um den Kompetenzkreis für Investments zu bilden."

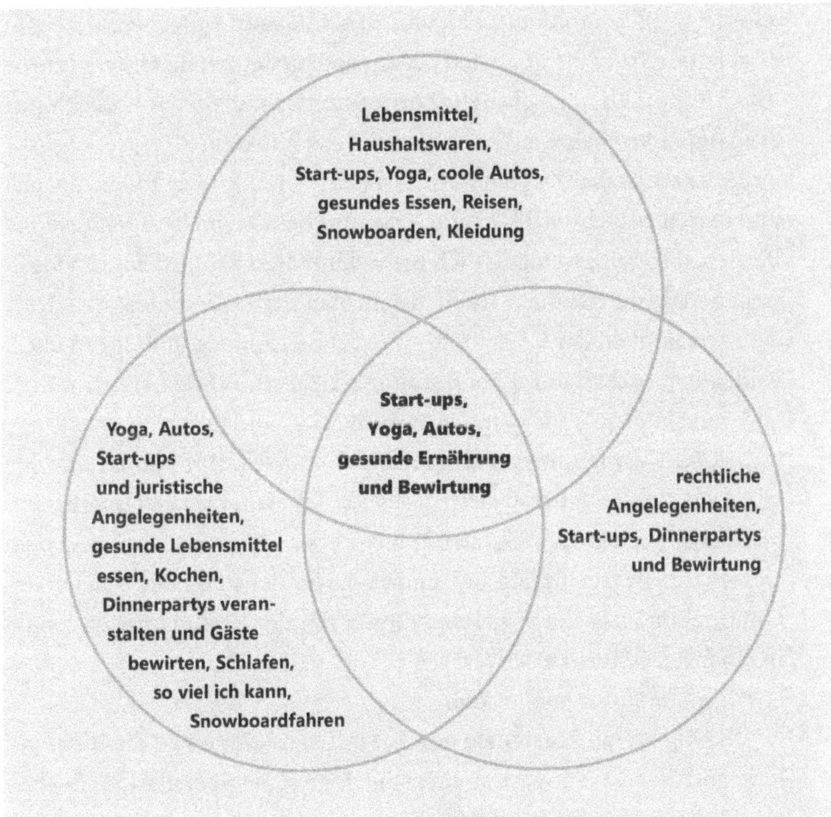

„Soll ich mit nur einer Branche anfangen?"

„Ja. Konzentriere dich auf eine und fange damit an. Befasse dich mit dieser Branche. Welche Unternehmen gehören ihr an, die du bereits kennst? In einem hochpreisigen Markt setzt man wunderbare Unternehmen meist nur auf eine Wunschliste, um sie später zu kaufen, wenn der Markt seinen unvermeidlichen Abschwung erlebt. Mach dir zum jetzigen Zeitpunkt keine Gedanken darum, jetzt tatsächlich etwas zu kaufen. Du stellst lediglich eine Einkaufsliste zusammen."

„Ich muss herausfinden, zu welchen Branchen Start-ups, Yoga, Autos und gesunde Ernährung gehören. Klopapier nicht." Ich gestand ihm, wie viel Spaß es mir gemacht hatte, über Charmin zu recherchieren. Er erwiderte, dass er die Touristen bei seinen Flusstouren im Grand Canyon für ihre Besuche der „Toilette" ermutigt habe, glatte, von der Sonne erwärmte Flusssteine auszuprobieren. Sehr hilfreich.

„Aber schau mal", sagte er, „du hast eine Meinung über Toilettenpapier und hattest es nicht mal bemerkt. Das wird bei vielen Unternehmen und Branchen so sein, wenn du dich mehr damit beschäftigst. Du wirst feststellen, dass du viel mehr weißt, als du glaubst, wenn du erst mal deine Aufmerksamkeit darauf richtest. Aber für den Anfang und um zu üben: Konzentriere dich auf deinen Kompetenzkreis. Finde heraus, welche anderen Unternehmen es in der Branche gibt, und bringe in Erfahrung, in welchem Verhältnis sie zueinander stehen. Welche Konjunkturzyklen gibt es in dieser Branche? Geht das Unternehmen, das dich interessiert, mit dem allgemeinen Trend der Branche oder dagegen? Geht es mit dem Unternehmen regelmäßig auf- und abwärts oder steigt der Gewinn des Unternehmens in der Regel zusammen mit der Konjunktur und sinkt in einer Rezession – oder verläuft er antizyklisch?"

Na gut, dann ist ja alles klar.

Ich ging meine Ergebnisse durch. Start-ups können an die Börse gehen, aber das ist ein ganz anderes Spiel, nämlich Spekulation. Blieben also Autos, gesundes Essen und Yoga.

Ich dachte an meinen Nissan Xterra, den ich als Geländewagen liebte, aber nicht deswegen, weil er ein Nissan war. Allerdings war die Autoindustrie vielleicht sehr interessant. Dann dachte ich an Whole Foods. Das war nun wirklich ein Laden, für den ich etwas empfand. Ich mochte dieses Unternehmen tatsächlich sehr, weil es die Welt auf so viele Arten verändert hat, von der Herstellung natürlicher und biologischer

Lebensmittel über ein normales Standardangebot bis hin zu der bewusst kapitalistischen Einstellung gegenüber dem Geschäft.

Von bestimmten Firmen wie Whole Foods konnte ich auf die Branche schließen: Lebensmittelhandel. Oder von Nissan auf die Automobilindustrie. Mit Yoga war das schon schwieriger. Es gibt keine Branche namens Yoga. Es gibt nicht viele börsennotierte Unternehmen, die mit Yoga oder entsprechenden Utensilien wie Matten und Yogavideos zu tun haben, aber ich dachte an Lululemon und seine Bemühungen, sein Image neu zu erfinden und die Marke auszubauen. Ich kann Ihnen versprechen, wenn Sie in einen Yogakurs gehen, trägt mindestens die Hälfte der Frauen Kleidung von Lululemon. Sie ist zwar teuer, aber haltbar, und ich trage diese Kleidungsstücke öfter als meine meisten anderen, sodass die Kosten pro Nutzung niedrig ausfallen. Indes war der Gründer von Lululemon ein Problem: Er hatte einmal geäußert, die Yogahosen von Lululemon seien nicht für größere Frauen gedacht und tatsächlich wurden sie nicht über Größe 40 angeboten. Bei einer Sportbekleidungsfirma ist so etwas besonders schlimm. Einen Monat nach seinen Äußerungen wurde er aus der Firma gedrängt, der Aktienkurs fiel um ein Drittel und dann noch weiter. Inzwischen hat das Unternehmen einen neuen CEO und erholt sich wieder.

Wie fand ich also Branchen, die mir gefallen, wenn die Branche nicht auf der Hand lag? Mein Vater half mir.

„Das kannst du auf meiner Website, Rule One Investing, oder auf einer anderen wie etwa Yahoo Finance herausfinden. Hier ist eine kostenlose Website namens InvestSnips, die einen Reiter ‚Industries' hat. Wenn du den anklickst und bis zu ‚Category Links' hinunterscrollst, siehst du circa 450 Kategorien, von Werbung bis Zink. Diese Seite ordnet die Unternehmen nach Interessengruppen um. In der Kategorie Yoga gibt es zum Beispiel zwei Firmen – Lululemon und Gaiam. Wir wissen, dass Lululemon Yogakleidung herstellt. Wie könntest du herausfinden, was Gaiam macht?"

„Ich würde mit den Jahresberichten anfangen." Ich seufzte.

Die US-Behörde, die Unternehmen reguliert, die Securities and Exchange Commission (SEC), versucht das Informationsdefizit zu beheben und die Anleger zu schützen, indem sie von jedem börsennotierten Unternehmen einen umfassenden Jahresbericht (und andere Angaben) verlangt. Ich, die potenzielle Investorin, bin diejenige, die geschützt werden muss.

Der Jahresbericht ist ein schriftliches Dokument, das meistens sehr lang ist und der SEC in Form des Formulars „Form 10-K" vorgelegt wird, daher wird er austauschbar als Jahresbericht oder als 10-K bezeichnet. Er beschreibt sehr detailliert, was ein Unternehmen macht, seine Pläne, seine finanzielle Situation und alle Möglichkeiten, wie das Unternehmen möglicherweise bankrottgehen könnte. Ich muss bei meinen Recherchen herausfinden, ob ein monolithisches Unternehmen ins Wanken geraten ist, und der Jahresbericht ist der erste Ort, an dem man so etwas nachschauen sollte.

Ich habe bei meiner Arbeit als Rechtsanwältin schon viele Jahresberichte gelesen, musste aber zum Glück nie selbst einen schreiben. Sie sind notorisch langweilig. Trotzdem sind sie wie Promiklatsch-Blogs. Sobald man ein paar gelesen hat, lernt man, wo man die wirklich saftigen Sachen aufstöbert, und den Rest kann man dann einfach überfliegen.

Börsennotierte Gesellschaften legen außerdem vierteljährlich Berichte vor, die als 10-Q bezeichnet werden, und führen vierteljährlich Gespräche mit Analysten, die aufgezeichnet und transkribiert werden. Diese sind alle auf der Website der Gesellschaft für Investor Relations zu finden oder, wenn das Unternehmen keine gute Website hat, auf der Website der SEC. Mein Vater findet, dass die Website der SEC, genannt EDGAR, knifflig in der Handhabung ist, aber ich finde es nicht so schwer und ich mag es, Dinge von der offiziellen Quelle zu beziehen.

„Geschäftsberichte zu lesen ist ein großes Vorhaben", beschwerte ich mich. „Soll ich sie nach dem Zufallsprinzip lesen?" Ich dachte mir, ich würde vielleicht ewig durch diesen Sumpf irren. Gab es dafür keinen einfacheren Weg?

„Doch, den gibt es. Eine andere Möglichkeit der Eingrenzung ist die Suche nach anderen Investoren", erklärte mein Vater. „Ich nenne sie meine Gurus. Ich schaue nach, was sie kaufen, und sehe mir das genauer an."

Gurus

Ich dachte darüber nach. Jeder, der einen Fonds von 100 Millionen oder mehr verwaltet, muss der SEC vierteljährlich die Aktienpositionen melden, die er im Vorquartal gekauft und verkauft hat.

„Das ist eine tolle Idee. Die müssen sowieso amtliche Formulare einreichen. Die Informationen sind zwar ein bisschen alt, aber für einen Value-Anleger kommt es darauf ja kaum an." Ich dachte noch ein bisschen darüber nach. „Warum kopiere ich sie nicht einfach und kaufe das, was sie kaufen?"

Er lachte.

„Nein, ich meine es ernst. Warum muss ich diese ganze Arbeit selbst machen, wenn sie es für mich tun können? Warum konntest du mir das nicht schon vor Monaten sagen?"

Dad hörte auf zu lachen. „Eigentlich", stimmte er mir zu, „hast du ja recht. Das ist meine liebste Art, großartige Investments zu finden. Zwei Professoren wollten mal sehen, was passiert wäre, wenn man einfach Warren Buffett kopiert hätte, von der Zeit, als er ziemlich berühmt wurde, bis vor Kurzem. Sie entnahmen die Daten aus seinen vierteljährlichen 13F-Einreichungen bei der SEC von 1976 bis 2006; um die Nachahmung so konservativ wie möglich zu gestalten, ‚kauften' sie die Aktien, die er kaufte, am Monatsletzten, also als bereits öffentlich bekannt war, dass Buffett sie gekauft hatte, und sie ‚verkauften' sie am Monatsletzten, an dem öffentlich wurde, dass er sie verkaufte."

Ich erinnerte mich vage daran, dass Dad diese Studie erwähnt hatte, als er mich davon überzeugte, dass ich selbst erfolgreich investieren konnte. „Und?"

„Es hat funktioniert. Das Modell nahm einen Haufen Geld ein, indem es Buffett kopierte.

Ich wollte das genau sehen. Wir schlugen die Studie der Professoren Martin und Puthenpurackal nach. Sie stellten fest, dass ein Anleger, der nichts anderes tat, als in diesen 31 Jahren Berkshire Hathaways Investitionen in börsennotierte Unternehmen zu kopieren, einen jährlichen Gewinn von 20,43 Prozent erzielt hätte,[30] während der Marktindex die Hälfte dieses Betrags eingebracht hätte.[31] Die beiden Forscher kamen zu dem Schluss, dass Buffetts Renditen nicht auf Glück zurückzuführen waren. Während Buffetts Rendite ungefähr doppelt so hoch war wie die des Marktes, war sein absoluter Ertrag sogar fünfmal so hoch. Dies ist eine Eigenschaft des Zinseszinseffekts: Eine kleine Änderung der prozentualen Rendite kann im Laufe der Zeit zu einer sehr großen Veränderung der tatsächlichen Dollarbeträge führen.

„Dass Professoren zugeben, dass es kein Glück ist, ist ziemlich ungewöhnlich", sagte mein Vater. „Sie geben nicht gerne zu, dass man durch die Auswahl einzelner Unternehmen den Markt schlagen kann."

Ich dachte über die Studie nach. Ich hätte nicht einmal Aktien kaufen müssen, außer Berkshire. *Hm.*

„Dad, vergiss den ganzen Aufwand. Warum kaufen wir nicht einfach Berkshire Hathaway und fertig?"

„Würden wir Berkshire kaufen, wenn es wirklich billig ist, dann ja, das ist ein toller Plan. Da widerspreche ich dir nicht. Aber woher willst du wissen, ob es billig ist? Es ist dasselbe wie damals, als du die Geldanlage abgeben wolltest. Das ist in Ordnung, aber dann muss man wissen, wie man die Fondsmanager oder Finanzberater bewertet, und dafür braucht man Kompetenz als Anleger. Das Gleiche gilt hier: Berkshire zu kaufen könnte eine gute Entscheidung sein, aber woher willst du wissen, ob der Preis gut ist, ohne zu lernen, wie man investiert?"

---

[30] Gerald S. Martin und John Puthenpurackal: „Imitation Is the Sincerest Form of Flattery: Warren Buffett and Berkshire Hathaway", SSRN, 15. April 2008, Table VII.

[31] Laut Moneychimp betrug die durchschnittliche jährliche Wachstumsrate des S&P 500-Index von 1976 bis 2006 einschließlich Dividenden 12,86 Prozent.

Von meiner Seite Schweigen. *Sag mir bloß nicht, ich müsste etwas über Investitionen wissen, um andere Leute zu kopieren!*

Foin.

„Ich weiß also nicht, wann der Preis gut ist“, gab ich zu. „Ich habe keine Ahnung.“

„Stimmt“, bestätigte Dad. „Außerdem ist Berkshire nicht oft billig, und das bedeutet, dass wir wahrscheinlich besser dran sind, wenn wir das kopieren, was die Firma kauft. Zudem wird Buffett Berkshire nicht ewig leiten. Er hat großartige Leute installiert und versichert uns, dass sie gute Arbeit leisten werden, aber wer weiß? Trotzdem, wenn ich Berkshire billig genug kaufen kann, dann kaufe ich es.“

„Selbst mit mir zurate gehen“, sagte ich halb zu mir selbst. „Und ich kann immer die Unternehmen kaufen, die Berkshire kauft, wenn sie zu meiner Mission passen.“

Es gibt noch ein paar andere Investoren, die im Stil von Regel Nummer 1 investieren und Jahr für Jahr hohe Renditen erzielen – manchmal sogar in Märkten, die unangenehm aufgebläht sind, wie in diesem. Dad schaut natürlich auf Buffett und Munger, aber auch auf Mohnish Pabrai, Guy Spier, David Einhorn, Bruce Berkowitz und ein paar andere. Er hat eine Liste von Gurus, denen er für Ideen auf seiner eigenen Website folgt. Ihre 13F-Einreichungen sind auf der EDGAR-Website der SEC zu finden.[32]

Ich konnte sie kopieren, aber ich sah an meiner Idee bereits einige Probleme. Das ist die Anwältin in mir: Ich durchlöchere meine eigenen Argumente. „Dad, das Problem ist natürlich, dass die Informationen immer veraltet sind, weil sie ein Quartal nach dem Kauf oder Verkauf gemeldet werden. Ich sollte das wohl mit einem Berg Salz sehen?“

„Nun ja,“ sagte Papa langsam, „stell dir vor, du könntest 46 der besten Investoren der Welt dazu bringen, dass sie dich persönlich anrufen und

[32] Andere Websites, die Daten aus 13F SEC-Einreichungen sammeln, sind unter anderem die Website meines Vaters, www.ruleoneinvesting.com, sowie www.dataroma.com und www.gurufocus.com

dir sagen, was sie in den letzten 90 Tagen gekauft oder verkauft haben. Das wäre ziemlich nützlich, oder? Sogar ein Jahr alte Informationen wären wertvoll, wenn auch nur als Ideen und Beispiele. Ich habe oft festgestellt, dass der Aktienkurs eines Unternehmens tatsächlich gefallen war, als es über 120 Tage her war, dass großartige Investoren es gekauft hatten. Zum Beispiel kaufte Warren Buffett von 2011 bis 2016 wiederholt einen Haufen IBM-Aktien zu Preisen, die im Durchschnitt bei circa 170 Dollar lagen. Im Jahr 2016 hätte man IBM für 120 Dollar kaufen können. Das passiert ständig. Man muss aber wissen, was man sich da anschaut. Man muss trotzdem noch seine Hausaufgaben machen."

„Und noch wichtiger ist, dass ihre Mission mit meinen Missionen übereinstimmt", fügte ich hinzu. „Ein Guru könnte ja eine Firma kaufen, die meinen Werten widerspricht, und dann weigere ich mich, ihn blind zu kopieren."

„Genau." Papa nickte nachdrücklich. „Jemanden blind zu kopieren ist fast wie die Verantwortung abzugeben. Man muss seine eigenen Hausaufgaben machen, um zu wissen, ob das, was die anderen machen, gut ist oder nicht. Außerdem muss man daran denken, die Käufe eines Gurus im Verhältnis zu seinem Gesamtkapital zu sehen. Buffett hält momentan eine Cashposition von ungefähr 100 Milliarden Dollar, und nichts davon erscheint in seinen 13F-Einreichungen. Wenn man nicht wüsste, wie viel Cash hält, könnte man meinen, er wäre voll investiert, wo er doch in Wirklichkeit auf dem größten Haufen Bargeld seines ganzen Lebens sitzt und nur darauf wartet, dass das unvermeidliche konjunkturelle Gewitter alles, was er kaufen will, auf Schleuderpreise drückt."

Außerdem ist es äußerst wichtig zu wissen, dass 13F-Einreichungen keine Short-Positionen enthalten. Manche Investoren sichern Aktien ab, indem sie schwächere Unternehmen shorten beziehungsweise leerverkaufen (darauf setzen, dass sie nicht steigen, sondern fallen), während sie stärkere Unternehmen in der Erwartung kaufen, dass sie im Falle eines Börsenanstiegs stärker steigen als die schwachen und sie somit an der Differenz Geld verdienen; dasselbe gilt, wenn der Markt nach unten geht, aber umgekehrt – die schwachen Unternehmen fallen schneller und tiefer als die starken Unternehmen. Die 13F-Einreichungen können irreführend sein, wenn man nicht das Gesamtbild kennt, aber trotzdem kann es von Vorteil sein, die 13F-Einreichungen der richtigen Leute zu verfolgen. Die Liste der neuen Käufe erscheint in jedem Quartal – etwa 500 bis 600 Unternehmen, die man sich jedes Quartal ansehen muss, und das sind nur die der Gurus, die mein Vater verfolgt. Man kann sich ein Bild davon machen, ob das, was sie tun, innerhalb des eigenen Kompetenzkreises liegt, und in diesem Fall mit den Recherchen mehr in die Tiefe gehen. Aber denken Sie immer daran, dass das zwar eine wirklich coole Abkürzung ist, um Aktien zu finden, die Sie vielleicht kaufen möchten, dass aber die 13F-Einreichungen nur ein unvollständiges Bild von den Beständen der Gurus zeichnen.

Die Skepsis meiner juristischen Ausbildung setzte ein, und als ich die von Gurus ausgewählten Unternehmen überprüfte, merkte ich, dass ich entweder nicht erraten konnte, warum sie ein Unternehmen gekauft hatten, oder dass ich die Mission eines Unternehmens, das sie gekauft hatten, nicht unterstützen wollte.

Ich weigerte mich, mich blind auf meinen Vater oder einen anderen Guru zu verlassen. Professionelle Investoren sind kluge Menschen, aber es geht ja nicht darum, intelligent zu sein; es geht darum, zu wissen, ob das, was man kauft, in zehn Jahren mehr wert sein wird, und geduldig zu sein. Viele professionelle Anleger haben Angst und begehen Dummheiten. Charlie Munger sagt, er und Warren Buffett wären nicht so reich, wenn kluge Menschen nicht so viele dumme Sachen machen würden. Ich hatte bei dieser Praxis die Aufgabe, möglichst keiner dieser Menschen zu sein. Dies hält mein Dad für den Schlüssel zur erfolgreichen privaten Geldanlage: zu lernen, wie man vorhersagbar irrationale und emotionale kurzfristige Entscheidungen anderer zum eigenen Vorteil nutzt.

So langsam fühlte mich wohl dabei, zu wissen, ob ich in der Lage bin, ein Unternehmen zu verstehen, aber ich hatte es noch nicht wirklich ausprobiert. Ich musste an meiner Anlagepraxis arbeiten. Ich brauchte schnell eine Perspektive auf meine eigenen Fähigkeiten. Wie konnte ich mir eine gute Basis an Investmentresearch verschaffen?

Mein Investment-Intensivkurs

„Lies Warren Buffetts Briefe", riet mir Dad zum zweiten Mal. „Er schreibt seit 40 Jahren Briefe an seine Aktionäre. Sie sind eine unglaubliche Ausbildung in Value-Investing und sie lesen sich ziemlich gut." Ich suchte online nach „warren buffett letters to shareholders" und fand einen Link zu den Aktionärsbriefen von Berkshire Hathaway, die als PDF-Downloads zur Verfügung stehen. Alle Briefe seit 1977. Ich hatte nicht gewusst, wo Berkshire Hathaway herkam, aber nun entdeckte ich, dass Warren Buffett eine Textilfirma namens Berkshire Hathaway als Vehikel benutzt hatte, um eine Investmentgesellschaft zu gründen. Berkshire ist kein Fonds. Er nutzt dieses börsennotierte Unternehmen einfach, um andere Unternehmen zu kaufen – gelistete wie private.

Und er schreibt jedes Jahr einen Brief an seine Berkshire-Hathaway-Aktionäre. Diese Briefe gelten als Gipfel der Aktionärsbriefe, denn es ist unglaublich selten, dass der Vorstand einer Aktiengesellschaft den Aktionären auf die Weise schreibt, wie es Buffett tut: offen, direkt und ehrlich über das, was das Unternehmen tut, über seine Misserfolge genauso wie über seine Erfolge, über seine Zukunftspläne und über seine Absichten bezüglich seiner Werte und des weiteren Weges. Value-Investoren reden über diese Briefe, als wären sie die Bibel.

Ich dachte mir, dass Dad auf dem richtigen Dampfer war – ich sollte die Briefe wohl wirklich lesen. Die Lektüre der Buffett-Bibel würde den Grundstein für mein Research legen. Also würde ich die Buffett-Bibel wirklich lesen. Wenn ich drei Briefe am Tag lesen würde, bräuchte ich etwa zwei Wochen, um alle seit 1977 erschienenen zu schaffen. Damit fing ich auf der Heimreise nach Boulder an.

In Yogaschulen wird eine mehrtägige, fokussierte Praxis als Intensivkurs bezeichnet. Ich plante einen zweiwöchigen Investment-Intensivkurs, um die Informationen, die ich in den letzten Monaten erhalten hatte, zu festigen und in Fähigkeiten zu verwandeln. *Gieße die Wurzel, damit du die Frucht genießen kannst.* So lautete eine alte Maxime aus meinen Kursen in transzendentaler Meditation, und zwar eine gute, an die ich mich oft erinnerte. Im Meditationskontext bedeutet sie, dass Meditation die Nahrung oder das Wasser ist, die das Bewusstsein benötigt, damit man aus der Meditation heraus die Früchte dieser nach innen gewandten Zeit genießen kann. Bezogen auf meine Investmentpraxis erinnerte mich das daran, dass ich lernen musste. Das Wasser war das Wissen, wie man gemäß Regel Nummer 1 investiert, die Wurzel war meine Praxis, und die Frucht war die finanzielle Freiheit.

Da mein Vater so lobend darüber sprach, wollte ich Buffetts Briefe lesen. Und ich wollte einen besseren Blick auf den Markt entwickeln.

Bei meiner Anwaltstätigkeit merkte ich, dass ich Mandanten oft nur hinsichtlich dessen beriet, was „normal" war – normale Vertragsbedingungen, normale Probleme, auf die ein Start-up stößt, normale Konflikte zwischen den Gründern, normale Dokumente, die sie bereithalten mussten. Das waren unentbehrliche Informationen für ein Start-up oder einen Risikokapitalgeber, die wir liefern konnten, weil wir schon so viele Geschäfte abgewickelt hatten. Mir fiel auf, dass ich keine Ahnung hatte, was an der Börse „normal" war, und ich wusste, dass ich das lieber herausfinden sollte, bevor ich dort mein eigenes Geld anlegte.

Die Briefe an die Aktionäre sind grundlegend. Was noch? Ich beschloss, andere Dinge zurückzustellen. Anstatt morgens beim Aufwachen und Kaffeetrinken den Promiklatsch durchzugehen, würde ich jeden Morgen damit beginnen, dass ich eine Wirtschaftszeitung las. Meinen Moment des Klatsch-Zens zu verlieren wäre zwar ein großes Opfer, aber wahrscheinlich wäre es gut für mich.

Na ja, vielleicht würde ich den Klatsch noch kurz überfliegen, nachdem ich das *Wall Street Journal* gelesen habe. Ja, das klang schon viel besser.

Ich sah beim *Wall Street Journal* nach und stellte fest, dass das Abonnement ziemlich teuer ist. Dann ging ich auf die Website der *Financial*

Times. Ähnlich teuer. Ich sah bei der *New York Times* nach. Auch teuer. Du lieber Gott, ich merkte schnell, dass ich auf 100 Dollar im Monat kommen würde, wenn ich vier oder fünf Nachrichtenquellen zum vollen Preis abonnieren würde. 1.200 Dollar pro Jahr für Investmentnachrichten waren für mich ein bedeutsamer Kostenfaktor und außerdem würde das mein Anlagebudget beschneiden.

Diese Praxis erforderte anscheinend nicht nur eine zeitliche, sondern auch eine finanzielle Investition – doch wie könnte ich mein Geld besser einsetzen als zur Unterstützung von gutem Wirtschaftsjournalismus? Schließlich schützt die vierte Gewalt mich als Kleinanlegerin besser als die SEC oder irgendeine andere Aufsichtsbehörde. Sie deckt Skandale auf und macht sie öffentlich, sie bringt Licht in die dunklen Ecken von Hinterzimmern und Handelsräumen.

Ich beschloss, für das *Wall Street Journal* zu bezahlen und zu sehen, wie viel ich wirklich davon lesen würde. Falls ich zu dem Schluss käme, dass es sich lohnt, auch für die anderen Zeitungen zu bezahlen, konnte ich sie ja später noch in meine Leseliste aufnehmen. Ich legte in den Lesezeichen meines Browsers einen Ordner namens „Investing“ an und die kostenlosen Websites hinein, die mein Vater erwähnt hatte.

Zwei Wochen lang las ich als Investment-Intensivkurs jeden Tag „eins plus drei“: morgens den Wirtschaftsteil des *Wall Street Journal* und vor dem Schlafengehen drei Aktionärsbriefe von Warren Buffett.

Die Buffett-Bibel war wirklich so gut, wie mein Vater sie beschrieben hatte. Buffett besitzt eine unglaubliche Fähigkeit, Normalos wie mir Finanzkonzepte zu erklären, und das findet man selten. Zu selten. Vielleicht ist dies ein Hinweis darauf, warum es ihm so gut gelingt, mit gesundem Menschenverstand zu investieren.

APRIL-ÜBUNG: Mit dem Research anzufangen ist schwer, aber in diesem Monat muss es sein. Es brauchte ein paar Versuche und einiges an Langeweile, bevor ich so langsam die guten Sachen fand, also bereiten Sie sich mit Snacks und Sinn für Humor darauf vor. Machen Sie für sich die Übung mit den drei Kreisen, damit Sie wissen, worauf Sie sich bei Ihrem Investmentresearch konzentrieren sollten, und dann ... fangen Sie einfach an. Suchen Sie sich eine Zeitung mit Wirtschaftsnachrichten aus und lesen Sie sie regelmäßig. Vielleicht machen Sie ja auch einen Investment-Intensivkurs und lesen die Buffett-Bibel. Schauen Sie sich ein paar 13F-Dokumente an. Überlegen Sie, wie das für Sie und bei Ihrem Zeitplan am besten klappt, und legen Sie dann los.

KAPITEL 5

CHARLIES BURGGRABEN UND DAS MANAGEMENT

MAI

Diesen Monat:

- Ein Burggraben
- Die vier großen Zahlen und die Wachstumsraten
- Die windkorrigierte Wachstumsrate
- Das Management
- Checkliste für Charlies erste drei Prinzipien

Es war schon sehr seltsam. Das viele Nachdenken über finanzielle Freiheit und das Streben nach ihr schienen … Freiheit zu schaffen. Auf eine Weise, die ich nicht erwartet hatte. Seit Jahren hatte ich meiner früheren Mitbewohnerin versprochen, sie in Zürich zu besuchen. Ich wechselte von einer großen Kanzlei zu einer Boutique, die sich auf Start-ups konzentrierte, und zwischendurch hatte ich die Möglichkeit, hinzufliegen. Ich streifte allein durch die Stadt, während sie im Büro war, nach der Arbeit saßen wir am See in der Sonne und tranken guten Wein und ich fühlte mich nach langer Zeit einmal wieder ganz wie ich selbst. Ich fühlte mich frei.

An meinem letzten Abend in Zürich lud sie einen Freund zum Risiko-Spielen ein und am Ende des Spiels mochte ich den Mann, der neben mir saß, mehr als jeden anderen, den ich je getroffen hatte. Nuno war Portugiese, galant und umwerfend klug. Er war Strategieberater für Banken, weshalb er auch in Zürich lebte, und er schien von meinen Bemühungen, mein Leben zu verbessern, fasziniert zu sein – was mir gefiel, denn ich war immer noch etwas zögerlich, anderen Leuten von meiner Anlagepraxis zu erzählen. Sie schienen nämlich sofort davon auszugehen, dass ich alles über Geldanlage wusste, was natürlich überhaupt nicht der Fall war.

Für meinen Heimweg waren ein paar Tage in Oxford für eine Unternehmer-Konferenz geplant und Nuno fragte, ob er mich dort besuchen könne, bevor ich über den Atlantik zurückflog. Ich war im Urlaubsmodus und sagte „Natürlich“. Erst am nächsten Tag fiel mir auf, dass mir vielleicht ein sozusagen Fremder in ein anderes Land folgen würde. Unsere gemeinsame Freundin versicherte mir, dass er vertrauenswürdig sei, und ich erinnerte mich an seine verträumten, dunklen, graugrünen Augen und an die Art, wie er mich mit einer gewissen unerschütterlichen Absicht angesehen hatte, und ich erinnerte mich daran, dass ich im Urlaub war und es keine Rolle spielte. Ich ließ ihn wissen, wo ich sein würde. Nachdem er nach London geflogen war, ein Auto und ein Hotelzimmer gemietet hatte und im King's Arms Pub im Zentrum von Oxford auftauchte, war ich beeindruckt. Drei Tage später lief ich Gefahr, mich in einen Mann zu verlieben, der in Europa lebte. Als ich nach Hause flog, bat Nuno, mich in Boulder besuchen zu dürfen, und ich beschloss, es ihm zu gestatten.

Bevor Nuno zu Besuch kam, machte Dad wieder in Boulder Station und wir richteten es so ein, dass er über das Wochenende bleiben konnte und wir persönlich über Charlies Prinzipien sprechen konnten. Ich gewöhnte mich an den ständigen Kontakt mit meinem Vater. Früher sprachen wir alle zwei oder drei Wochen miteinander. Jetzt telefonierten oder texteten wir mindestens einmal pro Woche und schickten uns per E-Mail Artikel, die wir über Value-Investing oder über Unternehmen gefunden hatten, die wir cool fanden. Eigentlich war es sehr schön. Er war bei mir.

Wir setzten uns in mein Wohnzimmer. Es war Zeit für Charlies zweites und drittes Prinzip: den Wettbewerbsvorteil eines Unternehmens zu sichern und dann die Menschen zu beurteilen, die das Unternehmen leiten. Wir kamen gleich zur Sache.

Charlie Mungers zweites Prinzip der Geldanlage: Ein spezifischer, dauerhafter Wettbewerbsvorteil

Das zweite Prinzip ist mega. Für mich ist es der Knackpunkt von Charlies Prinzipien der Geldanlage. Charlie sagt, sobald man beschlossen hat, dass man in der Lage ist, das Unternehmen zu verstehen, muss man als Nächstes feststellen, ob das Unternehmen einen spezifischen Wettbewerbsvorteil hat, der dauerhaft ist. In Buffetts Anlagestrategie wird dieses Konzept als Burggraben bezeichnet.

Ein Burggraben ist genau das, was wir uns alle darunter vorstellen – das Wasser um eine Burg herum, das Angriffe abwehren soll. Bei der Geldanlage ist die Burg das Unternehmen und der Graben ist der Wettbewerbsvorteil, den das Unternehmen von Grund auf hat und der es bezüglich des langfristigen Cashflows nahezu unantastbar macht. Wenn ein Unternehmen einen guten Graben hat, wird es für die Konkurrenz schwer sein, den Graben zu überwinden und die Burg einzunehmen. Nicht unmöglich, aber schwierig. So schwierig, dass sie es nicht versuchen wird. So schwierig, dass sie auch dann nicht mit dem Unternehmen konkurrieren könnte, wenn sie so viel Geld hätte, wie es kosten würde, das ganze Unternehmen zu kaufen.

„Denke an den Lebenszyklus eines Unternehmens", sagte Dad. „Das Unternehmen wird gegründet, um einen Bedarf zu decken und ein

Problem zu lösen. Es löst dieses Problem und deckt diesen Bedarf und wahrscheinlich wird das Problem oder der Bedarf nach einigen Jahren obsolet. Es gibt nur sehr wenige Unternehmen, die hundert Jahre alt werden. Achte darauf, wo sich ein Unternehmen in diesem Lebenszyklus befindet und was ihm einen dauerhaften, spezifischen Wettbewerbsvorteil verschafft, dank dessen es sich so lange wie möglich halten kann."

„Ist dieser Burggraben, von dem du und Charlie sprecht, etwas anderes, als dass es einem Unternehmen gut gelingt, einen Bedarf zu decken oder ein Problem zu lösen?"

„Völlig! Etwas völlig anderes. Was einen Burggraben von einem reinen Wettbewerbsvorteil unterscheidet, ist, dass er erstens unternehmensspezifisch und zweitens dauerhaft ist. ‚Unternehmensspezifisch' oder auch ‚intrinsisch' bedeutet, dass sich der Vorteil nicht von dem Unternehmen trennen lässt. Er steckt von Natur aus in dem Unternehmen. ‚Dauerhaft' bedeutet, dass es so schwierig oder teuer oder beides ist, diese intrinsische Eigenschaft zu überwinden, dass kein Wettbewerber es versuchen wird, sodass wir davon ausgehen können, dass er noch lange fortbestehen wird."

„Klingt für mich nach einem typischen Wettbewerbsvorteil."

„Das ist es aber überhaupt nicht. Es ist ein Wettbewerbsvorteil, der nicht so einfach dahinschwindet. Frage dich, ob es möglich ist, ein Unternehmen zu gründen, das mit diesem Unternehmen konkurrieren und es übernehmen könnte."

„Die Antwort lautet, dass das immer möglich ist."

„Mag sein. Stellt sich also als nächste Frage, wie viel es einen neuen Konkurrenten kosten würde, anzufangen und so weit zu wachsen, dass er mit unserem Unternehmen konkurrieren und es übertreffen kann. Wenn die Kosten so hoch sind, dass das niemand tun würde, dann ist es nicht machbar; dann weiß man, dass unser Burggraben ziemlich mächtig ist."

Hmmm. Okay.

„Stelle dir die Dauerhaftigkeit einmal aus der entgegengesetzten Perspektive vor", schlug Dad vor. „Versucht ein Unternehmen, über das du Recherchen anstellst, lediglich, mit einem Allerweltsprodukt zu konkurrieren, das günstiger ist als Konkurrenzprodukte? Stellen einige dieser Firmen am Beginn des Computerzeitalters Schreibmaschinen her? Werden sie in zehn Jahren stark sein oder nicht?“

Wenn also nichts das Unternehmen bedrohen würde, dann wäre sein Wettbewerbsvorteil unglaublich stark. „Und dass der Wettbewerbsvorteil intrinsisch ist? Etwa, dass das Unternehmen das Erste seiner Branche ist? Das wäre dem Unternehmen intrinsisch.“

„Genau so ist es“, erwiderte Dad. „Der Erste zu sein, der in eine Branche vorstößt – ein ‚First Mover‘ –, das gehört zu einer der Arten von Burggräben, die ich dir vermitteln werde.“

„Es gibt verschiedene Arten von Burggräben?“

Jetzt hatte er so viel Energie, dass er sie nicht mehr zurückhalten konnte. Er fing an, auf dem Stuhl herumzurutschen. „Ja, es gibt mehrere Arten von Gräben. Fünf Arten, vielleicht sechs.“

Die fünf(einhalb) Burggräben

1. **EINE MARKE.** Wenn ein Unternehmen eine Marke hat, die so stark ist, dass es für ein anderes Unternehmen sehr schwierig wäre, eine ebenso starke Marke zu schaffen, um damit zu konkurrieren. Manchmal entsteht sie, wenn man als Erster in eine Branche eintritt und dann damit identifiziert wird. *Ein Beispiel*: Coca-Cola und Pepsi. Pepsi hat Millionen ausgegeben, um seine Marke zu stärken und mit Coca-Cola zu konkurrieren, und es hat eine starke Marke geschaffen. Dennoch ist Coca-Cola stärker, vor allem weltweit gesehen. In manchen Regionen sagen die Menschen sogar, dass sie eine „Coke" wollen, anstatt zu sagen, dass sie Limonade wollen, egal welche Art von Limonade sie eigentlich wollen. Besteht ein großartiger Marken-Burggraben, denken die Kunden eher an den Markennamen als an den eigentlichen Namen des Produkts: Coke statt Cola; Harley statt Motorrad; iPhone statt Smartphone; Tempo, nicht Papiertaschentuch.

2. **WECHSELN.** Wenn es für einen Kunden sehr schwierig, teuer oder schmerzhaft ist, von der Nutzung der Produkte oder Dienstleistungen eines Unternehmens zu einem anderen zu wechseln. *Beispiel:* Computerprodukte von Apple sind eine integrierte Umgebung mit einem mehr oder weniger einheitlichen Betriebssystem. Als Benutzer eines iPhones, eines Apple-Laptops und eines iPads kann ich behaupten, dass es schwierig, schmerzhaft und teuer wäre, auf ein Android- oder Microsoft-System umzusteigen. Das heißt nicht, dass ich nicht wechseln kann oder werde, aber der Schmerz des Wechsels schreckt mich ab – selbst dann, wenn meine derzeitigen Produkte nicht so gut sind wie die der Konkurrenz.

2,5. **NETZWERKEFFEKTE.** Eine Teilmenge des Wechsel-Burggrabens ist der Fall, dass ein Unternehmen ein exklusives Netzwerk bereitstellt, zu dem der Benutzer Zugang haben möchte. Der Vorgang des Wechselns selbst ist nicht schwierig, aber der Ausstieg aus dem Netzwerk würde bedeuten, diesen Zugang zu verlieren. *Beispiel:* Facebook. Diejenigen von uns, die Friendster benutzt haben, wissen zwar durchaus, dass es zum Überwinden des Netzwerkeffekt-Burggrabens reicht, dass Menschen aus dem persönlichen Netzwerk zu einem anderen Anbieter wechseln. Dennoch ist eine gewisse Anzahl von Nutzern erforderlich, bevor dieser Graben gebaut oder durchbrochen wird.

3. **EINE MAUTBRÜCKE.** Wenn ein Unternehmen in seiner Branche ein Monopol oder ein annäherndes Monopol hat. Das heißt, eine Mautbrücke ist das einzige Produkt in einer großen Nische. Sie entsteht in der Regel durch staatliche Vorschriften oder Eingriffe, die sich natürlich ändern können. Andere Arten von Mautbrücken-Burggräben sind geografisch oder durch die unglaublichen Kosten für den Markteintritt bedingt. Oder beides. *Beispiel:* Die Interkontinentalbahn ist das Lieblingsbeispiel meines Vaters für einen Mautbrücken-Burggraben. Burlington Northern Railroad

kontrolliert das Schienennetz. Es ist zwar nicht so, dass ein anderes Unternehmen keine Eisenbahn bauen kann, aber die staatlichen Vorschriften, die Kosten und das Gelände, das zu beschaffen wäre, machen dies in allen praktischen Hinsichten unmöglich.

4. **GEHEIMNISSE.** Wenn ein Unternehmen eigene Geheimnisse besitzt, die sein Eigentum sind und die es davor schützt, dass andere Unternehmen sie kopieren. Sie können in Form von Patenten, Geschäftsgeheimnissen oder anderen Formen des geistigen Eigentums vorliegen. *Beispiele:* Ein Pharmaunternehmen wie Pfizer oder Merck mit einem Patent auf Arzneimittel hat so lange einen starken Geheimnis-Burggraben, bis das Patent ausläuft und Generika hergestellt werden dürfen. Ein Unternehmen wie 3M entscheidet sich vielleicht dafür, eine Erfindung nicht patentieren zu lassen, um nicht bekannt machen zu müssen, wie man sie umsetzt (eine Voraussetzung für die Patentanmeldung), sondern sie als Geschäftsgeheimnis zu schützen, um sie vor Reverse Engineering zu bewahren.
5. **DER PREIS.** Wenn ein Unternehmen der billigste Anbieter ist, weil es sein Produkt oder seine Dienstleistung günstiger herstellen oder erbringen kann als alle anderen, und wenn es in der Lage ist, diesen Vorteil aufrechtzuerhalten. *Beispiel:* Costco kann seine Produkte billiger verkaufen als alle anderen, weil es seine enorme Kaufkraft und seine niedrigen Auslagekosten nutzt, um bei allen Endkundenpreisen mehr Gewinn zu erzielen als alle Wettbewerber. Wenn es in einen Preiskampf mit anderen Unternehmen gerät, kann es seine Preise tiefer senken, als es alle anderen können, und trotzdem noch Geld verdienen. Jedes Unternehmen, das versucht, mit einem in der Nähe gelegenen Costco über den Preis zu konkurrieren, würde schnell zu einem abschreckenden Beispiel des ökonomischen Darwinismus werden.

Es war Anfang Mai und Dad und ich hatten Glück: Es war ein klares, kaltes Wochenende in den Rocky Mountains, also schlug ich vor, eine Wanderung zu machen. Ich dachte, ich könnte in den Gebirgsausläufern um Boulder besser über die Burggräben nachdenken.

Das Schwierige am Burggraben war für mich nicht, herauszufinden, ob ein Unternehmen einen Wettbewerbsvorteil hat. Ich konnte argumentieren, dass die meisten anständigen Unternehmen einen Wettbewerbsvorteil haben. Nein, die Schwierigkeit an den Burggräben war die Frage, wie spezifisch/intrinsisch und dauerhaft der Wettbewerbsvorteil eines Unternehmens ist. Die entscheidende Frage lautete: Handelt es sich wirklich um einen vollwertigen Graben, der dem Unternehmen innewohnt und dauerhaft ist?

Während wir auf den First Flatiron stiegen, probierte ich größtenteils allein, zwei bekannte Unternehmen zu analysieren, die ich bereits erwähnt habe: Coca-Cola und Apple. Sie scheinen einfach zu sein, oder? Dad blieb relativ still und ließ mich meine Gedanken allein durcharbeiten, während er sich darauf konzentrierte, in einer Höhe von rund einer Meile gleichmäßig zu atmen.

Coca-Cola und Apple sind verbraucherorientierte Unternehmen, was mir den Vorteil verschaffte, unmittelbares Wissen über sie und unmittelbare Erfahrung mit ihnen zu haben. Ich konnte sie verstehen, weil ich ihre Produkte benutze und weil sie fast überall sind. Ich kann in ein Lebensmittelgeschäft gehen und sehen, dass sich Coca-Cola so auffallend präsentiert wie eh und je. Und ich kann in einen Apple Store gehen und sehen, dass er der belebteste Laden im Einkaufszentrum ist. Der Burggraben von Coca-Cola ist die Marke; Apples Gräben sind die Marke und das Wechseln. Aber es fiel mir selbst bei diesen Unternehmen nicht leicht, mich in die Analyse zu stürzen.

Coca-Cola

Coca-Cola hat ganz offensichtlich einen Markengraben. Aber hat es auch einen Geheimnisgraben? Das Geheimrezept für Classic Coke aus dem

Jahr 1886 ist eines der berühmtesten Betriebsgeheimnisse. Es wurde von Konkurrenten „nachgebaut“ und gewisse Rezepte, die in Zeitungen und im Internet veröffentlicht wurden, sollen das Originalrezept sein, aber das Unternehmen verbreitet immer noch die Geschichte, sein Rezept sei ein Geheimnis. Die Wahrheit ist, dass Coca-Cola seine Entstehungsgeschichte zu seinem Vorteil nutzt, egal ob die veröffentlichten Rezepte echt sind oder nicht. Wahrscheinlich ist gar nicht so schwer, ein Getränk mit dem Geschmack von Cola nachzumachen. Aber es ist unmöglich, den Geschmack von Cola nachzuahmen und ihn in einer Coca-Cola-Flasche oder -Dose zu verpacken, die der Marke das gewisse Etwas verleiht.

Coke hat keinerlei Geheimnis-Burggraben. Was es jedoch hat, ist ein unglaublich starker Marken-Burggraben, wobei die Existenz von Geheimnissen ein wichtiger Bestandteil der Markenmythologie ist. Die Geheimformel von Coca-Cola hat zu seinem Mysterium und damit zu seinem Marken-Burggraben beigetragen.

Es ist unglaublich einfach, im Laden ein Produkt zu wählen, das nicht von Coca-Cola stammt, daher hat das Unternehmen weder einen Wechsel-Burggraben noch ist es durch einen Mautbrücken-Burggraben geschützt. Aber eine Dose Cola ist furchtbar billig. Hat es also auch einen Preis-Burggraben? Nein, denn es ist nicht der billigste Cola-Anbieter. Zwar besteht ein großer Teil des Geschäftsmodells darin, billig zu sein – oft billiger als Wasser in der Flasche –, aber nicht so billig wie die Eigenmarken der Geschäfte. Die Marke Coca-Cola beinhaltet nach wie vor einen Preisaufschlag, der wiederum zu dem starken Marken-Burggraben beiträgt. Wollen Sie auf Ihrer Party wirklich No-Name-Cola servieren? Also wirklich …

Ich kann aber auch andersherum argumentieren. Ja, Coca-Cola ist natürlich eine Marke, aber wie dauerhaft ist sie? Zuckerhaltige Limonade wird in den Vereinigten Staaten und in Europa immer unbeliebter, je mehr sie mit Fettleibigkeit in Verbindung gebracht wird, und in manchen Städten wie beispielsweise in New York gibt es sogar zusätzliche Steuern auf Limonade, die die Käufer abschrecken sollen. Coca-Cola hat bereits auf diesen Trend reagiert und Getränkemarken gekauft, die für Energie oder Gesundheit und Ernährung stehen und nicht mit dem Namen Coca-Cola gekennzeichnet sind: Monster, Honest Tea, Smartwater und Odwalla gehören alle dem Coca-Cola-Konzern.

Honest Tea gefällt mir wirklich gut. Das Unternehmen wurde gegründet, um leckere, gesunde Getränke ohne Zusatzstoffe und mit Bio-Zutaten anzubieten, unter anderem Fair-Trade-zertifizierten Tee. Kurz gesagt sind diese Leute auf einer großartigen Mission für gesunde Ernährung, die ich sehr mag, und haben ein großartiges Produkt, das ich kaufe. Und jetzt gehört die Firma Coca-Cola, aber ohne ein bisschen nachzubohren weiß man das nicht. Da Honest Tea sozial verantwortliche Produkte anbietet und auf den Markt für gesunde Ernährung ausgerichtet ist, würde die Marke Coca-Cola wahrscheinlich eher schaden als nützen. Coca-Cola nutzt seine Macht zwar in Lebensmittelgeschäften, um Honest Tea eine Menge Regalfläche zu verschaffen, die es ohne die Markenmacht von Coca-Cola nicht bekäme, aber es hängt diesen Zusammenhang nicht an die große Glocke.

Als potenzielle Investorin betrachte ich die Investition von Coca-Cola in neue Produkte für einen ganz anderen Markt als den Kernmarkt und sehe das als Vision und als Weichenstellung für die Zukunft. Die Limonaden von Coca-Cola sind nach wie vor weltweit sehr beliebt und werden es wahrscheinlich noch länger als zehn Jahre bleiben, aber das Unternehmen setzt trotzdem auf neue Marken. Buffett persönlich wurde wegen seines Besitzes von Coca-Cola-Aktien aufgrund des Zuckergehalts von Cola scharf kritisiert, aber ich begann nun zu begreifen, warum der Meister bei dieser Firma blieb. Der Marken-Burggraben von „Coke“ sah gut aus.

Apple

Auch Apple hat offensichtlich einen Marken-Burggraben. Auch ist es verdammt schwierig und schmerzhaft, von einer Apple-Plattform auf einen PC oder von einem iPhone auf ein Android-Handy umzusteigen, also hat es auch einen Wechsel-Burggraben.

Aber genau wie bei dem Graben von Coca-Cola kann ich auch hier andersherum argumentieren. Es ist nicht unmöglich, von Apple abzurücken, und wenn es immer unpraktischer wird, Apple-Produkte zu verwenden, wird der relative Schmerz des Wechsels immer kleiner. Apple hat sich verändert, seit Steve Jobs gestorben ist, und ich bin davon nicht gerade beeindruckt. Man kann problemlos bei irgendeinem Konkurrenten einen PC oder ein Smartphone kaufen, die mit einem Apple-Gerät ungefähr gleichwertig sind, aber Apple wird trotzdem immer teurer. Allerdings besitzt Apple Tausende von Patenten, es hat ein unglaubliches Betriebssystem und eine starke Kultur der Produktgeheimnisse, also würde ich sagen, es hat einen Geheimnis-Burggraben. Dank seines Marken- und seines Geheimnis-Burggrabens ist es stark, aber sein Wechsel-Burggraben wird durch schlechte Entscheidungen bezüglich Benutzeroberflächen wie iTunes und durch die Erhöhung der Produktpreise geschwächt.

Ich bin von den Wettbewerbsvorteilen von Apple nicht beeindruckt, weil ich mir nicht sicher bin, ob sie das Niveau von Burggräben erreichen.

Ich legte meinem Vater die einzelnen Argumentationen dar.

„Konkurrenten greifen einen Graben im Grunde auf zwei Arten an", sagte er. „Entweder indem sie sagen, sie machen das Gleiche, aber billiger und besser, oder indem sie den Wettbewerber überflüssig machen."

Ich nickte. „Das Zweite ist eine Schreibmaschinenfirma, als die Computer aufkamen."

„Genau. Wenn man mit dieser Art der Überalterung konfrontiert ist, kann man nichts dagegen tun außer es vorherzusehen und sein Unternehmen zu verkaufen – oder sich der neuen Welle anzuschließen, wie es IBM getan hat. IBM ist eine Verkaufsmaschine, die einen Wechsel-Burggraben hat, und es erhält diesen Graben aufrecht, indem es neue Technologie kauft, sobald sie herauskommt, und sie seinen Kunden so schnell anbietet, dass sich ein Wechsel nicht lohnt."

„Und die erste Art des Angriffs? Billiger oder besser? Ich meine, jedes Unternehmen wird doch ständig über den Preis attackiert."

„Das stimmt. Was Kunden davon abhält, das Unternehmen zu verlassen, ist der Graben. Es kommt vor, dass das Unternehmen eine Marke als hochwertiges Produkt hat, oder es ist einfacher, nicht zu wechseln, oder das Unternehmen senkt seine Preise, um mit denen der Konkurrenz mithalten zu können. Man sollte in der Lage sein, vorauszusehen, wie ein Unternehmen, das man sich aussucht, mit Angriffen auf den Graben umgehen wird, indem man sich anschaut, wie es damit in der Vergangenheit umgegangen ist. Apple wird seit 40 Jahren immer wieder angegriffen und es ist immer noch da. Aber man braucht sich nicht auf seine subjektiven Recherchen zu verlassen, um zu wissen, wie stark die Gräben sind."

Ich starrte ihn verständnislos an. „Nicht?"

„Nein." Er grinste. „Dafür gibt es Zahlen."

Oh nein!

„Keine Panik", sagte Dad. „Du brauchst nur ein paar wenige Zahlen und wenn wir bei dir zu Hause sind, werde ich dir genau sagen, wo du sie in den Finanzabschlüssen findest. Sie liefern uns viel bessere Informationen darüber, wie stark die Burggräben sind."

Oh Gott. Es durfte doch noch nicht so weit sein, dass wir zu den Abschlüssen kamen. Ich dachte, ich könnte mich so lange um die Zahlen drücken, bis unsere Diskussion zu Charlies viertem Prinzip kam, zum Preis. Ich atmete tief durch und erinnerte mich daran, dass ich mich im Jurastudium mit Finanzberichten beschäftigt hatte und damit sehr gut zurechtgekommen war. Aber jetzt machte mich das unerklärlicherweise nervös. Natürlich konnte mir Dad verraten, welche Zeilen der Abschlüsse ich lesen müsste, aber um ein Unternehmen zu verstehen, musste ich auch verstehen, was diese Zahlen bedeuten. Hier könnte die ganze Investmentgeschichte für mich zusammenbrechen. Aber wenigstens würde ich es eher früher als später herausfinden.

Ein Hinweis von Phil

Die SEC verlangt von börsennotierten Unternehmen, dass sie ihre Abschlüsse gemäß standardisierten Rechnungslegungsgrundsätzen, den sogenannten Generally Accepted Accounting Principles (GAAP), einreichen. Im Jahresabschluss legt eine Aktiengesellschaft eine standardisierte GAAP-konforme Buchführung vor. Darüber hinaus legt sie oft noch eine nicht GAAP-konforme Bilanzierung vor, die ein anderes Bild davon vermittelt, wie es dem Unternehmen finanziell geht. Sehen Sie in den Erläuterungen und Fußnoten zum Jahresabschluss nach, um zu erfahren, wie das Unternehmen diese Nicht-GAAP-Zahlen berechnet, denn sie sind oft dazu gedacht, den Anleger in die Irre zu führen, damit er meint, dem Unternehmen gehe es besser, als es in Wirklichkeit der Fall ist. Seien Sie immer misstrauisch und skeptisch, wenn ein „bereinigtes Ergebnis" oder „EBITDA" (Ergebnis vor Zinsen, Steuern und Abschreibungen) angegeben wird.

Finanzabschlüsse

DIE ERFOLSRECHNUNG/GEWINN- UND VERLUSTRECHNUNG/ ERGEBNISRECHNUNG: Wie viel Geld nehmen Sie ein (Erlös)? Wie viele Ausgaben haben Sie? Ziehen Sie Ausgaben vom Erlös ab, dann haben Sie Ihren Gewinn. Der Gewinn ist das, was für Sie übrig bleibt. Sie haben ein Gehalt von 80.000 Dollar, Ihre Ausgaben beliefen sich in diesem Jahr auf 75.000 Dollar, dann haben Sie 5.000 Gewinn übrig.

DIE BILANZ: Was besitzen Sie (Aktiva), was schulden Sie (Passiva) und was bleibt übrig? Sie besitzen ein Haus und ein Auto und das, was Sie von Ihrer Großmutter geerbt haben, und das summiert sich auf 500.000 Dollar. Und Sie haben 400.000 Dollar Schulden auf das Haus und 10.000 Dollar auf das Auto, also betragen Ihre Verbindlichkeiten/Passiva 410.000 Dollar. Was bleibt, sind die 90.000 Dollar, die Sie tatsächlich herausbekommen könnten, wenn Sie alles verkaufen und alles bezahlen würden.

DIE KAPITALFLUSSRECHNUNG/CASHFLOW-RECHNUNG: Das Geld, das Sie tatsächlich auf der Bank haben, verrät Ihnen:

- die tatsächlichen Barmittel, die Sie im Rahmen des Geschäftsbetriebs ausgegeben und eingenommen haben (Cashflow aus laufender Geschäftstätigkeit)
- die Barmittel, die für Investitionen in Anlagen oder den Kauf eines Unternehmens aufgewendet wurden oder aus dem Verkauf eines Teils des Unternehmens zugeflossen sind (Cashflow aus Investitionstätigkeit)
- die Barmittel aus Darlehen oder Anteilsverkäufen (Cashflow aus Finanzierungstätigkeit).

Die Kapitalflussrechnung ist bei börsennotierten Gesellschaften notwendig, weil sie ihre Rechnungslegung nach dem Prinzip der Periodenabgrenzung führen, sodass sie Einkünfte verbuchen, die noch nicht eingegangen sind, und Aufwendungen nicht zum Zeitpunkt der Zahlung buchen, sondern sobald sie geschuldet werden. Aus der Kapitalflussrechnung erfährt man, was tatsächlich auf dem Bankkonto liegt. Wenn man sein Haus verkauft hat, weiß man, dass das Geld kommt, aber es landet erst nach drei Wochen auf dem Konto, wenn die Auflassung beendet ist. In der Kapitalflussrechnung erscheint es erst dann, wenn es eingetroffen ist.

Als wir unsere Wanderung fortsetzten, versuchte ich bei jedem Schritt zu spüren, wie ich meine Füße fest und sicher auf die Erde und die Steine unter mir setzte. Diese Konzentration half mir gegen das Gefühl der Panik, das mich erfasst hatte.

„Gut", sagte ich. „Dann machen wir das. Aber wie können mir die Zahlen etwas über etwas so schwer Greifbares wie einen Burggraben sagen?"

Dad lächelte. „Sie liefern enorm wichtige Hinweise. Bedenke, dass der springende Punkt eines Grabens – eine spezifische Eigenschaft, die einem Unternehmen zur Dauerhaftigkeit verhilft – die Fähigkeit ist, die

Zukunft grob vorherzusagen. Das ist der eigentliche Punkt. Wir wollen also sehen, dass vier wichtige Zahlen im Laufe der Zeit beständig sind, denn das könnte bedeuten, dass diese Zahlen für die Zukunft vorhersehbar sind. Ein großer, dauerhafter Burggraben sollte dazu führen, dass die Zukunft sehr der Vergangenheit ähnelt. Wenn der Graben gut genug ist, dass er in der Vergangenheit beständig war und für die Zukunft berechenbar ist, dann wissen wir etwas darüber, was wir bekommen. Wenn es keinen Grund zu der Annahme gibt, dass sich etwas ändern wird, fällt es uns sehr viel leichter, das Unternehmen zu verstehen, den zukünftigen Cashflow grob vorherzusagen und den Wert herauszufinden."

Wir beendeten unsere Wanderung und als wir nach Hause kamen, bestellte Dad Abendessen. Er riskierte nicht, dass ich da noch mal herauskam. Es war unsere erste Diskussion über Geschäftszahlen. Ein großer Moment.

Er listete die auf den Burggraben bezogenen Zahlen auf, die in den Jahresabschlüssen zu finden sind und die er jedes Jahr wachsen sehen möchte. Dad nennt sie die „vier großen Zahlen":

Die vier großen Zahlen

Zahl	In welchem Teil des Abschlusses?	Definition
1. Reingewinn (auch als Reinertrag, Nettoergebnis etc. bezeichnet)	Gewinn- und Verlustrechnung (auch als Erfolgsrechnung, Ergebnisrechnung etc. bezeichnet)	Gewinn nach Abzug aller Aufwendungen für die Erwirtschaftung des Gewinns
2. Buchwert (auch als Reinvermögen oder Eigenkapital bezeichnet) + (gegebenenfalls) Dividenden	Buchwert: in der Bilanz Dividenden: in der Kapitalflussrechnung	Der Wert des Unternehmens, wenn es geschlossen würde und alle seine Vermögenswerte verkauft würden (Vermögensgegenstände minus Verbindlichkeiten), bevor etwaige Dividenden ausgeschüttet wurden
3. Umsatz	Gewinn- und Verlustrechnung	Die Einnahmen aus dem Verkauf (Erlös)
4. Cashflow aus laufender Geschäftstätigkeit	Gewinn- und Verlustrechnung	Die tatsächlich eingenommenen Barmittel aus dem Geschäftsbetrieb

Anmerkung: *Manche Posten werden unterschiedlich bezeichnet, je nachdem in welchem Teil des Abschlusses sie erscheinen. Ich bin sicher, dafür gibt es gute Gründe, aber für einen Neuling in buchhalterischen Dingen wie mich ist das verwirrend und frustrierend. Das lässt sich aber problemlos beheben: Wenn ich auf einen Begriff stoße, den ich nicht kenne, suche ich im Internet, um seine Synonyme herauszubekommen.*

„Ich möchte, dass jede der vier großen Zahlen jedes Jahr um mindestens zehn Prozent wächst“, sagte Dad. Das sind die vier großen Wachstumsraten.

„Denk dran“, sagte Dad, „diese Zahlen sieht man durch die Heckscheibe. Man schaut damit auf die Vergangenheit und die Vergangenheit verspricht bezüglich der Zukunft gar nichts. Deshalb stellen wir auch das ganze andere Research an, um zu ermitteln, ob das Unternehmen diese Trends zuverlässig fortsetzen wird.“

Stopp, Moment mal. „Du sagtest, die vier großen Zahlen müssen jedes Jahr wachsen. Das Unternehmen darf nie ein schlechtes Jahr haben?“

„Doch doch, das darf es schon. Das Wichtigste ist eigentlich nicht das Wachstum von zehn Prozent. Das Wichtigste ist, dass es konsistent und berechenbar ist, wenn man über die gelegentlichen Täler und Berge blickt. Zum Beispiel wächst eines von Buffetts Unternehmen, See's Candies, seit 40 Jahren um etwa vier Prozent pro Jahr; das geschah nicht geradlinig, aber auf lange Sicht sehr beständig.“

„Weit unter deinem 10-Prozent-Ziel.“

„Stimmt. Wir wünschen uns zehn Prozent im Jahr, aber in einem Fall wie See's Candies ist das Wachstum stabil und vorhersehbar und es generiert große Gewinne, sodass wir wissen, dass es einen dauerhaften Marken-Burggraben hat. Andere Süßwarenhersteller haben vielleicht auch einen solchen Graben – so etwas ist innerhalb einer Branche nicht exklusiv. Wenn es bei einer der vier großen Zahlen ein schlechtes Jahr gibt, musst du herausfinden, warum. Wenn es dir einleuchtet und die Firma sich ziemlich problemlos erholt hat, dann mach dir keine zu großen Sorgen.“

Das klang sinnvoll. Man suche nach einem zuverlässigen Muster und schaue nach, wie das Unternehmen auf Brüche in diesem Muster reagiert hat. „Nimm die vier großen Wachstumsraten und wähle eine Gesamtwachstumsrate für das Unternehmen aus.“

„Du meinst die durchschnittliche Wachstumsrate?“, fragte ich.

„Nein“, sagte er nachdrücklich. „Definitiv nicht den Durchschnitt. Das ist eine Entscheidung, die du aufgrund deiner Recherchen treffen musst. Du musst auswählen, was deiner Meinung nach die wahrscheinlichste Wachstumsrate für die Zukunft ist. Denk daran, dass alle Zahlen, die du hast, in der Vergangenheit liegen und es keine Garantie gibt, dass sie sich fortsetzen werden. Nur anhand deines Verständnisses des Unternehmens kannst du eine fundierte Einschätzung darüber abgeben, wie stark dieses Unternehmen wachsen wird. Du brauchst also nur die Wachstumsrate auszuwählen, die du verwenden willst. Das ist so, wie wenn man beim Schießen den Wind berücksichtigt. Der Wind kann die Kugel in beide Richtungen ablenken und du musst das Ziel anhand deiner Erfahrung einschätzen."

„Was!" Ich lachte mich kaputt. „Der Wind drückt die Kugel zur Seite und das muss man berücksichtigen?"

„Ja!" Dad lachte.

Ich fand das toll und nannte die Wachstumsrate, die ich auswählen sollte, die windkorrigierte Wachstumsrate. Sie basiert auf der Untersuchung vergangener Wachstumsraten und der Einschätzung von Analysten, wie die Wachstumsrate in Zukunft aussehen würde. Es lag an mir, mit einer niedrigeren Wachstumsschätzung konservativ oder mit einer höheren Wachstumsschätzung aggressiv zu sein.

Nachdem er mir dieses Wissen weitergegeben hatte, entschied Dad, dass es reichte. Wir aßen zu Abend und am nächsten Tag flog er zum Polospielen nach Florida.

Im Laufe der Woche breitete ich mein Investmentbüro aus und testete es. Ich war stolz auf mich: Ich setzte mich tatsächlich hin, ging die Jahresabschlüsse einiger echter Unternehmen durch und trug die vier großen Zahlen aller Unternehmen in eine Tabellenkalkulation ein.

Ich will nicht lügen: Es tat wir weh. Buchhalter. Die scheinen für alles verschiedene Wörter zu haben: Bei dem einen Unternehmen hieß der Cashflow aus laufender Geschäftstätigkeit „Operating Cash", bei einem anderen „Cash from Operations". Oder sie ordneten die Jahresabschlüsse in einer seltsamen Reihenfolge an, die es mir schwer machte, zu finden, was ich wollte. Die Suchfunktion wurde mein Freund, ebenso wie überhaupt das Internet, das mir sagte, nach welchen Begriffen ich suchen sollte. Ich entdeckte, dass die meisten Finanzberichte Zahlen für drei bis fünf Jahre enthalten, sodass es eine Abkürzung gab, um an die Zahlen für die letzten zehn Jahre zu kommen: den aktuellen 10-K (Jahresfinanzbericht, der auf der Website des Unternehmens verfügbar ist) und den von vor fünf Jahren herunterladen. Ich berechnete für alle Jahre alle Wachstumsraten, berechnete die durchschnittlichen Wachstumsraten über die letzten zehn, sieben, fünf und drei Jahre und nahm dann, basierend auf meinem begrenzten Verständnis des Unternehmens, eine fundierte Schätzung der windkorrigierten Wachstumsrate vor.[33]

Die windkorrigierte Wachstumsrate von Coca-Cola war am schwierigsten zu berechnen, weil die Zahlen des Unternehmens ein wenig chaotisch waren und in letzter Zeit ein negatives Wachstum aufwiesen. Ich ging konservativ vor und entschied mich für insgesamt null Prozent.

Apple hingegen wuchs bezüglich aller vier Wachstumsraten langsam und stetig. Das war leicht, abgesehen davon, dass sich das Wachstum verlangsamte und in den letzten Jahren einige negative Zahlen enthielt. Insgesamt wählte ich acht Prozent – Windkorrektur!

Das reichte vorläufig. Ich war schon ganz gespannt darauf, mich mit den Menschen zu befassen, die diese Firmen leiten. Mir schien, an dieser Stelle ging es ans Eingemachte, was meine Mission betraf. Kann ich darauf vertrauen, dass sie gute Arbeit leisten?

Charlie Mungers drittes Prinzip der Geldanlage: Ein Management mit Integrität und Talent

Ich hatte das Gefühl, ich könnte selbst über das Management recherchieren, also probierte ich es. Es war schön, zum ersten Mal in dieser Sache die Initiative zu ergreifen.

[33] Außer in dem jährlichen 10-K-Dokument sind diese Daten leicht auf vielen Aktienresearch-Websites zu finden, unter anderem Yahoo Finance, Google Finance, Morningstar, GuruFocus und in der Toolbox meines Vaters, www.ruleoneinvesting.com. Weitere Informationen darüber, wie ich diese Wachstumsraten berechnet habe, finden Sie auf meiner Website www.danielletown.com.

Ein Risikokapitalgeber, den ich kenne, vergleicht den Prozess, ein Start-up zu finden, das eine gute Investition ist, mit Dating. Man muss Zeit mit dem Gründer verbringen, um zu sehen, ob man die Welt auf die gleiche Art sieht und ob die Chemie stimmt. Ist das jemand, dem man vertraut und mit dem man viel Zeit verbringen will? Als Risikokapitalgeber wünscht man sich von einem Gründer beides. VCs absolvieren die Rendezvous mit Gründern immer persönlich. Wie jeder, der schon einmal ein Blind Date hatte, weiß, sind die Menschen im persönlichen Kontakt oft ganz anders als auf dem Papier.

Wenn man über die Leitung eines börsennotierten Unternehmens recherchiert, ist das ein ähnlicher Dating-Prozess. Die meisten Anleger bekommen aber selten die Chance, einen CEO persönlich zu treffen, also musste ich auf sekundäre Quellen zurückgreifen. Ich fand ein paar CEOs, die ich unter die Lupe nehmen wollte, erstellte einen Ordner, in dem ich die gefundenen Artikel speichern konnte, und begann online zu suchen.

Folgendes habe ich mir angesehen:

- **BIOGRAFIE:** Viele meiner Fragen bezüglich der Biografie haben damit zu tun, wie einfach oder schwierig es für die betreffende Person war, in der Geschäftswelt aufzusteigen. Eine Aktiengesellschaft zu führen ist keine leichte Aufgabe. Wie ist diese Person dorthin gekommen? Hat sie sich hochgearbeitet oder war der Weg für sie geebnet? Keines von beiden ist besser als das andere – ein gut vernetzter und gut integrierter CEO kann für ein Unternehmen viel besser sein als ein aus ärmlichen Verhältnissen stammender Typ, der sich aus eigener Kraft hochgearbeitet hat, der niemanden kennt, aber irrsinnige Fähigkeiten hat – ich verschaffe mir allerdings gerne einen Eindruck vom persönlichen Hintergrund.
- **FÜHRUNGSSTIL:** Handelt es sich um einen echten Unternehmertypen wie Richard Branson, der am Wochenende zum Fallschirmspringen geht, oder um einen, der Kurs hält, langsames

und stetiges Wachstum anstrebt und von dem man noch nie etwas gehört hat? Der Branson-Typ liefert Wirtschaftsjournalisten, die von interessanten Storys leben, guten Stoff, und über manche Leute schreiben sich leichter 5.000 Wörter als über andere. Aber oft geben die anderen zuverlässigere Manager ab.

- **GRÜNDER:** Wenn der Gründer nicht zum derzeitigen Managementteam gehört, reagiert es möglicherweise auf das Ausscheiden des Gründers. Steve Jobs verließ Apple das erste Mal, weil der Verwaltungsrat dachte, jemand anders könnte das Unternehmen besser führen als er, und drängte ihn hinaus. Vielleicht hatte er zum damaligen Zeitpunkt damit recht, doch ihm entging die Tatsache, dass niemand bessere Apple-Produkte machen konnte als Jobs, und so ging es mit dem Unternehmen abwärts, bis er zurückkam. Als er älter und weiser zurückkehrte, rettete er das Unternehmen nicht nur, sondern er leitete auch die Entwicklung von Kultprodukten, die ganze Branchen veränderten. Diese Geschichte zu kennen ist ziemlich wichtig, um die aktuellen Manager von Apple zu verstehen und um zu verstehen, welch langen Schatten Steve Jobs auf sie wirft.
- **VERWALTUNGSRAT:** Der Verwaltungsrat stellt die Geschäftsführung ein und entlässt sie. Ich versuchte herauszufinden, wie er mit beidem umgeht.
- **EIGENTUM:** Manchmal verlassen CEOs das Unternehmen, die wissen, dass sie draußen sind, bevor die Probleme auftreten. Also suche ich nach Gründern oder Führungskräften mit einer großen Aktienbeteiligung, die sich mit Haut und Haaren für den langfristigen Erfolg des Unternehmens engagieren.

Wenn ich die Presseberichte über einen bestimmten CEO las, bekam ich nach und nach, Artikel für Artikel ein Gefühl dafür, wie er war. War er warmherzig, autoritär, familienorientiert, gemeinschaftsorientiert, missionsorientiert? War er ein Branchenfachmann, ein angestellter CEO, ein Serienunternehmer? Managte er die Zeit gut, war er dem Unternehmen gegenüber loyal oder hatte er oft gewechselt?

Ich suchte nach Hinweisen und erstellte in meinen Notizen eine Biografie. Und ich gestand mir ständig ein, dass diese Biografie nur auf Eindrücken basierte, die ich aus unvollständigen Informationen gewonnen hatte. Bis auf ein paar berühmte CEOs waren nicht alle Informationen, die ich wollte, verfügbar. Zu vielen CEOs nicht berühmter Unternehmen gab es fast gar keine Informationen. Das Fehlen von Informationen verriet mir, dass die Presse die Person noch nicht unter die Lupe genommen hatte.

Die Schlussfolgerungen, die ich damals und heute aus der Recherche über CEOs ziehen konnte und kann, hängen davon ab, was eine Onlinesuche ergibt, wie viel Aufmerksamkeit das Management und das Unternehmen in der Presse erfahren haben und wie sehr die Vorstände durch diese Aufmerksamkeit überwacht werden. Hier hoffen wir, dass uns die vierte Gewalt als potenzielle Investoren schützt. Wir haben nicht den gleichen Zugang wie die Presse, also sind wir auf deren Entscheidungen und darauf angewiesen, was in dieser Woche oder in diesem Monat redaktionell verlangt wird. Es gibt vieles, was wir nicht kontrollieren oder nicht wissen können.

Dad, der sich in Florida eine Auszeit vom Polotraining nahm, um mit mir zu telefonieren, klang etwas gequält, als ich erwähnte, dass ich mich mit dem Management beschäftigt hatte. „Das Management ist einer der schwierigsten Teile der ganzen Sache. Ist dir aufgefallen, dass Charlie gesagt hat, er *möchte* ein Managementteam mit Integrität?"

„Das war irgendwie seltsam."

„Nun, weil es so schwer ist zu wissen, ob die Leute vertrauenswürdig sind oder nicht, bevor die Dinge schlecht laufen. Charlie und Warren sind Meister im Beurteilen von Menschen. Sie können aber nicht erklären, wie sie das machen, und haben im Laufe der Zeit definitiv einige Fehler gemacht. Als Erwiderung auf einen Fehler bezüglich des Managements hat Buffett einmal gesagt, man solle nur in ein Unternehmen investieren, das auch ein Idiot führen könnte, denn eines Tages werde es ein Idiot tun."

Eine weitere Möglichkeit, Informationen über Führungskräfte zu sammeln, besteht darin, ihre Briefe an die Aktionäre zu lesen, selbst wenn sie darin kaum etwas Wichtiges preisgeben – was an sich schon eine bemerkenswerte Information ist. Matthew Peterson, ein Hedgefonds-Manager im Stil von Regel Nummer 1, gab den Ratschlag: „Wenn das Management über das Wachstum des Gewinns pro Aktie, den freien Cashflow und über interne Renditen spricht, ist das ein Zeichen dafür, dass es im Sinne des Value-Investings denkt und die Dinge durch die Brille der Kapitalverwendung betrachtet. Die Wortwahl in öffentlichen Äußerungen kann sehr aufschlussreich sein."[34] Warren Buffetts Aktionärsbriefe sind dafür bekannt, dass sie die Verkörperung der Geradlinigkeit bis hin zur Unverblümtheit darstellen. Wie offen ist der CEO in dem Brief? Kündigt er schlechte Nachrichten an und tut er dies auf eine Art und Weise, die intellektuell ehrlich ist? Ich hatte ja den massiven Vorteil der perfekten Rückschau. Ist das, was der CEO vorausgesagt hat, eingetreten? Wie dicht am Zeitrahmen und der Beschreibung, die der CEO gab, traf die Vorhersage ein? Was besagen die Gerüchte im Internet darüber, was die Mitarbeiter des Unternehmens von ihrem Führungsteam halten?

Ich speicherte alle meine Recherchen, damit ich nie wieder danach suchen müsste, und schrieb für mich selbst über jeden recherchierten CEO eine Gesamtaussage auf, wie vage sie auch sein mochte. Zum Beispiel „Scheint recht anständig zu sein. Nicht viel gefunden. College und Business School, dann direkt in das Management-Programm, scheint seither die Karriereleiter zu erklimmen."

Beim Lesen von Wirtschaftsnachrichten und Meldungen über CEOs fiel mir auf, dass ich regelmäßig auf Führungskräfte stieß, nach denen ich nicht bewusst gesucht hatte. Ich legte eine Liste „zu beobachtender Führungskräfte" an. Führungskräfte wechseln manchmal zu anderen Unternehmen. Die betreffende Person gehört vielleicht nicht einem Unternehmen an, auf das ich mich jetzt konzentrieren möchte, aber

[34] „15 Questions with Matthew Peterson", Gurufocus.com, 21. September 2016.

vielleicht in zehn Jahren, und dann hätte ich bereits die Vorarbeit geleistet, um ein Gefühl für sie zu bekommen. Außerdem hätte ich dann Belege über zehn Jahre, um zu prüfen, ob mein Gefühl richtig war.

Bei dieser Lektüre stieß ich auf großartigen Klatsch und Tratsch. Wer hatte mit wem gearbeitet? Wer verließ welche Firma nach einem peinlichen persönlichen Skandal und ging zu einer anderen? Wer wurde viel zu gut bezahlt? Ich liebe albernen Promi-Klatsch und Einblicke in das Management sind im Grunde das Gleiche. Dort gibt es Skandale und Scheidungen, Bösewichter und Gute sowie unbestrittene Könige und Königinnen der Finanzwelt. Es ist sogar eine glamouröse Welt, wenn auch auf eine andere Art als die in Hollywood.

Trotzdem fand ich es schwierig, alle Informationen zu bekommen, die ich wollte. Wirtschaftsjournalisten können recht gut sein, aber sie können nicht alles abdecken und sie können nicht in undurchsichtige Unternehmen hineinschauen. Jemand, der vor seiner Firma verbirgt, dass er Gelder veruntreut, wird nicht unbedingt von einem Reporter erwischt werden, der Lobeshymnen singt, und nicht einmal zwangsläufig von einem investigativen Reporter. Wie viele kriecherische Artikel über die Enron-Vorstände gab es wohl, für die sie wahrscheinlich mit ledergebundenen Büchern in Zimmern posierten, die nach opulentem Mahagoni dufteten, bevor Enron unterging? Die berühmtesten Vorstände von Aktiengesellschaften stehen sicherlich unter Überwachung – eine Bonifikation für einen von ihnen wäre sicherlich eine Schlagzeile auf der Titelseite wert –, aber was kleinere Unternehmen angeht, hat niemand in der Presse die Zeit, sich ebenso sehr darum zu kümmern.

Ich rief meinen Vater am nächsten Tag zurück, um ihm zu erzählen, wie sehr es mir Spaß machte, mich über Unternehmensleitungen zu erkundigen.

„Das Management zu studieren ist das Tollste an der ganzen Sache“, rief ich aus. Er lachte ungläubig.

„Ich dachte, du würdest dich ärgern, weil du nicht sehr viele Informationen finden würdest.“

„Nein, das ist echt wie Promi-Klatsch, aber ich komme mir vor, als würde ich durch die Linse der Nachrichten schauen und als wäre alles ein wenig verschwommen."

„Zum Teil habe ich da eine Lösung."

„Wirklich?", fragte ich aufgeregt.

„Ja. Zahlen."

Ich protestierte: „Zum Management kann es doch keine Zahlen geben."

„O doch, die kann es geben", erwiderte er fröhlich und amüsierte sich darüber, wie sehr ich den Teil umgehen wollte, „und sie werden dir helfen festzustellen, wer ein guter Manager ist – über andere und objektivere Erkenntnisse als durch die Lektüre von Klatsch und Tratsch."

Ich seufzte. *Foin. Ich fange gerade an, meinen Management-Klatsch zu lieben, und jetzt führt er das wieder auf Zahlen zurück. Verdammte, beschissene Zahlen.*

„In Ordnung, sage es mir."

Management-Zahlen: (1) Eigenkapitalrendite, (2) Anlagenrendite und (3) Verschuldung

„Du erinnerst dich an den Buchwert, eine unserer vier großen Zahlen?"

„Nein", gab ich zu.

„Der Buchwert entspricht dem Eigenkapital, was im Gesellschaftsrecht typischerweise das Eigentum bedeutet. Er steht in der Bilanz. Wir wollen nun wissen, welche Rendite das Unternehmen mit diesem Eigenkapital erwirtschaftet. Darauf kommt es an! Und ‚dein Geld' heißt in der Finanzsprache ‚Eigenkapital'. Und diese Zahl heißt doch tatsächlich Eigenkapitalrendite. Das ist sehr wichtig."

Ich konnte nicht an mich halten und lachte ihn aus. „Das ist *sehr* wichtig."

„Ist es aber!", betonte er. „Und das wird dir gefallen: Die Eigenkapitalrendite ist leicht zu finden. Sie wird auf zahlreichen Websites angegeben. Das ist eine Standardkennzahl, die alle Quellen von Finanzinformationen berechnen."

„Moment. Sie steht nicht im Jahresabschluss?“

„Nun, nicht als Zahl. Sie wird aus Zahlen berechnet, die im Jahresabschluss stehen.“

Die Eigenkapitalrendite ist das Nettoergebnis (steht in der Gewinn- und Verlustrechnung) dividiert durch das Eigenkapital (steht in der Bilanz).

EIGENKAPITALRENDITE (ROE/Return On Equity) = REINGEWINN/EIGENKAPITAL

„Die Eigenkapitalrendite (ROE) verrät uns, welche Rendite das Unternehmen aus unserer Investition als Aktionäre erzielt. Es gibt an, wie viele Dollar Gewinn ein Unternehmen mit jedem Dollar Aktionärskapital erwirtschaftet, und das sagt uns, ob das Management unser Geld gut einsetzt. Allerdings kann das Unternehmen einfach dadurch ein hohes ROE per Financial Engineering zustande bringen, dass es sich viel Geld leiht.“

Ich stöhnte.

„Die Anlagerendite oder Kapitalrendite oder Rendite aus investiertem Kapital ist die zweite Zahl, anhand deren wir das Management betrachten werden. Die Rendite aus investiertem Kapital sagt uns das Gleiche wie die Eigenkapitalrendite, beinhaltet aber neben dem eingesetzten Geld auch die Schulden des Unternehmens.“

ANLAGENRENDITE (ROIC/Return On Invested Capital) = REINGEWINN/(EIGENKAPITAL + FREMDKAPITAL)

„Welche Zahlen sind bei ROE und ROIC gut oder schlecht?“

„Suche nach Unternehmen mit einem ROE und einem ROIC von regelmäßig 15 Prozent oder mehr in den letzten circa zehn Jahren. Zehn Jahre bedeutet wahrscheinlich, dass sie einen Konjunkturrückgang durchgemacht haben oder dass sie aus ihrer Start-up-Phase herausgewachsen sind oder dass sie einen Führungswechsel durchgemacht haben. Wenn ein Unternehmen dann immer noch ein starkes ROE hat, sollte man es sich wahrscheinlich anschauen. Charlie will, dass wir uns die

Dauerhaftigkeit ansehen, und weniger als zehn Jahre reichen nicht aus, um zu beweisen, dass ein Unternehmen robust ist."

Ebenso wie bei Menschen ist auch bei Unternehmen Konsistenz wichtig. Konsistenz bedeutet nicht unbedingt, dass man voraussagen kann, was es in Zukunft tun wird, genauso wenig wie Inkonsistenz bedeutet, dass das Unternehmen weiterhin inkonsistent sein wird. Konsistenz verleiht der Idee jedoch eine gewisse Glaubhaftigkeit, dass ein Unternehmen tun wird, was es sagt, und dass es sagt, was es tun wird.

„Nun noch eine letzte Zahl, um das Management zu überprüfen", sagte Dad. „Die Verschuldung. Schulden können zersetzend sein und wenn sie hoch sind, können sie dem Management als Vorwand dienen, eine geregelte Insolvenz zu durchlaufen, in dessen Rahmen sie die Aktionäre abservieren können und aus dem sie als Eigentümer eines Großteils des Unternehmens hervorgehen. Wenn das Unternehmen langfristige Schulden hat, verlangen wir, dass es in der Lage ist, sie aus dem Gewinn von einem bis zwei Jahren zu begleichen."

Lieber sind mir allerdings gar keine Schulden. Schulden machen mir Angst. Für das Management sind Schulden eine großartige Möglichkeit, die Finanzverhältnisse zu manipulieren, und ich kenne mich selbst gut genug, um zu wissen, dass ich mich mit Finanzberichten nicht genug auskenne, um hinter eine Manipulation zu kommen.

Schauen wir uns einmal die Managementzahlen eines Unternehmens an, das mein Vater und ich erfunden haben: ein Limonadenstand. Wir benutzen dieses Beispiel, weil es einfach ist und weil ich als Kind in Iowa ein paar echte Limonadenstände hatte. Außerdem gab es in der Anfangszeit für den Macintosh ein Computerspiel, bei dem man einen Limonadenstand verwaltet, und davon war ich besessen und spielte es nach der Schule stundenlang. Limonadenstände haben die gleichen Bestandteile wie ein komplexeres Unternehmen. Es war also sehr schlau von uns, unser Beispielunternehmen als Limonadenstand zu bezeichnen.

Der Limonadenstand hat:

1.000 Dollar Eigenkapital
1.000 Dollar Schulden
2.000 Dollar Gesamtkapital

Die Firma hat mit diesem Geld 100 Dollar verdient.

Das ROE ist 100/1.000 = 10 Prozent
The ROIC ist 100/(1.000 + 1.000) = 100/2.000 = 5 Prozent

Also verdiente das Unternehmen allein auf das Eigenkapital bezogen zehn Prozent. Bezogen auf das investierte Kapital (Eigenkapital plus Fremdkapital) erzielte es nur fünf Prozent.

Ich entdeckte eine coole Abkürzung, um die Schulden zu überprüfen, wenn ich mir die Managementzahlen anschaue: Indem ich die Differenz zwischen ROE und ROIC betrachte, weiß ich schnell, ob und wie viele Schulden in diesem Unternehmen stecken. Bei null Schulden ist das ROIC gleich dem ROE.

„Weißt du was", neckte mich Dad, „du liest bereits Finanzberichte, ohne es zu merken. Die Zahlen, die du gerade für den Burggraben und für das Management benutzt hast? Aus dem Jahresabschluss."

„Ja ja." Ich lächelte. Er hatte ja recht. Ich mochte es nicht, sie herauszusuchen, aber es war nicht schwer und ich wusste, warum ich es tat und dass ich diese Zahlen nutzen konnte, um Argumente für oder gegen ein Unternehmen zu finden. Zum Wohle meines eigenen Wissens wurden die finanziellen Zahlen nützlich für mich und nur darauf kam es an.

Ich wollte aber immer noch nicht zum Thema Bewertung übergehen. Es war ein sehr anstrengendes Investmentpraxis-Wochenende gewesen. Als ich darüber nachdachte, fühlte ich mich hinsichtlich meiner Fähigkeiten in Sachen Unternehmensbewertung und Finanzen unsicher. Ich kam mir vor, als würde ich eine neue Sprache lernen. Manchmal erkannte ich die Begriffe oder die Zahlenreihen, aber meistens nicht. Ich wollte nicht zu schnell zu viele neue Informationen in mein Gehirn quetschen. Ich musste das, was ich gelernt hatte, eine Weile üben, bevor ich noch mehr hinzunahm.

„Geh Polo spielen", sagte ich zu meinem Vater. „Und vergiss nicht Regel Nummer 1: Fall nicht vom Pferd."

„Ich werde es versuchen", versprach er. Wir legten auf.

Die Zeit der offiziellen Investmentpraxis war vorbei, aber ich dachte darüber nach, wie ich all diese Informationen, die ich in diesem Monat erhalten hatte, einordnen sollte. Ich musste etwas zu meiner eigenen Entwicklung meiner Praxis beitragen.

Checklisten

Bei meiner juristischen Arbeit benutzte ich mit großem Erfolg Checklisten für wiederkehrende Aufgaben und es war an der Zeit, eine für meine Investmentpraxis aufzustellen. Dabei stieß ich auf große Unterstützung durch die Value-Investing-Tradition der Meister: Die Investoren Mohnish Pabrai und Guy Spier haben beide ausführlich darüber geschrieben, wie nützlich Checklisten für ihre Investmentpraxis sind. Es klingt wie ein Pippa-Tipp von Pippa Middleton: Checklisten sind überaus nützlich für viele Unternehmungen, bei denen man sich bestimmte Dinge merken muss, zum Beispiel Lebensmitteleinkauf, Anwaltstätigkeit und Investments. Das ist wie in dem Feature in *Us Weekly* über Paparazzi-Fotos von berühmten Leuten, die sich Kaffee holen, einkaufen gehen, einen Fleck auf ihrem Hemd abwischen, mit dem Titel „Stars: Sie sind genau wie wir!" Also: „Die super-erfolgreichen Anleger sind genau wie wir!"

Aber ja, ähm, natürlich, das sind sie. Und Checklisten funktionieren.

Das Schöne an Checklisten ist, dass sie nichts Emotionales sind. In seinem bahnbrechenden Buch „Complications" über die Ausbildung zum Chirurgen erklärte Atul Gawande, dass Ärzte Menschen sind und Dinge vermasseln und dass Checklisten sehr dazu beitragen, die Zahl der Kunstfehler zu reduzieren. Ärzte sind intelligente Menschen, die trotzdem Fehler machen, weil sie sich zu hundert Prozent sicher sind, dass sie sich alles merken können – das aber nicht immer können. Diese Arroganz kann schlimme Folgen haben. Dabei lässt sie sich so leicht beheben: Aufschreiben und sich dann an das halten, was man aufgeschrieben hat.

Eine Checkliste muss eine vernünftige Anzahl von Punkten enthalten. Sind es zu viele, ist sie zu umfangreich und man verbringt mehr Zeit damit, die Checkliste zu überprüfen, als damit, sie zu benutzen. Sind es zu wenige, lässt man Dinge aus. Die Liste wird nutzlos. Zu detaillierte Checklisten haben beispielsweise tatsächlich schon zu Flugzeugabstürzen beigetragen. Es gibt eine seltsam süchtig machende deutsche Fernsehsendung namens „Mayday" über Untersuchungen von Flugzeugabstürzen. Obwohl es nicht meine Lieblingsbeschäftigung ist, mir nachgestellte schreckliche Flugzeugabstürze anzusehen, habe ich daraus eine Menge darüber gelernt, was bei einem Notfall im Flugzeug zu tun ist. Bei einem der Abstürze fiel buchstäblich das Triebwerk ab. Es stellte sich heraus – und ich schwöre, das ist die Wahrheit –: Es gibt eine Checkliste für den Notfall „Ihr Triebwerk ist abgefallen", die zu lang war, als dass die Piloten sie hätten abarbeiten können, bevor das Flugzeug abstürzte. Der einzige Grund für die Existenz einer Checkliste in dieser Welt sollte doch sein, dass sie ihren Zweck erfüllt. Andernfalls zerreißen Sie sie, verbrennen Sie sie, verfüttern Sie sie an den Hund, denn dann taugt sie nichts.

MEINE CHECKLISTE

Charlies vier Prinzipien

1. Verstehen können

- Liegt dieses Unternehmen in meinem Kompetenzkreis?
- Kauft oder verkauft einer meiner Gurus dieses Unternehmen?
- Wie groß ist mein grundsätzliches Vertrauen in dieses Unternehmen?
- Beschreibung des Unternehmens und der Branche in einem Absatz
- Beschreibung der Herausforderungen und Konjunkturzyklen dieser Branche
- Welche Wachstumspläne hat das Unternehmen?
- Wird das Wachstum innerhalb von zehn Jahren seinen Höhepunkt überschreiten?

2. Der Burggraben

- Worin besteht der Graben?
- Wie schwer ist es, mit diesem Unternehmen zu konkurrieren?
- Vergleich dieses Unternehmens mit seiner Konkurrenz
- Wie sehen die vier großen Wachstumsraten aus? Ziehen sie an oder schwächen sie sich ab?
- Wie hoch ist die windkorrigierte Wachstumsrate? Zieht sie an oder schwächt sie sich ab?
- Hat das Unternehmen genügend Bargeld, um mehrere Jahre durchzuhalten, falls es Verluste schreibt?

- Wie hoch waren Umsatz und Gewinn in den letzten Jahren?

3. *Das Management*

- Besitzt der CEO Integrität?
- Wie offen ist der Brief des CEOs an die Aktionäre?
- Spricht das Management offen mit den Anlegern, wenn es gut läuft, macht aber dicht oder weist die Verantwortung von sich, wenn es Probleme gibt?
- Wie zufrieden sind die Mitarbeiter?
- Hat das Unternehmen Schulden? Wenn ja, könnte es sie mit dem freien Cashflow eines Jahres bezahlen?
- Hat das Unternehmen angedeutet, dass es beabsichtigt, in absehbarer Zukunft Schulden zu machen?
- Kauft oder verkauft das Managementteam Aktien seines Unternehmens?

4. *Vernünftiger Preis mit Sicherheitsmarge*

- *NADA*

Meine Checkliste wurde ab Nummer 4 etwas dünner. Ich wurde unangenehmerweise daran erinnert, dass ich noch nicht die geringste Zeit oder Aufmerksamkeit darauf verwendet hatte, zu ermitteln, was ein guter Preis für ein Unternehmen ist. Wie genau bewertet man eigentlich ein Unternehmen?

In der Zwischenzeit wurde ich ein bisschen abgelenkt. Nuno flog über den Ozean, kam zu mir nach Hause und blieb drei Wochen.

MAI-ÜBUNG: Es ist schon verrückt, dass es erst der fünfte Monat unserer Praxis ist, aber wir kennen bereits Charlies erste drei Prinzipien. Wählen Sie drei Unternehmen aus, für die Sie sich aufgrund Ihrer Recherchen interessieren, und berechnen Sie zu jedem die Burggraben- und Managementzahlen sowie die windkorrigierte Wachstumsrate – achten Sie darauf, dass Sie Finanzberichte und Finanzbegriffe wie der Chef persönlich verwenden.

KAPITEL 6

DIE KOMPETENZ EINKREISEN

JUNI

Diesen Monat:

- Wunschliste
- Grundsätzliches über Depots
- Fantasie-Investing
- Die Familientradition in Sachen Geld

Schon sechs Monate Anlagepraxis lagen hinter mir, wurde mir plötzlich klar, als ich mein Investmentbüro auf dem Esstisch ausbreitete und anfing, mich auf den Investment-Anruf vorzubereiten, der an diesem Tag erfolgen würde. Nunos Besuch war wirklich auf erstaunliche, schockierende, überraschende und glückliche Weise gut verlaufen.

Ich kannte den Mann ja kaum, als er auftauchte, und ich war beunruhigt, ob mein Urlaubsgehirn einen schweren Fehler begangen hatte, für den ich in den nächsten zwei Wochen bezahlen würde. Ich bin chronisch introvertiert und ich brauchte meinen Freiraum, außerdem war meine Wohnung nur ein kleines Appartement und ich arbeitete wieder – mitsamt dem Stress, der damit verbunden war. War er gefährlich? Oder schlimmer noch, langweilig?

Ich sorgte dafür, dass meine Schwester seinen Nachnamen und seinen Arbeitgeber kannte, damit sie ihn aufspüren konnte, falls ich tot aufgefunden werden würde. Ich zitterte vor Angst, als ich losfuhr, um ihn am Denver International Airport abzuholen. Als sich aber die undurchsichtigen Doppeltüren am Ankunftsgate endlich öffneten, als er fröhlich und aufgekratzt herauskam und mir ganz genau so vorkam wie der Mann, an den ich mich erinnerte, und er auf magische, wunderbare Weise nach neun Stunden im Flugzeug wunderbar roch, war ich mir ziemlich sicher, dass es mit uns gutgehen würde. (Ich fragte ihn später, ob er nervös war, als er ankam, und er sagte: „Nein, ich war *aufgeregt*.")

Ich mochte ihn immer noch mehr als irgendjemanden, dem ich je begegnet war. Ich merkte, dass er mir weniger Energie entzog als jeder andere Mensch, mit dem ich je zu tun gehabt hatte. Er war ebenfalls höchst introvertiert und ihm ging es mit mir genauso. Ich frage mich, ob es das war, was wir an dem Abend erkannt hatten, als wir uns kennengelernt hatten – ein seltenes Gleichgewicht. Leichtigkeit. *Ich bin in Schwierigkeiten*, dachte ich mir eines Morgens in meinem Büro gegen Ende seines Besuchs. Ich stand an dem Punkt, an dem es kein Zurück mehr gab. Entweder musste ich mich zurückziehen, ihm sagen, dass er gehen soll, und mein Leben geradlinig und einfach belassen, oder mit diesem Mann aus einer anderen Kultur und von einem anderen Kontinent unwiderruflich ins Unbekannte springen.

Liebe ist wie eine Erleuchtung. Um in diesen Daseinszustand zu gelangen, findet notwendigerweise ein Tod der vorherigen Version von einem selbst statt, ein Aufgeben dessen, was vorher war. Für eine solche gute Sache geschieht dies normalerweise unbewusst und freudig, aber ich fürchtete tief im Herzen meine Entscheidung und was sie für meine Zukunft bedeutete. Ich wusste, dass es vielleicht nicht funktionieren würde, dass ich außerordentlich schmerzhaft verletzt werden könnte, dass es schön, großartig und erleuchtend sein würde und dass es alles verändern würde.

Ich entschied mich, zu springen.

Ich hatte meine Investmentpraxis während des Besuchs von Nuno beibehalten und entdeckt, dass es zu meiner Überraschung ein bisschen Spaß machte, die börsennotierten Unternehmen, die mir gefielen, mit jemand anderem zu teilen. Ich muss Klatsch einfach teilen. Ich erzählte ihm von Whole Foods, in das er sich seit unserem ersten Besuch im Hauptgeschäft in der Pearl Street verliebt hatte. Er ging inzwischen ohne mich dorthin, während ich im Büro war, und brachte neue Produkte mit nach Hause, die ich noch nicht entdeckt hatte. Ich sage nicht, dass dies eine Feuerprobe für unsere Beziehung war, aber wenn es so gewesen wäre, hätte er sie bestanden.

Ich hatte immer noch nach weiteren Firmen gesucht, die ich beobachten konnte.

„Wusstest du, dass Lululemon an der Börse ist?", fragte ich ihn. Lulu kennt schließlich jeder.

„Lala was?"

Ach ja, er machte ja kein Yoga. Plötzlich kam ich mir vor, als würde ich ihm einen heißen Aktientipp geben.

„Meine Yogahose." Auf einmal war er interessiert. „Oooh."

Ich dachte immer, jeder würde dieselben Konsumgüterhersteller kennen, aber – und das wurde mir in diesem Moment natürlich klar – dem ist nicht so. Der Autoliebhaber Nuno erzählte mir, warum er gewisse Autohersteller mochte, von denen ich nicht viel wusste. Meine Welt der Anlagemöglichkeiten wurde immer größer und dabei recherchierte ich erst seit ein paar Monaten.

Ich achtete bereits aufmerksamer auf die Unternehmen in meiner Welt als vor Beginn meiner Investmentpraxis. Das passierte, ohne dass ich mich darum bemühte, bei banalen Aktivitäten wie dem Einkaufen. Ich hatte mich für eine engagierte Verbraucherin gehalten, die wusste, was sie kaufte und wem sie ihr Geld gab, aber das war jetzt eine neue Ebene des bewussten Konsums. Ich hatte schon immer versucht, Produkte von Unternehmen aus Boulder zu kaufen, und ich wies Nuno stolz auf diese Unternehmen hin – bis er mich fragte, ob wohl alles, was in Boulder erhältlich ist, von hiesigen Unternehmen hergestellt worden sei. Daraufhin schaltete ich einen Gang runter. Aber ich fing an, alles als mögliche Investition zu betrachten.

Wenn ich im Lebensmittelladen durch einen Gang ging, stachen mir die Markennamen ins Auge wie darübergelegte Gedankenblasen. Zahnpastahersteller! Hersteller nussfreier Proteinriegel! Hersteller von Tiefkühl-Burritos! Wem gehörte was? Wohin würde die spätere abenteuerliche Suche nach einem Mutterunternehmen führen? Manche Produkte im Regal waren biologisch miteinander verwandt, da sie vom selben Elternteil stammten, boten aber keine Hinweise darauf. Andere waren durch Heirat, also durch Fusionen oder Übernahmen, miteinander verwandt. Und das Ganze war eine große Schatzsuche. Einige Unternehmen waren börsennotiert und ich konnte sie tatsächlich kaufen. Was ein verrückter Gedanke war. Das ließ die ganze Investmentgeschichte ein bisschen realer erscheinen und es machte eine regelmäßige banale Pflichtaufgabe wie den wöchentlichen Gang ins Lebensmittelgeschäft viel bedeutsamer.

Deshalb war es seltsam, dass ich in dem Moment, als Nuno weg war und ich meine Fotos auspackte und meine Duftkerze anzündete, nicht so begeistert von meinem Investmentanfruf war.

Dad und ich hatten unser gemeinsames Jahr schon halb hinter uns. Bei diesem Gedanken atmete ich tief durch.

Diese Investmentpraxis fühlte sich ein bisschen mühselig an.

Meine Beklemmung hatte sich seit Beginn meiner Praxis deutlich gelegt. Nach sechs Monaten war die Finanzwelt kein komplettes schwarzes Loch voller Geheimnisse mehr und ich war mir immer mehr sicher, dass ich die Geldanlage selbst genauso gut erledigen konnte wie einer dieser Finanzleute, aber ohne ihre Gebühren zu bezahlen, vielen Dank!

Doch in Momenten, in denen ich weniger auf der Hut war, bestanden meine Vorbehalte weiter. Wenn ich ehrlich zu mir selbst war, fühlte ich mich unwohl damit, mich wirklich auf meine Investitionspraxis einzulassen. Ich gestand mir ein, dass ich in den letzten sechs Monaten weit gekommen war, und ich versuchte, mir für die viele Arbeit, die ich geleistet hatte, selbst ein bisschen auf die Schulter zu klopfen. Ich war meine Praxis angegangen, wie man es vom College gewohnt ist, ich hörte auf das, was mein Lehrer sagte: üben, lesen und sogar meine eigenen Versionen der Investmentpraxis ausprobieren. Aber ich fühlte mich immer noch wie eine Außenstehende, die kurz bei den Value-Investoren vorbeischaut.

Es war wie auf einer großen Investorenparty, auf der ich nur den Gastgeber kannte, sodass ich linkisch irgendwo an der Wand stand und versuchte, noch jemanden zu finden, den ich kannte, damit ich mitmischen konnte. Ich sah, dass sich alle amüsierten; ich war zwar da, aber ich gehörte nicht zum harten Kern.

Rational betrachtet war dieses Gefühl der Distanz nicht sinnvoll. Immerhin fing ich ja wirklich an, dieses Zeug zu mögen. Ich wollte es lernen. Ich brachte Zeit dafür auf. Ich hatte Wege gefunden, es zu meinem eigenen Zeug zu machen, etwa durch mein Investmentbüro, aber das machte für mich auch deutlich, wie verschieden ich von diesen Finanzleuten war. Warum war ich diesbezüglich noch nicht wirklich leidenschaftlich? Warum hatte ich meine Freunde auf der Party noch nicht gefunden?

Ich fühlte mich zwar immer wohler damit, aber wenn ich an die Finanzwelt dachte, kamen die gleichen alten Gefühle und Bilder hoch: Stress, Unsicherheit, das Unbekannte, dass es zu kompliziert sei, das jemals alles zu wissen, Angst, lügende Lügner, die lügen, Zahlen, Finanzabschlüsse, Berechnungen, Computermodelle, Gebühren, die Große Rezession und Depressionen. Das fühlte sich unangenehm an. Es fühlte sich wie das Gegenteil der Freiheit an, die ich bei meiner Anlagepraxis zu empfinden begann.

In meinem Kopf probierte ich etwas aus – ich sprang zu der Vorstellung, ich hätte mein Endziel bereits erreicht: mich frei zu fühlen. Sofort sah ich die Wörter „Überfluss“ und „Glück“ und stellte mir vor, ich könnte entspannt und stressfrei das tun, was ich tun wollte. Ich sah mich selbst, wie ich glücklich aussah. Sogar der Stress in meinem Magen fühlte sich erträglicher an, wenn ich mir die finanzielle Freiheit vorstellte.

Ich erinnerte mich daran, dass die Brücke zu dieser Freiheit meine Value-Investing-Praxis war, also versuchte ich, mir vorzustellen, ich wäre eine erfolgreiche Value-Anlegerin. Ich betrachtete mein Investmentbüro, schloss die Augen und versuchte, es zu visualisieren.

Ich versuchte es, aber ich schaffte es nicht.

Es war höchst seltsam: Ich konnte mich mir buchstäblich nicht als erfolgreiche Investorin vorstellen. Vor meinem geistigen Auge war ich da, aber dunkler Nebel trübte das Bild von mir – der gleiche Nebel, durch den mein Vater einen beleuchteten Weg zu haben schien.

Da kam mir die Frage in den Sinn, ob es vielleicht sinnvoll wäre, mein Bild von mir selbst als erfolgreiche Value-Investorin meinem Vater nachzuempfinden. Ich hatte doch ein echtes Vorbild, oder? Sollte das nicht die einfachste Visualisierungsübung aller Zeiten sein? Aber nein, mein Bild eines erfolgreichen Investors sah überhaupt nicht wie mein Vater aus und fühlte sich auch nicht so an. Und ich merkte, dass ich mich nach diesem Gedanken ein bisschen panisch in der Brust fühlte.

Wollte ich etwa nicht wie mein Vater sein?

Mir wurde schlecht. Ich musste mich setzen. Ich zog einen Stuhl unter dem Esstisch hervor, stützte mich mit dem Kopf in der einen Hand auf dem Tisch auf und spielte mit der anderen Hand an meiner Gebetsmühle herum. Ich ging da etwas Hartes, Zähes und sehr Altes an und das gefiel mir kein bisschen.

Ich hatte meine tolle gesellschaftsrechtliche Karriere gestartet, um mich vor der Angst vor der Finanzwelt dadurch zu retten, dass ich mich nicht damit auseinanderzusetzen brauchte. Ich würde mein Geld auf andere Art und Weise verdienen und die finanzielle Freiheit spüren, ohne mich jemals mit dieser Seite des Geldes beschäftigen zu müssen. Aber es hatte nicht funktioniert – überhaupt nicht. Meine Karriere hatte keines der Gefühle ausgelöst, die ich mit finanzieller Freiheit verband – im Gegenteil, sie schien alles noch schlimmer zu machen.

Ich trank einen Schluck Wasser und atmete durch. Ich hatte es satt, mich mit diesen mysteriösen Gefühlen von Stress und Vermeidung herumzuschlagen. In meinem Denken war die Freude an der finanziellen Freiheit noch nicht ganz mit der Idee der Geldanlage verflochten. Sie waren eigentlich voneinander getrennt und gegensätzlich – was keinen Sinn ergab. Ich hatte schon ein paarmal versucht, dem näherzukommen, was mein Vater bei der Geldanlage tat, es aber am Ende jedes Mal vermieden. Ich wollte wissen, was mit mir los war, und es angehen, damit ich zur erfolgreichen Investorin werden konnte. Ich hatte den Weg meiner Investmentpraxis beschritten, ich war mittendrin und wollte jetzt nicht umkehren. Wenn es dazugehörte, mich dem Nebel zu stellen und zu verstehen, was meine Bauchschmerzen verursachte, dann wollte ich das lieber gleich tun als später. Ich hatte Jahre mit Zinseszinsrenditen vor mir und ich wollte nicht zulassen, dass ein alter, mysteriöser emotionaler Kater diesen Zug zum Entgleisen brachte.

Wieder dachte ich daran, dass bereits Juni war. Wir hatten schon die Hälfte hinter uns? Bislang war mein Vater an meiner Seite geblieben, aber ich hatte nur noch etwa sechs Monate Zeit, bevor sich womöglich anderen Tätigkeiten zuwenden würde. Ich wusste noch nicht einmal so richtig, wie man Unternehmensresearch betreibt. Alles, was ich getan hatte, waren nur kleine Einzelteile im Sinne von Charlies Prinzipien und ich hatte keine Ahnung, wie ich eine endgültige Entscheidung über ein Unternehmen aus dem riesigen Universum der Unternehmen da draußen treffen sollte.

Als ich so verwirrt und verloren dasaß, merkte ich, dass es Zeit wurde, meinen Vater anzurufen. So wie wir es alle machen, wenn wir zur Arbeit gehen müssen, und wie ich es in meinem Job schon millionenfach gemacht hatte, versuchte ich, meine Verwirrung abzuschütteln und mich an meine Aufgabe zu machen. Nichts wollte ich in diesem Augenblick weniger, als mit ihm zu reden.

Ich griff nach der einen positiven Sache, an die ich gedacht hatte. „Dad", sagte ich stockend, „wir haben die Hälfte unseres Jahres hinter uns. Wir haben wirklich viel geschafft." „Wow", sagte er, „das ging aber schnell. Wir haben noch viel zu tun. Wir müssen noch mehr über deinen Kompetenzkreis sprechen. Jetzt, wo du Charlies drei erste drei Prinzipien intus hast, kannst du anfangen, ernsthafte Recherchen über den Burggraben und das Management anzustellen."

„Ja", stimmte ich ihm zu, „ich kann keine Zeit mit Unternehmen vergeuden, die keine echten Optionen sind. Ich muss wissen, wie man Research betreibt, damit ich das wirklich selber machen kann."

Dad sagte: „Natürlich und du solltest nicht zufällig aussuchen, was du recherchieren möchtest. Du hast ja nicht alle Zeit der Welt. Du musst das strategisch angehen. Suche dir eine Branche aus, die dir gefällt, bei der du etwas über die zugehörigen Unternehmen weißt, über die du mehr erfahren möchtest, und befasse dich gründlich damit."

„Ich mag die Kreismetapher des Kompetenzkreises. Der Kreis erweitert sich nur dann, wenn meine Kompetenz wächst."

„Genau. Ich habe auf die harte Tour gelernt, was passiert, wenn ich aus meinem Kompetenzkreis heraustrete."

Hui. Das klang heiß.

„In meiner Anfangszeit als Anleger investierte ich in ein Unternehmen, das biotechnologisch hergestellte organische Düngemittel herstellte. Dr. Jonas Salk, der Erfinder des Polio-Impfstoffs, verlieh dem Unternehmen als Vorsitzender des Verwaltungsrats Glaubwürdigkeit und ich dachte, ich hätte das Produkt und die Branche gut genug verstanden."

„Hattest du aber nicht."

„Nun, ich dachte es und ich hatte insofern recht, als die biotechnologischen Produkte tatsächlich gut funktionierten und das Unternehmen erfolgreich war, aber vielleicht hätte ich es vermeiden können, sein CEO zu werden, wenn ich mehr darüber gewusst hätte. Ich hatte viel Geld investiert, eigenes und von einem meiner Fonds. Eines Tages kam ich zu einer Vorstandssitzung, die anderen waren schon da und die Kaffeetassen halb leer. Peter Salk sagte, der Vorstand habe sich etwas früher getroffen, beschlossen, den CEO in die Wüste zu schicken und einen neuen zu wählen. Mich. Ich fragte, warum ich. Er antwortete: weil ich das einzige Verwaltungsratsmitglied sei, das keinen richtigen Job habe."

„Was?" Diese Geschichte hatte ich noch nie gehört. Ich wusste nur, dass er einmal eine Biotechnologiefirma geleitet hatte.

„Dr. Salk verschaffte mir Zugang zum Small Corporation Management Program der Harvard Business School, dann leitete ich das Unternehmen für ein paar Jahre, schließlich holte der Verwaltungsrat ein erfahreneres Führungsteam, danach ging das Unternehmen an die Börse. Es hat alles geklappt."

„Dad, das ist erstaunlich. Ich habe noch nie davon gehört. Wirklich?"

„Ja. Aber der springende Punkt ist, dass ich die Investition wahrscheinlich gar nicht erst hätte tätigen sollen. Ich wusste eigentlich nicht genug darüber. Es ist sehr wichtig, zu wissen, was man nicht weiß. Ich machte den Fehler, zu meinen, ich wüsste etwas, obwohl ich es nicht wusste."

Ich konnte nicht nachvollziehen, so selbstbewusst zu sein – in etwas zu investieren, das ich nicht verstand. Mir machte es ja schon Sorgen, in Dinge zu investieren, die ich verstand. Ich fragte ihn, woher man weiß, ob man genug weiß.

Er hielt inne und dachte darüber nach. „Charlie sagt, das sei eines ihrer großen Geheimnisse – er und Warren wüssten, was sie wissen und was sie nicht besser wissen als die meisten anderen Menschen. Ich glaube, die Antwort ist, dass man skeptisch sein und weiterhin Fragen stellen muss. Benutze die Checkliste, die du erstellt hast. Ergänze sie und halte dich weit vom Rand deines Kompetenzkreises entfernt. Und konzentriere dich auf etablierte Unternehmen. Du erinnerst dich doch, dass ich mit Steve Jobs zusammengearbeitet habe, als er eine neue Computerfirma aufbaute, nachdem er Apple das erste Mal verlassen hatte. NeXT."

„Ja, dieser kastenförmige schwarze Computer, der das nächste große Ding werden sollte. „The NeXT big thing."

„Ich investierte in eine Dokumentverwaltungs-Software für den NeXT, die wirklich gut war. Sie war ein Riesenerfolg. Aber in diesem Fall setzte ich auf ein neues Betriebssystem und als es mit NeXT bergab ging, entschied sich das Softwareunternehmen, das Produkt auf Windows NT zu portieren. Das stellte sich als ziemlich schwierig heraus und endete beinahe in einer Katastrophe. Ein anderer Wagniskapitalpartner und ich handelten einen Verkauf der Softwarefirma an eine Aktiengesellschaft aus, allerdings gestand einen Monat später der CEO dieses Unternehmens, dass es seine Finanzen manipuliert hatte, sodass der Aktienkurs abstürzte und meine Investition mit sich riss. Was für ein Chaos. Quasi über Nacht wurden aus 20 Millionen Dollar zwei Millionen."

Du lieber Himmel. Das konnte ich mir vorstellen. Man schuftet jahrelang, um ein Unternehmen aufzubauen, und dann scheitert es an einem Betriebssystem. Das ist die deprimierende Seite des Unternehmertums, über die niemand spricht.

„In diesem Fall wusste ich, dass ich das richtige Produkt in der richtigen Branche hatte, aber zwei schlechte Entscheidungen bezüglich der Plattform, auf der es lief, ruinierten die Investition. Diese Fehler überzeugten mich davon, mich an etablierte Unternehmen zu halten, damit ich weniger wissen musste."

„Man muss genug wissen, um zu wissen, was los ist – und um zu wissen, wenn sich das, was los ist, geändert hat."

„Genau, aber beim NeXT-Computer wusste ich nicht, dass er zum Scheitern verurteilt war, und ich wusste nicht, dass die Software-Ingenieure ihre Fähigkeiten überschätzten. Ich hätte bei dem bleiben sollen, in was ich zuerst investiert habe, weil ich es in- und auswendig kannte: Waffen und Motorräder."

Ich bekam einen Lachanfall. Natürlich entschied sich mein Vater für das Investieren in Waffen und Motorräder. Während alle anderen über Öl-Futures und obskure Unternehmen sprachen, die angeblich das nächste große Ding sein sollten, entschied er sich für Smith & Wesson und Harley-Davidson. Es heißt, man soll über das schreiben, was man kennt; er investiert in das, was er kennt.

„Ich meine es ernst!", protestierte er. „Eine Branche zu verstehen ist entscheidend. Du musst sie so verstehen, wie du deine Eigentumswohnung verstehst. So einfach muss das sein. Wenn jemand in der Branche für digitale Speichermedien arbeitet, weiß er fast mit Sicherheit mehr über diese Branche als du oder ich im Moment und für ihn ist digitaler Speicher eine so simple Sache wie eine Eigentumswohnung. Wir könnten hingehen und etwas über digitale Speicherung lernen – versteh mich nicht falsch. Aber jemand, der über Erfahrungswissen verfügt, weiß viel mehr darüber, als wir es gerade jetzt tun, einfach aufgrund seiner Arbeit."

„Ach ja, und weißt du, wenn man zum Spaß mit Gewehren schießt und Motorrad fährt, dann verschafft einem das auch das Erfahrungswissen, das so von Grund auf unentbehrlich und überraschend nützlich für Anlagezwecke ist", neckte ich ihn.

Er kicherte. „Ja. In den 1980er-Jahren war ich felsenfest davon überzeugt, dass Harleys die besten Motorräder waren."

„Für Leute, die Harleys mögen."

„Nun, tatsächlich gab es eine Menge Leute wie mich, die Harleys mögen."

„Und tatsächlich bringt es ein bisschen was, wenn man sich in der Welt herumtreibt und bei der Army ist", entgegnete ich. Dann konnte ich nicht anders, ich musste eine Spitze loslassen: „Dich herumzutreiben scheint dein Ding zu sein, auch wenn es bedeutet, deine Töchter ein paar Jahre lang nicht zu sehen, um diesen NeXT-Computer-Kram zu machen. Oder vielleicht gerade, wenn es das bedeutet."

„Was?" Mein Vater war überrascht.

„Ich glaube, wenn man sich anschaut, was Menschen unter Druck wirklich tun, findet man am besten heraus, ob sie vertrauenswürdig und zuverlässig sind."

Meine Worte überraschten uns beide.

Einen Moment lang sagte Dad nichts. Ich atmete tief durch und merkte, dass meine Übelkeit wieder da war. Ich konnte im Moment nicht mehr mit ihm reden. „Dad, ich brauche eine Pause. Entschuldige. Können wir darüber später noch mal reden?"

„Sicher, Schatz", sagte er niedergeschlagen. Wir legten auf und ich saß da mit dem Telefon in der Hand.

Das hatte ja eine schräge Wendung genommen. Vielleicht waren diese emotionalen Dinge mit ein Grund, warum ich mich nicht ganz mit meiner Investmentpraxis identifizierte.

Immerhin wollte ich in vielerlei Hinsicht wie mein Vater sein. Er war ein ziemlich außergewöhnlicher Mensch. Er war großzügig, freundlich, unglaublich liebevoll und unterstützte mich mehr, als es irgendjemand tun sollte. Er war ein wunderbarer Vater.

Dennoch ließ ich den Gedanken in meinem Magen zu und versuchte, ihn nicht zu beurteilen oder wegzuschieben. Wenn es jemals an der Zeit war, diesen Knoten zu lösen, dann jetzt. Ich ließ die Übelkeit zu und atmete durch sie hindurch. Wovor schreckte ich zurück?

Die Antwort bekam ich mit der Geschwindigkeit einer Online-Aktienorder zurück: *Nicht vertrauenswürdig. Ich will nicht unzuverlässig sein.*

Sofort fühlte ich mich schrecklich schuldig und schämte mich, weil ich so etwas Gemeines über jemanden dachte, den ich liebte und verehrte. Das war unfreundlich und lieblos gegenüber diesem liebenden Vater, der mir bei meiner Investitionspraxis half.

Ob gerechtfertigt oder nicht: Diese tiefen Gefühle aus der Kindheit schadeten mir nun, indem sie mich davon abhielten, mir selbst zu helfen, und das war sehr real. Ich musste mich ihnen stellen. Ich wollte nicht unzuverlässig in dem Sinne sein, wie sich die elfjährige Version von mir an meinen Vater erinnerte. Die Übelkeit verschwand allerdings, sobald ich dieses Gefühl benannt hatte. Es war, als hätte der Akt, es zu denken und damit dem, dessen Namen nicht genannt werden darf – wie bei Voldemort –, einen Namen zu geben, Licht auf das geworfen, wovor ich Angst hatte, und sobald es erhellt war, hatte es weniger Einfluss auf mich.[35] *Also gut,* „Voldemort, Voldemort, Voldemort, Voldemort", sagte ich laut in das leere Zimmer hinein. Nichts Schlimmes passierte, also ging ich vom Dunklen Lord zu meiner eigenen Dunkelheit über.

„Unzuverlässig", quetschte ich heraus. Das Wort blieb mir wie ein schlechtes Klischee im Halse stecken. Ich trank einen Schluck Wasser und versuchte noch einmal, es laut auszusprechen. „Unzuverlässig." Diesmal brachte ich es widerwillig heraus. „Unzuverlässig, unzuverlässig, unzuverlässig." Ich sagte es lauter. Zur Sicherheit sagte ich es noch ein paar Mal. Jedes Mal traf es mich wie eine Beleidigung, aber jedes Mal war der Schlag etwas weniger schmerzhaft. Jedes Mal hatte ich etwas weniger Angst, es zuzugeben: Ich hatte meinem Vater nicht vertraut, dass er mir in Sachen Finanzen half, weil ich das Gefühl hatte, dass er Geld als Waffe gegen mich eingesetzt hatte, als ich klein war. Dabei spielte es keine Rolle, dass wir das hinter uns gebracht hatten und dass er sich seitdem in jeder Hinsicht um uns gekümmert hatte. Ich empfand das tiefe und automatische Misstrauen und das Rückzugsbedürfnis eines Kindes, das in eine Situation auf Erwachsenenebene geworfen wurde und natürlich nicht in der Lage war, damit umzugehen. Wenn es daran ging, mit meinem Vater am Thema Geld zu arbeiten, fiel ich manchmal in diesen Zustand zurück. Ich steckte zwischen den tiefen Gefühlen als Kind und meinem erwachsenen Verständnis fest.

In Bezug auf die Geldanlage war mein Vater ohne jeden Zweifel vertrauenswürdig und zuverlässig. Seine Arbeit fußte auf einem soliden Fundament. Seine Meinungen wurden von anderen schwergewichtigen Investoren geteilt. Seine Bücher bekamen positive Kritiken. Er hatte verflixt noch mal den blutigen Aktiencrash 2008 vorhergesagt. Für mich stand außer Frage, dass er auf dem Gebiet der Geldanlage „echt" war. Aber es fiel mir selbst nach allem, was er für mich getan hatte, immer noch schwer, ihm zu vertrauen.

[35] Wenn Sie diesen Bezug nicht verstehen, liegt das Verlagswesen nicht in Ihrem Kompetenzkreis. Und wie kann es sein, dass Sie „Harry Potter" nicht gelesen haben?

Im Nachhinein wurde mir klar, dass ich schon früher versucht hatte, mich dem zu stellen. Ich hatte Day-Trading ausprobiert. Ich hatte versucht, einen Sommer lang für meinen Vater zu arbeiten, um ihn und seine Methoden besser zu verstehen, und das hatte in Sachen Vertrauen geholfen. Ich sah damals, wie intensiv, fleißig und intelligent er Unternehmen studiert. Ich war aber noch nicht so weit, dass ich ihn vollständig akzeptierte. Also versuchte ich es ein drittes Mal, und zwar jetzt. Beim dritten Mal wirkt der Zauber.

Meine Gefühle in Bezug auf Geld hatten nichts mit Geld zu tun. Sie hatten mit dem Chaos in meinem Kopf zu tun. Dieses Chaos wollte ich in Ordnung bringen.

Da rief Nuno an – und ich saß immer noch an derselben Stelle und hielt das Telefon in der Hand. Ich ging ran, ohne nachzudenken. Er merkte sofort, dass etwas nicht stimmte. „Ach, ich war gerade gemein zu meinem Vater. Er sprach darüber, woran er arbeitete, als er uns in der Scheidungszeit verließ, und irgendwann konnte ich einfach nicht anders, als ihm an den Kopf zu werfen: ‚Ja, du hast uns echt verlassen.'"

Einen Moment lang schwieg Nuno, dann sagte er: „Er ist doch offenbar jetzt bei dir und das schon ziemlich lange, oder?"

Das ärgerte mich. Er wusste fast nichts darüber, was passiert war, aber er verteidigte meinen Vater?

„Ich habe natürlich keine Ahnung, was passiert ist", gab er zu. „Aber was ich jetzt sehe, ist, dass er für dich da ist und dass er viel Zeit und Energie für dich aufbringt, um dir zu helfen, zu lernen, wie man investiert – nebenbei bemerkt bezahlen andere Leute enorm viel Geld für solche Ratschläge, wenn sie sie überhaupt von jemandem bekommen können, der ihre besten Interessen im Sinn hat. Er macht dir das beste Geschenk, das er dir machen kann. Ich will damit nur sagen, dass dieses Bemühen als etwas Gutes gelten muss. Oder nicht?"

Ich seufzte. Er hatte recht. Ich hatte es nicht geschafft, den alten Schmerz loszulassen, aber ich konnte doch wenigstens anerkennen, was mein Vater jetzt tat. Er war bei mir, so gut er konnte. Er war nicht nur

Woche für Woche zum Podcast erschienen, sondern auch als Vater – viele Jahre lang seit der Scheidung. Und jetzt erschien er zu unserer Investmentpraxis.

„Ja." Wieder seufzte ich. „Ich sollte ihn wohl zurückrufen."

„Viel Glück, Liebling", ermunterte mich Nuno und wir legten auf. Nach einer Millisekunde spürte ich wieder das kleine Mädchen, das sich fragt, was es wohl getan hat, dass sein Vater nicht zurückkommt. Ich hatte eine Wunde davongetragen, die zwar verheilt war, aber eine üble Narbe hinterlassen hatte – eine Narbe, die meistens keine große Sache ist, mich aber bis auf die Knochen schmerzt, wenn sie ungünstig getroffen wird. Es führte kein Weg daran vorbei – über seine Arbeit zu reden, über seine Abwesenheit aus meinem Leben, das erschwerte unsere Gespräche über die Geldanlage und vor allem über Geld.

Ich war mir nicht sicher, was ich sagen würde – oder was er sagen würde –, aber ich nahm einen langen Atemzug, stellte mir vor, dass die Luft durch meinen Kopf einströmte, dann meinen ganzen Körper hinab und durch meine Zehen wieder hinaus, und rief meinen Vater zurück.

„Bei dir hört sich das an, als hätte ich dich verlassen. Ist es das, was du denkst?", fragte er ungläubig. „Dass ich dich im Stich gelassen habe? Dass ich dich absichtlich verlassen habe?" Er war halb besorgt, halb verärgert.

Wir hatten noch nie so offen darüber gesprochen.

„Nun, war es etwa nicht so?", fragte ich. „Du bist nach Kalifornien gegangen und jetzt sagst du, weil dein Unternehmen dich brauchte, was ich ja verstehen kann. Es war eine verrückte Zeit, was dein Privatleben und deine Geschäfte angeht."

„Nein!" Er legte los: „Mein Investment war nicht in Kalifornien, sondern in Iowa. NeXT war in Kalifornien, also musste ich zeitweise dort sein, aber nein, ich hätte dich nie freiwillig verlassen."

War das wahr?

„Danielle, ich würde für dich und deine Schwester sterben. Ich würde alles für euch tun. Ich würde euch niemals, niemals im Stich lassen."

„Aber du bist gegangen“, sagte ich rundweg. „Das ist passiert.“

„Ich war nicht oft da“, räumte er ein, „aber ich habe euch nicht im Stich gelassen. Überhaupt nicht. Du musst erfahren, warum ich nicht da war.“

Er erzählte mir seine Version der Geschichte, wie überaus schlimm es zwischen ihm und meiner Mutter gewesen war, nachdem sie sich getrennt hatten: die grausamen Vorwürfe, die mörderischen Anwälte, die Schuldzuweisungen, der … nun ja, der Krieg. Das Einmaleins der ekelhaften Scheidung. Ich wusste, dass meine Mutter ihre eigene Version der Geschichte hatte, aber bis zu diesem Moment war meine Version die einzige, die ich erlebt oder wirklich gekannt hatte. Zu hören, was mein Vater in den Scheidungsjahren durchgemacht hatte, war hart, aber ich hörte ihn an. Ich hörte ihm wirklich zu. Ein paar Dinge hatte ich nicht gewusst und zum ersten Mal versetzte ich mich aus einer anderen Perspektive tief in ihn hinein. Vielleicht hatte ich als kleines Kind, das keine Ahnung hatte, was zwischen den Erwachsenen geschah, den Eindruck gehabt, als wäre er weggegangen, um sich ein schönes Leben zu machen. Mein Vater war aber auch ein Mann, der sein Bestes gegeben hatte, nicht trotz seiner Kinder, sondern für seine Kinder.

„Dass ich mit deiner Mutter in einer winzigen Kleinstadt war, tat mir nicht gut, ihr nicht und dir nicht. Das war, als hätte man Salz in die Wunde gestreut – meine Wunde, deine Wunde. Es schien, als würde ich alles noch schlimmer machen, wenn ich dort war, und ich wollte verzweifelt unsere Scheidungsvereinbarung ausarbeiten, damit ich so viel Zeit wie möglich mit euch verbringen konnte. Ich kam zu dem Schluss, dass es am besten war, mich aus der Situation zurückzuziehen, bis sie sich abgekühlt hatte. Ich dachte, wenn ich mit euch zu tollen Orten reise, würde das den Schmerz etwas lindern. Es tut mir leid, wenn das so rüberkam, als hätte ich mich nicht gekümmert. Ich dachte, kurze Zeit Abstand zu halten wäre der beste Weg, um dafür zu sorgen, dass ich langfristig bei euch sein kann.“

Das klang wirklich nach einer klugen Antwort. Reif.

„Es schien ewig zu dauern, aber sobald wir uns beruhigt hatten, gaben wir unseren Anwälten den Laufpass, wir klärten die Sache mit einem Schlichter innerhalb einer Stunde, ich zog ein paar Türen von euch entfernt ein und wir sahen uns die ganze Zeit, oder?"

„Ja." Ich nickte. „Das stimmt."

„Wie kannst du also sagen, ich hätte euch im Stich gelassen? Ich bin für eine Weile weggegangen, weil ich dachte, es wäre der beste Weg, um zu euch zurückzukommen. Ich habe euch nicht im Stich gelassen. Ich finde es schlimm, dass du das denkst."

Ich ... verstand. Und dass ich seine Absicht verstand, änderte für mich alles. Für mich kam es darauf an, zu wissen, dass er mich nicht absichtlich verlassen hatte und dass er immer zurückkehren wollte. Verlassen ist nicht dasselbe wie physisch weg sein. Er wusste, dass er zurückkommen würde – aber ich hatte das nicht gewusst. Ich hatte mich im Stich gelassen gefühlt, aber er hatte mich nie im Stich gelassen.

„Das alles wusste ich nicht", antwortete ich. Mir kamen die Tränen. Ich konnte sie nicht zurückhalten. Ich weinte: „Das ist hart. Das ist alles sehr schwer und kompliziert und es war so ein Durcheinander. Menschen tun Dinge, an die sie sich nicht einmal erinnern, oder sie bringen durcheinander, was passiert ist, und es ist einfach ein totales, schreckliches Chaos. Für alle."

„Das war es, mein Liebes", sagte er traurig. „Absolut."

Es war etwas Anderes, diese Jahre aus meiner jetzigen Perspektive als Erwachsene zu betrachten. Ich spürte, wie die Erwachsene in mir ihre Situation besser verstand. Mich mit ihm zu identifizieren war ein neues Gefühl für mich.

„Danielle, was passiert ist, ist passiert, egal wie sehr ich zurückgehen und noch mal von vorn anfangen will. Damals tat ich, was ich für das Beste hielt, aber ich hatte keine Ahnung, dass du dich verlassen fühltest. Offensichtlich war das, was ich getan habe, völlig falsch. Da ich weiß, wie sehr es dich verletzt hat, hätte ich einfach bleiben sollen, egal was passiert war."

Ein wunder Punkt in meinem Herzen zuckte und brachte mich wieder zum Weinen. „Ich habe gehört, dass du uns nicht im Stich gelassen hast. Das hilft mir wirklich sehr."

Dad war still. Ich spürte mein Herz in meiner Brust schlagen, aber ich konnte weiterreden. „So ist das Leben. Dinge passieren. Beschissene Dinge. Vielen Menschen passieren noch schlimmere Dinge. Aber ich kann dich jetzt in meinem Leben haben – und das will ich", sagte ich.

Er ergriff diese Gelegenheit beim Schopf.

„Ich auch. Ich werde immer für dich da sein, egal was passiert. Ich würde alles für dich tun." Er überlegte einen Moment. „Was ich weiß, ist, dass ich dir beibringen kann, wie man Geld verdient."

Wider meinen Willen lachte ich.

„Das kann ich!", protestierte er. „Und ich werde immer für dich da sein, was immer du sonst noch brauchst. Ich verspreche es."

„Dad, ich weiß, dass du das tun wirst. Das hast du getan und das *tust* du. Was zählt, ist das, was die Menschen tun, erinnerst du dich? Da sind wir nun und irgendwie, entgegen jeder Vorhersage, die ich jemals gemacht hätte, sitze ich hier und rede ein ganzes Jahr lang mit dir über Geldanlage. Ich liebe dich. Wir machen das doch ziemlich gut."

Er fing an zu lachen. Ich konnte seine Erleichterung spüren.

„Und ich genieße das!" Ich lachte und weinte zugleich. Er lachte sich kaputt. „Ich glaube, du hast ein Wunder vor dir, Dad. Ich weiß nicht, wie du das gemacht hast." Ich wollte ihm danken, aber es kam mir nicht ganz richtig vor. „Und du bleibst bei mir. Du hast mich noch nicht aufgegeben."

„Auf keinen Fall werde ich dich aufgeben, mein Schatz. Ich werde es dir beweisen."

Es stellte sich also heraus, dass es beim Erlangen von Freiheit um weit mehr ging als um das, was auf meinem Bankkonto lag.

Eintauchen

Als Dad und ich wieder zur Sache kamen, fühlte ich mich ihm näher als je zuvor. Wir waren uns einig, dass ich nach dem Erfolg meines

Investment-Intensivkurses in Form der Lektüre der Nachrichten und der Buffett-Bibel diesen Monat nutzen sollte, um tiefer in die Unternehmen einzutauchen. Der einzige Weg dazu war, einen Zahn zuzulegen und die Jahresberichte anzugehen.

Geschäftsberichte sind langweilig. Das ist einfach so. Aber sie sind der beste Weg, etwas über ein Unternehmen zu erfahren. Vielleicht könnte ich sie in meine Routine vor dem Schlafengehen einbauen, überlegte ich mir. Vergiss warme Milch und Schlaftabletten – ich würde zu den wohlklingenden Worten eines Anwalts einnicken, der die sehr detaillierten Risikofaktoren des Unternehmens beschreibt. Dann dachte ich mir, wenn ich zwei Tage lang einen Stapel durcharbeiten könnte, wüsste ich von da an, wie man Abschlüsse effizient liest. Die Firmen meiner Wahl – zwei Tage Berichte von derselben Firma oder von mehreren verschiedenen Firmen. Mein Ziel war es, acht Berichte zu lesen, egal was passiert.

Wenn man von Wochenende zu Wochenende lebt – und das tun die meisten von uns –, wird ein Monat auf viermal zwei Tage verkürzt, die nützlich sind, und in diese acht Tage müssen die Besorgungen, das Wäschewaschen, die handwerklichen Haushaltsaufgaben, die im Laufe der Woche aufgelaufene Arbeit sowie die Zeit für Familie und Freunde hineinpassen. Und bei mir jetzt auch noch eine Fernbeziehung. Erinnern Sie sich noch an die Zeit, als Wochenenden dafür da waren, mit einem Kater aufzuwachen, nachdem man am Vorabend einen über den Durst getrunken hatte, und sich dann mit Wiederholungen von „Friends" zuzudröhnen? Das hatte Spaß gemacht.

Ein Wochenende zu nutzen, um die Reise zu beginnen, die mich den Rest meines Lebens tragen würde, war eigentlich nicht schwer. Es ging darum, sie über meine bereits eingegangenen Verpflichtungen zu stellen, über die Hausarbeit, die wirklich getan werden musste, über meinen Wunsch, andere Leute als meine Kollegen zu sehen, und über echte Ruhe. Das Einzige, über das ich die Reise nicht stellen konnte, waren meine tatsächliche Arbeit und irgendeine Art von Training, um gesund zu bleiben, wie limitiert es auch sein mochte. Ich beschloss, meine Investitionspraxis als das zu behandeln, was sie war: die bestmögliche Art, auf die ich meine Zeit gezielt verwenden konnte.

Ich dachte über meine Entschlossenheit nach, mich selbst an die erste Stelle zu setzen, und dass sich niemand außer mir um mich kümmern würde. Es war an der Zeit, zu handeln, anstatt weiter über Investitionen nachzudenken. Es war bereits ein intensiver Monat gewesen und ich wollte wieder zu den Grundlagen zurückkehren, indem ich mich auf das Investment-Research konzentrierte. Ich hatte seit Anfang des Jahres einen Teil meiner Wochenenden mit meiner Investmentpraxis verbracht und jetzt würde ich mich ein ganzes Wochenende lang auf meine Praxis konzentrieren.

Am Freitagabend war ich bereit, mein Engagement für mich und meine Praxis zu verwirklichen, doch dann passierte etwas keineswegs Ungewöhnliches: eine dringend zu erledigende Aufgabe, die sich nicht verschieben ließ. Als ich am Freitagabend mit meiner Arbeit fertig war, war ich so müde, dass ich nur noch eine heiße Dusche nehmen, in mein Bett kriechen und hundert Stunden schlafen wollte. Ich ging direkt nach Hause.

Am Samstag stand ich früh auf und entschied schlaftrunken, dass ich lieber im Bett lesen sollte. Wenigstens würde ich mich wohlfühlen, während ich mich langweilte. Glücklich wickelte ich meine Decken um mich, wackelte mit den Zehen und tauchte ein. Ich holte meine Checkliste heraus, öffnete auf meinem Computer das 10-K-PDF von Whole Foods und speicherte es im Ordner „Investmentpraxis“ auf meinem Desktop ab.

61 Seiten. Und los geht's. (Es folgen die Notizen, die ich machte, während ich das PDF durchlas.)

- Das Unternehmen kommt aus Texas! Das wusste ich nicht.
- Ich erfahre viel darüber, wodurch Lebensmittel als biologisch gelten.
- Whole Foods hat viele Programme und Naturkostinitiativen, von denen ich nichts wusste. Das ist ja viel interessanter, als ich dachte.

- Das Unternehmen scheint MÄCHTIG zu wachsen.
- Es hat die Managergehälter auf das 19-Fache des Durchschnittslohns von Vollzeitbeschäftigten begrenzt. Das ist selten. Echt cool.
- Wow, das gesamte Führungsteam ist schon sehr lange dabei.
- Was ist ein Basispunkt? Ich hatte zwar das Gefühl, als wüsste ich es, aber ein Gefühl reicht wohl nicht. Das sollte ich nachschlagen. Oder vielleicht doch nicht.

Während ich las, erinnerte ich mich daran, was ich an juristischen Dokumenten so liebe. Sie sind präzise und vollständig. Sie befassen sich in Tiefe und Breite mit dem betreffenden Thema. Geschäftsberichte erklären uns, der Allgemeinheit, buchstäblich die Risiken, denen das Unternehmen ausgesetzt ist. Was in einem Wettbewerbsumfeld ziemlich ungewöhnlich ist …

Außerdem merkte ich, dass ich schneller würde, sobald ich ein paar von diesen vollständigen Jahresberichten intus hätte.

Es stellte sich heraus, dass der erklärende Teil des 10-K nur die erste Hälfte des Berichts war. Die andere Hälfte bestand aus den Jahresabschlüssen, die ich erst später lesen wollte. Ich dachte mir, Charlie würde das gutheißen – zuerst herausfinden, ob ich dachte, dass ich in der Lage wäre, ein Unternehmen zu verstehen; was für mich bedeutete, erst die Texte zu lesen und zu verstehen, was das Unternehmen machte, damit ich über einen vernünftigen Kontext verfügte, und dann die Finanzen durchzugehen, sobald ich wusste, wie das geht.

Insgesamt war mein Eindruck von Whole Foods, dass es sich tatsächlich bewussten Kapitalismus auf die Fahnen geschrieben hatte. (Der CEO hatte ja auch wirklich das Buch „Conscious Capitalism" geschrieben.) Die Mission von Whole Foods war fantastisch. Ich würde auch dann nicht stärker hinter seiner Mission stehen, wenn es mein eigenes Unternehmen wäre. Die Firma nutzte einige interessante Möglichkeiten, ihre Mitarbeiter zu motivieren, und ich fragte mich, ob diese Methoden wirklich funktionierten. Ich hatte in den Whole-Foods-Geschäften von Boulder

Gerüchte gehört, dass die Mitarbeiter mit der Planung ihrer Schichten nicht so recht zufrieden waren. Insgesamt gefiel mir das Unternehmen sehr gut, aber ich wollte mehr über seinen Wachstumsplan und seine Mitarbeiter erfahren. Auch seine Vorstände – es war bekannt, dass John Mackey einen Dollar im Jahr verdiente, aber wie wurden die anderen bezahlt? Wurde erwartet, dass Mackey noch lange bleiben würde?

Ich hörte mir die neueste Investoren-Telefonkonferenz an, während ich in meinem Wohnzimmer Yoga machte. Das war nicht ideal, aber es war eine Möglichkeit, beides unterzubringen. Ich las noch zwei weitere Geschäftsberichte und suchte viel im Internet nach dem Unternehmen und seinen Führungskräften. „Das Internet ist die beste Gerüchteküche der Welt", hatte mein Vater anachronistisch verkündet.

Nach dem Wochenende wandte ich mich anderen Unternehmen zu. Wie mein Vater vorhergesagt hatte, verwarf ich viele Unternehmen, ohne ihre Geschäftsberichte ganz gelesen zu haben. Nach zehn Minuten oder eine Stunde entschied ich, dass ich nicht in der Lage war, das Unternehmen zu verstehen, oder der Bericht war zu langweilig, um weiterzulesen, und ich würde lieber „C-Span" schauen, als noch mehr über dieses Unternehmen zu lesen. Dann war es raus und ich ging zur nächsten Firma über. „Zu langweilig" ist auch ein Stapel. Sogar ein sehr wichtiger Stapel.

Ich führte eine Liste der Unternehmen, die ich verworfen hatte, mitsamt dem Grund, warum ich sie verworfen hatte. Die meisten gehörten in „Zu schwierig", aber manche in „Zu langweilig". Alle Artikel oder sonstiges Research, das ich über eine verworfene Firma gefunden hatte, speicherte ich im Ordner „Zu schwierig" auf meinem Computer. Ich wollte festhalten, was ich verworfen hatte, damit ich den Vorgang nicht wiederholte.

Manche Unternehmen waren potenziell interessant und schienen verständlich zu sein, aber ich war nicht von ihnen begeistert. Für sie legte ich die Kategorie „In Beobachtung" an. Vielleicht würde ich auf sie zurückkommen, nachdem ich das ein bisschen länger gemacht hätte.

Außerdem legte ich eine Liste von Unternehmen an, die ich liebte. Das war meine „Wunschliste" und diese Unternehmen wollte ich kaufen.

Wunschliste	Kurzfassung der Story
Whole Foods (WFM)	Liebe die Mission, liebe die Werte Marken-Burggraben gut ROE, ROIC und Verschuldung gut Management sehr gut
Costco (COST)	Liebe die Werte, in dieser Kategorie spitze Preis- und Breiten-Burggraben großartig In einer Rezessionen großartig ROE, ROIC und Verschuldung gut
Seritage (SRG)	Standort-Burggraben Riesiger potenzieller Gewinn in zehn Jahren Buffett hat 10 % zu 35 Dollar gekauft Bankrottrisiko bei Sears
Amazon (AMZN)	Bezos ist ein außerordentlicher, disruptiver CEO Harte Werte – liebe „allen alles zur Verfügung stellen", hasse aber die Vernichtung kleiner Geschäfte und die Probleme mit den Mitarbeitern Cashflow-Maschine
Berkshire Hathaway (BRK)	Buffett bester CEO, aber was ist, wenn er nicht mehr da ist? Sichere, stabile Diversifizierung Wachstum – circa 9 %
Chipotle Mexican Grill (CMG)	Bestes Pferd im Stall Ethische Nahrungsmittel ROE, ROIC, keine Schulden Großartiges aus Gründern bestehendes Führungsteam Problem mit der Sicherheit von Frischwaren

Und ich beschloss, etwas zu tun, was mir mein Vater nicht empfohlen hatte.

Fantasy Investing

Meine Freundin Ilana ist Wirtschaftsanwältin und baseballverrückt. Sie kennt alle Statistiken, die es im Baseball gibt, und – noch erstaunlicher – wenn sie sie erklärt, wird das Thema interessant. Ich liebe es, mit ihr zu Baseballspielen zu gehen, weil sie mir ein ganz neues Verständnis für die Spieler, die Strategien und das Spiel an sich vermittelt. Wenn ein Mann das Feld betritt, sagt sie etwa: „Oh gut, ich bin froh, dass er heute

Abend wieder aufgestellt wurde. Da er ein Switch Hitter und rechts nicht so stark ist, saß er die letzten zwei Abende auf der Bank, weil beide Starting Pitcher Linkshänder waren." Und plötzlich wurde das Spiel wirklich interessant.

Als Statistikfreak interessierte sie sich für meine Investmentpraxis. An einem Freitag nach der Arbeit, als sie auf ein Glas Wein bei mir zu Hause war, sagte sie etwas schüchtern: „Nun, ich bin sicher, jeder weiß das, aber ich habe eine Frage dazu, wie man anfängt, Geld anzulegen."

„Bitte", lachte ich, „ich habe keine Ahnung davon, aber ich werde mein Bestes tun."

„Okay." Sie seufzte. „Nun ja, ich komme mir dabei einfach lächerlich vor. Es wäre toll, wenn du mir erklären würdest, wie man eine Aktie kauft. Also wie das wirklich geht. Auf welche Website gehe ich und welche Informationen muss ich bereithalten, damit ich … also ich weiß nicht, gebe ich meine Bankverbindung an oder so etwas, um Aktien zu kaufen?"

In der Tat – warum sollte irgendjemand wissen, wie man Aktien kauft? Das lernt man nicht in der Schule und dem gesunden Menschenverstand entspricht der Vorgang des Aktienkaufs nicht gerade. Wir waren beide Wirtschaftsanwältinnen und wussten es nicht. Viele intelligente Menschen haben keine Ahnung, wie sie das machen sollen. Ich hatte auch keine Ahnung – bis ich es tat.

Sie tun Folgendes: Sie eröffnen bei einer Brokerfirma wie Interactive Brokers, TD Ameritrade, TradeStation, Schwab, Scottrade, flatex, comdirect et cetera – Sie wissen schon, die schalten immer Fernsehwerbung, in der sie ihren Service oder ihre günstigen Preise hervorheben – ein sogenanntes Wertpapierdepot oder Brokerage-Konto. Das ähnelt insofern einem Giro- oder Sparkonto, als man auch dort Geld einzahlt. Das Geld auf diesem Konto wird aber nur dazu verwendet, über die Brokerfirma Aktien zu kaufen. Vermögende führen ein solches Depot oft bei ihrer Bank, weil die Bank ihnen Beratung und Planungs-Dienstleistungen bietet, damit sie mit ihrem Konto bei dieser Bank bleiben – an solchen

Dingen arbeitet Nuno für seine Bankkunden –, aber wir anderen nutzen eher Onlinebroker. Sie sind einfach und billig.

Sie verlangen bei jedem Kauf oder Verkauf einer Aktie eine Transaktionsgebühr. Ich glaube, die meisten Onlinebroker verlangen etwa fünf bis zehn Euro. Das heißt, wenn man nur mit ein paar Tausend Euro arbeitet, zehren die Transaktionsgebühren alle Gewinne sehr schnell auf. Menschen, die mit vielen Tausenden oder Millionen Euro handeln, fallen sie gar nicht wirklich auf, aber für mich sind Transaktionskosten immer ein Problem. Das ist ein weiterer Grund, weshalb Value-Investing für Menschen mit wenig Geld wie mich gut ist – dabei geht es ja darum, sehr selten zu kaufen und zu verkaufen.

Suchen Sie sich einen Broker danach aus, ob Ihnen mehr Service oder niedrigere Transaktionskosten wichtig sind, und klicken Sie dann auf die Schaltfläche für die Kontoeröffnung. Dann werden Ihnen die bei einem Kredit üblichen Fragen gestellt, um zu prüfen, ob Sie wirklich Sie sind, zum Beispiel nach Ihren früheren Adressen und ehemaligen Arbeitgebern. Sie werden gefragt, wie Sie das Geld auf Ihr neues Konto einzahlen wollen, Sie müssen einen Benutzernamen und ein Passwort wählen und schon haben Sie ein Depot bei einem Broker.

Bloß hatte ich das noch gar nicht gemacht.

„Ilana", sagte ich warnend, „Ich habe kein Brokerage-Konto eröffnet. Ich kaufe noch keine Aktien. Ich denke, ich könnte jetzt höchstens auf dem Papier investieren."

„Auf dem Papier investieren?"

„Sogenanntes Paper-Investing bedeutet, dass man nur so tut, als würde man investieren. Stell es dir vor wie Fantasy Baseball. Wenn man ein Fantasy-Baseballteam hat, dann leitet man natürlich keine Baseballmannschaft, aber es ist eine virtuelle Version davon, oder?"

„Ja."

„Paper-Investing ist eine virtuelle Version des Aktienkaufs."

Da ging Ilana ein Licht auf und mir fiel auf, dass Paper-Investing tatsächlich genau wie Fantasy Baseball war. Außer dass es viel langweiliger war. Was die langfristige Anlage angeht, gibt es bei Fantasie-Investing nicht viel zu tun. Ich wollte ja nur ein paar Aktien aussuchen und warten.

Ich erstellte eine Excel-Tabelle mit vier Spalten: Name des Unternehmens, Kaufdatum, Preis und Anzahl der Aktien. Das war es schon.

Ich wusste, dass niemand diese Tabelle jemals sehen würde, wenn ich sie niemandem zeigte. Es kam mir aber wie eine ernste Sache vor, den Namen eines Unternehmens in diese Tabelle einzutragen. Es fühlte sich an, als würde ich ein Anrecht auf etwas anmelden, und obwohl ich das nur für mich tat, war mir mein Anrecht wichtig. Es dauerte einen Moment, bis ich merkte, was in mir vorging. Meine Brust war etwas beklommen, meine Füße wurden unruhig und kribbelten. Es war wie das Gefühl, gleich loszurennen. So fühlt sich also die Angst vor Investitionen an, ermahnte ich mich und nahm das zur Kenntnis, damit ich, wenn ich mit echtem Geld einen echten Anspruch anmelden würde, dieses Gefühl als allgemeine Angst erkennen und nicht als ernsthaften auf das fensterlose Beton-Treppenhaus bezogenen Instinkt interpretieren würde, das Unternehmen zu meiden.

Ich atmete tief durch, erdete meine Füße und stellte mir vor, sie würden Wurzeln schlagen wie ein riesiger Mammutbaum. Unerschütterlich. Ich tippte die Angaben in alle Spalten ein.

Dann sperrte ich die Tabelle mit einem Passwort und schloss sie, wobei ich sie tief in meinem Investment-Ordner verstaute.

Als ich damit fertig war, fühlte ich mich mit meinen Entscheidungen wohl. Es war schlicht schwierig, ein Anrecht anzumelden. Aber sobald ich das getan hatte, war es meines und ich konnte weitermachen.

Ein paar Wochen lang schlug ich mich mit meiner Investmentpraxis recht gut. Jeden Tag las ich neben meinem Promi-Klatsch das *WSJ*. Ich las auch einige Jahresberichte. Weiterhin fielen mir im Alltag Unternehmen auf, die für mich zuvor unsichtbar gewesen waren. Teppichhersteller! Schuhfabrikanten! Baufirmen!

Ende Juni starteten mein Vater und ich schließlich unseren Podcast mit einer Reihe von Episoden, die wir in den letzten Monaten aufgenommen hatten, und zwar mit denen über Charlies vier Prinzipien der Geldanlage. Wir waren beide geschockt, als der Podcast binnen weniger Tage die Spitze der Business-Charts von iTunes erklomm. Wir konnten nicht glauben, wie viele Menschen gemeinsam mit mir etwas über die Geldanlage lernen wollten. Das verlieh mir einen ordentlichen Schub, weiterhin zu versuchen, dieses Zeug zu verstehen. Ich wusste nämlich: Wenn ich es könnte, dann könnte es auch jeder andere, der es versucht, indem er mir folgt.

Zu meiner Überraschung war der Podcast zu einem sicheren Bereich mit Dad geworden. Er tauchte jedes Mal auf – mit Humor, Liebe, Geradlinigkeit, Demut und intellektueller Ehrlichkeit. Bei der Aufnahme konnte ich ihn alles fragen, was ich wollte, und es ist ihm außerordentlich hoch anzurechnen, dass er sich nicht davor scheute. Überhaupt nicht. Er kniete sich rein. Er nahm meine Herausforderungen wie ein Mann an und drehte meine Meinung meist um 180 Grad. Manchmal akzeptierte er auch, dass ich eine andere Sichtweise auf ein Problem hatte. Das waren die besten Momente. Stunde für Stunde, Episode für Episode, Argument für Argument, Übung für Übung, er tauchte jedes Mal für mich auf. Er bewährte sich immer wieder, sowohl in der Investmentpraxis als auch im Handeln, im Denken und bezüglich der akademischen Strenge. Ich teilte meinen sicheren Bereich mit Tausenden Zuhörern, die ihn ebenfalls als sicheren Bereich empfanden, und das hatte etwas wunderbar Tröstliches.

Wieder versuchte ich, mir ein Bild von mir als erfolgreiche Investorin zu machen. Diesmal sah ich anstelle von Leere und Übelkeit sofort ein Bild von mir selbst. Das allein war schon ein Fortschritt. In diesem Bild sah ich eine gewisse Entspanntheit meiner Körperhaltung, der Schleier des Stresses war wie weggeblasen.

Bei unserem nächsten Telefonat zur Investmentpraxis wurde mir klar, dass ich wahrscheinlich nicht die Einzige mit seltsamen, komplizierten Fragen rund um Finanzen und Geld war, besonders was die Botschaften über Geld angeht, die wir von unseren Eltern und unseren

Lieben erhalten. „Diese Geldangelegenheiten können eine Menge Familienangelegenheiten zutage fördern", grübelte ich.

„Das ist aufs Engste mit der Familie verwoben", stimmte er mit einem wissenden Kichern zu. „Irgendwie konnte ich der Geldtradition meiner Familie entkommen. Ich wuchs ja in einer Familie auf, die dachte, reiche Leute hätten es nur dadurch so weit gebracht, dass sie andere Menschen verletzt haben", sagte er lässig.

Meine Augen weiten sich vor Schreck. *Was?*

Mein Vater schien sehr zufrieden mit seinen Bemühungen zu sein, Geld zu verdienen. Daher war ich nie darauf gekommen, dass auch er so seine Probleme damit haben könnte – bis jetzt.

„Oh ja", fuhr Dad fort. „Ich bekam viele solcher Botschaften vermittelt und ein verqueres Bild davon, reich zu sein. Mein Onkel mütterlicherseits war zu Geld gekommen, aber er verbarg es, sodass es niemand wusste. Er hat nie etwas getan, was darauf hingedeutet hätte, dass er Geld hatte, weil er nicht zu *diesen Leuten* gehören wollte. Meine Mutter empfand wie er und doch wollte sie unbedingt Geld und Erfolg haben und sie fand es als unmöglich, beides in ihrem Leben zu vereinbaren. Sie hat das Lehmhaus ganz allein gebaut und es war einfach wunderschön."

Das „Lehmhaus" war ein in unserer Familie legendäres Haus, das meine Großmutter, nachdem sie sich von der Leitung ihrer Restaurants und der Kindererziehung zurückgezogen hatte, ganz allein entworfen hatte. Sie und mein Großvater hatten es fast ausschließlich mit ihren eigenen Händen aus Lehmziegeln gebaut. Dad fuhr fort. „Es beeindruckte mich dermaßen, nachdem es gebaut war, und ich kannte einen Bauunternehmer, der Kapital suchte, um den Bau von 200 Lehmhäusern mit tollen, dicken, echten Lehmwänden mit einem Budget zu finanzieren. Meine Mutter wusste genau, wie man so etwas macht. Sie hätte es für das Budget machen können – und sie hätte es großartig gemacht."

„Sie hätte es geliebt", stimmte ich zu. Sie ist eine zupackende Frau und ich konnte mir vorstellen, wie sie die Arbeiter anblafft, sich mit den beauftragten Firmen streitet und jede Sekunde davon genießt.

„Ja", stimmte mein Vater zu. „Ich versprach ihr, ich würde den Deal absichern, wenn sie ihn den Job als Planerin übernehmen wollte, aber sie schreckte vor dieser Idee zurück, als hätte ich ihre Finger ins Feuer gesteckt. Sie konnte nicht damit umgehen, die Sache auf einer höheren Ebene anzugehen."

„Du meinst, es war zu viel für sie?", fragte ich ihn. Ich konnte mir nicht vorstellen, dass es für meine energische Oma zu viel war.

„Nein, sie hätte es gekonnt und es hätte ihr große Freude gemacht. Aber sie konnte sich nicht vorstellen, so etwas Großes zu tun. An der Arbeit lag es nicht – sie arbeitete immer unglaublich hart. Aber sie konnte nicht den geistigen Schritt gehen, der nötig war, um die Verantwortung zu übernehmen. Sie konnte sich nicht als erfolgreiche, wohlhabende Person sehen, weil das vermutlich zu beängstigend war. Ich rate nur. Ich weiß aber, dass sie davon geträumt hat und dass sie davor zurückschreckte, als sich die Gelegenheit bot. Sie konnte sich nicht vorstellen, dass sie ihr eigenes Geld und ihr eigenes Leben in die Hand nahm, und ich denke, dass sie sich auf einer tiefen Ebene nicht wohl damit fühlte, wohlhabend zu sein. Sie sagte: ‚Ach nein, das könnte ich nie tun.' Und weiter wollte sie nicht darüber reden."

Gütiger Gott. Sie war genau wie ich. Oder ich war genau wie sie.

Als sich die Gelegenheit bot, zuzupacken und Reichtum zu schaffen und Erfolg zu haben, konnte ich mir nicht vorstellen, es zu tun – wirklich mein eigenes Geld und meine finanzielle Freiheit in die Hand zu nehmen. Ich konnte mir nicht vorstellen, wie es aussehen würde. Ich war aber nicht eingeknickt, also gab es noch Hoffnung für mich, dachte ich mir, aber ich hatte den Stier auch nicht gerade bei den Hörnern gepackt. Nun, so dachte ich mir mit einem Anflug von Ironie, ich hatte wohl psychologische Ressourcen, die sie nicht hatte, und ich lebte in einer für Frauen ganz anderen Zeit. Ich konnte mich entweder durchstrecken und mit meinen Dämonen so umgehen, wie es meine Großmutter nicht getan hatte, oder ich konnte ihre Fehler wiederholen. Jetzt ist sie dement und verbringt einen Großteil ihrer Tage damit, ihre

Sachen zu packen und ihren Betreuern zu erzählen, sie baue ein Haus und müsse bereit sein, einzuziehen, sobald es fertig wäre. Meine arme Oma – in der falschen Epoche geboren.

Ich fragte meinen Vater, ob er irgendwelche negativen Gefühle habe, was Reichtum angeht. Ich konnte mir nicht wirklich vorstellen, dass dem so war – mein Leben lang hatte er immer Geld verdient und fühlte sich großartig dabei. Er erzählte mir, dass er genau wie seine Mutter immer skeptisch gegenüber reichen Leuten gewesen war, dass ihm das aber erst wirklich aufgefallen war, als er sich selbst daran machte, reich zu werden. Als Flussführer fühlte er sich, als besäße er keine Fähigkeiten, die ihn aus dem Grand Canyon herausholen würden. Er wollte aber raus, also hatte er keine andere Wahl, als einfach nur Geld zu verdienen. Er blendete seine Vorurteile aus purer Notwendigkeit aus und mit dem Rücken zur Wand beschritt er den gewundenen Weg zum Reichtum. Sobald er etwas Geld verdient hatte, erkannte er, dass er nicht böse oder unausstehlich war und dass er es nicht dadurch so weit gebracht hatte, dass er jemanden getreten hätte. Er ließ seine Urteile über andere wohlhabende Menschen in den Hintergrund rücken.

Nun musste ich entscheiden, wie ich meinen eigenen Vorurteilen mit Finanzen, Reichtum und Geld begegnen sollte. Hier ist die Prozedur, die ich mir ausgedacht habe:

SCHRITT EINS: SICH STELLEN. Mich den Vorurteilen stellen, die ich habe, sie anerkennen und dadurch ihre Macht reduzieren. Mich mit der Tradition verbinden, aus der ich komme, und akzeptieren, dass sie mein heutiges Leben positiv und negativ beeinflusst – diese Medaille hat zwei Seiten. Meine Vorurteile beeinflussten meine Offenheit für Veränderung in meinem Leben und für die Schaffung finanzieller Freiheit. Sie beeinflussten mein Wohlbefinden, indem sie tief greifenden Stress verursachten, von dem ich nicht einmal gewusst hatte, dass er da war. Ich fühlte mich, als würde ich mir mit den Fingernägeln die Brust aufreißen und das Herz bloßlegen, um anzuerkennen, wie die elfjährige Version von mir das Vertrauen in meinen Vater verloren und so viel Angst vor Geld hatte, dass der Stress in meine Investmentpraxis eingeflossen war – aber indem ich mich dem stellte, nahm seine Macht ab. Indem ich mich meinen Erinnerungen stellte, hatte ich erfahren, dass mein Vater vorgehabt hatte, zurückzukommen, und dass er – was am wichtigsten war – das auch getan hatte. Er war vertrauenswürdig und zuverlässig und er war für mich da. Und ich wollte eigentlich genauso sein. Ich beschloss, mich im Hinterkopf an die emotionale Reise zu erinnern, die ich durchgemacht hatte, und daran, dass meine Erfahrung meine Investitionspraxis in stressigen Zeiten immer noch beeinflussen könnte.

SCHRITT ZWEI: MARO. Dankbar für meine Familientradition in Geldangelegenheiten sein. Ich nahm mir die positiven Vorbilder zu Herzen, die mir meine Großmutter gegeben hatte: ihre Stärke, ihre Hartnäckigkeit, ihre Lust, etwas aus sich zu machen; die Angst ließ ich hinter mir. Meine Familientradition war durch meinen Vater ja auch die Tradition, die mir zu der Investmentpraxis verhalf, in die ich mich immer mehr vertiefte, und es war zwar schmerzhaft gewesen, mich meinen Kindheitsgefühlen zu stellen, aber so ist das Leben: Schlimme Dinge passieren. Vielen Menschen passiert viel Schlimmeres und auf eine Million Arten hatte ich als Kind und als Erwachsene unglaubliches Glück gehabt.

SCHRITT DREI: TRANSFORMIEREN. Mein eigenes Leben in die Fülle verwandeln, die ich mir wünsche. Ich musste daran denken, festzustellen, ob meine Narben mich beeinflussten und Dinge schlimmer oder furchterregender machten, als sie tatsächlich waren. Und das immer wieder tun, jedes Mal, wenn es auftaucht, und jedes Mal seine Macht verringern, weil ich mir jetzt seines Einflusses auf meine Gedanken und Entscheidungen bewusst war. Die Tradition schaffen, die ich mir für die Zukunft wünsche.

Ich versuchte ein drittes Mal, mich als erfolgreiche Investorin zu visualisieren. Wie würde ich aussehen? Diesmal war es deutlich anders. Ich fühlte mich geerdet, stabil und sehr sicher in dem Wissen, dass ich genug Geld auf der Bank hatte, um mir nie wieder Sorgen machen zu müssen. Ich sah mich selbst, aber als ein besseres Ich: sicherer, geerdeter, ausgeglichener, glücklicher, weil die Geldsorgen ganz einfach weg waren.

Diese Version von mir war in Sachen Finanzen versiert, sie wusste, was zu tun war, und ging selbstbewusst mit ihren Finanzen um. Es war eine gute Vision und sie fühlte sich frei von altem Ballast an. Ich mochte sie und ich mochte das Gefühl, das sie in meinem Körper erzeugte.

„Unsere Herkunft, unsere Familiengeschichte, das ist wirklich auf eine Art und Weise wichtig für das, was wir tun, die ich vorher nicht wirklich erkannt habe“, stellte ich fest.

„Auf jeden Fall. Ich sehe das bei meinen Schülern ständig“, erklärte Dad, „das sind Menschen, die versuchen, es besser zu machen als ihre Eltern, aber bereits mit der Idee zu kämpfen haben, dass sie es könnten. Leichter ist das, wenn die Eltern mit Geld zu tun haben. Buffetts Vater war Börsenmakler und besaß eine eigene Brokerfirma.“

„Ach so, für ihn war das also keine seltsame Welt“, erkannte ich.

„Überhaupt nicht. Viele andere Investoren, über die wir sprechen – die Gurus –, kommen aus Familien mit Investoren oder Vertretern der Finanzwelt.“

Ich erlebte eine Rückblende zu einem meiner ersten Tage an der juristischen Fakultät, als der Professor diejenigen im Raum, die einen Anwalt in der Familie hatten, bat, ihre Hände zu heben. Ungefähr 75 Prozent der Hände gingen nach oben – meine allerdings nicht. „Mir war bis zum Jurastudium nicht aufgefallen, dass viele, die Jura studieren, Angehörige haben, die Anwälte sind. Wir haben keine Anwälte in der Familie, also habe ich nie darüber nachgedacht. Aber es leuchtet ein, dass etwas real und erreichbar erscheint, wenn jemand in der Familie das schon macht.“ Als ich das sagte, stellte ich fest, dass es bei mir und der Geldanlage ja ironischerweise genauso war, aber anstatt wegen der

Vertrautheit in sie einzusteigen, wie es Warren Buffett getan hatte, mied ich sie. Ich hatte Angst davor. Ich wollte nichts damit zu tun haben.

Bis jetzt.

Jetzt wollte ich sie anpacken. Ich wollte nicht kneifen und ich wollte nicht, dass meine Vorurteile über Geld mich zu Fall brachten. Ich beschloss, mich von meiner Familientradition inspirieren zu lassen.

„Wie ich", sagte ich zu ihm. „Ich habe einen Elternteil, der investiert. Und jetzt wird das für mich real und erreichbar."

„Stimmt", sagte Dad und ich konnte es ihn mit einem Lächeln sagen hören. „Kommen wir also zur Sache. Nächsten Monat kommen wir zu etwas Schwierigerem. Bereit?"

Ich war bereit.

JUNI-ÜBUNG: Dieser Monat war für mich wirklich hart gewesen, aber weil ich bereit war, die emotionalen Turbulenzen durchzustehen, war es auch der Monat, in dem ich Grenzen durchbrach, die mich daran hinderten, zur echten Investorin zu werden und meine finanzielle Freiheit zu erlangen. Machen Sie sich zu Ihrem eigenen Durchbruch auf, indem Sie sich Ihrer Familiengeschichte in Sachen Geld stellen, dafür dankbar sind und sie transformieren – entweder durch Gespräche mit Familienmitgliedern oder durch Erinnerungen an Ihre Vergangenheit. Und seien Sie nett zu sich selbst, wenn Sie Ihren persönlichen Voldemort entdecken.

KAPITEL 7

CHARLIES VIERTES PRINZIP: DER PREIS

JULI

Diesen Monat:

- Die Bewertung anhand von Zahlen zum gesamten Unternehmen
- Die Ten-Cap-Pricing-Methode
  - Owner Earnings
- Die Bewertung anhand der Payback Time
  - Eine Formel für den Free Cash Flow
  - Die windkorrigierte Wachstumsrate

Ich hatte einen schrecklichen Jetlag, aber das machte nichts. Ich war für ein viertägiges Wochenende von Denver nach Zürich geflogen – eine wahnsinnige Reise, die Nuno und mir aufgrund des Zeitunterschieds nur drei gemeinsame Tage ließ. Es lohnte sich aber absolut.

Und jetzt verbrachte ich einige dieser kostbaren Tage, indem ich um vier Uhr morgens mit Blick auf die Straßenlaternen aufwachte und das gelegentliche beruhigende Vorbeirauschen eines Zürcher Busses mitten in der Nacht hörte. Von Natur aus war ich immer eine Nachteule gewesen, aber mein Job hatte mich gezwungen, immer früher aufzustehen. Mit der Zeit gefiel es mir sehr gut, früh aufzuwachen, um den Sonnenaufgang vor meinem Panoramafenster zu beobachten, daher machten mir die Jetlag-Stunden nicht viel aus. Es liegt ein Versprechen in diesen dunklen, ruhigen Nächten, wenn alle anderen außer einem selbst schlafen, wenn die Stunden gratis sind und alles, was man tut, ein reiner Bonus ist.

Auch während meines Aufenthalts in Zürich wollte ich meine Investmentpraxis betreiben. Ich hätte mir auf die Schulter geklopft, wenn ich nicht zu steif gewesen wäre, weil ich im Flugzeug aufrecht sitzend geschlafen hatte. Jetzt konnte ich mich mir auf Kommando als erfolgreiche, glückliche und selbstbewusste Investorin vorstellen. Meine seltsame Narbe war zwar nicht auf magische Weise verschwunden, aber es fühlte sich an, als hätte jemand einen wundersamen Balsam darauf gestrichen. Crème de la Mer für die Seele. Was würde ich tragen, wenn ich die Investorin wurde, die ich vor meinem geistigen Auge sah? Chanel, dachte ich. Nein, auf den zweiten Blick dachte ich mir, nur Menschen, wie ich vor sechs Monaten einer gewesen war, die den Zinseszinseffekt nicht verstanden, würden Geld für Chanel zum Fenster hinauswerfen. (Diese Worte wollte ich wahr machen, sobald ich zu einer bestimmten Anzahl von Nullen auf meinem Brokerage-Konto kam und so viel ausgeben konnte, wie ich wollte, ohne eine Delle in meine Berechnungen zu machen. Ein Mädchen muss etwas haben, auf das es sich freuen kann.)

Im Dunkeln zu sein gab mir den Mut, das auszuprobieren, von dem mein Vater versprochen hatte, es werde etwas härter, und was ich seit Beginn dieses Unterfangens gefürchtet hatte: die Mathematik. In meinem Kopf erschien sie in Großbuchstaben als „MATHE“ und die Buchstaben hinderten mich daran, zu sehen, was sich dahinter befand.

Vor meiner Reise hatte ich meinen Vater angerufen. Ich wollte wieder in die Investmentpraxis einsteigen. Her mit der MATHE, verkündete ich lautstark in meinem Kopf. Dann, am Telefon mit meinem Vater, sprach ich es laut aus.

Aber zuerst ließ ich einfließen, dass ich nach Zürich flog, um Nuno zu treffen, um ihm mitzuteilen, dass ich außer Landes sein würde und dass ich es mit diesem Mann ernst meinte. Als Nuno nach Boulder gekommen war, hatte ich meinem Vater gegenüber seine Existenz erwähnt, aber jetzt war klar, dass wir uns mehr aufeinander einlassen würden. Mein Vater fand es toll, unterstützte mich total und stellte nicht viele Fragen. Er wusste: Wenn ich es mit diesem Mann ernst meinte, dann war er es wert, es ernst zu meinen.

Dann kamen wir zur Besprechung der anstehenden Aufgabe: Charlies letztes Prinzip.

Charlie Mungers viertes Prinzip der Geldanlage: Ein Preis, der einen Sinn ergibt und eine Sicherheitsmarge beinhaltet

Als letztes Kriterium in der Liste seiner vier Prinzipien sagt Charlie, man soll für ein Unternehmen keinen überhöhten Preis bezahlen. Man soll den angemessenen Preis herausfinden, dann aber trotzdem noch nicht kaufen – mit anderen Worten: Man soll warten, bis der Preis noch niedriger als angemessen ist. Man soll also einen Preis bezahlen, der erstens sinnvoll ist und zweitens ein Schnäppchenpreis ist, der für eine Sicherheitsmarge sorgt. Wenn ich mich bezüglich des angemessenen Preises irren sollte – ein wahrscheinliches Szenario –, würde mich auf diese Weise die zusätzliche Marge retten, sodass ich hoffentlich trotzdem kein Geld verlieren würde.

Ich fühlte mich durch dieses Prinzip geschützt und darum ging es natürlich. Charlie war bei der Preisgestaltung dieser mysteriösen Wesen genauso konservativ wie ich.

Wenn ich mir den Aktienkurs einer Firma ansah, hörte ich innerlich Charlie gedehnt sagen: *Nun, wir werden nicht übermäßig viel bezahlen*, nach dem Motto *Wie viel wollen die für diesen Schrotthaufen haben?* Genau, Charlie. Genau. Ich betrachtete das genauso wie den Kauf eines

Gebrauchtwagens: misstrauisch. Vielleicht bekomme ich ein Schnäppchen, aber ich muss wirklich zuerst gegen die Reifen treten und wissen, was ich vor mir habe. Ganz zu schweigen davon, dass ich die schönen Worte des Verkäufers durchschauen musste, der das Auto beschrieb, damit ich das Sägemehl im Getriebe nicht sehen würde. (Ich höre mich an wie ein Gangster aus den 1970er-Jahren. Schüttet man heute überhaupt noch Sägemehl ins Getriebe?)

Aber was Charlie nur andeutete, als er dieses vierte Prinzip erklärte: Um einen sinnvollen Preis zu bezahlen müsste ich wissen, wie man einen guten Preis berechnet. Er und mein Vater schienen zu meinen, das sei kein Problem. Ich war mir da aber nicht so sicher.

„Führst du mich durch eine schnelle Bewertungsübung, damit ich sehe, wie du das machst?“

Mein Vater ließ einen Zahlen-Tsunami über mich hereinbrechen. „Sicher, Schatz. Okay, sehen wir uns dieses Unternehmen an. Es hat ein EPS von 4,50 Dollar und die von den Analysten erwartete Wachstumsrate beträgt 13 Prozent, was aber historisch gesehen für diese Firma wirklich hoch ist, also nehmen wir lieber acht Prozent, denn wen wollen die Analysten denn veräppeln, und dann ergibt sich aus der 72er-Regel, dass daraus in zehn Jahren circa zehn Dollar werden.“

„Was?“

„In zehn Jahren zehn Dollar.“

Ich saß da und blinzelte. „Was zehn Dollar? Der Aktienkurs?“

„Nein, der künftige Gewinn.“

„Wie zum Teufel sind wir denn jetzt beim zukünftigen Gewinn gelandet – versuchen wir denn nicht, einen Aktienkurs zu finden?“

„Ja, natürlich. Entschuldigung. Du bist nicht mitgekommen. Okay, fangen wir noch mal von vorne an.“

Ihm leuchtete das alles ein und es war in Ordnung, dass er es so machte, denn ihm war klar, worauf er hinauswollte. Ich wusste aber nicht einmal, welche Fragen ich stellen sollte, um zu versuchen, ihn zu verstehen. Man weiß, dass man verloren ist, wenn man keine Frage formulieren kann, um etwas zu beschreiben – etwas, das einem helfen würde, weniger verloren zu sein. Und in dem Wirrwarr der Wörter, die er gerade benutzt hatte, gab es nichts, was mir helfen würde, weniger verloren zu sein.

Ich erinnerte mich an die vier großen Zahlen, die ich verstanden hatte.[36] Ich verstand sogar ROE und ROIC und die Verschuldung.[37] Ich hatte gedacht, ich sei so weit. Aber diese Sprache sprach ich noch nicht. Ich gab auf, beendete unser Gespräch und kam erst wieder darauf zurück, als ich in Zürich war.

Die Bewertung ist kein einfaches Thema. In meiner beruflichen Praxis sprach ich gelegentlich mit Mandanten über die Unternehmensbewertung, aber immer aus rechtlicher Sicht. Ein Risikokapitalgeber, der einen meiner Jurakurse gehalten hatte, rauschte über die Bewertung eines Unternehmens hinweg, als handele es sich dabei um einen i-Punkt, den man in einem Vertrag nachträgt. Ein Student bat ihn, genauer darauf einzugehen, wie er ein Unternehmen bewertet, bevor er investiert, und er antwortete, es handele sich um eine Alchemie von Faktoren und eine ungenaue Wissenschaft, die auf den bisherigen Erfahrungen des Investors in diesem Bereich sowie darauf basiere, wie viel bereits investiert worden war. Im Grunde genommen wollte er in einem Jurakurs deshalb nicht darauf eingehen, wenn er nicht musste, weil er keine gute Antwort hatte. Die Bewertung eines privaten Start-ups ohne finanzielle Vorgeschichte ist etwas ganz anderes als die Bewertung eines etablierten börsennotierten Unternehmens mit einer langen Historie von Finanzkennzahlen. Die bisherige Performance ist jedoch kein Indikator für zukünftige Ergebnisse, das hatte ich bereits bei meinen Graben- und

[36] Die vier großen Zahlen, die ich in unserer Diskussion über Burggräben in Kapitel 5 gelernt habe, sind (1) Nettogewinn (auch Nettoergebnis, Reinertrag oder Reingewinn genannt), (2) Buchwert (auch Eigenkapital genannt) + Dividenden, (3) Umsatz und (4) operativer Cashflow.

[37] Ich habe diese Begriffe bei unserer Diskussion über das Management in Kapitel 5 gelernt.

Managementanalysen gelernt. In gewisser Weise können etablierte Aktiengesellschaften genauso unberechenbar sein wie ein Start-up.

Ohne eine gute Erklärung meines Vaters zur Hand hatte ich das Nächstbeste mit nach Zürich genommen: sein Buch „Regel Nummer 1". Ich las die Kapitel über Preise und trank Kaffee, während die Stadt erwachte, dann las ich die entsprechenden Seiten noch einmal, bis sie sich zu einem Brei von Zahlen und Worten über Zahlen vermischten. Ich konnte daraus keine Formel destillieren. Ich wusste wirklich nicht, was ich tun sollte. Ich schüttelte den Kopf und versuchte, die Zahlen, die sich darin befanden, in die richtige Reihenfolge zu bringen. Ich war so frustriert, dass sich meine Angst in Panik zu verwandeln begann.

Charlie hatte gesagt, es sei alles ganz einfach und offensichtlich. Er war mir eben noch nicht begegnet.

Als Nuno aufwachte, beichtete ich ihm, dass ich bei MATHE versagt hatte. Als sein Lachen abgeebbt war – was länger gedauert hatte, als ich es mir gewünscht hätte –, versuchte er mir zu helfen. Er wusste, dass ich anfing, durchzudrehen. „Ich habe etwas für dich." Er grinste. *Ooh!* Ein kleines Geschenk der Liebe. Wie süß. Er sprang auf und kam mit einem vierhundertseitigen Buch zurück, auf dessen Einband „Valuation" stand. „Du bist jetzt bei der Preisbildung und Bewertung und ich habe dieses Buch an der Business School benutzt. Ich denke, es wird dir helfen."

Nach ein paar beruhigenden Atemzügen presste ich ein „Danke" heraus und weigerte mich, vor Frustration zu weinen. Es war undenkbar, dass mir dieses Buch helfen würde.

Ich setzte mich mit dem Bewertungsbuch in Nunos Wohnzimmer und er, der Zahlenfreund, las am anderen Ende des Zimmers sein eigenes Buch und wartete ganz aufgeregt darauf, dass ich mit dem dicken Buch mein Aha-Erlebnis haben würde. Ich watete durch den Schlamm der ersten Kapitel und kämpfte ständig mit der Bewertungstheorie. Das hatte ich schon mal erlebt: Ich ging so selbstbewusst in meinem nicht von Chanel stammenden Kleid zu der Value-Investing-Party und fühlte mich, als würde ich dazugehören. Es stellte sich aber heraus, dass ich die ganze Zeit wie eine Zicke behandelt wurde. Ich konnte das nicht. Ich konnte es kein bisschen.

Ich ertappte Nuno dabei, dass er mich ab und zu anschaute und herauszufinden versuchte, ob ich es begriff. Ich machte weiter und mir schwirrte der Kopf. Ich brauchte doch einfach nur nützliche Informationen, dachte ich verzweifelt. Unkomplizierte, ungeschminkte Informationen darüber, was man tun muss, um zu ermitteln, welcher Preis sinnvoll ist. *Ein wenig Hilfe?*

Also tat ich, was ich oft tue, wenn ich das Gefühl habe, im Leben versagt zu haben. Ich legte das Buch weg und wusch ab. Während meine Hände beschäftigt waren, konnte mein Gehirn abschweifen und ich konnte mich zumindest gut fühlen, weil ich etwas Nützliches tat.

Ich wendete das Problem immer wieder in meinem Kopf hin und her. Wie würde ich das herausfinden? Mein Vater konnte mir nicht einmal die einfachste Version der Bewertung erklären. Die Bücher waren mir keine Hilfe. Ich befand mich ohne Paddel auf einem Bach und das seit vier Uhr morgens.

Nuno kam aus dem Wohnzimmer, während ich Töpfe abspülte, und küsste mich auf die Wange. „Geht es dir gut, Liebling?“, fragte er.

„Gut“, murmelte ich. Dann verlor ich die Beherrschung und fing an zu weinen.

Er war ziemlich verblüfft. Er drehte den Wasserhahn ab, umarmte mich und fragte: „Habe ich etwas getan?“

„Nein“, weinte ich in sein Hemd. „Ich kann kein Unternehmen bewerten! Ich habe mich stundenlang damit befasst. Stunden! Und ich kann mich nicht hinsetzen und erfassen, was diese Formeln bedeuten, und sie benutzen. Wenn ich darüber nachdenke, was ich tun soll, dreht sich mir der Kopf.“

Er wartete kurz ab. „Ich glaube, du machst dir solche Sorgen, weil du versuchst, dir Formeln zu merken, anstatt sie wirklich zu verstehen. Du kennst mein Gedächtnis. Glaubst du wirklich, ich erinnere mich an all diese Formeln?“

Als er von meinem Haus aus arbeitete, während er mich in Boulder besuchte, hatte ich gesehen, wie er die komplexesten Formeln auswendig hingeschrieben hatte. „Ja, ich glaube definitiv, dass du dir alle Formeln merken kannst. Du holst sie aus deinem Kopf hervor, als wäre das nichts."

„Nein!", protestierte er. „Ich erinnere mich nicht an sie. Ich denke über das Problem nach und ermittle mithilfe der Logik das Werkzeug, das ich brauche, um eine Lösung zu finden. Ich merke mir die Formeln nicht wirklich. Du hast einen überaus logischen Verstand, wenn du also den Prozess logisch durchdenkst, anstatt an die Formel zu denken, brauchst du sie dir nicht zu merken. Die Formel kommt dann automatisch, wenn du sie brauchst."

Ich löste mich von seinem nassen Hemd. „Das könnte ich."

„Na klar." Er freundete sich mit seinem eigenen Gedanken an. „Vergiss, dass es hier überhaupt um Mathematik oder eine Formel geht. Benutze die Logik, um von dort, wo du stehst, dahin zu gelangen, wo du hinwillst, und dann brauchst du dir keine großen Sorgen mehr um die Mathematik zu machen. Du brauchst es nur verstehen, dann kommt es von allein."

Ich erinnerte mich plötzlich daran, wie ich in der Schule Mathematik gelernt hatte. Im Unterricht war ich immer irgendwie verwirrt, aber als ich herausfand, dass ich den Unterricht weitgehend ignorieren, das Schulbuch mit nach Hause nehmen und es mir selbst beibringen sollte, kam ich gut zurecht. Den gesamten Mathe-Stoff der Highschool hatte ich mir auf diese Weise beigebracht. Nuno riet mir, ich solle eine Bewertungsmethode als reine Logik betrachten. Auf diese Weise, wenn ich mit dieser Methode auf die letztendliche Lösung käme, wüsste ich auch, ob die Lösung korrekt war oder ob dabei etwas schiefgelaufen war.

Die Bewertung würde mich nicht unterkriegen. Irgendwie würde ich sie mir selbst beibringen. Also kam ich wieder auf Charlie zurück. Das vierte Prinzip. *Wir werden keinen überhöhten Preis bezahlen.* So einfach und so offensichtlich? *Foin.*

Ich würde die momentan zwei Meter hohe Hürde in eine 20 Zentimeter hohe Hürde verwandeln. Ich würde mir die Bewertung beibringen und ein Unternehmen kaufen.

Zur Hölle, wenn mein Vater das konnte, dann konnte ich es sicher auch.

Ich musste fest daran glauben, dass mein Vater für mich sein Zahlengehirn in ein Wortgehirn transformieren konnte. Ich ließ Nuno glücklich im Wohnzimmer tippend arbeiten und setzte mich an den Küchentisch. Später rief ich meinen Vater per Videoanruf an. „Mein Selbstvertrauen hat seinen historischen Tiefpunkt erreicht. Kannst du mir die einfachste Möglichkeit zeigen, wie man ein Unternehmen irgendwo auf dem Planeten bewertet? Wenn du das kannst, werde ich herausfinden, wie ich es mir selbst beibringen kann."

Er sagte: „Große Denker. Ich habe noch einmal darüber nachgedacht, dass ich Anfängern auf andere Weise beibringen sollte, den richtigen Preis für den Kauf des Unternehmens zu finden."

„Wirklich?", kreischte ich.

„Ja, ich habe irgendwie erkannt, dass ich mit dem Prozess, Zahlen durch meine Formeln zu jagen, so vertraut bin, dass ich vergesse, dass das einschüchternd ist, wenn man sich mit dieser Sprache nicht wohlfühlt. Ich habe mir eine viel bessere Möglichkeit ausgedacht, es zu erklären. Begeben wir uns zu Füßen des Meisters."

Ich fühlte, wie sich mein Körper unwillkürlich entspannte. „Wunderbar."

Mein Vater fing an, Buffetts Brief an seine Aktionäre für das Jahr 2014 zu rekapitulieren, in dem Buffett den einfachsten Weg aufzeigte, einen Preis für ein Unternehmen zu bestimmen. Buffett gelingt es fantastisch, uns Normalos unternehmerische Konzepte zu erklären, und genau das brauchte ich. Nichts Kompliziertes. Keinen dicken Wälzer über Bewertung. Allgemein verständliche Methoden.

In seinem Brief schrieb Buffett, man solle sich die Bewertung eines Unternehmens so vorstellen wie die Bewertung beim Immobilienkauf.

Ich weiß, das ist nicht wirklich die gleiche Kategorie wie die Aktiengesellschaften, die ich untersucht hatte, oder die Aktiengesellschaften, die Buffett gekauft hatte. Aber im Immobiliengeschäft werden Gebäudeflächen vermietet. Man braucht dafür nur ein paar Zahlen, die ich alle auch verwendet hatte, als ich meine Eigentumswohnung kaufte: Kaufpreis, Unterhaltskosten, wie viel ich andernfalls an Miete, Steuern und Versicherung hätte zahlen müssen. Auch wenn ich sie nicht gerade faszinierend finde, kann ich Immobilienkennzahlen immerhin mit etwas Greifbarem in Zusammenhang bringen. Ich weiß, warum ich diese Zahlen verwende, wo ich sie herbekomme und wie ich feststellen kann, ob sie von ihren Sollwerten abweichen – genauso wie ich verstehen kann, warum ein Toyota weniger kostet als ein Lexus und warum Yogahosen von Lululemon mehr kosten als Leggings von Target. Das Gleiche gilt laut Buffett für gewisse Aktiengesellschaften.

Ich wusste es sehr zu schätzen, dass mein Vater Buffetts Immobilienerklärung gefunden und mir vorgestellt hatte. Die war mir entgangen, als ich die Buffett-Bibel zum ersten Mal las. Ich benutzte Buffetts Beispiel, um zu beginnen, die drei Möglichkeiten meines Vaters zu lernen, Unternehmen zu bewerten und ihnen Preise beizulegen.

Ja, auf *drei* Arten. Ich war anfangs nicht glücklich darüber.

In diesem Moment brauchte ich ja nur eine Methode. Mehr als eine wollte ich nicht.

„Dass du drei verschiedene Möglichkeiten hast, den Preis zu ermitteln, zwingt dich, das Unternehmen besser zu verstehen, und je besser du das Unternehmen verstehst, desto einfacher ist es, den richtigen zu zahlenden Preis zu ermitteln", erklärte mein Vater. „Du solltest in der Lage sein, jegliche Finanzmanipulation zu erkennen, indem du sie verstehst und vergleichst. Drei Methoden sichern dich ab."

Nun, das war eine ausgezeichnete Antwort. Ich mag Sicherheit.

„In Ordnung", stimmte ich ihm zu. „Legen wir los."

Drei Methoden der Preisfindung/Bewertung

1. Der Ten-Cap-Preis (basierend auf den Owner Earnings)
2. Der Payback-Time-Preis (basierend auf dem Free Cash Flow)
3. Die Bewertung mit Sicherheitsmarge (basierend auf dem Unternehmensgewinn)

Anmerkung zu den Berechnungen

Denken Sie daran: Wenn ich das kann, dann können Sie das auch. Um Ihnen das Erlernen der Berechnungen zu erleichtern, gebe ich Ihnen drei geschäftliche Beispiele: (1) als Immobilienbeispiel ein Mietshaus, (2) als Beispiel eines Privatunternehmens einen Limonadenstand und (3) als Beispiel einer Aktiengesellschaft Whole Foods. Die Zahlen zum Mietshaus und zum Limonadenstand sind klarer, unkomplizierter und zugänglicher als der direkte Weg zu den Zahlen börsennotierter Unternehmen. Die Jahresabschlüsse der einzelnen Musterunternehmen sind auch vollständig im Anhang enthalten. In der Anfangszeit meiner Praxis betonte mein Vater, dass ich denken und handeln sollte, als würde ich ein ganzes Unternehmen kaufen, und bei der Preisfindung nehmen wir das wörtlich, indem wir das Unternehmen als Ganzes bewerten. Ja, ich weiß, dass Aktiengesellschaften in Form von Aktien gehandelt werden und dass ich in Wirklichkeit kein ganzes Unternehmen kaufen werde. Das ist mir aber egal – und vielleicht kaufe ich ja eines Tages ein ganzes Haus oder ein ganzes privatwirtschaftliches Unternehmen. Die Grundlagen durch das Verständnis ganzer Unternehmen als Beispiele werden es viel einfacher machen zu verstehen, wie man weiß, was man für einen Anteil an einer Aktiengesellschaft bezahlen soll, also haben Sie bitte ein paar Seiten Geduld mit mir. Auf diese Art habe ich gelernt, mich mit der Buchhaltung und mit Jahresabschlüssen (relativ) wohlzufühlen. Dann, wenn wir die Konzepte haben – und erst dann –, werden wir den Kauf eines Bruchteils eines Unternehmens besprechen, das börsennotierte Aktien verwendet.

Bewertungsmethode 1: Ten Cap

In seinem Brief an die Aktionäre des Jahres 2014 beschrieb Buffett, wie er entschied, was er für zwei seiner Unternehmen zahlen sollte: eine Farm in Nebraska und ein Gebäude in New York City. Buffett verwendete eine Preismethode, die Immobilieninvestoren als Kapitalisierungssatz bezeichnen, auch bekannt als „Cap Rate". Buffett und mein Vater *lieben es*, Cap Rates zu verwenden, weil sie finden, dass sie einfach sind. Ich verstehe sie folgendermaßen.

Im Wesentlichen ist eine Cap Rate die Rendite, die der Eigentümer der Immobilie jedes Jahr auf den Kaufpreis der Immobilie erhält – die Rendite ist das Geld, das der Eigentümer in seine Tasche steckt. Wenn ich zum Beispiel ein Haus für 500.000 Dollar kaufe und am Ende des Jahres 50.000 Dollar einstecke, beträgt die Rendite meiner Investition 10 Prozent. Das ist meine Cap Rate: 10. Wenn ich am Ende des Jahres nur 25.000 Dollar in der Tasche habe, dann liegt meine Rendite bei 5 Prozent und das ist meine Cap Rate: 5.

Im Allgemeinen ist meine Rendite umso höher, je höher die Cap Rate ist (und umso weniger ich für die Immobilie bezahlt habe). Eine höhere Cap Rate ist besser. Die Kapitalisierungsraten können variieren, oft von 4 Prozent oder Four-Cap (einer Jahresrendite von 4 Prozent auf den Kaufpreis) bis zu einer Kapitalisierungsrate von 15 Prozent oder Fifteen-Cap (eine Jahresrendite von 15 Prozent auf den Kaufpreis). Buffett und Munger verlangen eine Kapitalisierungsrate von 10 oder „Ten Cap" – eine Jahresrendite von 10 Prozent auf ihre Investition – und deshalb nennt mein Vater diese Bewertungsmethode Ten Cap.

Warren Buffett stellt seine Berechnungen auf der Grundlage einer von ihm definierten Finanzkennzahl an: Owner Earnings – der Betrag an Bargeld, der jedes Jahr in die Tasche des Unternehmens oder des Immobilienbesitzers fließen kann, ohne den Geschäftsbetrieb zu beeinträchtigen.

Wir kommen gleich zu der Berechnung der Owner Earnings. Doch zuerst die Farm.

In den 1970er-Jahren stiegen die Preise für landwirtschaftliche Erzeugnisse mit der Inflation und die Preise für Farmen im Mittelwesten explodierten. Die Farmer hatten das Gefühl, wenn man jetzt keine Farm kaufen würde, dann wäre der Preis in ein paar Jahren wahnsinnig hoch und man wäre nie in der Lage, eine zu kaufen. Deshalb stiegen die Preise weiter. Kleine Banken im Mittelwesten vergaben Kredite auf Farmen, während die Farmpreise weiter stiegen. Dann, Anfang der 1980er-Jahre, hob die Federal Reserve Bank die Zinsen extrem an, was es teurer machte, eine Hypothek zu bezahlen, sodass die Agrarpreise zu fallen begannen. Die hohen Zinsen dämpften auch die Inflation und die Preise für landwirtschaftliche Erzeugnisse fielen. Innerhalb weniger Jahre fiel der Preis für eine Farm um 50 Prozent. Den Landwirten fiel es nun schwer, die Raten für ihre hochpreisigen Landinvestitionen zu zahlen, und die Zwangsversteigerungen gingen durch die Decke. Die kleinen Banken im ganzen Mittleren Westen, die die Hypothekendarlehen vergeben hatten, fingen an, bankrottzugehen. Schließlich wurden Hunderte von ihnen mitsamt den gepfändeten Farmen von den Regulierungsbehörden übernommen. Die Regulierungsbehörden betrieben die Farmen nur im kleinen Rahmen, während sie versuchten, sie zu verkaufen. Es fand also ein großes Ereignis statt, das den Preis für eine Farm drückte. Das ging jahrelang so.

Von seiner Bestlage in Omaha aus fiel Buffett das auf. Er fand eine 160 Hektar große Farm mit einem Burggraben: Sie befand sich in einer einzigartigen Gegend – Nebraska –, wo die Kombination aus Bodenart, Niederschlägen und Sonnenschein einen dauerhaften Wettbewerbsvorteil gegenüber anderen Betrieben auf der Welt schuf, indem sie die Voraussetzungen für einen zuverlässigen Ertrag an Mais und Soja bot. Er wusste, dass er eine professionelle Farmverwaltung einstellen konnte, die den Ertrag des Betriebs wieder auf den historischen Stand aus der Zeit vor der Übernahme durch die Bank bringen würde. Er wusste, dass die Landwirtschaft ein Ereignis durchmachte: Im Jahr 1986 waren die Preise für Mais und Soja so niedrig wie seit Jahrzehnten nicht mehr und würden sehr wahrscheinlich steigen. Mit anderen Worten: Er wusste, dass diese Farm in etwa zehn Jahren wahrscheinlich produktiver sein und mehr Geld einbringen würde als in diesem Jahr und dass sie in Zukunft wahrscheinlich viel mehr wert sein würde. Er berechnete die aktuellen (nicht hohen) Einnahmen des Betriebs, zog die Ausgaben für Anbau und Ernte einschließlich der Ersetzung alternder Maschinen (Wartungsinvestitionen) ab und erhielt die daraus resultierenden Owner Earnings. In diesem Fall waren das circa 28.000 Dollar pro Jahr vor Einkommensteuer.

„Und was meinst du nun, welchen Preis er für sinnvoll hielt?", fragte mich Dad. „Diese Berechnung wird dir gefallen. Er war bereit, einen Preis zu zahlen, der ihm eine angemessene Rendite auf sein Geld bringen würde. Er nahm einfach die jährlichen Owner Earnings der Farm, also 28.000 Dollar, mal zehn: 280.000 Dollar. Wenn er die Farm für diesen Preis bekommen könnte, bedeuteten die 28.000 Dollar Owner Earnings, dass er im ersten Jahr eine Rendite von zehn Prozent auf seine Investition erhalten würde. Das ist eine gute, solide Rendite und wahrscheinlich würde er in Zukunft eine viel höhere erhalten, da die Owner Earnings durch die höheren Preise für Agrarprodukte und durch optimierte Produktion stiegen. Also bot er für die Farm 280.000 Dollar und kaufte sie."

Ich griff die Formel für die Ten-Cap-Bewertung noch einmal auf, um sicherzugehen, dass ich sie richtig verstanden hatte: Owner Earnings mal zehn. Das sagt mir, welchen Preis ich bezahlen kann, sodass er mir im ersten Jahr als Eigentümerin eine 10-prozentige Rendite einbringt.

Buffett schrieb über den Kauf dieser Farm:

> „Ich brauchte weder ungewöhnliches Wissen noch ungewöhnliche Informationen, um zu dem Schluss zu kommen, dass die Investition keinen Verlust und möglicherweise erheblichen Gewinn mit sich bringen würde. Natürlich würde es gelegentlich eine schlechte Ernte geben und die Preise würden manchmal enttäuschend ausfallen. Aber was soll's? Es würde ja auch ungewöhnlich gute Jahre

> geben und ich würde nie unter Druck stehen, die Immobilie zu verkaufen [da keine Schulden vorhanden waren, die in einem schlechten Jahr einen Verkauf erzwungen hätten]. Heute, 28 Jahre später, haben sich die Einkünfte der Farm verdreifacht und sie ist mindestens fünfmal so viel wert wie das, was ich dafür bezahlt habe. Ich habe immer noch keine Ahnung von Landwirtschaft und habe diese Farm kürzlich erst zum zweiten Mal besucht."[38]

Buffett sagte, man solle darauf vertrauen, dass man die künftige Produktion grob schätzen kann – und wenn sie höher ausfällt als heute, dann soll man das gesamte Haus, die gesamte Farm, das gesamte Unternehmen oder was auch immer zu einem Preis kaufen, der zehnmal so hoch ist wie die aktuellen Owner Earnings. Man sollte anfangs zehn Prozent Rendite auf die Investition erhalten und wenn man damit recht hatte, dass die Produktion des Unternehmens in Zukunft höher sein wird, ist es sehr unwahrscheinlich, dass man mit dieser Investition Geld verliert.

Dann erläuterte Dad Buffetts zweites Beispiel: das Mietshaus. Mitte der 1990er-Jahre stieß Buffett in New York auf ein Gebäude, das im Zuge des Sparkassen- und Immobiliendebakels gepfändet worden war und das niemand kaufen wollte, weil der Vorbesitzer die Flächen weit unter den Marktpreisen vermietet hatte. Er rechnete. Wenn er es für einen Ten-Cap-Preis kaufen könnte, würde er eine 10-prozentige Rendite erhalten, bis er die Miete erhöhen könnte, und danach würde die Rendite durch die Decke gehen. Er bot den Ten-Cap-Preis und bekam das Gebäude. Schon nach wenigen Jahren konnte er das Gebäude neu vermieten und refinanzieren, indem er 150 Prozent seiner Investition entnahm und nur die Einkünfte aus dem Gebäude zur Deckung der Hypothek einsetzte. Heute ist dieses Gebäude viele Millionen mehr wert, als er dafür bezahlt hat.

In Ordnung, dachte ich. Ich sehe, wie diese MATHE funktioniert. Diese Methode ermittelt einen vernünftigen Preis für den Kauf des

[38] Jährlicher Brief von Warren Buffett an die Aktionäre von Berkshire Hathaway, 2014.

Unternehmens, einen Preis, der mit hoher Wahrscheinlichkeit deutlich unter dem tatsächlichen Wert des Unternehmens liegt.

Aber Moment mal – zehn Prozent Rendite im ersten Jahr? Das ist ein tolles Geschäft. Wie oft kommen Ten-Cap-Deals denn vor?

„Tja", antwortete mein Vater trocken, „das ist der Haken. Es kommt vor, dass man buchstäblich 30 Jahre wartet, um ein Ten-Cap-Mietshaus in New York oder die Kaufgelegenheit für eine Farm in Nebraska wie Buffett zu bekommen."

„Was nützt diese Preismethode, wenn Ten-Cap-Deals so selten sind?"

„Zwei Punkte: Erstens kommen sie tatsächlich vor und ich habe schon mehrere solche Geschäfte gemacht. Dir ist es vielleicht nicht klar, aber das Haus, das wir in Iowa gebaut haben und wo du meine Beine gerettet hast, stand auf einer großen Farm, die ich 1986 gekauft habe, zur selben Zeit, als Buffett seine Farm in Nebraska kaufte. Und ich kaufte es aus dem gleichen Grund – es war superbillig. Dann teilte ich es auf und verkaufte es in Form von Parzellen, von denen ich unser Haus bezahlte."

„Das wusste ich eigentlich schon – ich dachte es mir, als die Leute anfingen, rings um uns Häuser zu bauen. Ich wusste allerdings nicht, dass du damit so ein gutes Geschäft gemacht hast. Aber wenn es stimmt, dass solche Deals selten sind, wie soll ich dann jemals etwas finden, das ich tatsächlich zum Ten-Cap-Preis kaufen kann?"

„Nun, im Immobilienbereich und in der Landwirtschaft mag es schwer sein, Ten Caps zu finden, aber in seinem Brief aus dem Jahr 2014 schreibt Buffett, wieso es viel einfacher ist, an der Börse nach Ten Caps zu suchen, als sie unter den Immobilienangeboten im Lokalteil zu finden." Dann lenkte er meine Aufmerksamkeit auf folgenden Auszug aus Buffetts Brief (Hervorhebungen von uns):

> „Zwischen meinen beiden kleinen Investitionen und einer Investition in Aktien besteht ein großer Unterschied. Bei Aktien bekommt man minütlich Bewertungen seiner Positionen, aber auf eine Preisangabe für meine Farm oder die Immobilie in New York warte ich heute

> noch. *Eigentlich müsste es für Aktienanleger ein enormer Vorteil sein, dass ihren Beständen derart stark schwankende Bewertungen beigelegt werden* – und bei manchen Anlegern ist das auch so. Denn wenn ein launischer Kerl, dessen Farm an meine grenzt, mir jeden Tag einen Preis herüberschreien würde, zu dem er entweder meine Farm kaufen oder mir seine verkaufen würde – und diese Preise würden je nach seiner geistigen Verfassung innerhalb kurzer Zeiträume extrem schwanken –, wie um alles in der Welt könnte ich von seinem unberechenbaren Verhalten nicht profitieren? Würde er einen lächerlich niedrigen Preis ausrufen und ich hätte etwas Bargeld, würde ich seine Farm kaufen. Würde er eine absurd hohe Zahl herüberschreien, könnte ich entweder an ihn verkaufen oder einfach meine Farm weiterbetreiben."

Buffett sagte, dass sich die Börse aufgrund der Bewertungen seitens anderer Menschen bewegt und dass der resultierende Preis, den sie zu zahlen bereit sind, deshalb so stark schwankt – so „liquide" ist –, weil der Handel viel anfälliger für kurzfristige Emotionen wie Angst und Gier ist und weil das viel mehr Kaufgelegenheiten aufgrund der eigenen Bewertung schafft. Nur aus diesem Grund können Anleger, die sich nicht von Emotionen überwältigen lassen, regelmäßige Gelegenheiten nutzen, um wunderbare Unternehmen zu günstigen Preisen zu kaufen. Der Ten-Cap-Preis war für mich ein Anhaltspunkt dafür, was ein außergewöhnlicher Preis für ein Unternehmen sein könnte. Schnäppchen tauchen auf wie der halbjährliche Schlussverkauf von Nordstrom – man weiß nie ganz genau, wann er stattfinden wird, aber wenn man die E-Mail bekommt, weiß man, dass es sich lohnt, reinzuschauen. Unternehmen werden nicht ständig zu tollen Preisen ausverkauft, aber es gibt regelmäßig Zeiten, zu denen sie durchaus günstig *sind*: wenn es alle fünf bis zehn Jahre zu einer Rezession kommt und wenn in einer Branche oder einem Unternehmen Unsicherheit herrscht. Wenn eine Branche in Ungnade fällt oder wenn ein Ereignis stattfindet, fallen die Preise, Angst greift um sich und manchmal werden richtig gute Unternehmen zum

Ten-Cap-Schnäppchenpreis verkauft. Dies ist der Vorteil, von dem Buffett spricht – die bloße Tatsache, dass am Aktienmarkt täglich enorm viel gehandelt wird, lässt die Preise viel schneller und unter viel mehr Volatilität steigen und fallen, als es auf dem Immobilienmarkt jemals der Fall ist.

Dad fasste zusammen: „Die Natur des Marktes an sich ermöglicht es uns, regelmäßig Ten-Cap-Deals zu finden, und das nicht nur einmal im Leben."

Die scheinbar unverständlichen Marktbewegungen, die mir von Anfang an so viele Sorgen bereitet hatten und vor denen ich Angst gehabt hatte, waren also eigentlich das, was mir eine perfekte Kaufgelegenheit eröffnen würde.

„Zum Beispiel war Apple kürzlich ein paar Wochen lang ein Ten-Cap-Deal", sagte mein Vater.

„Hast du es gekauft?"

„Ja. Und Buffett auch."

Ich habe es wirklich verstanden, in diesem Moment. Ich habe verstanden, wie das Regel-Nummer-1-Investing insgesamt funktionieren soll.

Es gibt eine gewisse Abkopplung des Regel-Nummer-1-Anlegers vom Wahnsinn des Marktplatzes und plötzlich fühlte ich diese Distanz. Das Gefühl der Abkopplung fühlte sich ziemlich gut an. Ich war von den vielen kleinen Spekulationen und von den Höhen und Tiefen losgelöst, die den finanziell-industriellen Komplex prägen.

Ich fühlte mich irgendwie über allem stehend.

„Der zweite Grund, die Ten-Cap-Preismethode zu verwenden", fuhr mein Vater fort, „sind die Owner Earnings."

Owner Earnings

Sie stehen nicht im üblichen Abschluss, setzen sich aber aus Zahlen aus diesen Angaben zusammen und sind eine äußerst nützliche Zahl. Sie geben die bestmögliche Näherung für den Betrag an, der einem als

Eigentümer des Unternehmens zur Verfügung steht, ohne den Geschäftsbetrieb zu beeinträchtigen. Die Owner Earnings sind für Buffett sehr wichtig, weil er eine große Anzahl von privaten Unternehmen besitzt, die eine große Menge davon produzieren. Die Owner Earnings werden von den CEOs von Buffetts Unternehmen so aufgeteilt, dass der Betrag möglichst hoch ist, den das Unternehmen zwecks Investition an Buffett schicken kann. Dies ist die Jahr für Jahr sprudelnde Quelle des Bargelds, das er zur Verfügung hat.

Ich habe festgestellt, dass die Owner Earnings aus mehreren Gründen auch für mich sehr wichtig sind. Entscheidend ist dabei, dass es für betrügerische Akteure viel schwieriger ist, die Zahlen der Owner Earnings zu fälschen als den Reingewinn, weil darin nichts hochgerechnet, erwartet oder vorweggenommen wird. Bei den Owner Earnings geht es schlicht und einfach um das Geld, das das Unternehmen genau jetzt produziert, nicht in einer ungewissen Zukunft. Wenn wir uns beim Kaufpreis nach den Owner Earnings richten, umgehen wir das Problem, genau herausfinden zu müssen, wie das Unternehmen in zehn Jahren laufen wird. Solange es dann besser läuft als jetzt und wir einen Ten-Cap-Deal bekommen können, sind wir startklar.

Das gefiel mir. Und zwar sehr.

In seinem Brief an die Berkshire-Aktionäre von 1986 bezeichnete Buffett die Owner Earnings als *„relevanten Posten für Bewertungszwecke – sowohl für Anleger beim Kauf von Aktien als auch für Manager beim Kauf ganzer Unternehmen“*. Da Buffett diese Zahl für so wichtig hält und weil mein Vater von der Perfektion von Buffetts Formel begeistert ist, gebe ich seine Definition wörtlich wieder:

> „Die [Owner Earnings] stellen (a) das ausgewiesene Ergebnis zuzüglich (b) immaterieller Abschreibungen, Wertminderungen, materieller Abschreibungen und bestimmter anderer nicht zahlungswirksamer Aufwendungen dar ... abzüglich (c) des durchschnittlichen jährlichen Betrags der aktivierten Ausgaben für

> Betriebs- und Geschäftsausstattung und so weiter, den das Unternehmen benötigt, um seine langfristige Wettbewerbsposition und seine Stückzahlen vollständig aufrechtzuerhalten." [39]

Entschuldige, Warren, wenn ich laut aufschreie. Wo ist Onkel Charlie, wenn ich ihn brauche?

Allerdings ist es nicht so schlimm, wie es klingt. Mein Vater vereinfachte die Formel für mich und zeigte mir, in welchen Zeilen des Jahresabschlusses ich die Zahlen finden konnte. Im Kasten gegenüber finden Sie die Formel in allgemein verständlichen Worten.

In einer typischen Kapitalflussrechnung steht der Jahresüberschuss in der ersten Zeile unter „Cashflows aus laufender Geschäftstätigkeit". Die Abschreibungen, die einen nicht zahlungswirksamen Aufwand darstellen, um dem Wertverlust bestimmter Vermögenswerte wie etwa der Abschreibung eines Autos Rechnung zu tragen, stehen gleich darunter.[40] Im selben Abschnitt finden sich außerdem eine oder mehrere Zeilen zu der Nettoveränderung der Forderungen aus Lieferungen und Leistungen und der Verbindlichkeiten gegenüber dem Vorjahr. Forderungen aus Lieferungen und Leistungen bestehen, wenn Kunden dem Unternehmen Geld schulden, und Verbindlichkeiten aus Lieferungen und Leistungen bestehen, wenn das Unternehmen seinen Lieferanten Geld schuldet. Da sich diese Zahlen von Jahr zu Jahr ändern, lässt die Änderung entweder Geld in die Tasche des Besitzers fließen oder zieht es ihm aus der Tasche, das heißt, sie können positiv oder negativ sein. Jede Zahl gibt nur diese Veränderung an.

---

[39] Warren Buffett, jährlicher Brief an die Aktionäre von Berkshire Hathaway, 1986, 27. Februar 1987.

[40] Eine nicht zahlungswirksame Aufwendung ist eine Aufwendung, die von den Erträgen abgezogen wird, für die jedoch im Betrachtungszeitraum keine Zahlung von Barmitteln erforderlich war.

Formel für die Owner Earnings

Reingewinn*
+ materielle und immaterielle Abschreibungen
+ Nettoveränderung: Forderungen aus Lieferungen und Leistungen*
+ Nettoveränderung: Verbindlichkeiten aus Lieferungen und Leistungen*
+ Ertragssteuer
+ Instandhaltungsinvestitionen**
= Owner Earnings

* Vorsicht: Diese Zahlen können positiv oder negativ sein, aber man addiert sie immer hinzu.

** Negative Zahl.
Ja, das bedeutet, dass man eine negative Zahl hinzuaddieren muss. Das ist kein Druckfehler. Das liegt an den Rechnungslegungsstandards.

Wir rechnen auch die Ertragssteuer hinzu, die wir in der Gewinn- und Verlustrechnung finden, weil wir ein Unternehmen auf die gleiche Weise bewerten wie eine Immobilie – mit den Einnahmen, *bevor* wir unsere Einkommensteuer oder Ertragssteuer bezahlen.

Der heikelste Wert sind die Instandhaltungsinvestitionen, weil die Unternehmen nicht verpflichtet sind, sie getrennt von den gesamten Investitionen auszuweisen (meist als „Erwerb von Sachanlagen" bezeichnet). Instandhaltungsinvestitionen stellen das Geld dar, das für die langfristigen Dinge ausgegeben wird, die ersetzt werden müssen, nur um das Geschäft am Laufen zu halten. Beim Mietshaus sind das Dinge wie alle 15 Jahre die Dachziegel und die Klimaanlage, alle sieben Jahre die Elektrogeräte und alle fünf Jahre der Außenanstrich. Bei einem Unternehmen mit einem ordentlichen Jahresabschluss wird der Betrag der Instandhaltungsinvestitionen in den Anmerkungen zur Kapitalflussrechnung unter „Cashflows aus Investitionstätigkeit" angegeben. Da jedoch viele Unternehmen die Instandhaltungsinvestitionen nicht in ihren Anmerkungen aufschlüsseln, müssen wir das Unternehmen gut genug verstehen, um die durchschnittlichen jährlichen Kosten zu schätzen.

„Ich suche nach Anmerkungen, die die Investitionskosten und die Erwerbskosten für Sachanlagen zu Wachstumszwecken wie neue Restaurants oder eine neue Produktionsstätte beschreiben, und betrachte diese Beträge getrennt", erklärte mein Vater. „Wir konzentrieren uns nur darauf, was es in bar kostet, die Dinge am Laufen zu halten. Im schlimmsten Fall nutze ich den Gesamtbetrag für den Erwerb von Sachanlagen und merke mir, dass die Zahl größer ist, als sie sein sollte, und dass ich dieses Unternehmen vielleicht nicht so gut verstehe, wie ich es eigentlich sollte."

Ich habe die Owner Earnings an dem Mietshaus ausprobiert, das wie der Limonadenstand ein Beispiel ist, das mein Vater und ich erfunden haben, weil es leicht zu verstehen ist. Das Mietshaus ist ein Haus, das bar gekauft wurde – es besteht kein Hypothekendarlehen –, um es zu vermieten.

Owner Earnings	**Das Mietshaus**
Reingewinn	28.000 Dollar
(plus) Abschreibungen für materielle und immaterielle Vermögensgegenstände	k.A. (nicht vorhanden)
(plus) Nettoveränderung: Forderungen aus Lieferungen und Leistungen	k.A. (nicht vorhanden)
(plus) Nettoveränderung: Verbindlichkeiten aus Lieferungen und Leistungen	k.A. (nicht vorhanden)
(plus) Ertragssteuer	k.A. (nicht vorhanden)
(plus) Instandhaltungsinvestitionen	(4.000 Dollar)*
OWNER EARNINGS	24.000 Dollar

* Steht eine Zahl in Klammern, ist sie eine negative Zahl aus dem Abschluss. Die Klammern bedeuten exakt das Gleiche wie ein Minuszeichen, aber man sieht sie besser. Das richtige Vorgehen ist, die negative Zahl zu addieren, sodass der Betrag der Owner Earnings um diesen Betrag sinkt.

Die Owner Earnings aus dem Mietshaus sind einfach zu berechnen, weil wir eine Einnahmen-Ausgaben-Rechnung anstellen. Ich ziehe alle üblichen Ausgaben eines Vermieters von den Mieteinnahmen ab, um so die Nettoeinnahmen zu erhalten, und ziehe dann die durchschnittlichen jährlichen Kosten für die Ersetzung der wichtigsten Dinge ab. Was übrig bleibt, sind die Owner Earnings in meiner Tasche, von denen ich Studentendarlehen zurückzahlen oder mehr Immobilien kaufen kann.

Und jetzt machen wir das für den Limonadenstand. Die einzigen Instandhaltungsinvestitionen dieses Unternehmens fallen für den Austausch der Saftpressen alle drei Jahre an. In der folgenden Tabelle führe ich an, wo ich jede Zahl des Limonadenstand-Abschlusses im Anhang gefunden habe.

Owner Earnings	**Limonadenstand**	**Wo die Zahlen zu finden sind**
Reingewinn	2.000 Dollar	Erfolgsrechnung oder Kapitalflussrechnung
(plus) Abschreibungen für materielle und immaterielle Vermögensgegenstände	1.000 Dollar	Kapitalflussrechnung
(plus) Nettoveränderung: Forderungen aus Lieferungen und Leistungen	(300 Dollar)	Kapitalflussrechnung
(plus) Nettoveränderung: Verbindlichkeiten aus Lieferungen und Leistungen	100 Dollar	Kapitalflussrechnung
(plus) Ertragssteuer	500 Dollar	Erfolgsrechnung oder Kapitalflussrechnung
(plus) Instandhaltungsinvestitionen	(500 Dollar)	Anmerkungen zur Kapitalflussrechnung
OWNER EARNINGS	2.800 Dollar	

Sobald man weiß, welche Zahlen man nehmen muss und wo man sie findet, ist die Berechnung der Owner Earnings einfach. Schauen Sie einfach in den Finanzdaten des Limonadenstands nach und setzen Sie sie in die Formel ein.

Die Owner Earnings sind das Geld des Eigentümers vor Steuern, das er für das Unternehmen ausgeben kann, um das Geschäft aufzubauen, andere Unternehmen zu kaufen, es an sich selbst auszuschütten (bei Aktiengesellschaften in Form einer Dividende), Teilhaber oder Aktionäre auszuzahlen oder als Notgroschen im Unternehmen zu belassen. Wenn ich das gesamte Mietshaus oder den gesamten Limonadenstand besäße, könnte ich entscheiden, was mit den Owner Earnings geschehen soll. Wenn ich mir ein Unternehmen mit jemand anderem teilen würde, würden wir das gemeinsam entscheiden. Wenn ich einen kleinen Teil eines Unternehmens besäße, würde ich es der Geschäftsleitung überlassen, zu entscheiden, was mit den Owner Earnings geschehen soll. So ist das in börsennotierten Unternehmen, wie wir in Kapitel 3 gelernt haben – technisch betrachtet gehören die Owner Earnings den Aktionären als Eigentümern des Unternehmens. Die Aktionäre ernennen aber durch die Wahl des Vorstands die Geschäftsleitung, die das Unternehmen in ihrem Namen führt. Der Vorstand entscheidet dann im Namen der Aktionäre, was mit den Owner Earnings am Ende des Jahres geschehen soll. Wir werden uns ein ganzes Kapitel damit beschäftigen, wie börsennotierte Unternehmen die Owner Earnings typischerweise verwenden. Vorläufig brauchen wir nur zu wissen, dass das Konzept, dass die Eigentümer die Owner Earnings erhalten, bei allen Unternehmen, Immobilien oder Farmen gleich ist, egal ob börsennotiert oder in Privatbesitz und unabhängig davon, wie viel von dem Unternehmen ein Eigentümer besitzt.

Mein Vater behandelte jedes Unternehmen, als ob er 100 Prozent davon kaufen würde – auch wenn er es nicht tat –, weil es ihm zu Einfachheit und Klarheit des Denkens verhalf. Er hatte mir beigebracht, mir eine Aktiengesellschaft so zu denken, als würde ich das Ganze kaufen, und bei der Bewertung war das nicht anders: das ganze Unternehmen bewerten und später entscheiden, wie viel davon man kaufen möchte. Diese Methode funktionierte für mich und machte mir die Owner Earnings – die Bewertung des Unternehmens – verständlich. Mit dieser Mathematik konnte ich umgehen.

Ich nahm die Owner Earnings des Mietshauses und des Limonadenstands und multiplizierte sie jeweils mit zehn. Der Limonadenstand war für 28.000 Dollar geschenkt und das Mietshaus für 240.000 Dollar ein Schnäppchen. Verstanden. Nuno hatte recht mit der Verinnerlichung der Logik der Formel. Sobald ich die Logik verstanden hatte, konnte ich sie nach Belieben abrufen.

Limonadenstand: 2.800 Dollar × 10 = 28.000 Dollar
Mietshaus: 24.000 Dollar × 10 = 240.000 Dollar

Sobald ich mich mit der Berechnung der Owner Earnings befasste und sie für die Preisberechnung eines Unternehmens verwendete – eines beliebigen Unternehmens, auch von Immobiliengeschäften –, verstand ich, warum große Investoren wie Warren und Charlie die Berechnung dieser Zahlen selbst vornehmen.

Ich beendete das Videotelefonat mit meinem Vater und seufzte, glücklich und zutiefst erleichtert.

Ein paar Tage später flog ich zurück nach Boulder. Es war herrlich tröstlich, meine Wohnung zu betreten, meine eigenen schönen Räumlichkeiten mit meinem Investitionsbüro auf dem Esstisch. Es war Sonntag und es war glühend heiß. Ich gönnte mir einen Eiskaffee aus dem teuren Café in meiner Straße und ging wieder heim, um mich in mein Investmentbüro zu setzen. Der gute Kaffee half mir definitiv, mein Gehirn für das zu stählen, was nun kam: ganz auf mich allein gestellt die Bewertung üben.

Ich versuchte, die Owner Earnings von Whole Foods zu berechnen. Ich merkte, dass ich dadurch überprüfen konnte, ob ich das Unternehmen gut genug studiert hatte, damit ich, wenn ich die Anmerkungen zum Jahresabschluss las, selbstbewusst meine Zahlen für die Instandhaltungsinvestitionen ermitteln konnte. Wenn es zu schwer war, bedeutete das, dass ich das Unternehmen nicht gut genug verstanden hatte. In diesem Fall würde es offiziell in die Ablage „zu schwer“ gehören und ich müsste zum nächsten Unternehmen übergehen. Im Folgenden sehen Sie die relevanten Zahlen aus dem Jahresabschluss 2015 von Whole Foods. (2015 war das aktuellste 10-K, als ich über Whole Foods recherchierte.)

Owner Earnings	Whole Foods	Wo die Zahlen zu finden sind
Reingewinn	536.000.000 Dollar	Kapitalflussrechnung 2015 Zeile 2
(plus) Abschreibungen für materielle und immaterielle Vermögensgegenstände	439.000.000 Dollar	Kapitalflussrechnung 2015 Zeile 4
(plus) Nettoveränderung: Forderungen aus Lieferungen und Leistungen	(21.000.000 Dollar)	Kapitalflussrechnung 2015 Zeile 14
(plus) Nettoveränderung: Verbindlichkeiten aus Lieferungen und Leistungen	20.000.000 Dollar	Kapitalflussrechnung 2015 Zeile 17
(plus) Ertragssteuer	342.000.000 Dollar	Erfolgsrechnung 2015 Zeile 10
(plus) Instandhaltungsinvestitionen	(335.000.000 Dollar)	Kapitalflussrechnung 2015 Zeile 24: „Sonstige Aufwendungen für Sachanlagen"
OWNER EARNINGS	981.000.000 Dollar	

Seit ich die Formel von Dad hatte, war es einfach, die richtigen Zahlen zu finden. Sie standen einfach da. Um die Instandhaltungsinvestitionen zu finden, musste ich nur im Whole-Foods-10-K nach „Investitionen" suchen und ich fand das Gesuchte in einer obskuren Anmerkung namens „Non-GAAP-Maßnahmen" auf Seite 22 und in der Kapitalflussrechnung. Dafür brauchte ich vier Klicks und weniger als 30 Sekunden. Dabei war das der schwierige Teil!

Ich setzte die Zahlen ein, so wie ich sie in der Kapitalflussrechnung und in der Gewinn- und Verlustrechnung fand, positiv oder negativ, ich addierte sie und erhielt 981 Millionen Dollar als Owner Earnings von Whole Foods im Jahr 2015.

Sobald ich die Owner Earnings kannte, war der Ten-Cap-Preis einfach.

Ich multiplizierte die Einnahmen des Eigentümers mit 10, um den Preis zu erhalten. 10 mal 981 Millionen Dollar sind 9.810 Millionen Dollar oder 9,8 Milliarden Dollar. Das ist mein Kaufpreis für das gesamte Unternehmen.

981.000.000 Dollar × 10 = 9.810.000.000 Dollar

Juhu! Ich kann das!

Als meine Befürchtung schwand, dass ich es nie lernen würde, einem Unternehmen einen Preis beizulegen, kamen mir wieder meine Missionen in den Sinn. Ich wollte so sehr mit meinem Geld abstimmen, aber nicht blind. Wenn ich mit meinem Geld für ein schlecht geführtes Unternehmen stimmen würde, würde mein angelegtes Geld irgendwann verschwinden und ich säße ohne abgegebene Stimmen (oder Rente) da. Der Kampf, den ich gerade durchgemacht hatte, um die Owner Earnings zu ermitteln, würde mich auf einen guten Preis für ein wunderbares Unternehmen mit einer wertvollen Mission bringen.

Ich wählte die Telefonnummer meines Vaters und brüllte jubelnd meine Ergebnisse in das Telefon. Ich verstand diese Preissprache, die von der gesamten Sprache der Geldanlage für meinen Verstand am schwierigsten zu erfassen war. Er lachte fröhlich.

Dann legte er nach. „Bei der Ten-Cap-Methode gingen wir davon aus, dass die Owner Earnings jedes Jahr mindestens gleichbleiben und uns eine Rendite vor Steuern von mindestens zehn Prozent, also eine Kapitalisierungsrate von zehn Prozent, liefern würden. Das macht die Berechnung eines guten Preises einfach. Aber wir kaufen ja nur Unternehmen, die wir gut verstehen, mit großartigen Burggräben und großartigem Management, die – und das ist entscheidend – wachsen werden."

Oh je. Ich sah, worauf er hinauswollte. Wachstum. Mein Freund, die windkorrigierte Wachstumsrate, war wieder da.

Wir können mit dem Ten Cap zwar einen Preis für ein großes Unternehmen festlegen, doch unterliegt diese Methode zwei Einschränkungen. Die erste ist einfach, dass Buffetts Definition der Owner Earnings stellenweise offenkundig ziemlich unklar ist und dass daher die Ermittlung der Instandhaltungsinvestitionen bei vielen Unternehmen nur eine fundierte Schätzung sein kann. Somit kommen gute Investoren womöglich auf leicht unterschiedliche Ten-Cap-Zahlen.

Die zweite Einschränkung ist, dass der Ten Cap das Wachstum nicht berücksichtigt. Buffett würde vermutlich argumentieren, das sei eine Stärke, aber laut Ten Cap wären zwei Unternehmen mit den gleichen Owner Earnings exakt gleich viel wert, unabhängig davon, ob das eine schneller oder langsamer als das andere wächst. Das Wachstum würde überhaupt keine Rolle spielen. Wir wissen aber, dass ein Unternehmen, das seinen Cashflow schneller steigert, in Zukunft mehr Geld produzieren wird und daher heute mehr wert ist. Die Ten-Cap-Berechnung in all ihrer konservativen Pracht berücksichtigt dies nicht.

Aber die Payback-Time-Methode der Preisberechnung tut es.

Preismethode 2: Payback Time

Die Payback-Time-Methode wird von Investoren verwendet, um einen Preis für ein Unternehmen festzulegen, das sie lange Zeit nicht verkaufen werden. Sie wollen, dass sich ihre Anlage schnell amortisiert, sodass ihr Risiko, Geld zu verlieren, auf null sinkt, ähnlich wie ein Spieler, der sein Geld vom Tisch nimmt und dann mit dem Geld des Hauses spielt. Was mein Vater als Payback Time bezeichnet, ist genau das, wonach es klingt – die Anzahl der Jahre, die es braucht, um den gesamten Kaufpreis zurückzubekommen. Bei dieser Bewertungsmethode erhält der Käufer den Kaufpreis aus einer anderen Non-GAAP-Betrachtung des Cashflows zurück, nämlich aus dem Free Cash Flow oder freien Cashflow. Wir werden das gleich erklären, aber zuerst die Payback-Time-Formel:

Freier Cashflow, erhöht um die kumulierte windkorrigierte
Wachstumsrate über acht Jahre

Durch ein Beispiel wird es klarer. Ich übte auch das – diesmal mit dem Mietshaus.

Das Mietshaus steht in einer schönen Lage, vielleicht irgendwo am Strand, wo immer mehr Menschen wohnen wollen. Die Mieten steigen in wachsenden Städten normalerweise um drei bis vier Prozent im Jahr, während meine Ausgaben ungefähr gleich bleiben. Ich wollte konservativ sein, also nahm ich eine windkorrigierte Wachstumsrate von drei Prozent jährlich. Ich multiplizierte den jährlichen freien Cashflow mit 100 Prozent plus windkorrigierte Wachstumsrate, machte das für acht Jahre und kam so auf die achtjährige Payback-Zeit.

Payback Time des Mietshauses

Jahr	Freier Cashflow	Wachstumsrate	Im nächsten Jahr anzuwendendes erwartetes Wachstum des freien Cashflows	Kumulierter freier Cashflow und Payback-Time-Kaufpreis
0 (Jahr des Kaufs)	24.000 Dollar	3 %	720 Dollar	–
1	24.720 Dollar	3 %	742 Dollar	24.720 Dollar
2	25.462 Dollar	3 %	764 Dollar	50.182 Dollar
3	26.225 Dollar	3 %	787 Dollar	76.407 Dollar
4	27.012 Dollar	3 %	810 Dollar	103.419 Dollar
5	27.832 Dollar	3 %	835 Dollar	131.242 Dollar
6	28.657 Dollar	3 %	860 Dollar	159.899 Dollar
7	29.517 Dollar	3 %	886 Dollar	189.416 Dollar
8	30.402 Dollar	3 %	912 Dollar	219.819 Dollar 8-Jahre-Payback-Time-Kaufpreis

Der Preis, den ich für das Mietobjekt zahlen kann, beträgt 219.819 Dollar, und wenn die Mieteinnahmen wie erwartet um drei Prozent pro Jahr steigen, habe ich in acht Jahren mein ganzes Geld vom Tisch genommen.

Warum sind acht Jahre die magische Zahl? Onkel Charlie ist der Ansicht, dass ein fairer Preis etwa die Hälfte dessen ist, was dasselbe Unternehmen als Aktiengesellschaft kosten würde. Aktiengesellschaften kosten den freien Cashflow von 12 bis 20 Jahren, im Schnitt von etwa 16 Jahren. Die Hälfte von 16 ist 8.

Der Unterschied zwischen dem Preis einer Aktiengesellschaft und dem Preis eines Privatunternehmens ist die Liquidität – ein Maß dafür, wie einfach es ist, Eigentum an einer Gesellschaft zu verkaufen. Ein Stück von einem Privatunternehmen zu verkaufen kann schwierig sein. Diese Investition ist „illiquide". Börsennotierte Aktiengesellschaften werden per Definition an einer Börse gehandelt und sind aufgrund des hohen Handelsvolumens, der Regulierung der Börse und der vom Staat durchgesetzten weitgehend zuverlässigen Finanzberichterstattung viel „liquider". Fondsmanager wollen die Aktien einer Aktiengesellschaft nicht sehr lange besitzen. Ihr Bedürfnis, schnell zu traden, bedeutet, dass ihnen Liquidität extrem wichtig ist. Sie müssen in der Lage sein, einen großen Teil der Aktien schnell zu verkaufen, und sie sind bereit, dafür viel mehr zu bezahlen. Tatsächlich etwa das Doppelte.

Warren und Charlie brauchen jedoch keine Liquidität und sind nicht bereit, dafür etwas zu bezahlen. Eine Amortisationszeit von acht Jahren oder weniger ist ein vernünftiger Preis für ein wunderbares Privatunternehmen. Wenn ich wie Warren Buffett, Charlie Munger und mein Vater investieren möchte, sollte ich auch für ein börsennotiertes Unternehmen nicht mehr als das bezahlen.

Ich hätte die windkorrigierte Wachstumsrate eines bestimmten Unternehmens bereits früher bei meinen Unternehmensrecherchen berechnen können. „Hier kommt die Arbeit ins Spiel, die du geleistet hast, um das Unternehmen, den Burggraben und das Management zu verstehen", erklärte mein Vater. „Wenn das Unternehmen einen großen Burggraben mit einem dauerhaften Wettbewerbsvorteil hat, der den freien Cashflow davor schützt, dass er durch harten Preiswettbewerb oder den Verlust von Kunden an ein neues Produkt sinkt, dann sollte die Zukunft per Definition ganz ähnlich aussehen wie die Vergangenheit. Und wenn das Unternehmen von einem talentierten, ehrlichen Führungsteam geleitet wird, dann wird es den Graben wahrscheinlich nicht zerstören.

Von deinem Verständnis des Unternehmens ausgehend schätzt du nun, um wie viel es seinen Free Cash Flow über acht Jahre steigern wird. Wenn ich mein Geld theoretisch in acht Jahren aus dem freien Cashflow zurückbekomme, ist das ein ziemlich gutes Geschäft mit einem wunderbaren Unternehmen."

Der Schlüssel dazu war, dass ich Unternehmen auswähle, die leicht zu verstehen sind, dass ich diejenigen verwerfe, die zu kompliziert sind, und dass ich meine Missions-, Burggraben- und Managementanalyse auf diese Preiskalkulation anwende. Es war wirklich schön, wieder einmal auf die nicht-mathematischen Teile dieser Praxis zurückzukommen, besonders wenn sie mein Verständnis der mathematischen Teile vertiefen konnten.

Nun also zum freien Cashflow.[41]

„Der freie Cashflow hat gewisse Vorteile", begann Dad. „Bei der Ermittlung des Free Cash Flow ist keine Subjektivität im Spiel. Manche Unternehmen geben ihn in den Anmerkungen zu ihren Kapitalflussrechnungen an, er beinhaltet Wachstumsinvestitionen und er wird auf Aktienresearch-Websites angegeben, sodass du deine Zahl mit ihren Zahlen vergleichen kannst."

Das hörte sich fantastisch an.

Im Vergleich zu den Owner Earnings ist der freie Cashflow eine überaus simple Sache. Hier ist die Formel:

[41] Dad hat ein ganzes Buch über das Konzept der Payback Time geschrieben, das sein zweiter *New York Times*-Bestseller wurde. In diesem Buch verwendete er den Reingewinn für die Berechnung der Payback Time, weil er leichter verfügbar war. Aber jetzt verwenden wir stattdessen den Free Cash Flow, weil er genauer ist.

Formel für den freien Cashflow

Netto-Cashflow aus betrieblicher Tätigkeit
+ Erwerb von Sachanlagen (*negative Zahl*)
+ Sonstige Investitionen in Instandhaltung und Wachstum (*ebenfalls negative Zahlen*)
= Free Cash Flow

Etwa im unteren Drittel der Kapitalflussrechnung steht eine fett gedruckte Zeile namens „Netto-Cashflow aus betrieblicher Tätigkeit". Darunter befindet sich der Abschnitt „Cashflow aus Investitionstätigkeit" und in diesem Teil gibt es in der Regel auch eine Zeile „Erwerb von Sachanlagen". In fast allen Kapitalflussrechnungen beinhaltet diese Zahl *alle* Investitionen, also in Instandhaltung und in Wachstum. Gelegentlich, zum Beispiel bei Whole Foods, wie wir später noch sehen werden, gibt es zwei Zeilen, eine für Wachstumsinvestitionen und eine für alle anderen Investitionen, von denen wir annehmen können, dass es sich um Instandhaltungsinvestitionen handelt. Die gute Nachricht ist, dass ich die Erläuterungen zur Kapitalflussrechnung bei der Berechnung der Owner Earnings bereits gelesen habe, sodass diese Berechnung einfach auf dieser bereits geleisteten Arbeit aufbaut. Denken Sie daran, dass die Investitionszahlen negativ sind, daher addieren wir sie negativ zum „Netto-Cashflow aus betrieblicher Tätigkeit". Das Ergebnis wird als Free Cash Flow bezeichnet.

Doch nun zurück zu jener Verkörperung kapitalistischer Exzellenz, dem Limonadenstand. Hier die Berechnung seines freien Cashflows:

Der freie Cashflow des Limonadenstands

Netto-Cashflow aus betrieblicher Tätigkeit	2.800 Dollar
(plus) Erwerb von Sachanlagen und sonstige Investitionen	(1.300 Dollar)
FREIER CASHFLOW	1.500 Dollar

Seit unserer letzten Überprüfung hat der Limonadenstand in sein Wachstum investiert: Er hat neue Geräte zum Auspressen von Zitronen gekauft und am anderen Ende der Stadt einen zweiten Stand eröffnet, der sich noch besser entwickelt hat als der erste. Der Limonadenstand hat immer Geld. Der Free Cash Flow wuchs in den letzten zwei Jahren um jeweils 16 Prozent und ich gehe zuversichtlich davon aus, dass sich diese Wachstumsrate fortschreiben wird, weil der Markengraben des Limonadenstands enorm ist. Exklusive Straßenecken und genau das richtige Maß an Säure in der Limonade – niemand kann sie übertreffen. Eine 16-prozentige windkorrigierte Wachstumsrate ist also vertretbar.

Nun stellte ich ausgehend von dem freien Cashflow von 1.500 Dollar meine jährlichen Berechnungen an, um herauszufinden, wie viel kumulierten freien Cashflow der Limonadenstand mir in acht Jahren bescheren wird: die achtjährige Payback-Zeit. Ich multiplizierte 1.500 Dollar mit 16 Prozent, für jedes der acht Jahre kumulierend.

Payback Time des Limonadenstands

Jahr	Freier Cashflow	Wachstumsrate	Für das nächste Jahr erwarteter freier Casfhlow	Kumulierter freier Cashflow während meiner Anlage	Payback-Time-Kaufpreis
0	1.500 Dollar	16%	240 Dollar		
1	1.740 Dollar	16%	278 Dollar	1.740 Dollar	= mein 1-Jahres-Payback-Time-Preis
2	2.018 Dollar	16%	323 Dollar	3.758 Dollar	= mein 2-Jahres-Payback-Time-Preis
3	2.341 Dollar	16%	375 Dollar	6.100 Dollar	= mein 3-Jahres-Payback-Time-Preis
4	2.716 Dollar	16%	435 Dollar	8.816 Dollar	= mein 4-Jahres-Payback-Time-Preis
5	3.151 Dollar	16%	504 Dollar	11.966 Dollar	= mein 5-Jahres-Payback-Time-Preis
6	3.655 Dollar	16%	585 Dollar	15.621 Dollar	= mein 6-Jahres-Payback-Time-Preis
7	4.239 Dollar	16%	678 Dollar	19.860 Dollar	= mein 7-Jahres-Payback-Time-Preis
8	4.918 Dollar	16%	787 Dollar	24.778 Dollar	= mein 8-Jahres-Payback-Time-Preis

Mein Anlagezeitraum

Der Preis, den ich für den Limonadenstand zahlen konnte, betrug 24.778 Dollar.

Mein lieber Scholli, 16 Prozent pro Jahr bedeuten ein wirklich schnelles Wachstum. Das ist auch ein schönes Beispiel für die Macht des Zinseszinses.

Für den Limonadenstand hatte ich nun einen Ten-Cap-Preis von 28.000 Dollar und einen Payback-Time-Preis von 24.778 Dollar. Ich sah nun, was mein Vater anfangs gemeint hatte, als er die drei Methoden der Preisfindung beschrieb: Dadurch, dass ich mehrere Preisangaben hatte, die jeweils einen Datenpunkt darstellten, bekam ich ein gutes Gefühl für die Bandbreite, innerhalb deren ich meinen Kaufpreis wählen konnte.

Dann übte ich Ten Cap und Payback Time an einem echten Unternehmen, und zwar an Whole Foods.

Der freie Cashflow 2015 von Whole Foods

Netto-Cashflow aus betrieblicher Tätigkeit	1.129.000.000 Dollar
(plus) Entwicklungskosten für neue Standorte	(516.000.000 Dollar)
(plus) Sonstige Aufwendungen für Sachanlagen	(335.000.000 Dollar)
FREIER CASHFLOW	278.000.000 Dollar

Anmerkung: Whole Foods ist eines der wenigen Unternehmen, die den freien Cashflow in ihren Abschlüssen berechnen. Siehe Seite 22 des 10-K 2015.

Der 8-Jahres-Payback-Time-Kaufpreis von Whole Foods: Nachdem ich mir die ziemlich breit gestreuten Wachstumsraten angesehen hatte, schaute ich die Prognosen der Analysten nach und sah, dass sie bei etwa 14 Prozent lagen. Die nahm ich, multiplizierte die 278 Millionen Dollar freien Cashflow über acht Jahre mit 1,14 und kam so auf einen achtjährigen Payback-Time-Preis von 4,2 Milliarden Dollar. (Siehe „Payback Time von Whole Foods“ im Anhang.)

Der Ten-Cap-Preis von Whole Foods betrug 9,81 Milliarden Dollar. Der achtjährige Payback-Time-Preis war wegen der hohen Ausgaben für neue Standorte mit rund 4,2 Milliarden Dollar niedriger als der

Ten-Cap-Preis. Wie würde ich mich bei dieser großen Differenz entscheiden?

„Erinnerst du dich an unsere drei Datenpunkte, die dich absichern?“, fragte mein Vater bei unserem Investment-Telefonat. „Nun ist es Zeit für den dritten: die Sicherheitsmarge.“

Die Sicherheitsmarge würde das gesamte Unternehmen bewerten und ihm nicht nur wie die ersten beiden Methoden einen Preis beilegen. Ich wollte das lernen, aber ich hatte die Bewertung nicht mehr angerührt, seit ich den Wälzer von Nuno über die Bewertung weggelegt hatte. Die Bewertung eines ganzen Unternehmens war eine ganz andere Nummer und als ich mich daran erinnerte, wurde mir etwas flau im Solarplexus. Was die Komplexität mathematischer Dinge angeht, hatten mein Vater und ich manchmal, sagen wir mal, Kommunikationsprobleme. Gleichzeitig mit dem Zittern tauchte jedoch aus der Tiefe ein neues Gefühl des Selbstvertrauens auf, das mich beruhigte. Wir hatten uns erfolgreich durch zwei Methoden der Preisfindung durchgearbeitet. Ich lächelte mir selbst zu, als ich mir das klarmachte. Nun blieb nur noch eine Methode.

JULI-ÜBUNG: Machen Sie es sich so einfach wie möglich: Wählen Sie drei Unternehmen aus, die Ihnen gefallen, und berechnen Sie für jedes Unternehmen den Ten-Cap-Preis und den Payback-Time-Preis. Belohnen Sie sich selbst, indem Sie damit vor jemandem angeben, der es zu würdigen weiß, dass Sie gerade Buffetts spezielle Berechnung der Owner Earnings verwendet haben, um einem Unternehmen einen Preis beizulegen.

KAPITEL 8

CHARLIES VIERTES PRINZIP: VALUE

AUGUST

Diesen Monat:

- Die Sicherheitsmargen-Bewertungsmethode
  - Der Gewinn je Aktie
  - Die windkorrigierte Wachstumsrate
  - Das windkorrigierte KGV
  - Die Minimum Acceptable Rate of Return (MARR)

Die Klimaanlage in meinem Haus versuchte tapfer, gegen die Hitze anzukämpfen, und blies pausenlos, war aber der Herausforderung nicht recht gewachsen, vor die der August in Boulder sie stellte. Ich war von der Hitze müde, müde von der Arbeit, des vielen Hin- und Herreisens müde, und ich war es wirklich müde, Nuno zu vermissen, wenn wir gezwungen waren, voneinander getrennt zu sein. Es fühlte sich an, als würde mir ein Stück aus der Brust gerissen, mit einem Verband wieder eingefügt, wenn wir zusammen waren, und dann wieder herausgerissen, wenn einer von uns in das unvermeidliche Flugzeug stieg. Und ich flog schon wieder zu einem lächerlich kurzen Wochenende nach Zürich. Langsam wurde es albern.

Am schlimmsten war, dass es der schlimmste Monat der Anlagepraxis mit der schlimmsten MATHE war. Ich hatte keine Angst mehr davor, aber ich war ihrer müde. Ich wollte diesen Monat mit dem schlimmsten Teil meiner Praxis überspringen. Es war sogar unangenehm, mir den heißen Laptop auf die Beine zu legen.

Ich verdrehte über mich selbst die Augen.

Mach einfach weiter, dachte ich. Ich hätte Geld dafür gegeben, das zu umgehen, aber wenn man erwartet, dass jemand kommt, mit dem man verabredet ist, muss man auch selbst erscheinen. So läuft das eben. Ich wollte die erfolgreiche Investorin sein, die ich vor meinem geistigen Auge sehen konnte, und ich wusste jetzt, dass ich das konnte, nachdem ich einige Monate zuvor den dunklen Nebel erforscht hatte. Ich hatte Unternehmen mit Missionen gefunden, die ich toll fand. Ich hatte mich meinen Vorurteilen in Geldangelegenheiten gestellt. Ich hatte mich der Preisermittlung gestellt. Nun ermahnte ich mich selbst, dass es notwendig war, die Mathematik dieses Monats zu lernen. Aufstehen und weitermachen. Es ist Mathematik, keine Gehirnoperation.

Ich *wollte* ja lernen, wie man ein ganzes Unternehmen bewertet, sagte ich mir selbst, sehr überzeugend.

Ich merkte plötzlich, dass sich die Art und Weise geändert hatte, wie ich über meine Investmentpraxis dachte. Sie war nichts Schreckliches, Unbekanntes mehr, das voller übler Konsequenzen steckte. Vielmehr war die Praxis dieses Monats einfach etwas, das ich lernen und verinnerlichen musste, indem ich die Arbeit machte. Ich hatte überhaupt nicht mehr das Gefühl des fensterlosen Beton-Treppenhauses. Es war ein bisschen weniger MATHE und ein bisschen mehr ... Mathematik. Einfache, normale Mathematik.

Ich lächelte vor mich hin. Ja, es flatterte etwas in meiner Brust, wenn ich an die Mathematik dachte. Aber ich war auch zuversichtlich, dass ich es lernen würde. Das Investorenmädchen in meinem Kopf würde natürlich die Mathematik beherrschen und mein Job war es, diese Investorin zu werden.

Ich wollte lernen, wie man ein ganzes Unternehmen bewertet. Das wollte ich wirklich.

Mein Vater und ich starteten unseren Videoanruf, als es in Zürich Abend und in Atlanta Mittag war.

„Ich habe jetzt zwei Möglichkeiten, dem Unternehmen einen Preis beizulegen, aber ich weiß immer noch nicht, wie ich den tatsächlichen Wert des Unternehmens herausfinde", eröffnete ich die Diskussion. „Verrate es mir. Wie bewertet man ein ganzes Unternehmen?"

„Erinnerst du dich an Charlies viertes Prinzip?"

„Ein sinnvoller, angemessener Preis."

„Vielleicht ist dir entgangen, dass er auch den Begriff ‚Sicherheitsmarge' benutzt hat. Buffett bezeichnet sie als das wichtigste Wort des Investings. Wir kaufen nur, wenn der Preis uns eine Sicherheitsmarge verschafft. Die Sicherheitsmarge ist ein Preis, der unter dem Unternehmenswert liegt und uns vor den meisten Fehlern bewahrt. Nicht vor allen. Aber vor den meisten."

Die Sicherheitsmarge ist von entscheidender Bedeutung, nur für den Fall, dass ich bei der Preisanalyse etwas falsch gemacht habe. Die Wirtschaftsanwältin in mir war sich extrem darüber im Klaren, dass Aktiengesellschaften vieles machen, wovon Kleinanleger wie ich keine Ahnung haben. Menschen machen Fehler. Menschen tun schlimme Dinge. Menschen lügen – vor allem, wenn viel Geld und ein guter Ruf auf dem Spiel stehen. Die Motive der Führungskräfte können anders aussehen als die Motive und Ziele der Aktionäre. Niemand kann sich bezüglich der zukünftigen Produktion eines Unternehmens völlig sicher sein. Die Informationsasymmetrie zwischen einem Unternehmen und seinen Investoren ist ein grundlegendes Problem der Geldanlage.

„Uns bleibt als Investoren nichts anderes übrig als zu versuchen, in Unternehmen zu investieren, die wir verstehen. Wenn du dich mit dem Unternehmen genauso wohlfühlst wie mit deiner Investition in die Eigentumswohnung und es zu einem Preis mit Sicherheitsmarge kaufst, dann wird es für dich gut laufen."

„Haben Ten Cap und Payback Time eine Sicherheitsmarge?"

„In beide ist die Sicherheitsmarge eingebaut. Ten Cap verlangt eine sehr hohe Rendite. Das bedeutet, dass der Kaufpreis sehr niedrig sein muss und somit eine große Sicherheitsmarge hat. Der Payback-Time-Preis bringt uns unser Geld in acht Jahren zurück, etwa die Hälfte dessen, was dasselbe Unternehmen kosten würde, wenn es an der Börse wäre, also mit etwa 50 Prozent Sicherheitsmarge."

Ten Cap und Payback Time waren also Preisfindungsmethoden mit eingebauter Sicherheitsmarge. Jetzt würde ich eine *Bewertungs*methode mit eingebauter Sicherheitsmarge lernen.

Anmerkung zu den Zahlen je Aktie

Zahlen zu ganzen Unternehmen sind etwas anderes als Zahlen je Aktie. Ich behandle die Methode der Sicherheitsmarge aber trotzdem so, als würde ich das gesamte Unternehmen kaufen. Wie wir jedoch bei Whole Foods gesehen haben, sind die Zahlen börsennotierter Unternehmen riesig – oft Milliarden –, was die Berechnungen unhandlich macht. Um dieses Problem bei börsennotierten Unternehmen abzumildern und da sich potenzielle Investoren (nicht wir!) in der Praxis in der Regel nur um die Aktien kümmern, die sie kaufen, teilt der finanziell-industrielle Komplex die Zahlen zu kompletten Unternehmen in *Zahlen je Aktie* auf. Das ist zwar praktisch, aber seien Sie sich immer im Klaren, ob Sie Zahlen pro Aktie oder zu ganzen Unternehmen verwenden. Beides ist völlig in Ordnung, solange man innerhalb einer Formel konsequent bei einem von beiden bleibt. Finanzfachleute wechseln oft zwischen Unternehmenszahlen und

Aktienzahlen hin und her, was wirklich irritierend ist und verwirrend sein kann. Ich versuche immer dafür zu sorgen, dass ich weiß, womit ich gerade arbeite. In Zukunft werde ich bei allen Beispielen für die Methode der Sicherheitsmarge die Zahlen pro Aktie verwenden.

Bewertungsmethode 3: Sicherheitsmarge

„Wir haben die Owner Earnings und den freien Cashflow verwendet und jetzt, bei der dritten Preisfindungsmethode, wechseln wir zum Gewinn. Die Methode der Sicherheitsmarge (MOS = Margin of Safety) berechnet, was ich heute für jahrelange künftige Gewinne bezahlen würde, und die Sicherheit, das Geld in der Zukunft tatsächlich zu erhalten. Fangen wir an, das Verhältnis zwischen Zeit und Risiko zu verstehen, indem wir darüber nachdenken, was es einem wert ist, das anzulegende Geld arbeiten zu lassen. Die naheliegendste Option ist, es an einem wirklich sicheren Ort unterzubringen. Was ist der sicherste Ort, den du dir vorstellen kannst?", fragte Dad.

„Unter meinem Bett?"

„Dort könnte es gestohlen werden oder verbrennen. Sicherer als dort."

„Auf der Bank."

„Okay, ziemlich sicher. Aber es gibt einen noch sichereren Ort. Der sicherste Ort dafür ist eine US-Staatsanleihe."

„Oh ja. T-Bills! Das war mein Plan zum Horten."

Dad lachte. „Stimmt und sie stellen die risikofreie Rendite dar. Wenn wir unser Geld an anderer Stelle arbeiten lassen, die nicht risikofrei ist – zum Beispiel im Limonadenstand –, müssen wir mehr als den risikofreien Zinssatz bekommen oder wir könnten das Geld genauso gut behalten und genießen, anstatt es in einer Investition zu binden."

„Und wie kann ich herausfinden, wie viel ich bekommen muss, damit sich die Investition lohnt?"

„Es gibt eine schlaue Art, das herauszufinden."

Natürlich gibt es die.

„Ich werde dir eine vereinfachte Version dessen beibringen, was die Finanzindustrie Discounted-Cashflow-Analyse nennt", begann mein Vater.

Das riesige Bewertungsbuch, das Nuno mir gegeben hatte? Darin ging es hauptsächlich um die Discounted-Cashflow-Analyse (DCF-Analyse), also die Analyse des abgezinsten Zahlungsstroms. Ich war nicht begeistert.

Das größte Problem an dieser Methode der Preisfindung ist die Ermittlung des Betrags, den ich heute für Geld investieren würde, das ich in Zukunft erhalten werde. Es wäre dumm von mir, heute 100 Dollar zu investieren, um in zehn Jahren genau denselben Betrag zurückzubekommen, oder? Meine Nemesis, die Inflation, hatte die geniale Idee des Hortens zerstört: Ihretwegen kann man sich für die 100 Dollar in zehn Jahren nicht mehr so viel kaufen. Dazu kommt die Gefahr, dass ich vielleicht überhaupt keine Rückzahlung erhalte. Um gegen die sinkende Kaufkraft meines Geldes und gegen das Risiko anzukommen, dass ich es nicht zurückbekomme, muss ich heute weniger als 100 Dollar investieren können, um in zehn Jahren 100 Dollar zu bekommen. Die Frage ist: Wie viel weniger? Das verrät mir die Bewertung mit Sicherheitsmarge. Und ja, das ist in der Tat eine vereinfachte Version der DCF-Methode – die ich so oft wie möglich in zwanglose Gespräche einfließen lasse, um schick zu klingen.

Wir müssen für diese Preismethode leicht zugängliche gängige Zahlen verwenden, damit wir unsere Ergebnisse damit vergleichen können, wie der Rest der Welt das Unternehmen bewertet, da wir ja von anderen kaufen und an sie verkaufen werden. Das Wichtigste dabei ist: (1) wissen, dass wir von den Owner Earnings oder dem Free Cash Flow zum Gewinn übergehen, (2) dass wir von der Bewertung eines Unternehmens in Privatbesitz zur Bewertung eines Unternehmens als börsennotiertes Unternehmen übergehen (was, wenn Sie sich erinnern, normalerweise den Preis verdoppelt) und daher (3) unsere Ergebnisse etwas anders aussehen können als bei den Methoden Payback Time und Ten Cap.

„Am einfachsten denkt man sich das so", begann Dad, „dass man die Rendite herausfindet, die man jedes Jahr auf sein Geld bekommen muss, damit sich das Risiko lohnt. Über viele Jahre hinweg habe ich herausgefunden, dass 15 Prozent im Jahr eine gute, solide Aktienrendite sind. Mit anderen Worten belohnt mich eine 15-prozentige Rendite gut für die Arbeit, die ich mir mache, und für das Risiko, das ich eingehe."

Dad nennt diese 15-prozentige Rendite seine geringste annehmbare Rendite – „Minimum Acceptable Rate of Return" = MARR. Wir verwenden die MARR, um herauszufinden, wie viel wir heute investieren müssen, um in zehn Jahren einen höheren Betrag zu erhalten. Je höher ich die MARR ansetze, desto geringer wird meine Investition sein. 15 Prozent sind hoch genug für das Anlagerisiko, aber niedrig genug, um einen angemessenen Wert zu finden. Ich war damit einverstanden. Zu meiner MOS-Bewertung kam ich, indem ich schätzte, für wie viel ich das Unternehmen meiner Erwartung zufolge in zehn Jahren verkaufen konnte, und dann mithilfe der 15-prozentigen MARR und einfacher Algebra rückwärts rechnete, um zu dem Preis zu kommen, den ich zu zahlen bereit bin.

Übersicht über die Methode der Sicherheitsmarge

Zweck:	Berechnen, was das Unternehmen meiner Erwartung zufolge in zehn Jahren kosten wird, dann mithilfe einfacher Algebra rückwärts rechnen, um den Preis zu erhalten, den ich zu zahlen bereit bin.
Benötigte Zahlen:	Gewinn pro Aktie Windkorrigierte Wachstumsrate Kurs-Gewinn-Verhältnis (KGV) Geringste akzeptable Rendite (MARR = Minimum Acceptable Rate of Return)

Schon wieder neue Zahlen. Die MOS-Zahlen sind jedoch leicht zu berechnen und nachdem ich die Feuerprobe der Entschlüsselung und Berechnung der Owner Earnings und des freien Cashflows bestanden hatte, lernte ich diese Zahlen schnell. Dafür braucht man keine Fußnoten im Jahresabschluss zu lesen! Die MOS-Zahlen waren wie Urlaub.

Und so bereitet man sie vor:

Die für die Berechnung der Sicherheitsmarge benötigten Zahlen

Zahl	Definition	Wie man sie findet	Beispiel: der Limonadenstand
Gewinn pro Aktie (EPS = Earnings per Share)	Der Gewinn je Aktie ist der Gewinn des gesamten Unternehmens geteilt durch die Anzahl der umlaufenden Aktien.	Steht im Jahresabschluss.	Der Limonadenstand macht 2.000 Dollar Gewinn im Jahr und hat 100 Aktien, also beträgt sein Gewinn pro Aktie 20 Dollar. 2.000 Dollar/100 Aktien = 20 Dollar/ Aktie.
Windkorrigierte Wachstumsrate	Die erwartete Wachstumsrate des Unternehmens, ausgewählt nach Durchsicht der vier großen Wachstumsraten und nachdem man das Unternehmen gut genug verstanden hat, um sich der Zukunft recht sicher zu sein.	Diese Zahl kennen wir schon – denn die brauchten wir bereits, als wir uns mit dem Burggraben befassten. Kommt Ihnen das jetzt nicht einfacher vor als damals, als es noch einschüchternd war, eine fundierte Schätzung für eine Wachstumsrate abzugeben? Bloß eine Wachstumsrate! Wir haben es weit gebracht.	Die windkorrigierte Wachstumsrate des Limonadenstands beträgt 16 Prozent.
Windkorrigiertes Kurs-Gewinn-Verhältnis (KGV)	Der Preis geteilt durch den Gewnn beziehungsweise das Verhältnis, wie viele Male der Gewinn in den Preis passt. Ebenso wie das Shiller-KGV, das angibt, ob der Gesamtmarkt über- oder unterbewertet ist, beschreibt das KGV eines einzelnen Unternehmens das Verhältnis zwischen dem Kurs und dem Gewinn des Unternehmens. Da es eine Verhältniszahl ist, bleibt es gleich, egal ob man dafür Zahlen zum gesamten Unternehmen oder Zahlen pro Aktie verwendet – solange man bei einem von beiden bleibt.	Verwenden Sie die niedrigste dieser beiden Möglichkeiten: 1. Die windkorrigierte Wachstumsrate mal zwei (Prozentzeichen weglassen, es bleibt eine einfache Zahl) 2. Das höchste historische KGV des Unternehmens aus den letzten zehn Jahren (problemlos online zu finden)	1. 16 x 2 = 32 2. Das KGV des Limonadenstands betrug in der Vergangenheit, 19, 22 und 20. Somit beläuft sich das höchste historische KGV auf 22. Windkorrigiertes KGV: Die niedrigste dieser beiden Möglichkeiten ist 22.
Geringste akzeptable Rendite (MARR)	Wie viel jährliche Rendite wir für jedes Jahr verlangen, das unser Geld in dieser Anlage gebunden ist.	Immer 15 Prozent.	Sie beträgt immer 15 Prozent, auch beim Limonadenstand.

Die Formel für die Sicherheitsmarge

	Verständliche Formulierung	**Mathematische Fomulierung**
Schritt 1	Arbeiten Sie sich zunächst zehn Jahre vor. Was sollte das Unternehmen in zehn Jahren sinnvollerweise kosten? Wir wissen, dass der Preis ein Vielfaches des Gewinns pro Aktie sein wird, also müssen wir herausfinden, wie hoch der Gewinn pro Aktie in zehn Jahren sein wird. Wir lassen den Gewinn je Aktie jedes Jahr um die windkorrigierte Wachstumsrate steigen (und erhalten so das künftige EPS für das betreffende Jahr), und zwar zehn Jahre lang, sodass wir den künftigen Gewinn je Aktie in zehn Jahren erhalten.	EPS x (1 + windkorrigierte Wachstumsrate) [zehnmal wiederholt] = künftiger Gewinn je Aktie in zehn Jahren Das kann man von Hand Jahr für Jahr oder mithilfe einer Tabellenkalkulation ausrechnen.
Schritt 2	Multiplizieren Sie den künftigen Gewinn pro Aktie in 10 Jahren mit dem windkorrigierten KGV, dann erhalten Sie den künftigen Aktienkurs in 10 Jahren. Jetzt kenne ich den Preis einer Aktie in zehn Jahren.	Gewinn je Aktie in 10 Jahren mal windkorrigiertes KGV = Aktienkurs in 10 Jahren Bedenken Sie, dass das windkorrigierte KGV entweder die doppelte windkorrigierte Wachstumsrate oder das höchste historische KGV ist – je nachdem, was von beiden niedriger ist.
Schritt 3	Gehen Sie jetzt rückwärts vor, um herauszufinden, wo der Preis bei einer jährlichen Rendite von 15 Prozent heute stehen müsste (nicht den tatsächlichen Marktpreis, dazu kommen wir später). Um herauszufinden, wie der Preis bei 15 Prozent Jahresrendite heute lauten müsste, verwenden Sie folgende Formel: Künftiger Aktienkurs in 10 Jahren/$(1{,}15)^{\text{JAHRE}}$ = Preis laut Auszeichnung Bei 15 Prozent MARR ist der untere Teil dieser Formel mit eingesetzten Zahlen 1,15 hoch die Anzahl der Jahre. Bei zehn Jahren also 1,15 hoch 10, was 4 ergibt. Immer. Das ergibt immer 4. Das heißt, bei 10 Jahren und 15 Prozent lautet mein Ergebnis immer 4. Das wäre ein vernünftiger heutiger Preis für das Unternehmen. Juhu! Aber einen Moment, was ist mit Charlies Sicherheitsmarge?	Künftiger Aktienkurs in 10 Jahren/$(1{,}15)^{\text{JAHRE}}$ = Preis laut Auszeichnung Oder: Künftiger Preis in 10 Jahren/4
Schritt 4	Der Preis mit Sicherheitsmarge ist der halbe Auszeichnungspreis. Auszeichnungspreis/2 = Kaufpreis mit Sicherheitsmarge	Auszeichnungspreis/2 = Kaufpreis mit Sicherheitsmarge

Es besteht eine langfristige Beziehung zwischen der Wachstumsrate eines Unternehmens und seinem Kurs-Gewinn-Verhältnis und bei börsennotierten Unternehmen ist es in der Regel etwa doppelt so hoch. Mein Vater hat die Erfahrung gemacht, dass die doppelte windkorrigierte Wachstumsrate ein genauer und einfacher Ersatz für das KGV ist.

Das ist also die Formel für die Sicherheitsmarge Schritt für Schritt für uns manuelle Mathematiker. Dazu stellt mein Vater auf der nächsten Seite auch seinen Excel-Prozess vor.

Nachdem ich es in Schritte zerlegt und die Berechnung im Zeitverlauf vorwärts und dann zurück auf den heutigen Zeitpunkt gebracht hatte, besaß ich ein logisches Bild, das einen Sinn ergab. Das hatte Nuno gemeint, als er mir erzählte, dass er sich keine Gleichungen oder Formeln merkt. An diese hier würde ich mich zwar nicht genau erinnern, aber ich würde sie abrufen können, indem ich über den Prozess nachdachte.

Ich unterzog den Limonadenstand diesem Prozess:

Beispiel für die Methode der Sicherheitsmarge: der Limonadenstand

Noch einmal die Zahlen:	
Gewinn pro Aktie (EPS)	20 Dollar
Windkorrigierte Wachstumsrate	16 Prozent
Windkorrigiertes Kurs-Gewinn-Verhältnis (KGV)	22
Geringste akzeptable Rendite (MARR)	15 Prozent
Formel:	
Schritt 1: EPS x (1 + windkorrigierte Wachstumsrate) [zehnmal wiederholt] = künftiges EPS in 10 Jahren	Künftiges EPS in 10 Jahren = 88,23 Dollar
Schritt 2: Künftiger Gewinn pro Aktie in 10 Jahren mal windkorrigiertes KGV = künftiger Aktienkurs in 10 Jahren	88,23 Dollar x 22 = 1.941,06 Dollar
Schritt 3: Künftiger Aktienkurs in 10 Jahren/ $(1,15)^{JAHRE}$ = /4	1.941,06 Dollar/4 = 485,27 Dollar
Schritt 4: Auszeichnungspreis/2 = Kaufpreis mit Sicherheitsmarge	485,27 Dollar/2 = 242,64 Dollar

Hinweis von Phil

Mit Excel ist es ganz einfach, die MOS für den Limonadenstand zu berechnen. Die Gleichungen heißen „Barwert" und „Zukunftswert", und in Excel heißen sie =PV() und =FV(). Wenn Sie das eingeben, zeigt Excel die Formel an und sagt Ihnen, was Sie einsetzen müssen. Zuerst lassen wir den aktuellen Gewinn zehn Jahre lang mit der Excel-Formel =FV() wachsen: Dafür setzen wir die windkorrigierte Wachstumsrate, die Anzahl der Jahre und das EPS (den Gewinn pro Aktie) ein.

= FV(16%,10,,-20)

FV(rate, nper, pmt, [pv], [type])

(Beachten Sie, dass wir das „pmt"-Glied der Formel nicht verwenden, also geben Sie einfach ein weiteres Komma ein, um dieses Glied zu überspringen. Beachten Sie außerdem, dass ich ein Minuszeichen vor die 20 Dollar für „pv" gesetzt habe. Excel braucht dieses Zeichen, um zu wissen, dass die 20 Dollar in das Unternehmen fließen, und uns dann sagen zu können, welche Einnahmen daraus in zehn Jahren resultieren.)

Die Antwort, die wir bekommen, ist 88,23 Dollar. Das ist das EPS, das das Unternehmen in zehn Jahren erwirtschaften sollte, wenn unsere Wachstumsschätzung richtig ist.

Jetzt können wir herausfinden, was das Unternehmen in zehn Jahren wert sein müsste. Multiplizieren Sie einfach das KGV von 22 mit dem zukünftigen EPS von 88,23 Dollar. Dann erhalten wir 1.941,06 Dollar. Excel nennt dies den „Zukunftswert" – wie viel das Unternehmen pro Aktie kosten müsste, wenn es im zehnten Jahr 88,23 Dollar Gewinn pro Aktie erzielt und wahrscheinlich immer noch jährlich um 16 Prozent wächst.

Jetzt können wir ermitteln, was man heute sinnvollerweise für das Unternehmen bezahlen würde. Das sieht so aus: = PV():

PV(15%,10,,-1941,06)

PV(rate, nper, pmt, [fv],[type])

„rate" ist die MARR, „nper" ist die Anzahl der bis heute rückgerechneten Jahre, „pmt" überspringen wir und „fv" ist der Zukunftswert des Unternehmens in zehn Jahren (vergessen Sie das Minuszeichen nicht). Drücken Sie „Return". Der heutige Wert des Unternehmens beträgt 479,79 Dollar je Aktie, was aufgrund der Excel-Formel etwas von der manuellen Berechnung abweicht, aber dicht genug dran ist. Teilen Sie diesen Betrag durch 2, um den Preis mit Sicherheitsmarge zu erhalten: 239,90 Dollar.

Es ist verrückt, aber ich habe das komplett verstanden. Vier Schritte und fertig. Vier! Vier schaffte ich.

Für den Limonadenstand, der hundert Aktien hatte, lieferte mir die Ten Cap einen Kaufpreis von 200 Dollar pro Aktie, der achtjährige Payback-Time-Kaufpreis betrug 247 Dollar und die MOS-Berechnung ergab eine Preisauszeichnung von etwa 480 Dollar sowie einen MOS-Preis von circa 240 Dollar. Natürlich wurde der Limonadenstand nicht verschleudert: Das Geschäft lief zu gut!

„Dad", verkündete ich, „ich habe es geschafft. Ich kann die drei Bewertungen berechnen. Das ist absolut erstaunlich. Danke, Dad. Ich hätte nicht gedacht, dass dieser Moment kommen würde."

Er lachte und sagte: „Ich wusste, dass du es schaffst."

Ich war skeptisch. *Hatte er das wirklich gewusst?*

„Ja", sagte er mit Nachdruck. „Ich wusste absolut, dass du es schaffst. Du hast so viel gelernt und du hast mir einen besseren Weg gezeigt, Preise und Bewertungen zu berechnen. Die einzige Möglichkeit bestand darin, gemeinsam einen Weg durch das Ganze zu finden."

„Gemeinsam", wiederholte ich.

„Ja, gemeinsam. Keine Frage. Von da an lief es wie von allein."

Wir verabschiedeten uns. Ich glaube nicht, dass jemand, der dieses Zeug leicht findet, wirklich nachfühlen kann, wie schwierig es sein kann, aber das war für mich in Ordnung. Ein solches Gefühl hatte ich in meinem Leben selten gehabt: Ich hatte etwas Unerreichbares erreicht. Ich fühlte mich mächtig.

Charlie würde wahrscheinlich meine Versuche rundheraus ablehnen, aber ich hatte es geschafft, eine Bewertungsformel zu vervollständigen, die ich zum Teil selbst herausgefunden hatte, und ich schickte ein stilles Dankeschön an ihn.

Und ich dankte mir selbst.

Ich hatte mir keine Gedanken darum gemacht, wie es sein würde, wenn mir das gelingen würde, und ich nehme an, ich hätte gerne einen Salto rückwärts geschlagen oder wäre durchs Haus getanzt. Stattdessen saß ich auf meinem Schreibtischstuhl und grinste. Saß einfach da und grinste. Ich grinste, bis meine Augen winzig klein waren und ich kaum noch aus ihnen heraus sehen konnte, und dann lachte ich laut, allein, wie eine Verrückte. Und all diese Freude, weil ich eine alte kleine Bewertungsformel in den Griff bekommen hatte. Dann wurde mir klar, dass es spät am Abend war und ich ins Bett gehen sollte. In dieser Nacht schlief ich wunderbar. Den Schlaf der Mathematikerin. Den kann ich nur empfehlen.

Am nächsten Morgen übte ich es mit Whole Foods. Es war einfacher, als ich erwartet hatte. Meine Berechnungen finden Sie auf Seite 266.

Für Whole Foods hatte ich unternehmensbezogene Preise mit den Methoden Ten Cap und Payback Time berechnet. Um diese mit dem Ergebnis pro Aktie aus der MOS-Methode zu vergleichen, musste ich die unternehmensweiten Preise durch die Anzahl der umlaufenden Aktien von Whole Foods teilen.

Die Anzahl der Aktien ist leider eine weitere Zahl, die um den Wind korrigiert werden muss, weil sich diese Anzahl ständig ändert. Das 10-K zeigte, dass die Aktienanzahl von Whole Foods zurückgegangen war: 360 Millionen Aktien, dann 349 Millionen, dann hieß es in der Vorbemerkung zum 10-K 341 Millionen. Ich suchte online, wobei die Website meines

Vaters und Yahoo Finance übereinstimmten, also nahm ich die 341 Millionen Aktien. Mit dieser windkorrigierten Zahl erhielt ich die folgenden Preise für Whole Foods:

Ten Cap (insgesamt 9,82 Milliarden Dollar): etwa 29 Dollar pro Aktie.

Achtjährige Payback Time (insgesamt 4,2 Milliarden Dollar): etwa 13 Dollar pro Aktie.

Sicherheitsmarge: etwa 19 Dollar pro Aktie.

Ich rundete meine Zahlen bewusst, um mich daran zu erinnern, dass dies keine exakte Wissenschaft war – es gab eine Menge Störfaktoren und ich hatte lediglich einen Bereich, aufgrund dessen ich entscheiden konnte, welcher Preis sinnvoll war.

Länger hielt ich es nicht aus. Ich würde später entscheiden, wohin diese Preise ausschlagen würden. Ich beschloss, meine Praxis für diesen Tag zu beenden und mir ein Schokomuffin zu gönnen. Es war so mühevoll, den Jahresabschluss zu lesen, dass ich mich danach mit etwas Süßem belohnen musste.

Dann fiel mir ein, dass ich in der Schweiz war und Muffins dort nicht gang und gäbe waren. Aber in diesem Moment wollte ich meine Errungenschaft feiern, egal wie. Ich ging in die Küche, öffnete den Kühlschrank und sah Sekt. Ja, ich hatte Sekt verdient – Gleichungs-Sekt! Ich sah mir die Flasche an. Schön, es war Prosecco. Ich hatte einen Prosecco verdient! „Mittag!", rief ich. „Ich mache den Prosecco auf!"

„Es ist elf Uhr!", rief Nuno zurück.

Schon war der Korken herausgeploppt. Der Abschluss-Prosecco perlte. Nektar der Götter.

Nach etwa einer halben Flasche fand ich mich ziemlich gut, also fing ich an, vor Nuno mit meinen irren mathematischen Fähigkeiten anzugeben. „Und dann habe ich einfach nur mittels Logik – wie du vorgeschlagen hast – herausgefunden, in welcher Beziehung der Gewinn pro Aktie zum zukünftigen Aktienkurs steht, und ich kann dir alles darüber sagen." Ich begann, ihm die drei Bewertungsmethoden zu erklären, denn wenn ich jemand anderem helfen konnte, dann wollte ich es auch tun.

Ich gab etwas zurück, genau wie Oprah es mir rät. Aber jede meiner Erklärungen brach etwa auf halbem Weg zusammen, verlief sich in Verwirrung und durcheinandergeratenen Zahlen. Ich würde mehr üben müssen, um die Gleichungen wirklich in meinem Kopf zu verankern, das wurde mir klar. Bei diesem Gedanken trank ich noch mehr Prosecco. Dann schlief ich ein.

Ein Nickerchen. Kann ich nur empfehlen. Auch eine gute Selbstbestechung – null Kalorien und null Dollar.

Nachdem ich aufgewacht war, überprüfte ich mental den Stand meiner Investmentpraxis. Ich hatte drei Bewertungsmethoden gelernt. Doch plötzlich, als wäre eine Ziegelmauer vor mir aufgetaucht, blieb ich im Geiste stehen. Jede Methode hatte dramatisch unterschiedliche Ergebnisse erbracht.

In meiner verkaterten Beinahepanik rief ich meinen Vater an. Wie sollte ich entscheiden, welcher Preis sinnvoll ist?

„Jawohl", verkündete er, „manchmal erhält man mit den drei Methoden dramatisch unterschiedliche Ergebnisse, weil sie jeweils verschiedene Dinge messen. Die Payback Time ist oft die genaueste und nützlichste, weil sie auf dem freien Cashflow basiert und das Potenzial des Unternehmens beinhaltet, diesen freien Cashflow in der Zukunft immer weiter zu steigern. Aber im Falle von Whole Foods ist es so, dass das Unternehmen einen großen Teil seines Geldes für Wachstum in Form der Eröffnung neuer Geschäfte ausgibt. Das wird wahrscheinlich in Zukunft viel freien Cashflow bringen, aber es reduziert den derzeitigen freien Cashflow und das bedeutet, dass der achtjährige Payback-Time-Kaufpreis niedriger sein wird als bei den anderen Preisfindungsmethoden. Wenn du wissen willst, ob du wirklich ein Schnäppchen bekommst, funktioniert der Ten Cap auf Basis der Owner Earnings ziemlich gut. Wenn du ein wunderbares börsennotiertes Unternehmen zum Zehnfachen der Owner Earnings bekommst, ist das ein wirklich gutes Geschäft, denn dann ist kein zukünftiges Wachstum nötig, damit es eine gelungene Investition wird. Und die Formel für die Sicherheitsmarge gibt dir einen konservativen Unternehmenswert an."

Die Methode der Sicherheitsmarge: Whole Foods

<table>
<tr><th colspan="4">Benötigte Zahlen</th></tr>
<tr><td>Gewinn pro Aktie (EPS) 2015</td><td colspan="3">1,48 Dollar</td></tr>
<tr><td>Windkorrigierte Wachstumsrate</td><td colspan="3">1. Historische Wachstumsraten von 2009 bis 2015, Durchschnitt 16,7 Prozent
2. Durchschnitt der Analystenschätzungen für das Wachstum über fünf Jahre: 14 Prozent
3. Von 16,7 Prozent und 14 Prozent ist 14 Prozent die kleinere Zahl.
Daher beträgt die windkorrigierte Wachstumsrate 14 Prozent.</td></tr>
<tr><td>Windkorrigiertes Kurs-Gewinn-Verhältnis (KGV)</td><td colspan="3">1. 14 x 2 = 28
2. Die KGVs von Whole Foods bewegten sich in den letzten zehn Jahren zwischen 10 und 46. Das höchste war 46.
Windkorrigiertes KGV: Die kleinere Zahl von 28 und 46 ist 28. Daher beträgt das windkorrigierte KGV 28.</td></tr>
<tr><td>Geringste akzeptable Rendite (MARR)</td><td colspan="3">15 Prozent, denn sie beträgt immer 15 Prozent.</td></tr>
<tr><th colspan="4">Formel:</th></tr>
<tr><td rowspan="13">Schritt 1: EPS x (1 + windkorrigierte Wachstumsrate) [zehnmal wiederholt] = künftiges EPS in 10 Jahren</td><td colspan="3">Künftiges EPS in 10 Jahren = 5,49 Dollar</td></tr>
<tr><td>Jahr</td><td>Künftiges EPS</td><td>1 + windkorrigierte Wachstumsrate</td></tr>
<tr><td>0</td><td>1,48 Dollar</td><td>1,14</td></tr>
<tr><td>1</td><td>1,69 Dollar</td><td>1,14</td></tr>
<tr><td>2</td><td>1,92 Dollar</td><td>1,14</td></tr>
<tr><td>3</td><td>2,19 Dollar</td><td>1,14</td></tr>
<tr><td>4</td><td>2,50 Dollar</td><td>1,14</td></tr>
<tr><td>5</td><td>2,85 Dollar</td><td>1,14</td></tr>
<tr><td>6</td><td>3,25 Dollar</td><td>1,14</td></tr>
<tr><td>7</td><td>3,70 Dollar</td><td>1,14</td></tr>
<tr><td>8</td><td>4,22 Dollar</td><td>1,14</td></tr>
<tr><td>9</td><td>4,81 Dollar</td><td>1,14</td></tr>
<tr><td>10</td><td>5,49 Dollar</td><td></td></tr>
<tr><td>Schritt 2: Künftiger Gewinn pro Aktie in zehn Jahren mal windkorrigiertes KGV = künftiger Aktienkurs in 10 Jahren</td><td colspan="3">5,49 Dollar x 28 = 153,72 Dollar</td></tr>
<tr><td>Schritt 3: Künftiger Aktienkurs in 10 Jahren/$(1,15)^{JAHRE}$ = /4</td><td colspan="3">153,72 Dollar/4 = 38,43 Dollar</td></tr>
<tr><td>Schritt 4: Auszeichnungspreis/2 = Kaufpreis mit Sicherheitsmarge</td><td colspan="3">38,43 Dollar/2 = 19,21 Dollar</td></tr>
</table>

Die Formel für die Sicherheitsmarge gibt den Wert des Unternehmens als börsennotierte Gesellschaft an und reduziert diesen um die Hälfte, um uns, wie Charlie über sein wertvolles viertes Prinzip sagte, vor den „Wechselfällen des Lebens" zu schützen. Diese drei Wege, zu einem Kaufpreis zu gelangen, sind eine weitere Form der Situation des windkorrigierten Wachstums. Ich musste ein Urteil fällen.

Und jetzt musste ich meine früher begonnene Checkliste ergänzen und endlich ein paar Punkte für Charlies viertes Prinzip erstellen:

4. Angemessener Preis mit Sicherheitsmarge

- Wie hoch ist der Ten-Cap-Kaufpreis?
- Wie hoch ist der Kaufpreis für die achtjährige Payback Time?
- Wie hoch ist der Kaufpreis mit Sicherheitsmarge?

Nun war es an mir, alle Preisformeln zu üben und korrekt anzuwenden.

Ich ließ diesen Gedanken treiben, ohne ihn zu beurteilen. Ich merkte, wie ich mich dabei fühlte. Anstatt mir das Gefühl des fensterlosen Beton-Treppenhauses zu geben – das Gefühl, das es mir noch ein paar Monate früher gegeben hätte –, gab es mir ein Gefühl der Macht. Ich wusste, was ich tat, wer hätte das gedacht! Ich war auf der Investorenparty, mit einem Whiskey in der Hand, und fühlte mich wohl. Okay, foin, viele andere waren schon viel länger da als ich und wussten viel mehr. Große Sache. Ich wusste genug, um dort zu sein, und das nicht mehr als Mauerblümchen.

Plötzlich war ich begierig darauf, wirklich Aktien zu kaufen. So langsam hatte ich das Gefühl, dass es bald an der Zeit sein würde, ernsthaft Geld in die Börse zu investieren. Ich wusste, dass mein Vater mir gesagt hatte, dass ich in diesem Jahr keine Aktien kaufen würde, aber es würde doch sicher nicht schaden, ein Wertpapierdepot zu eröffnen, oder? Und irgendwann würde ich es benutzen. Ich hatte schon lange keines mehr gesehen und wollte sehen, wie die Realität jetzt aussah.

Die Eröffnung eines Wertpapierdepots

Ich suchte online nach „Wertpapierdepot" und es wurde eines von einer Firma angezeigt, von der ich schon gehört hatte, also dachte ich, es sei in Ordnung, und entschied mich dafür. Etwa 15 Minuten lang beantwortete ich Fragen und voilà: Mein Depot war eröffnet. Ich überwies Geld auf das Konto und die Website ließ mich wissen, es wäre am nächsten Tag verfügbar. Kinderleicht.

Es war so einfach, dass ich ein wenig überrascht war. Sollte es nicht eine Mindestkompetenzprüfung oder so etwas geben? Ich wusste nicht einmal recht, wie man eine Aktie kauft.

Tatsächlich war die Homepage der Website gar nicht so einfach zu bedienen. Sie war ein Durcheinander von Informationen, Nachrichten, Zahlen, Aktiensymbolen und Researchtabellen. Ich sah, dass mein Geld vorläufig auf dem Konto war. Wahrscheinlich um mich zu ermutigen, zeigten sie das Geld als „verfügbar" an, aber ich wollte, dass es an Ort und Stelle blieb. Ich wollte nicht versehentlich den falschen Knopf auf dieser unordentlichen Homepage mit echtem Geld und echten Aktien drücken und mich dadurch verpflichten, Apple-Aktien im Wert von acht Millionen Dollar zu kaufen, woraufhin Tim Cook wegen des Geldes hinter mir her wäre. Dafür reichte mein Geld nicht.

Wahrscheinlich könnten sie davon kaum das kostenlose Mittagessen der Mitarbeiter bezahlen. Apple würde einen derart mageren Aktienkauf nicht einmal bemerken. Hui, dachte ich, als ich mir die Aktiensymbole und Buttons auf der Startseite ansah. Jetzt wurde es sehr schnell sehr real.

Üben, sagte ich mir. Das ist ein praktisches Übungsprogramm. Atme durch. Kaufe nichts, fass nichts an, atme einfach.

Ich fühlte mich wie beim allerersten Mal, als ich eine kleine Pistole in die Hand nahm. Das war ebenfalls unter den wachsamen Augen meines Vaters geschehen, als ich etwa 14 war. In unserer Stadt gab es einen kleinen Schießstand im Keller eines Bürogebäudes in der Innenstadt und mein Vater nahm mich dorthin mit. Ich nehme an, er dachte, ebenso wie ich angesichts seiner Fragen gemäß der sokratischen Methode besser ein gutes Argument parat haben sollte, sei es an der Zeit, dass ich lerne, mich mit einer Waffe wohlzufühlen. Die Waffe war nicht geladen und ich wusste, dass sie nicht geladen war, weil mein Vater mir die leere Kammer gezeigt hatte, aber als ich sie in die Hand nahm, hatte ich Angst vor ihrer Macht. Vielleicht haben wir eine Patrone übersehen, dachte ich mir. Er zeigte mir erneut, dass sie nicht geladen war, und ich fühlte mich etwas wohler damit. Dann erklärte er die Regeln. „Tu niemals so, als wäre eine Waffe nicht gefährlich", betonte er. „Behandle eine Waffe immer so, als wäre sie geladen. Das tut man, weil man so leicht vergisst, nach den Kugeln zu sehen, weil man leicht nervös und übereifrig wird und einen Fehler macht, und weil es so leicht ist, den Abzug zu betätigen. Eine tödliche Waffe verlangt Respekt."

Und nun, bei meinem neu eröffneten Depot, achtete ich darauf, dass ich die Maus nicht über die Kaufen-Schaltflächen bewegte. Es kam mir vor, als wäre die Waffe geladen, obwohl ich sehen konnte, dass sie es nicht war. Das war Sicherheit bei der Geldanlage. Ich respektierte die Macht der Geldanlage, Geld zu bewegen und mein Leben in die richtige oder in die falsche Richtung zu lenken; dementsprechend behandelte ich sie.

Ich erzählte meinem Vater nichts vom Fantasy Investing oder von der Eröffnung meines Wertpapierdepots. Ich glaubte nicht, dass er Verständnis für diese Baby-Schritte hätte. Er hatte ja auch gesagt, er wolle nicht, dass ich dieses Jahr Aktien kaufe, und ich war mir nicht sicher, ob das Depot zu der Kategorie *verboten* zählte.

Dennoch fühlte ich mich, als würde ich Fortschritte machen, nicht nur geistig, sondern auch körperlich. In diesem Monat hatte ich mich körperlich so viel besser gefühlt, dass ich meine Magenmedikamente nicht mehr nahm. Ich hatte von Anfang an davon loskommen wollen und dass ich nicht mehr jeden Tag auf diese kleinen Pillen angewiesen war, fühlte sich allein schon nach Freiheit an. Ich dachte mir, ich müsste immer noch krank sein, da ich die ganze Zeit durch die Weltgeschichte flog und meine minimale Freizeit von meiner Anlagepraxis in Anspruch genommen wurde. Aber diese zusätzlichen Dinge außerhalb der Arbeit machten mich so glücklich, dass mein Körper anscheinend eher darauf reagierte als darauf, wie beschäftigt und terminlich ausgebucht ich immer noch war.

Nicht dass alles eitel Sonnenschein gewesen wäre. Kurz nachdem ich am Ende des Wochenendes zum Flughafen aufgebrochen war, sah ich mir meine Fantasy-Investing-Tabelle an. Die Börsenkurse von vier meiner fünf Unternehmen waren gesunken. Ich blinzelte und sah weg. Mir sank das Herz. Ich war so enttäuscht! Plötzlich wurde mir klar, dass ich erwartet hatte, insgeheim und auf magische Weise gut in diesem Investment-Tohuwabohu zu sein. Ich hatte erwartet, ein Wunderkind zu sein und sagen zu können: „Menschenskind, ich habe einfach ausgesucht, was in meinen Augen gut aussah, und es hat geklappt!"

Dem war aber nicht so. Meine Unternehmen lagen am Boden. Ich spürte plötzlich eine Angst in den Eingeweiden, mit echtem Geld einen Fehler zu machen. Ich erinnerte mich an die emotionale Regel des Investments – alles geht abwärts, wenn man es kauft, und zwar deshalb, weil man es gekauft hat. Damals war das amüsant, jetzt aber weniger. Ich wusste, dass kurzfristige Volatilität bei langfristigen Value-Investitionen nicht relevant ist, aber was wäre, wenn dieser Kursrückgang ein Hinweis auf einen größeren Trend wäre? Was wäre, wenn ich wirklich einen Fehler gemacht hätte?

Ich ließ das sacken. Ich wollte schon immer eine 1+ statt einer 1 bekommen und in der ersten Klasse bat ich um zusätzliche Hausaufgaben.

Nein, ich war nicht bereit, echtes Geld in diese meine haarsträubende Idee zu investieren, die Geldanlage auf eigene Faust zu lernen. Ich hatte wieder Angst.

Ich musste herausfinden, wo die Lücken in dieser Praxis waren.

AUGUST-ÜBUNG: Berechnen Sie zu jedem der drei Unternehmen, die Sie bereits bewertet haben, den Sicherheitsmargen-Preis. Vergleichen Sie bei allen drei Unternehmen die drei Preise, die Sie berechnet haben, und entscheiden Sie sich für Ihren Kaufpreis. Und was am wichtigsten ist: Belohnen Sie sich mit einem Leckerbissen.

KAPITEL 9

DIE GESCHICHTE UMKEHREN

SEPTEMBER

Diesen Monat:

- Checkliste für kostspielige Fehler
- Die Geschichte schreiben
- Die Geschichte umkehren
- Übungsaktien

In Ordnung, ich hatte es also vermasselt und etwas übersehen. Damit konnte ich leben.

Ich meine, eigentlich konnte ich es überhaupt nicht, aber egal. Die Sonne würde morgen früh aufgehen und ich würde darüber diskutieren, ob ich mein eigenes Geld meinem eigenen Urteilsvermögen übergeben soll.

Was hatte ich übersehen?

Ebenso wie bei Menschen kommt es bei Aktien nicht oft vor, dass man sich verliebt. Und wenn es passiert, ist es daher sehr verlockend, negative Eindrücke abzutun oder wegzuerklären. Verhaltensökonomen nennen das „Bestätigungsfehler“ – wenn wir dazu neigen, Menschen in unserer Umgebung zu glauben, die unserer Meinung sind, ohne dass wir es überhaupt merken. Es ist sogar derart verlockend, etwas Negatives über das Unternehmen, das wir lieben, abzutun, dass Forscher festgestellt haben, dass wir dies auf einer unterbewussten Ebene tatsächlich vermeiden. Zugeben zu müssen, dass mein geliebtes Unternehmen Mängel hat, ist schmerzhaft, sodass ich dann sofort mit dem Gedanken zurückschlage: „Die verstehen das einfach nicht.“

Wenn ich anfange, über ein Unternehmen zu recherchieren, sind meine Ansichten natürlich zunächst skeptisch. Ich bin jedoch so sehr darauf aus, wunderbare Unternehmen zu finden, dass ich dann, wenn eines vielversprechend erscheint, recht schnell die Seiten wechsle und von dem Unternehmen überzeugt bin. Seine Mission ist plötzlich fantastisch, ich verstehe das Unternehmen, sein Management erscheint stark und prinzipientreu, es hat einen guten Burggraben und selbst die Finanzen sehen ziemlich gut aus. Langsam gerate ich in Begeisterung: *Unternehmen X könnte ein Gewinner sein!* Ich überprüfe den Preis: *Heiliger Strohsack, es ist günstig zu haben!* Ich lese und lese und alles, was ich finde, besagt, dass das Unternehmen in der Welt Großes bewirkt und ein cooles Unternehmen ist. An diesem Punkt liebe ich es. Ich will es haben. Ich bin voll dabei.

Habe ich mir erlaubt, mich unbewusst emotional von den Fakten weglenken zu lassen? Für den Erfolg meiner Investmentpraxis war es wichtig, dass ich mir meines eigenen Bestätigungsfehlers bewusst blieb. Ich musste einen Weg finden, um zu wissen, was ich nicht wusste.

Buffett und Munger bekämpfen ihren Bestätigungsfehler, indem sie den anderen immer in der Nähe haben, damit er Investmentideen niedermacht. Buffett hat oft gesagt, eine von Charlies Freuden im Leben sei es, Nein zu ihm sagen, und er schätze Charlie dafür sehr. Diesen Punkt bekräftigte er in seinem Brief 2016 an die Aktionäre von Berkshire Hathaway, in dem er schrieb: „Ich werde noch mehr Fehler machen, darauf können Sie sich verlassen. Zum Glück ist immer Charlie da, der – niemals schüchtern – zu meinen schlechtesten Ideen Nein sagt."[42] Als er in New York lebte, traf sich Guy Spier regelmäßig mit einer Gruppe anderer Investoren, die er „den Trupp" nannte, um über Investmentideen zu diskutieren. Dies bewahrte ihn davor, Schwächen bei Unternehmen zu übersehen, die er sonst wahrscheinlich gekauft hätte.[43]

Ich ermahnte mich selbst, dass ich doch Anwältin bin. Ich liebe es, die Lücken in einer Argumentation zu finden. Wenn ich die Lücken finden könnte, würde ich meine Fehler finden. Auf diese Weise würde ich kein Geld verlieren.

Ich flog nach Atlanta, um am Wochenende mit meinem Vater mehrere Podcasts aufzunehmen. Nuno und ich waren zu viele verdammte Wochen voneinander getrennt, teils wegen der Arbeit, teils weil Flugtickets teuer waren. Deshalb war ich schlecht gelaunt, also wollte ich die Zeit zumindest sinnvoll nutzen und meine Energie konzentriert auf die Arbeit richten. Es würde auch schön sein, ein paar ruhige Tage mit meinem Vater zu verbringen, Lachs auf seinem Big Green Egg zu grillen und dann bei unseren Podcasts ihn zu „grillen".

Ich wollte meinen Vater fragen, wie er mit seinen eigenen Vorurteilen umgeht, die ihn daran hindern, Schwächen zu entdecken, wenn er ein Unternehmen gewissermaßen liebt. Sokrates konnte ja ziemlich gut argumentieren – versuchte er, Gegenargumente gegen seine eigenen Argumente für ein Unternehmen zu finden?

„Oh ja!", sagte Dad. „Es ist ein großes Problem, wenn man will, dass ein Unternehmen großartig sein soll! Es ist wahrscheinlich das größte Problem, das ich habe."

„Das nennt sich Bestätigungsfehler oder ‚Confirmation Bias', Dad. Und es ist ziemlich gut erforscht."

---

[42] Warren Buffett, Brief an die Aktionäre von Berkshire Hathaway 2016, 25. Februar 2017, 15.

[43] Guy Spier, *Education of a Value Investor* (New York: St. Martin's Press, 2014).

„Super. Ich sage dir jetzt, was ich tue, um ihn zu vermeiden. Ich habe eine Checkliste mit kostspieligen Fehlern, die alle von anderen Investoren und von mir begangen wurden. Ich muss jede Frage auf dieser Checkliste beantworten und darf dabei nicht mogeln.“

„Ich habe bereits an einer Checkliste gearbeitet“, bestätigte ich freudig.

„Prima! Lass uns gemeinsam ein Unternehmen untersuchen und schauen, wie das funktioniert.“

Ich setzte mich neben ihn an seinen Schreibtisch in dem kleinen Büro, das an sein Haus angebaut war, sodass wir zusammen auf den Computerbildschirm schauen konnten. Wir hatten vor, mit Tesla, Whole Foods oder Lululemon anzufangen, aber bevor wir uns hinsetzten, holten wir uns beide Dosen mit Mineralwasser von La Croix aus dem Kühlschrank. Plötzlich fiel mir etwas auf: *Jeder, den ich kenne, hat Wasser von La Croix im Kühlschrank. Kamala trinkt es wie … na ja, wie Wasser. Mit Grapefruit-Geschmack.* Sprudelwasser war nichts Neues und selbst schickes Sprudelwasser wie Perrier war natürlich nicht neu. La Croix gab es schon seit einer Weile. Aber aus irgendeinem Grund kaufte jeder, den ich kannte, La Croix. Dad sagte: „Schauen wir mal nach“, und so fingen wir mit dem an, was wir gerade direkt vor uns hatten: La Croix.

Er suchte online, fand die Website der Firma und es stellte sich heraus, dass sie sich im Besitz einer Aktiengesellschaft mit dem tollen Namen National Beverage Corp. befand. Er rief den neuesten Jahresbericht ab und wir erfuhren, dass die Gesellschaft eine Reihe von Getränkeunternehmen und Getränkemarken besitzt, von denen wir aber nur La Croix kannten. Wir schauten uns die Burggraben- und die Managementzahlen sowie die Berichte des Unternehmens an und Dad nahm eine schnelle Bewertung vor, die ergab, dass er es für ziemlich überteuert hielt.[44]

[44] National Beverage Corp. war gemäß seiner bisherigen Performance überteuert, aber seit wir diese gemeinsame Analyse vorgenommen haben, ist der Aktienkurs dramatisch gestiegen. Wir waren nicht die Einzigen, denen auffiel, dass wir viel La Croix tranken und dass da keine anderen Konkurrenten herankamen. Aber das Unternehmen hatte noch keine Erfolgsbilanz, die es zu einem Regel-Nummer-1-Unternehmen gemacht hätte. C'est la vie.

Ich hatte immer gedacht, Menschen, die das beruflich machen, auch mein Vater, seien ganz anders als ich. Sie müssten geheime Informationsquellen haben, auf die ich nicht zugreifen kann, und die Infos teilen sie wahrscheinlich in finsteren Spelunken miteinander. In diesem Moment war unser erster Rechercheplan jedoch deckungsgleich. Dad war dabei zwar viel schneller als ich, vielleicht zehnmal so schnell, aber es war die gleiche Prüfung: die Website der Firma durchsehen, die grundlegenden Informationen dazu finden, was das Unternehmen macht, auf einen Burggraben prüfen, das Management prüfen und herausfinden, was ein guter Preis wäre. Und ich entdeckte, dass wir diesen Prozess plötzlich miteinander gemeinsam hatten.

Als wir nebeneinander am Schreibtisch saßen, merkte ich, dass wir eine gemeinsame Sprache hatten – zumindest eine rudimentäre Version davon. Ich sprach ein bisschen Business. Jetzt konnte ich ein bisschen durch dieses Land reisen. Ich konnte fragen, wo die Toiletten sind.

Er wandte sich zu mir um und lächelte. „Das ist doch ziemlich cool." Ich lächelte zurück. Das war es tatsächlich.

Checkliste für kostspielige Fehler

„Alle großen Investoren haben Fehler gemacht", fuhr mein Vater fort. „Dabei kommt es nicht auf den Fehler an sich an. Man verfängt sich leicht in Bedauern und allerlei Gefühlen, aber das bringt nichts für die Zukunft."

„Was sollen wir also tun? Ich will nicht den gleichen Fehler zweimal machen."

„Das ist genau die richtige Einstellung", stimmte mir Dad zu. „Bereue nicht, aber stelle rücksichtslos fest, warum du diesen Fehler gemacht hast. Das ist schwieriger, als es klingt. Viel schwieriger. Was ist dir entgangen? Was hast du gelernt? Keine sehr leicht zu beantwortenden Fragen."

Dylan Evans schreibt in dem Buch „Risk Intelligence", in dem er analysiert, wie Menschen Risiken genauer bestimmen können – Vorgriff:

Wir Menschen können Risiken außerordentlich schlecht einschätzen –, dass professionelle Spieler, die ausschließlich auf der Grundlage einer Bewertung der Chancen und Risiken gewinnen oder verlieren, brutal ehrlich mit sich selbst bezüglich ihrer Stärken und Schwächen sind, indem sie sich Notizen machen und kontrollieren, was funktioniert hat und was nicht. Ich versuchte, in meiner Anlagepraxis das Gegenteil von Glücksspiel zu betreiben, aber die Methodik war auch hier gültig – ich musste trotzdem das Risiko einschätzen, ein bestimmtes Unternehmen aufgrund unvollständiger Informationen zu kaufen, und ich musste rücksichtslos mit mir selbst sein, was meine Fehleinschätzungen betrifft.

„Was ist die beste Art, meine eigenen Patzer zu betrachten?", fragte ich meinen Vater.

„Am besten ist es, sie gar nicht erst zu begehen. Halte dich an das, was ich dir beibringe, dann ziehst du Nutzen aus 85 Jahren kostspieliger Fehler, die unsere Investorenfamilie bereits gemacht hat. Ich habe eine Liste von Patzern, mit denen ich die Unternehmen abgleiche."

Er nannte das seine Checkliste für kostspielige Fehler. Er und andere intelligente Investoren, darunter auch Warren Buffett, haben viele Fehler gemacht und Fakten ignoriert, die im Nachhinein klar und grundlegend waren. Anstatt diese kostspieligen Fehler selbst zu machen, konnte ich also von ihnen lernen. Mohnish Pabrai hält seine Checkliste mit nur sieben Fragen kurz. Dads Liste ist zwar etwas länger, aber immer noch kurz. Er hat Angst, wenn sie zu lang ist, könnte er sie nur überfliegen und etwas Entscheidendes übersehen. Hier nun die Liste der Warnsignale meines Vaters – grundlegende Fehler, die vorlagen, bevor die Investments fehlschlugen, und die kostspielige Probleme verursachten:

Kostspielige Fehler

- Bedeutung
  - Am Rande oder außerhalb des Kompetenzkreises
  - Keine Gurus kaufen die Aktie
  - Die Prüfung des Unternehmens macht mir keinen Spaß

- Die Branche, das Unternehmen oder das Produkt ist nicht leicht zu verstehen
- Keine Umkehrung vorgenommen
- Branche im Niedergang
- Feindselige Gewerkschaft
- Nachfrage nach dem Produkt in zehn Jahren ungewiss
- Ungewiss, ob das Unternehmen in zehn Jahren produktiver sein wird
- Die Branche verändert sich schnell
- In den 10-Ks keine Fußnoten über zehn Jahre gelesen

► Burggraben
- Graben ist nicht unternehmensspezifisch/intrinsisch
- Burggraben nicht dauerhaft
- Burggraben wird nicht verbreitert
- Die Großen Vier wachsen nicht
- Besonders der Buchwert (plus Dividende) wächst nicht
- Owner Earnings und Free Cash Flow nicht vorhersehbar
- Billige ausländische Konkurrenz wird stärker, kommt aber noch nicht an die US-amerikanische Branche heran

► Management
- ROE und ROIC sinken
- Der CEO verhält sich nicht wie ein Eigentümer
- Der CEO denkt zuerst an sich
- Der CEO beschönigt Probleme
- Der CEO verkauft zu viele Aktien
- Das Unternehmen kauft stark überbewertete Aktien zurück
- Der CEO wurde vor Kurzem ausgetauscht
- Verschuldung übersteigt den Free Cash Flow aus zwei Jahren
- Die Schulden steigen
- Bald fälliges Darlehen

  - Kreditverpflichtungen kurz davor, vom Unternehmen nicht erfüllt zu werden

- Preis
  - Ich kann die Owner Earnings nicht zuverlässig berechnen
  - Ich bezahle mehr als den Ten-Cap-Preis *oder*
  - mehr als den Preis der achtjährigen Payback Time *oder*
  - mehr als den Preis mit Sicherheitsmarge
  - Vorübergehende Probleme, die für anormale Zunahmen oder Abnahmen des Gewinns und/oder des freien Cashflows sorgen
  - Wachstum des Gewinns pro Aktie durch Rückkäufe bewirkt
  - Schätzungen der zukünftigen Wachstumsrate und des zukünftigen KGVs sind nicht realistisch
  - Kein Ereignis und kein Preisverfall
  - Der Preis ist gesunken, ist aber kein ausreichendes Ereignis für einen Ausverkaufspreis
  - Ein Ereignis löst erhebliche Angst aus, kann aber vielleicht nicht innerhalb von ein bis drei Jahren behoben werden
  - Ein Ereignis kann das Unternehmen dauerhaft schädigen
  - Ich verstehe das Ereignis nicht – zu komplex

Mir fiel auf, dass die auf den Preis bezogenen Fehler ganz unten auf der Liste standen.

„Denk dran“, ermahnte mich Dad, „der Preis ist eigentlich das Unwichtigste, denn bei einem wunderbaren Unternehmen wird die Zeit Fehler beheben. Wenn du ein großartiges Unternehmen kaufst, aber einen zu hohen Preis dafür bezahlst, dann wird es, wenn es wunderbar bleibt, irgendwann mehr wert sein, als du dafür bezahlt hast; du musst bloß länger warten.“

Ich lachte. „Du willst mir sagen, dass eine meiner Schwächen darin besteht, mich zu sehr auf den Preis zu versteifen.“

Dad zuckte mit den Schultern. „Natürlich ist ein guter Preis als Polster gegen Fehler sehr wichtig. Wenn du aber mit dem Unternehmen richtigliegst, wird der Preis zum geringeren Problem."

„Das stimmt wahrscheinlich", wurde mir klar und ich fügte das meiner eigenen Checkliste hinzu. „Was tust du noch, um dich vor dem Bestätigungsfehler zu schützen?"

„Ich bespreche meine Argumentation für ein Unternehmen auch mit anderen Investorenfreunden, denen ich vertraue und die ich respektiere. Wir sagen dabei nicht, ob wir ein Unternehmen kaufen oder verkaufen, es geht nur um die Argumentation dafür, und dazu gehört die umgekehrte Story – die Argumentation gegen ein Unternehmen.

Dahinter steht die Idee, den Schwerpunkt der Geschichte vom Kaufen auf das Verkaufen zu verlagern. Man kann nicht darauf vertrauen, dass man die Lücken in einer Argumentation findet, während man diese Argumentation aufbaut. Das geht nur, indem man sie auf den Kopf stellt und versucht, sich selbst zu widerlegen. Nimm deine besten drei Gründe, dieses Unternehmen zu besitzen, und mache aus jedem einen Grund, es nicht zu besitzen. Wenn ich zum Beispiel sagen würde, dass Chipotle einen breiten Burggraben hat, dann besagt die Umkehrung, dass der Burggraben von Chipotle wirkungslos geworden ist."

So findet er also die Lücken und beugt seinem eigenen Bestätigungsfehler vor. Ich wiederholte das in eigenen Worten: „Meine eigene Argumentation prüfen, indem ich das Gegenteil beweise."

„Genau. Das ist schwieriger, als es klingt, weil man gerade Tage, Wochen oder Monate damit verbracht hat, sich für dieses Unternehmen zu begeistern, Interesse daran aufzubauen und Gründe zu finden, warum einem dieses Unternehmen sehr gut gefällt. Stelle dich geistig darauf ein, indem du dem Gegenteil zustimmst. Sag dir selbst: ‚Ich sollte verkaufen. Warum?'"

„Können wir das mal ausprobieren?"

Die Geschichte

Also zuerst die Geschichte schreiben, die Story des Unternehmens. Ich packte meine Checkliste aus, ging sie durch und dann schrieb ich meine erste komplette Story über Whole Foods.

1. **Die Prinzipien der Geldanlage:** Nehmen wir jedes einzelne und wenden es auf Whole Foods an.
   - ► *Verstehen* – Dabei geht es um einen kurzen Überblick über das Unternehmen. Was es macht und wie es das macht. Wie habe ich es gefunden? (Am besten durch einen Guru, der anfängt, es zu kaufen.) Wenn ich das nicht in einem Absatz erklären kann, verstehe ich das Unternehmen nicht gut genug. Dann ist es „zu schwer“.
     - *Whole Foods:* Branche: Lebensmittel-Einzelhandel. Whole Foods ist die Nummer 1 unter den Bio-Lebensmittelketten in den Vereinigten Staaten und ich habe es dadurch gefunden, dass ich dort einkaufe. Ich liebe es, Lebensmittel bei Whole Foods zu kaufen. Es bietet seine eigenen Markenprodukte und viele Produkte von kleinen und großen Einzelhändlern an, die alle gemäß den hohen Standards in Bezug auf Lebensmitteleinkauf, Inhaltsstoffe und Nachhaltigkeit überprüft wurden.
   - ► *Mission* – Warum es mir gefällt. Die Mission des Unternehmens und die Werte, die es in seinem Geschäftsbetrieb zum Ausdruck bringt
     - *Whole Foods:* Die Mission ist, Gutes zu tun durch eine gute Verhaltensweise, den Kunden, die solche Produkte wünschen, Lebensmittel anzubieten, die den Planeten nicht belasten, und sogar der Nachfrage zuvorzukommen, indem es die Kunden dazu erzieht, ihre Ansprüche hochzuschrauben. So hat beispielsweise das Nachhaltigkeitsbewertungssystem von Whole Foods für Fisch und Meeresfrüchte den Branchenstandard angehoben. Die Kunden erwarten nun, dass sie vor dem Kauf über Herkunft und Nachhaltigkeit von Produkten aus dem Meer informiert werden.

- *Burggraben* – Wer sind die Konkurrenten? Welche intrinsischen Eigenschaften schützen das Unternehmen vor Wettbewerbern?
  - *Whole Foods:* In der Vergangenheit bildeten andere Bioläden die Konkurrenz, weil konventionelle Lebensmittelgeschäfte eher über den Preis als über die Qualität konkurrierten. Whole Foods ist aber so erfolgreich, dass inzwischen konventionelle Lebensmittelgeschäfte seine Hauptkonkurrenten sind. Der Burggraben von Whole Foods ist ein Markengraben und bis heute einer der stärksten Markengräben, über den Unternehmen verfügen. Er steht für ethische Lebensmittel. Jeder, der ein tolles Einkaufserlebnis im Lebensmittelgeschäft und absolute Sicherheit im Hinblick darauf wünscht, dass seine Lebensmittel auf bewusste Weise bezogen werden, der Produkte wünscht, die er sonst nirgendwo bekommt, geht zu Whole Foods. Das wird sich auch dadurch nicht ändern, dass konventionelle Lebensmittelgeschäfte ebenfalls Bioprodukte anbieten.
- *Management* –Wer das Unternehmen leitet sowie meine Meinung über die Integrität und das Talent der Unternehmensleitung
  - *Whole Foods:* John Mackey ist der Gründer und der Vorstandsvorsitzende von Whole Foods – der Mann, der die Revolution der Biolebensmittel seit 40 Jahren anführt und das Unternehmen heute gegen minimale Entlohnung leitet. Whole Foods ist sein Baby. Er hat jetzt einen Co-CEO, der das Unternehmen wettbewerbsfähiger gegenüber herkömmlichen Lebensmittelgeschäften machen soll.
- *Sinnvoller Preis* – Ist eine Sicherheitsmarge vorhanden?
  - Ten-Cap-Kaufpreis (anhand der Owner Earnings)
    Whole Foods: 29 Dollar
  - Payback-Time-Kaufpreis (anhand des freien Cashflows)
    Whole Foods: 13 Dollar
  - Kaufpreis mit Sicherheitsmarge
    Whole Foods: 19 Dollar

2. **Drei Gründe:** Drei gute Gründe, dieses Unternehmen zu besitzen, die mit einem Burggraben, mit dem Management oder dem Preis zu tun haben.
   Whole Foods, Grund 1: Ich vertraue dem Management bedingungslos.
   Whole Foods, Grund 2: Der Markengraben wird weiterhin für hohe Margen sorgen, weil die Verbraucher Whole Foods allen anderen Anbietern vorziehen.
   Whole Foods, Grund 3: Die Branche wird weiterhin schnell wachsen und Whole Foods wird in zehn Jahren mehr wert sein.

3. **Ereignis:** Beschreiben Sie das Ereignis, das dieses Unternehmen zum Schnäppchen gemacht hat. Wird es das in nicht weniger als einem und nicht mehr als drei Jahren bewältigen?
   Ereignis bei Whole Foods: Es wird von konventionellen Lebensmittelgeschäften über die Produktpreise und über wettbewerbsfähige Produkte angegriffen. Die Anleger sind deswegen panisch geworden und haben den Preis von seinem Höchststand nach unten getrieben. Whole Foods gilt allgemein als ein derart gut geführtes Unternehmen, dass es unwahrscheinlich ist, dass sein Preis noch günstiger wird. Whole Foods wird das innerhalb von drei Jahren durch betriebliche Umstrukturierungen, Preissenkungen und vor allem durch die Verlangsamung seiner Expansion in den Griff bekommen. Es hat enormes Kapital in die Eröffnung neuer Geschäfte gesteckt und sobald es davon Abstand nimmt, wird es viel zusätzliches Geld haben, um gegen diese Bedrohung anzukämpfen.

Dad fuhr mit seinen Erläuterungen fort: „Nimm jetzt die Gründe für den Kauf und schau, ob wir das Gegenteil beweisen können. Erkläre, warum das Unternehmen Mist ist und warum du es nicht kaufen willst."

„Das wird ehrlich gesagt schwierig", sagte ich. „Es macht keinen Spaß, zu versuchen, Lücken in der Argumentation zu finden, die ich aufgebaut habe und nachdem ich daraus bereits ein Päckchen mit hübschem Schleifchen geschnürt habe."

„Es ist nicht einfach, aber ich weiß, dass du diese Schonungslosigkeit in dir hast. Du und Charlie Munger, ihr seid beide Anwälte, und Charlie hat die Idee erfunden, die Geschichte umzukehren, bevor er entscheidet, ob er ein Unternehmen kaufen soll. Als er von der Harvard Business School gebeten wurde, zur Abschlussfeier 1986 eine Rede zu halten, sagte Charlie Munger: ‚Wie schon Jacobi wusste, liegt es in der Natur der Sache, dass viele schwierige Probleme am besten gelöst werden, indem man sie rückwärts angeht.' Jacobi ist ein berühmter Mathematiker, der als Formel zur Lösung schwieriger Probleme dazu riet: ‚Man muss immer umkehren'."

Ich lächelte. „Die Tradition der Meister reicht weit zurück, nicht wahr?"

„Das tut sie in der Tat." Dad lächelte mich an. „Lass uns jetzt Whole Foods umkehren."

So töten wir mein Baby, Dad. Ich liebte Whole Foods, wie George Clooney Tequila liebt – weil es Spaß macht und hoffentlich viel Geld bringt. Aber foin.

Was Whole Foods angeht, hatte ich ausgeprägte vorgefasste Ansichten. Meine Blase war sehr real. Boulder war die Geburtsstätte von Whole Foods' einzigem legitimen Konkurrenten, Wild Oats, den Whole Foods 2009 aufkaufte. Ich lebte in einer Stadt, in der die Menschen regelmäßig darüber diskutierten, woher ihre Lebensmittel kommen und was für ein Unternehmen sie hergestellt hat. Die Leute diskutierten darüber, wo ein Lebensmittelunternehmen gegründet wurde und wer es leitete. Sie diskutierten sehr ausführlich über die Inhaltsstoffe. Das heißt, als ich über Whole Foods recherchierte, hatte ich die Mission des Unternehmens vollständig begriffen, eine Mission, die offensichtlich und erfolgreich war und sich ausbreitete. Auf eine eigenartige Weise gefiel mir die Idee, Charlies Umkehrung gerade an dem Unternehmen auszuprobieren, bei dem es mir am schwersten fallen würde.

Die Geschichte umkehren

„Der einfachste Weg, zu einer guten umgekehrten Story zu gelangen, ist, jeden der drei Gründe, warum man dieses Unternehmen kaufen will, zu nehmen und umzukehren“, erklärte Dad. „Und dann widerlegt man jede Umkehrung.“

1. **Die Umkehrung der Geschichte:** Die drei sehr guten Gründe, das Unternehmen zu besitzen, in drei große Gründe verwandeln, dieses Unternehmen nicht zu besitzen.
2. **Die Umkehrung der Umkehrung:** Jeden Grund, das Unternehmen nicht zu besitzen, widerlegen.

Auf Whole Foods bezogen fiel uns dazu Folgendes ein:

- *Grund 1, es nicht zu kaufen* – Mackey ist alt und das neue Management hat bereits bewiesen, dass es nicht Mackey ist.
  - *Widerlegung:* John ist jünger als mein Vater und Dad hat nicht vor, sich in den nächsten Jahren zur Ruhe zu setzen und Golf zu spielen, denn er liebt seine Arbeit. Mackey liebt seine Arbeit zu sehr, um sein Baby leiden zu lassen. Er wird nicht gehen, bevor Whole Foods wieder auf Kurs ist und wieder an der Spitze steht.
- *Grund 2, es nicht zu kaufen* – Der Markengraben ist nicht nachhaltig, weil Bio-Lebensmittel schnell zu einer Massenware werden, die auch bei Costco verkauft wird, und weil das Whole-Foods-Erlebnis darunter leiden wird, wenn das Unternehmen versucht, über den Preis zu konkurrieren.
  - *Widerlegung:* Biologische Lebensmittel können nicht zur Massenware werden, weil sie zu speziell sind. Ich vertraue darauf, dass Whole Foods eine Qualität und eine Auswahl bietet, die ich sonst nirgendwo finde. Sein Markengraben ist dadurch abgesichert, wie schwierig es ist, die Mitarbeiter, die Sorgfalt, die Entscheidungen,

die Lieferanten, die Auswirkung auf die Branche und die Werte in einem preisgesteuerten Unternehmen zu replizieren.

- *Grund 3, nicht zu kaufen* – Diese Branche wird weiterhin schnell wachsen, aber der Gewinn von Whole Foods wird auf das Ausmaß eines konventionellen Lebensmittelgeschäfts schrumpfen und in zehn Jahren wird es weniger wert sein als heute.
  - *Widerlegung:* Der globale Markt für Bio-Lebensmittel wird voraussichtlich um 13 Prozent pro Jahr wachsen.[45] Whole Foods wird weiterhin Whole-Foods-365-Geschäfte und reguläre große Läden in ausgewählten Märkten eröffnen. Darüber hinaus hat es angefangen, einen Lieferservice anzubieten, um mehr Kunden zu erreichen. Selbst wenn die Profitabilität sinkt, deuten die Vergrößerung und das weitere Wachstum des flächenbereinigten Umsatzes darauf hin, dass das Unternehmen in zehn Jahren deutlich größer und wertvoller sein wird als heute. Höchstwahrscheinlich wird diese Investition selbst zu einem Ten-Cap-Preis mit der Zeit Geld einbringen.

„Wow. Ein ernsthaftes Kreuzverhör."

„Absolut. Du hast dir Sorgen gemacht, ob du dir selbst vertrauen kannst, was dein eigenes Geld angeht. Auf diese Weise gewinnst du Sicherheit. Nicht durch Magie, sondern durch eine rigorose Prüfung."

„Das ist fantastisch, Dad."

„Er sah überrascht aus, dann grinste er. „Wirklich?"

„Ja. Ich habe mich gefragt, wie ich mich vor mir selbst schützen kann, und dieses Verfahren tut es. Ich weiß, dass ich alles wegdiskutieren kann, das heißt, wenn mich etwas überzeugt, ist es wahrscheinlich eine gute Idee. Das Umkehren ist absolut machbar und ich stehe drauf."

„Du bist ja wirklich begeistert von der Geldanlage", sagte Dad nachdenklich. „Das macht mich wirklich glücklich. Ich möchte, dass du dich

---

[45] Duff & Phelps, *Food Retail Industry Insights* – 2016, 3.

damit wohl und sicher fühlst, damit du hingehen und anfangen kannst, die erwähnten Renditen von 15, 20 oder 26 Prozent zu erzielen."

Tatsächlich war mein Vater derjenige, der mich darauf vorbereitet hatte, ein Argument vorzubringen und ein Argument umzukehren. „Außerdem", hänselte ich ihn ein wenig, „hast du mich bei den vielen Autofahrten, die ich durchgemacht habe, darin geschult." Mir wurde klar, dass er damals nach bestem Wissen und Gewissen versucht hatte, mir zu helfen. Er hatte versucht, mich auf das College und auf das Leben vorzubereiten, indem er mich drängte und mich darauf vorbereitete, gedrängt zu werden.

„Ha!" Er lachte verblüfft. „Ich weiß nicht, Liebes. Ich habe dich wahrscheinlich bloß verschreckt. Aber du lernst das ganz toll, also habe ich wohl etwas richtig gemacht."

„Du hast viele Dinge richtig gemacht, Dad."

Er räusperte sich. „Und jetzt werde ich noch einen weiteren Schutzmechanismus für dich hinzufügen."

„Cool."

„Wenn es nach dem Umkehren aller Teile der Geschichte so aussieht, als wäre es zu schwierig, um sich sicher zu sein, dann wandert das Unternehmen auf den Stapel ‚zu schwierig'. Verschiebe es einfach von der Wunschliste in die Liste der zu schwierigen Unternehmen. Fall erledigt."

„Nach all den Nachforschungen? Kommt mir wie Zeitverschwendung vor."

„Zeit, die man für Investment-Research aufbringt, ist nie verschwendet. Wenn es eines gibt, was ich dir einschärfen möchte, dann dies. Selbst wenn Whole Foods zu schwierig ist, kann dir das, was du bei den Recherchen gelernt hast, nie mehr genommen werden. Du nutzt das in zehn Jahren vielleicht für eine andere Lebensmittelkette oder um zu sehen, ob eine ähnliche Branche, zum Beispiel der Einzelhandel, deinen Wünschen entspricht. Du kannst diese Recherchen verwenden, um deine Gewinne und Verluste rigoros zu überprüfen, indem du in einigen Jahren zurückblickst, wenn du weißt, was mit Whole Foods passiert, und um festzustellen, ob du etwas verpasst hast oder ob du es richtig gemacht hast. Es ist nie Zeitverschwendung."

Ich würde also mein Material speichern, etwas daraus lernen und weitermachen.

Lass dich nie auf etwas ein, das zu schwierig ist.

„Aber", fuhr Dad fort, „wenn du nach der Umkehrung tatsächlich sicherer geworden bist, was deine Analyse des Unternehmens betrifft – wenn dich das Umkehren nicht davon überzeugt hat, dass es kein wunderbares Unternehmen ist, das du kaufen kannst –, dann bist du mit der Arbeit fertig und es wandert auf die Wunschliste. Wenn der Preis stimmt, kannst du es jetzt kaufen."

„Okay, ich werde es allein versuchen."

„Eigentlich brauchst du dir eine Umkehrung nie wirklich ganz allein auszudenken."

„Ich rufe dich einfach an?"

Dad lachte. „Absolut, ja, natürlich. Aber noch mehr Hilfe findest du direkt im Internet! Es gibt viele Menschen, die den Kauf dieser Firma für eine dumme Idee halten und über ihre Gründe schreiben."

„Oh, das stimmt", wurde mir klar. „Analysten schreiben Artikel über Unternehmen und stellen sie online, oder?"

„Genau. Bei Seeking Alpha, The Motley Fool und anderen, ähnlichen Websites sowie in Nachrichtenartikeln gibt es eine Menge Gegenargumente gegen Unternehmen: was mit ihnen nicht stimmt und warum man nicht in sie investieren sollte. Lies das alles und nutze das Research anderer Leute, um gegen das Unternehmen zu argumentieren."

„Die Fragen, die die Analysten bei den vierteljährlichen Telefonkonferenzen stellen, sind doch auch ein guter Hinweis auf Lücken in der Story des Unternehmens, möchte ich meinen."

„Manchmal", sagte Dad ausweichend. „Analysten spielen bei solchen Gelegenheiten alles herunter und grillen den CEO fast nie wirklich. Zu schade. Die Telefonkonferenzen wären viel interessanter, wenn die Analysten nachbohren würden. Immerhin stellen sie manchmal gezielte

Fragen, die eine Umkehrung der Story aufscheinen lassen. Frag dich selbst: Wenn du mit der Sichtweise dieser Person übereinstimmst, wie könntest du sie unterfüttern?“

„Ich kann mir vorstellen, dass ich mich sofort umstimmen lasse und plötzlich komplett gegen ein Unternehmen bin, in das ich soeben noch verliebt war.“ So langsam dachte ich, dass ich unwissentlich auf ein Pendel wechselnder Meinungen aufgesprungen war und nie bei einer endgültigen Entscheidung über ein Unternehmen landen würde.

„Aber jetzt kommt der wichtige Punkt: Unternehmen sind wie Pferde – wenn man genau genug hinschaut, stimmt mit jedem einzelnen von ihnen etwas nicht.“

Ich lachte. *Oh nein.*

„Aber reicht dieses Problem, um deine Geschichte zu versenken?“

Und da begriff ich es. *Ich muss beides tun: zu zeigen versuchen, dass es wunderbar genug ist, und versuchen, es niederzumachen.*

Ich würde die umgekehrte Geschichte genauso aufschreiben wie die Geschichte an sich. Ich denke in Worten und kann mich am besten schriftlich ausdrücken. Anderen Menschen gelingt das vielleicht besser, wenn sie es vor einer Wand, einem Spiegel oder gegenüber einem Freund aussprechen. Aber bei mir klappt es besser, wenn ich Wörter auf eine Seite schreibe, die ich lesen und verteidigen muss. Ich würde in Aufsatzform gegen die Firma argumentieren. Dann würde ich schauen, welche Argumentation stärker ist. Das Aufschreiben meiner Umkehrung würde mich zwingen, jeden Punkt auf meiner Liste zu berücksichtigen und sicherzustellen, dass ich alles vollständig durchdacht habe. Das würde die Umkehrung realer erscheinen lassen. Mein Widerstand gegen die umgekehrte Story von Whole Foods war so groß, dass ich wusste, ich würde sie mir selbst nicht ganz glaubhaft machen, wenn ich die Argumente nicht Schwarz auf Weiß auf dem Papier sah. Sie aufzuschreiben würde mich zwingen, die Argumentation ernst zu nehmen.

Später setzte ich mich hin und ergänzte meine Investmentpraxis-Ordner auf meinem Computer um weitere Ordner. Ich liebe Ordner. In meinem Ordner „Investment-Research" legte ich für jedes Unternehmen einen Ordner an. Im Ordner „Whole Foods" liegen folgende Ordner:

- Amtliche Formulare
- Allgemeines Research
- Meinungen dafür
- Meinungen dagegen

Die Umkehrung zu erstellen war schmerzhafter, als ich dachte. Des Teufels Advokat bei einem Unternehmen zu spielen, das ich liebe, war wie meine beste Freundin ins Kreuzverhör zu nehmen – emotional ist es schrecklich, aber ich weiß auch genau, wo ich ihre Schwachstellen finde. Indem ich an meiner Angst vor dem Kaufen arbeitete, entwickelte ich eine emotionale Bindung an meine Lieblingsunternehmen, und das war ein Zeichen dafür, dass der Umkehrungsprozess unerlässlich war, um mich vor einer überschwänglichen irrationalen Entscheidung zu bewahren. Ein Unternehmen, das eine Umkehrung überlebt, hat das Kreuzverhör bestanden und es in meinen „Kaufen"-Stapel geschafft.

Übungsaktien

Im Laufe der Woche telefonierte ich mit Nuno und er fragte beiläufig, ob ich bald ein Unternehmen kaufen würde. Er zögerte, seine Stimme klang aber doch ein wenig energisch, als er fragte, und gleichzeitig war er in dieser Sache super-entspannt, denn *wen kümmert es, mach einfach, was immer du willst, aber auf der anderen Seite solltest du vielleicht tatsächlich das tun, woran du seit Monaten arbeitest. Er ist ganz locker!*

Ich sagte Ja.

Ich wollte aber gar nicht Ja sagen.

Ich fügte hinzu: „Bald."

Ich wollte aber gar nicht bald kaufen. Ich hatte meinem Vater versprochen, dass ich es nicht tun würde.

Ich war mir nicht sicher, was mir Angst vor dem Aktienkauf machte. Das Problem war fast umgekehrt wie beim Daytrading. Bei dieser Investmentpraxis fühlte sich der Kauf von Aktien wie eine wirklich große Entscheidung an, die mein Leben für die kommenden Jahre beeinflussen würde. Keine Aktion, die ich tätigen und wahrscheinlich wieder rückgängig machen würde, indem ich die Aktie in einer Stunde, einem Tag oder einer Woche wieder verkaufe. Das hier würde mir erhalten bleiben – und mich vielleicht verfolgen.

Außerdem wusste ich nicht, wie man die Brokerage-Plattform benutzt. Ich wusste buchstäblich nicht, welche Tasten ich wann drücken sollte. Was passiert, wenn sie mir Fragen stellt, auf die ich keine Antwort weiß? Ich machte mir Sorgen. Was, wenn ich die falschen Tasten drücke und meine gesamte Tranche verliere oder irgendwie viel mehr Aktien kaufe, als ich eigentlich wollte?

Außerdem werden mich die Leute fragen, welche Aktien ich gekauft habe. Ich identifiziere mich mit diesem Unternehmen und repräsentiere es. Ich habe nicht das Gefühl, dass ich einfach irgendetwas *kaufen kann.*

Es sei denn, ich könnte es.

Was wäre, wenn ich in Form eines Testlaufs üben würde? Eines emotionalen Testlaufs?

Ich würde ein Unternehmen wählen, von dem ich wusste, dass es mir gefiel und dass ich es besitzen wollte, und ich würde üben und eine kleine Anzahl Aktien für einen sehr kleinen Geldbetrag kaufen – einen Betrag, den ich nicht vermissen würde. Es wäre mir egal, ob es im Angebot ist oder nicht, wahnsinnig überteuert oder was auch immer. Es spielte überhaupt keine Rolle. Es ging um die Erfahrung und – das war entscheidend – es war *keine* Investition. Ich würde auf keinen Fall erwarten, an diesem Kauf einen Penny zu verdienen, und ihn stattdessen als Geld behandeln, das ich bezahlt habe, um das lehrreiche Erlebnis des Aktienkaufs zu erleben, genau wie für eine Tennisstunde. Am Ende würde ich (1) ein Unternehmen besitzen, das ich liebe, und das ist immer toll, (2) vielleicht dieses Geld für immer verloren haben und (3) den

Aktienkauf eher im Hinblick auf meine Emotionen als auf die Zahlen geübt haben. Ich könnte die Aktien behalten oder am nächsten Tag wieder verkaufen. Es spielte keine Rolle. Es ging um das Üben.

Später in diesem Monat, als ich wieder zu Hause in Boulder war, führten mein Vater und ich ein Videotelefonat. Wir machten das nun regelmäßig. Es war viel schöner und bequemer, wenn wir uns gegenseitig sahen. Ein ziemlicher Kontrast zu den gestelzten Telefonaten, die wir führten, als ich noch ein Kind war.

Ich dachte, mein Vater würde meine Idee für einen emotionalen Testlauf interessant finden. Er wusste inzwischen sicher, wie ich vorging und dass mir das etwas Selbstvertrauen verleihen würde.

Stattdessen warf er, als ich ihm davon erzählte, den Kopf zurück, als hätte ich ihm gegen das Kinn geschlagen. „Du hast einfach alles ignoriert, was ich dir beigebracht habe. Das ist keine Investition."

Ich blinzelte. Ich hätte nicht gedacht, dass er beleidigt wäre. „Genau, es ist keine Investition. Es ist eine Übung, indem ich eine Erfahrung kaufe."

„Eine Erfahrung? Was soll das bedeuten?"

„Es geht darum, zu üben, wie es sich anfühlt, damit es, wenn ich es wirklich mache, mit echtem Geld, nicht so beängstigend ist. Ich werde es dann schon einmal erlebt haben. Ich sehe dann, welche Emotionen ich durchmache, sodass ich sie im Griff haben werde, wenn ich viel Geld einsetze."

„Und wie viel willst du ausgeben?"

„Es muss ein kleiner Geldbetrag sein, den ich gerne für eine wichtige Erfahrung ausgebe, und es muss genug sein, dass ich ihn spüre und Emotionen deswegen empfinde. Es macht mir nicht wirklich etwas aus, 20 Dollar auszugeben, aber ein paar Hundert sind definitiv eine große Sache für mich. Ich muss mir überlegen, ein paar Hundert Dollar auszugeben. Und ich würde ein paar Hundert Dollar für etwas Wichtiges ausgeben. Also ja, ich glaube, dass 250 bis 300 Dollar ein Betrag sind, den ich spüre."

Er schnaubte. Er begriff es überhaupt nicht.

„Okay. Welches Unternehmen willst du kaufen, aber doch nicht wirklich kaufen, und dein Geld dafür verschwenden, es zu einem zu hohen Preis zu kaufen?"

„Whole Foods."

Er wurde ein bisschen sanfter. „Nun, zumindest ist das ein guter Zeitpunkt, um ein Glücksspiel darauf zu wagen."

„Das ist kein Glücks… – das ist doch der springende Punkt!", stammelte ich. Dann ließ ich es auf sich beruhen. Es hatte keinen Sinn, auf etwas zu bestehen, was er letzten Endes nicht verstehen würde. Ich wollte die Übungsaktien sowieso kaufen.

Dann kam mir in den Sinn, dass er sich vielleicht nicht in meine Idee einfühlen konnte, weil er nie nervös gewesen war, wenn er ein Unternehmen kaufte. Ich fragte ihn und er sah mich an, als hätte ich ihn gefragt, ob er jemals nervös geworden sei, wenn er sich die Zähne putzte. „Nein, das Gefühl hatte ich definitiv noch nie." Und dann begriff er es. Ich sah, wie ihm ein Licht aufging. „Nein, das Gefühl hatte ich noch nie. Aber du bist deswegen wohl nervös?"

„Ja, es ist wirklich beängstigend. So beängstigend, dass ich es erst üben will."

„Gut, okay. Das ist definitiv anders als bei mir. Okay, probier das mit der Erfahrung aus. Solange dir klar ist, dass das, was du tust, keine Geldanlage ist und nichts mit dem zu tun hat, was ich tue."

Ich lachte. „Keine Sorge, das ist mir schon klar. Das ist ja genau der Punkt. Es ist keine Investition. Es ist eine Übung."

„Es ist eine Übung. Es sind Übungsaktien." Das gefiel ihm. Er verstand es immer noch nicht wirklich, aber er hatte nichts mehr dagegen.

„Ich lasse dich wissen, wie es läuft."

Ich hatte mein Brokerage-Konto so lange nicht mehr angefasst, dass ich mein Passwort zurücksetzen musste. Ich gab das Börsensymbol für Whole Foods ein, WFM. Es gab eine große Schaltfläche „Kaufen" und direkt daneben eine große rote Schaltfläche „Verkaufen". Ich vermied es sorgfältig, eine davon zu berühren. Es war schrecklich aufregend, auf der Seite zu sein und echte Aktien zu kaufen, aber ich wollte es nicht falsch machen. Ich konnte mir vorstellen, dass ich für 5.000 Dollar Aktien kaufte, die ich nicht wollte. Daher bewegte sich meine Maus sehr langsam, sehr bewusst, und ich tippte „10" Aktien ein.

Trotzdem machte es Spaß. Noch vor ein paar Monaten hätte ich mir nicht vorstellen können, dass ich das tun würde, und hier saß ich, ausgeflippt und aufgeregt wie vor einem Bungeesprung.

Es ging eine Box auf, in der ich gefragt wurde, welche Art von Order ich wollte. *Oh nein.* Das hatte ich nicht erwartet. *Order?* „Limit-Order" war vorgegeben, also suchte ich online nach „Limit-Order" und Investopedia sagte mir, es bedeute, dass der Verkäufer mir die Aktie zu diesem oder einem niedrigeren Preis verkaufen würde. Ich gab etwas mehr als den aktuellen Kurs ein, damit der Kauf auf jeden Fall durchgehen würde. In New York war es 9:07 Uhr und ich wusste, dass die New York Stock Exchange um 9:00 Uhr den Handel eröffnete, also war ich bereit. Ich klickte auf „Kaufen".

Heiliger Strohsack. Hatte ich es richtig gemacht?

Es ist eine teure Erfahrung, ermahnte ich mich bewusst selbst, keine Investition. Ich investiere nicht, ich mache eine Erfahrung. Es ist ein Testlauf. Atme.

Es öffnete sich ein Fenster, in dem stand „Oderstatus" und darunter „Offen". Okay. Das klang vielversprechend. Musste ich dieses Fenster aktualisieren? Ist der Aktienkurs gerade gestiegen, sodass mein Limit zu niedrig ist? Ebenso wie man nach dem Kauf eines Flugtickets das Fenster nicht aktualisieren darf, bis der Kauf abgeschlossen ist, wollte ich nicht den falschen Knopf drücken und versehentlich weitere Aktien kaufen. Ich atmete und dankte mir selbst. *Gott sei Dank* übte ich nur und es ging noch nicht um ernsthaftes Geld. Ich meine, das war schon etwas, aber es war nicht viel.

Ich wartete noch immer vor dem Fenster „Orderstatus". Es war schon eine volle Minute vergangen und nichts war passiert. *Sollte sich der Markt nicht etwas schneller entwickeln? Was ist da los?* Warum sollte meine Order nicht durchgegangen sein? Hatte ich etwas falsch gemacht? Die Börse eröffnete doch um neun Uhr morgens, oder? Ich suchte nach „ny stock exchange trading hours" und stellte fest, dass der Handel erst um 9:30 Uhr beginnt. 9:30 Uhr bis 16:00 Uhr, Sportsfreunde.

Jetzt war es in New York 9:10 Uhr. Das würde erklären, warum nichts passiert. *Okay. Atme wieder ein. 20 Minuten warten.*

Dann fing ich an, die ganze Sache noch einmal zu überdenken. *Soll ich meinen Orderkurs ändern? Ich sollte meinen Orderkurs ändern. Vielleicht bekomme ich die Aktie zwei Cent billiger oder fünf oder zehn! Soll ich die Order vielleicht ganz stornieren und von vorne anfangen?*

In meinem Kopf hörte ich die Stimme meines Vaters sagen: *Es spielt keine Rolle, welche geringfügigen Preisschwankungen auftreten, wenn du dieses Unternehmen besitzen willst. Wenn du weißt, dass du eine Sicherheitsmarge hast, und dieses Unternehmen kaufen willst, brauchst du nichts weiter zu wissen. Solange die Aktie im Angebot ist, spielt der aktuelle Preis keine Rolle.*

Foin, dachte ich. Mein Lehrer hat gesprochen. Ich lasse es laufen. Und ich glaube, meine Limit-Order bedeutet, dass ich in dem Fall, wenn der Handel zu einem niedrigeren Preis als meine Limit-Order eröffnet, sowieso den niedrigeren Preis bekomme. Noch etwas zum Ausprobieren! Ich beschloss, meine Limit-Order zu lassen, wie sie war.

Noch elf Minuten. Ich wollte etwas Nützliches machen und die Wäsche zusammenlegen.

Vier Minuten schaffte ich es, Wäsche zusammenzulegen, und sechs Minuten lang schickte ich frustrierte Emojis an meinen Gruppenchat mit Kamala und unseren Freundinnen. Sehr ausgeglichen.

9:29 Uhr.

9:30 Uhr.

9:31 Uhr. An meinem Order-Status-Fenster änderte sich nichts, aber ich sah, dass mein Kontostand um circa 300 Dollar fiel. *Jemand hat mein Geld genommen. Hat er mir im Austausch das Eigentumsrecht an Whole Foods übertragen oder muss ich wegen Vertragsbruch klagen?*

Schließlich, nachdem ich die Seite hektisch durchsucht hatte, entdeckte ich einen winzigen Aktualisierungsbutton am unteren Bildschirmrand. Im Ernst, dieses Knöpfchen sah aus, als wäre es in der Ecke stecken geblieben und vergessen worden. Ich klickte darauf und siehe da, meine Order lautete auf „Ausgeführt".

Es ertönte keine Fanfare, es kam keine Glückwunschbotschaft vom Onlinebroker, keine Willkommens-E-Mail von Whole Foods, die mir dafür dankte, dass ich zur Anteilseignerin geworden war. Niemand klopfte an meine Tür, um mir Champagner zu bringen. Aber ich besaß Whole Foods! Ich war eine Besitzerin. Eine richtige Eigentümerin des gesamten Unternehmens wie jeder andere Value-Investor auch. Ich tänzelte vor Glück. Ich war eine bewusste Kapitalistin. *Wir machen das. Und was passiert jetzt?*

Als Erstes öffnete ich die Stocks-App auf meinem iPhone und ergänzte „WFM", damit ich den Preis überprüfen konnte. Ich gab auf der Kursseite „WFM" ein und der Aktienkurs stand elf Cent über dem Preis, den ich bezahlt hatte! Mein Reptilienhirn *liebte* das. *Tut mir leid, Phil Town.* Ich war ein Fan von Aktien, die mir gehören und steigen. Geradlinig nach oben.

Ich schaute ein paar Minuten weg, während ich die Website meines Wertpapierdepots schloss, und schaute dann wieder auf den Aktienkurs – jetzt war er niedriger als mein Kaufpreis. *Was war das denn?* Das war nicht in Ordnung. Dann ging es fast sofort wieder nach oben und ich fühlte sofort ein schmerzliches Bedauern, dass ich meine Limit-Order nicht niedriger gesetzt hatte, um diese Delle mitzunehmen. Hätte ich nicht ein wenig warten sollen, bis kurz nach Handelsbeginn? Ich lud zwei weitere Apps zur Aktienbeobachtung herunter, damit ich möglichst vollständige Informationen hätte, und die letzte App ließ ich auf meinem Handy geöffnet. Ich schaute ständig zu, wie sich die Kurse aktualisierten. *So ein Mist. Das konnte einen ja süchtig machen. Und in den Wahnsinn treiben.*

Es ist keine Investition, wiederholte ich innerlich. *Es ist keine Investition, es ist keine Investition, es ist keine Investition, es ist keine Investition.*

Das machte mich verrückt. Ich wurde dermaßen nervös, wenn der Kurs unter meinen Kaufkurs fiel. Und dermaßen glücklich, wenn es einen ganzen Penny höher ging. Dabei hatte ich buchstäblich echte Pennys weggeworfen, weil es zu aufwendig war, sie zu einem Münzwechsler zu bringen. Was tat ich da? Ich löschte „WFM“ aus der Stocks-App und verschob diese App zusammen mit den beiden anderen auf meinem Handy irgendwo nach ganz hinten, wo ich sie selten zu Gesicht bekommen würde. Ich behielt sie zwar für den Fall, dass ich sie brauchte, aber ich wollte sie nicht brauchen. Ich packte sie alle in eine Box mit dem Titel „Folter“. Niemand will auf „Folter“ klicken.

Und das habe ich seit jenem Tag auch nie getan.

Ich fand mich mit der Erkenntnis ab, dass ich nicht den absoluten Tiefpunkt eines Aktienkurses erwischen und nicht auf dem Höhepunkt verkaufen würde. Tatsächlich beschloss ich, für die Zukunft davon auszugehen, dass ich etwas imaginäres Geld wegen schlechten Timings auf dem Tisch liegen lassen würde. Ich bin nicht schlau genug, um die perfekten Zeitpunkte für Kauf oder Verkauf herauszufinden, und ich habe definitiv nicht genug Glück, sie zufällig zu erwischen. Ich kann ja nicht einmal die beste Warteschlange aussuchen, in der ich mich anstelle. Das ist in Ordnung. Wie ich meinen Start-up-Kunden immer sage, wenn sie mich panisch anrufen, weil Investoren einen Teil ihres Eigentums an dem Unternehmen übernommen haben, das sie mit Blut, Schweiß und Tränen gegründet haben: Der Besitz von 100 Prozent eines Unternehmens im Wert von null Dollar bedeutet, dass man bei einem Verkauf null Dollar kassiert, während der Besitz von 50 Prozent eines Unternehmens im Wert von 50 Millionen Dollar bedeutet, dass man 25 Millionen Dollar kassiert. Was ist Ihnen lieber?

Dann überlegte ich, was ein Value-Investor tun würde. Auf jeden Fall nicht in die „Folter“-Box schauen, das war klar. Tatsächlich hat Mohnish Pabrai einmal gesagt, dass er eine Order zum Kauf oder Verkauf von Aktien nie während der Handelszeit aufgibt, damit er nicht von den Kursschwankungen des Tages beeinflusst wird. In Anbetracht meiner

Erfahrung bei dem Versuch, meine Übungsaktien zu kaufen, verstehe ich, warum. Das ist genial.

Dennoch würde ein Value-Investor wahrscheinlich bis zu einem gewissen Grad über das Unternehmen auf dem Laufenden bleiben, oder? Wir müssen doch wissen, was los ist.

Moment mal, da fiel mir plötzlich etwas ein. Auf welche Art von regelmäßiger Verpflichtung ließ ich mich da ein? Ich bin niemand, der gerne die Aktienkurse überprüft. Ich hasse es, jeden Tag online sein zu müssen. Wenn ich eine Woche lang ohne Gerät Urlaub machen möchte, muss ich mir dann nicht jeden Tag Sorgen um die Überprüfung des Marktes machen?

Ich rief meinen Vater an und erzählte ihm, dass ich auf den roten Knopf gedrückt hatte. Ich hatte Übungsaktien gekauft. Und dass ich jetzt übte, eine Firma zu besitzen, mit allen damit verbundenen Sorgen. Hatte ich mich in ein Leben der ständigen Wachsamkeit begeben?

„Nein, nein, nein“, sagte Dad. „So ist das nicht. Ich will gar nicht, dass du die Aktienkurse jeden Tag kontrollierst. Das Auf und Ab würde dich stressen und wahnsinnig machen. Du betrachtest deine Unternehmen langfristig. Zu wissen, was jeden Tag passiert, nützt dir nichts.“

„Wenn es zu einem Börsencrash kommt oder etwas in der Art, muss ich das doch wissen, oder?“

„Nun ja, ich nehme an, bei einem massiven Crash solltest du vielleicht ein paar Aktien derjenigen Unternehmen kaufen, bei denen du darauf wartest, dass ihr Kurs fällt. Aber die Unternehmen, die du besitzt, würdest du nur dann verkaufen, wenn ihr *Wert* sinkt. Du würdest sogar Aktien von ihnen nachkaufen, weil du weißt, dass ihr Wert in Ordnung ist und der Preis ein Schnäppchen ist.“

Hmmm. Okay. Da steige ich durch.

„Es ist schon komisch, dass mir all diese Fragen buchstäblich zum ersten Mal nach dem Kauf der Aktien eingefallen sind“, sagte ich nachdenklich. „Ich meine, ich habe vorher darüber nachgedacht, aber sobald ich die Übungsaktien gekauft hatte, dachte ich plötzlich an all diese Nachforschungen, die ich anstellen müsste.“

Dad lachte. „Das mag seltsam erscheinen, aber mir passiert das auch! Oft kaufe ich eine kleine Position in einem Unternehmen, das mich interessiert, denn sobald ich etwas davon besitze, beginne ich, es auf eine ganz andere Art und Weise zu verstehen als zuvor, als es nur theoretischer Natur war. Plötzlich steht mein Name für dieses Unternehmen auf dem Spiel und die Sache ist real. Aus meiner Reaktion auf den Besitz einiger Aktien erfahre ich, ob ich weitermachen und nachkaufen will oder ob ich aufhören und abwarten soll. Ich kenne andere Value-Investoren, die das auch so machen."

Moment mal. Hat er gerade gesagt, dass er kleine Aktienmengen kauft, um zu sehen, wie es ihm emotional damit ergeht? „Hmmm", scherzte ich, „das ist ja fast so, als ob du – lass mich ausreden – Übungsaktien kaufen würdest, um zu sehen, wie es dir damit geht."

Ich ließ das sacken und stellte dann fest: „Aber warte mal, das kann ja nicht sein, weil du den Kauf von Übungsaktien für total dumm hältst."

„Äh, nein, ich meine ...", stammelte er, „ich würde sie nicht wirklich als Üb…"

„Nein, nur als Aktien, die du kaufst, um dein Wissen und deine Emotionen zu testen, genau wie ich es gerade getan habe."

Er lachte über sich selbst und wusste, dass ich ihn erwischt hatte. „Okay", gab er zu. „Es sind sozusagen Übungsaktien. Die Idee ist gut."

Es hatte wirklich etwas Erhebendes, meinen Vater dazu zu bringen, zuzugeben, dass ich recht und er unrecht hatte. Es fühlte sich an, als würde ich mein achtjähriges Ich rehabilitieren, das, im Auto gefangen, von Sokrates befragt wird und mit der perfekten Entgegnung aufwartet.

Dann übernahm er meine Idee. „Ich bin dabei", rief er aus. „Übungsaktien. Cool."

Ich trug den Sieg davon und legte auf.

Ich war nun begeistert von der Idee, echte Aktien zu kaufen. Ich wollte bezüglich eines Unternehmens so sicher werden, dass ich, mit den Worten meines Vaters „den Laster voll beladen" würde. Aber ich hatte keine Ahnung, wie viel „voll beladen" bedeutet.

SEPTEMBER-ÜBUNG: Wählen Sie aus den drei Unternehmen, die Sie untersucht haben, Ihr Lieblingsunternehmen aus und schreiben Sie die vollständige Story und die umgekehrte Geschichte dieses Unternehmens auf. Seien Sie bei der umgekehrten Story gemein. Versuchen Sie zu verstehen, weshalb Sie dieses Unternehmen nicht kaufen sollten. Was kann dabei schiefgehen?

KAPITEL 10

EIN ANTIFRAGILES PORTFOLIO ZUSAMMENSTELLEN

OKTOBER

Diesen Monat:

- Der Aufbau eines antifragilen Portfolios
- Der Wunschlisten-Kaufplan
- Tranchen
- Vorbereitung auf den Umgang mit Emotionen bei Ereignissen
  - Die emotionale Investmentregel: Sofort nach dem Kauf sinkt der Preis

Dad, ich will nicht mehr nur in der Fantasie handeln. Nicht mehr bloß mit Übungsaktien. Ich möchte eine echte Anlegerin sein. Ich bin jetzt bereit, echtes Geld einzusetzen. Ich will etwas für immer besitzen. Was kann ich im Moment kaufen?"

Wir führten unser Investment-Videotelefonat: ich in Boulder und Dad in Atlanta. In diesem Monat war ich auf einer Mission. Ich hatte mein Investmentbüro um mich herum eingerichtet, ich war investmentmäßig drauf und ich wollte verwertbare Informationen darüber, wann und wie viel ich kaufen sollte.

Dad sah mich scharf an, was ich selbst durch den Computer hindurch spüren konnte. „Oh-oh. Das Jahr ist fast vorbei und du verspürst so langsam den Druck, etwas zu tun. Willkommen in der Welt der Fondsmanager und des Investitionsdrucks – deshalb können sie den Markt nicht schlagen. Was macht deiner Meinung nach einen guten Investor aus? Aktien zu kaufen, weil man es muss? Oder wie ein Jäger geduldig zu warten, bis das richtige Unternehmen zum richtigen Preis daherkommt?"

Ich starrte ihn an. „Du willst, dass ich meiner Beute auflauere?"

„Genau. Wenn du kaufst, weil du musst, wie stehen dann die Chancen, dass du mit einem großartigen Unternehmen ein Schnäppchen machst?"

„Ähm, die sind gering."

„Genau." Er starrte mich durch den Bildschirm an.

„Ich weiß, aber Leute, die von meiner Anlagepraxis wissen, fragen mich immer wieder, was ich besitze", sagte ich. „Ich glaube, mir wäre das eigentlich ziemlich egal, aber jedes Mal, wenn mich jemand danach fragt, ist es wie eine Erinnerung daran, dass ich keine echte Investorin bin, wenn ich kein Unternehmen kaufe."

„Aber du besitzt doch Whole Foods, oder?"

„Nein, du weißt doch, dass ich den Kauf der Übungsaktien nicht mitzähle. Ich habe eine Erfahrung gekauft, nicht die Aktien."

„Hast du Angst, dass du etwas verpasst?"

„Ja, das auch."

„Das Gefühl, im Hintertreffen zu sein, ist tatsächlich ein ernsthaftes Problem für uns Regel-Nummer-1-Anleger. Es gibt eine kleine Stimme in uns, die anfängt, sich Sorgen zu machen, dass wir etwas verpassen. Das beruht auf der Macht des Gruppenbewusstseins. Wir spüren das, wenn wir zu einem ausverkauften Konzert oder Footballspiel gehen, da verleitet uns die Macht der Masse, mitzumachen. Erkenne es einfach als das, was es ist, und ignoriere es."

Er hatte natürlich recht.

„Kaufen, weil man Druck empfindet, ist keine Geldanlage. Das ist das, was die ganzen typischen Investmentfondsmanager jeden Tag an der Börse tun – sie spekulieren auf die Richtung der Masse in dieser Branche oder jener Aktie. Sie sind keine Anleger."

„Du willst damit sagen, dass ein Anleger abwartet?"

„Geduld und zu wissen, was man kauft, das ist das, was Investoren von Spekulanten unterscheidet. Das Geheimnis der guten Geldanlage ist das Warten. Versuche, daran zu denken, dass die Geldanlage nach deinem Willen für dich eine lebenslange Praxis sein soll und dass du Opfer gebracht hast, um die Zeit und die Energie für diese Praxis aufzubringen, damit du darin großartig wirst und die erworbenen Anlagekenntnisse dein Leben lang besitzt. Du hast wirklich Opfer gebracht. Du hast in diesem Jahr viel Zeit, Energie und Hirnschmalz auf die Geldanlage verwendet, die du auf etwas Angenehmeres hättest verwenden können. Das ist echt fantastisch."

Ich zuckte die Achseln. „Ich finde, ich hatte kaum eine andere Wahl. Ich musste etwas für meine finanzielle Freiheit tun, sonst wäre ich von meinem eigenen Leben begraben worden."

„Und das machst du großartig. Es ist jedoch gut, diesem Druck Aufmerksamkeit zu schenken. Selbst die größten Investoren empfinden diesen Druck. Julian Robertson war ein Fondsmanager, der circa 20 Jahre lang seinen Anlegern eine kumulierte Rendite von 32 Prozent bescherte.[46] Er wurde von seinen Anlegern so sehr unter Druck gesetzt, zu investieren, wenn es mit dem Markt immer weiter nach oben ging, dass er 1999 schließlich einfach das Handtuch warf und seinen Fonds schloss. Und ich glaube, Warren Buffett hat das 1969 auch so gemacht. Er erklärt seine Entscheidung zwar nicht auf diese Weise, aber ich glaube, er empfand Druck seitens der Anleger seiner Anlagegesellschaft

---

[46] Nathan Reiff, „The Greatest Investors: Julian Robertson", Investopedia, 27. Oktober 2017, http://www.investopedia.com/university/greatest/julianrobertson.asp.

Buffett Partnership, zu einer Zeit zu investieren, als er abwarten wollte. Darum erklärte er ihnen, sie könnten Berkshire-Aktien kaufen, in Bill Ruanes neuen Sequoia Fund investieren oder einfach ihr Geld mit nach Hause nehmen. Ebenso wie diese großen Investoren wirst auch du den Druck spüren, darfst ihm aber nicht nachgeben – irgendwann wird sich der Markt in deine Richtung bewegen."

Foin, Sokrates, ich verstehe. Ich werde mich zurückhalten. „Du willst damit sagen, ich soll mich herunterfahren?", neckte ich ihn.

Er kicherte kurz. „Wenn du kein Unternehmen hast, das unsere Regel-Nummer-1-Kriterien erfüllt, dann *kaufst du nichts.*" Er blickte wieder ernst und starr drein. „Das ist die einzige Möglichkeit, sich davor zu schützen, dass man aus Angst oder Gier eine falsche Entscheidung trifft."

„Verstehe, ich soll also nicht sofort kaufen. Ich muss aber wissen, wie ich mich vorbereiten soll. Wenn die Unternehmen auf meinen Kaufpreis fallen, wie viel von jedem auf meiner Wunschliste soll ich dann kaufen und in welcher Reihenfolge?"

Dad schaute mich anerkennend an. „Danielle, jetzt geht es ans Eingemachte. Der Aufbau eines antifragilen Portfolios ist das, worauf es bei Regel Nummer 1 ankommt."

Das antifragile Portfolio

In seinem Buch „Antifragilität: Anleitung für eine Welt, die wir nicht verstehen" behauptet Nassim Nicholas Taleb, dass großartige Ergebnisse mit Strategien erzielt werden, die so sehr vom Chaos profitieren, dass sie „antifragil" sind. Dieser von Taleb geprägte Begriff bezeichnet etwas, das von unerwünschten Ereignissen profitiert und durch sie gestärkt wird. Investmentfonds- und Indexfonds-Anleger besitzen „zerbrechliche" beziehungsweise „fragile" Portfolios. Sie werden durch „schwarze Schwäne" stark belastet: unerwartete Ereignisse, die Chaos erzeugen und den Markt schockartig in einen Zustand der Angst versetzen. Solche Ereignisse können zu einem massiven Preisverfall aller Aktien führen, zu einer Katastrophe, von der sich ein gewöhnliches diversifiziertes

Portfolio möglicherweise erst nach einem oder zwei Jahrzehnten erholt. Denken Sie an 1929, 1941, 1973, 2000 und 2008.

Dennoch höre ich immer wieder den Rat, nach Unternehmen, Branchen und sogar nach Aktienmärkten zu diversifizieren. *Diversifizieren, diversifizieren, diversifizieren.* Man soll sein anzulegendes Geld in alle möglichen verschiedenen Dinge stecken. Bei Anlageberatern, die der Effizienzmarkthypothese (EMH) folgen, deren Grundthese lautet, dass man den Markt nicht schlagen kann, geht es nur darum, wie man sein Kapital verteilt. Für EMH-Berater gibt es sonst nichts zu tun, denn sie glauben ja, dass der einzige Weg zu hohen Renditen darin besteht, hohe Risiken einzugehen und dann Glück zu haben. Als ich der befreundeten Finanzberaterin sagte, ich würde nicht mehr als 10 bis 15 Unternehmen gleichzeitig halten, sah sie mich an, als wäre ich strohdumm, und sagte nur: „Du liebes bisschen." Aber sie wusste eben nicht, dass man durch den Kauf wunderbarer Unternehmen mit Missionen und Wassergräben zu Zeitpunkten, wenn diese Unternehmen ausverkauft werden, auf zwei überraschende Arten ein antifragiles Regel-Nummer-1-Portfolio schafft.

Erstens sagte mein Vater, dass Unternehmen mit einem dauerhaften Burggraben Chaos an den Märkten nicht nur aushalten oder sich gerade so durchschlagen; wunderbare Unternehmen profitieren im Allgemeinen sogar von Ereignissen. Wenn Inflation herrscht, schützt ihr Graben sie vor der Konkurrenz und sie können die Preise erhöhen, wenn ihre Kosten für Arbeit und Material steigen. Wenn Deflation herrscht, bringt ihr Graben ihnen stetig Kunden zurück und das bewahrt sie davor, die Preise senken zu müssen. Noch besser ist, dass die Unternehmen mit den breitesten Burggräben die höchsten Gewinnmargen haben und größere Abschwünge nutzen können, um ihre schwächere Konkurrenz durch Fusionen, Übernahmen, Preiskämpfe und andere aggressive Taktiken zu eliminieren. Großartige Unternehmen gehen aus Rezessionen und Chaos gestärkt und mit mehr Kontrolle über ihre Marktnische hervor. Als Eigentümer profitieren wir davon, denn irgendwann folgen ihre Aktienkurse der Zunahme ihres Marktanteils und ihres Cashflows.

„Ich möchte sichergehen, dass ich das verstehe", hakte ich nach. „Die Unternehmen selbst sind antifragil, weil ihre Burggräben sie selbst dann, wenn ihre Aktienkurse im Zuge einer Rezession oder eines Branchenchaos fallen, letztendlich wertvoller machen, nachdem das Chaos vorbei ist?"

„Genau. Und das macht per Definition unsere Regel-Nummer-1-Portfolios als Ganzes antifragil."

„Aber ist das nicht auch das, was bei einem gut diversifizierten Portfolio aus lauter Investmentfonds und ETFs passiert?" Ich sah den Unterschied nicht wirklich – und es sollte doch bitteschön einen Unterschied geben, sonst wäre all diese Arbeit nicht die Mühe wert, wenn ich, um antifragil zu sein, nichts weiter zu tun brauchte als den Index zu kaufen.

„Das ist ein guter Gedanke. Das bringt mich zum zweiten Grund, wieso unsere Portfolios antifragil sind und Indexportfolios nicht. Wir warten mit Bargeld auf Ereignisse, die die Preise drücken, aber sie tun das nicht."

Ich kann die besten Unternehmen kaufen, aber wenn ich, wie Charlie sagt, zu viel dafür bezahle, werden die „Wechselfälle des Lebens", die Höhen und Tiefen, die wir Ereignisse nennen, meine Gesamtrendite massiv beeinträchtigen. Ich könnte die sieben Prozent, über die wir im Februar gesprochen hatten, mit einem indexorientierten, diversifizierten Portfolio bekommen, wenn ich 20 Jahre Zeit hätte, um mich von einer großen Rezession zu erholen – aber wenn ich zur finanziellen Freiheit gelangen wollte, musste ich meine Kaufpreise niedrig halten, mit einer Cashposition abwarten und bereit sein, Maßnahmen zu ergreifen, wenn das Chaos zuschlägt. Buffett beschreibt das folgendermaßen: Wir müssen bereit sein, mit einer Waschwanne nach draußen zu laufen, wenn es Gold regnet.

„Um diese Waschwanne bereit zu haben", fuhr mein Vater fort, „musst du dafür sorgen, dass du im Falle einer Rezession Mittel zum Anlegen parat hast. Wenn du das kannst, wirst du schließlich ein Portfolio aus wunderbaren Unternehmen haben, die du in Krisenzeiten zum Ausverkaufspreis gekauft hast und die du mit riesigen Gewinnen verkaufen kannst, wenn die Dinge wieder normal laufen." Das ist der Schlüssel zu einem Portfolio, das antifragil ist.

Eine passiv-aggressive Strategie

Dad fuhr fort: „Denn in der wirklichen Welt wird Folgendes passieren: Der Markt wird regelmäßig schwanken und du wirst es erleben, dass die Preise der Unternehmen auf deiner Wunschliste fallen. Eines Tages wird eines deiner Unternehmen unter deinem Kaufpreis verkauft und du wirst es kaufen wollen. Aber seltsamerweise wirst du es dann auch *nicht* kaufen wollen."

„Was?", rief ich skeptisch aus.

„Da du ein Mensch bist, werden deine Bemühungen, eine Entscheidung zu treffen, immer von Emotionen begleitet sein. Eine der mächtigsten Emotionen ist die Angst. Wir haben viel über Angst gesprochen. Sie ist diejenige Emotion, die einem sagt: ‚Tu es nicht.' Aber es wird eine weitere Emotion aufkommen, wenn du anfängst, diese Strategie zu verstehen – die Gier. Du siehst ja dabei zu, wie die Aktien fallen. Und dabei kommt dir in den Sinn, dass du, wenn du wartest und der Preis noch weiter sinkt, viel mehr Geld verdienen wirst, wenn er wieder steigt. Die Gier setzt ein und jetzt willst du *nicht* kaufen. Du willst warten, bis der Preis noch weiter fällt. Du willst kaufen und du willst warten. Es ist, als säßen zwei Teufel auf deinen Schultern, die dir entgegengesetzte Ratschläge in die Ohren flüstern."

Oje. Ich wusste bereits, dass er recht hatte. Ich würde total gierig werden und versuchen, genau den richtigen Zeitpunkt zu treffen. Gleichzeitig würde ich befürchten, dass meine ursprüngliche Analyse falsch war und das Unternehmen überhaupt nicht wunderbar ist. Als ich meine Übungsaktien kaufte, machte ich mich selbst verrückt, als der Preis um einen Penny unter dem Preis lag, zu dem ich sie gekauft hatte. Bei den Übungsaktien! Die Angst bei echtem Geld konnte ich mir lediglich ausmalen. Die emotionale Regel der Geldanlage besagt, dass der Preis ab dem Moment fallen wird, in dem ich ein Unternehmen kaufe – nur weil ich es gerade gekauft habe. Der Preis fiel, sobald ich meine Übungsaktien kaufte, also musste es wohl wahr sein. Und das bedeutete, dass ich nie genau den richtigen Zeitpunkt erwischen würde.

Dad merkte dazu an: „Vertraue auf deine Arbeit. Du hast dir diese Arbeit gemacht, damit deine Emotionen deine Entscheidungen nicht beeinträchtigen. Der einzige echte Fehler, den du machen kannst, wenn du ein wunderbares Unternehmen auf der Wunschliste hast und der Preis unter deinem Kaufpreis liegt, ist, nichts zu tun. Das musst du unbedingt verstehen. Wir warten und warten und warten und machen unsere Hausaufgaben, aber wenn es Zeit ist zu kaufen, müssen wir aggressiv handeln."

Ich fing an zu lachen. Sich beeilen und warten. „Das ist also eine passiv-aggressive Anlagestrategie, oder?", fragte ich.

Dad lächelte. „Absolut. Passiv und dann plötzlich aggressiv. Träge, fast bis zur Faulheit, wenn es darum geht, den Kaufknopf zu drücken, und dann sind wir plötzlich die aggressivsten Investoren der Welt. Glaub mir, nur einen kleinen Teil eines Unternehmens zu kaufen ist beinahe eine größere Katastrophe als gar nichts zu kaufen. Du wirst dich später nämlich wirklich hassen, wenn das Unternehmen dir tausend Prozent Rendite einbringt und du nicht viel Geld hineingesteckt hast. Es ist eine menschliche Schwäche, sich völlig sicher zu sein, dann aber nicht auf diese Gewissheit hin zu handeln. Du wirst diesen Prozess wahrscheinlich trotzdem durchmachen, aber zumindest habe ich dich jetzt gewarnt."

Da machte etwas Wichtiges bei mir klick. „Ich verstehe jetzt, warum du dich nicht zu sehr aufregst, wenn es am Markt rundgeht. Wenn es abwärts geht, weißt du, dass du davon profitieren wirst, weil du kaufst. Und wenn es nach oben geht, profitierst du ebenfalls, weil die Preise deines Portfolios himmelhoch steigen."

„Genau", sagte er fröhlich. „Als ich im März 2009 auf *CNBC* Maria Bartiromo erzählte, dass ich wieder in den Markt einsteige, lag das nicht daran, dass ich versuchte, den Boden des Crashs vorherzusagen. Es sah so aus, als würde es noch weiter abwärts gehen. Ich begann zu kaufen, weil die zwei besten Unternehmen auf meiner Liste zu dieser Zeit so bewertet waren, als wären sie billige Privatunternehmen und keine börsennotierten Unternehmen. Sie waren enorme Schnäppchen, aber ihre Aktienkurse begannen wieder zu steigen. Das reichte mir als Begründung, sie zu kaufen. Wenn diese beiden Aktienkurse weiter gefallen wären, hätte ich gerne noch länger gewartet. Wären die Preise, nachdem ich gekauft hatte, nicht mehr gestiegen, sondern weiter gesunken, wäre ich auch glücklich gewesen, denn dann hätte ich die Aktien noch billiger kaufen können. Ich sagte ihr, ich wisse nicht, ob der Dow Jones auf 2.500 Punkte sinken würde, aber es sei mir egal; ich belud jetzt den Laster."

Die gleiche Erfahrung hatte ich aus einem anderen Blickwinkel gemacht, als ich lernte, wie man ein Unternehmen bewertet. Mir kam es vor, als würde ich den Markt beobachten und als wäre ich völlig von seinem emotionalen Auf und Ab entrückt. Ich konnte die Angst und den Überschwang sehen, die andere Menschen empfanden und aufgrund deren sie handelten, aber ich konnte distanziert und ruhig bleiben, weil ich eine Perspektive auf das hatte, was geschah, und einen Plan, um davon zu profitieren. Antifragilität in Action.

Ich wollte wie Buffett sein: eine Waschwanne zur Hand haben, wenn es Gold regnet. Das würde mir viel leichter fallen, wenn ich einen ganz konkreten Aktionsplan parat hatte, sodass ich, während mein Verstand verrücktspielte und ich wegen des Börsencrashs ausflippte, während die schreienden Kerle auf *CNBC* noch lauter als sonst schrien, meinen Wunschlisten-Kaufplan entfalten und ihn befolgen könnte. Es wäre eine Art Notfallplan und ich erwartete – wobei ich mich irgendwie darauf freute – den Notfall.

Der „Notfall"-Kaufplan

Mein Vater sagt unheimlich gerne, dass ich „den Laster beladen" soll. Aber was würde das konkret mit sich bringen? Soll ich buchstäblich alles auf meiner Liste kaufen oder nur bestimmte Unternehmen?

„In der Regel“, erklärte er, „zehn Prozent deines Anlageportfolios pro Unternehmen.“ Dann ruderte er sofort zurück. „Das sind Faustregeln. Eigentlich eher eine Art Richtlinien.“

„Aber was bedeutet das wirklich? Nicht mehr als zehn Prozent in ein Unternehmen stecken, egal was passiert? Wenn weniger oder mehr als zehn Unternehmen vorliegen, die ich kaufen möchte, wie soll ich dann eine Auswahl treffen?“

Er seufzte.

„Erst die Antwort und dann werde ich sie erklären, denn sie wird dich wahrscheinlich nicht zufriedenstellen. Du solltest das kaufen, was dir am besten gefällt. Ich glaube, Buffett würde empfehlen, deine ‚Favoriten zu kaufen‘, denn er ist der Ansicht, dass man das auf den Laster laden soll, über das man wirklich nachgedacht hat.“

Ich lachte. Natürlich war das die Antwort. Immer eine Windkorrektur. Aber ich verstand, was mein Vater und Buffett meinten – ich hatte Zeit damit verbracht, über Aktien zu recherchieren, sie auszuwählen und mich in meine Wunschliste zu verlieben. Ich mochte alle Unternehmen, aber natürlich hatte ich Favoriten. Das ist ganz natürlich. Buffett sagt, wenn sie alle unter meinem Kaufpreis liegen, kann ich meine Lieblingsaktien kaufen. Ich dachte, eine weitere Ermessensentscheidung würde mich ärgern, aber irgendwie gefiel es mir sehr. Kinderleicht. Einfach meine Favoriten kaufen. Das konnte ich.

„Wenn alles verschleudert wird, ist das eine tolle Situation! Denke daran, dankbar für dieses Problem zu sein. Überaus dankbar, sehr dankbar, enorm dankbar. Es ist toll, dieses Problem zu haben.“

„Sehr, sehr wahr.“ Ich lächelte. „Dafür habe ich dich in der Nähe – um mich zu ermahnen, dankbar zu sein, wenn das passiert! Denn dann werde ich ausflippen.“

„Nein, du wirst nicht ausflippen, du wirst genau wissen, was zu tun ist. Hier nun die Frage, die ich mir stelle: Wenn ich nur eine Aktie kaufen kann, welche soll es dann sein?“

„Muss ich diese Entscheidung treffen?“

„Es ist eine gute Übung, zu erkennen, dass die betreffenden Unternehmen nicht alle in jeder Hinsicht gleich sind. Vielleicht liegt eines *weit* unter seinem Kaufpreis, während die anderen nur leicht unter dem Preis liegen. Vielleicht hat eines von ihnen eine Mission, die du unbedingt unterstützen willst. Vielleicht ist es bei einem sicherer, dass es schnell wächst oder sich von dem Ereignis erholt. Vielleicht hat eines ein Management, dem du ein bisschen mehr vertraust. Frag dich selbst: ‚Wenn ich nur eines von ihnen besitzen kann, welches?' Dann frag dich immer und immer wieder, bis du die Reihenfolge deiner Käufe kennst, wenn sie alle günstig zu haben sind."

Ich dachte an Whole Foods und Costco, die auf meiner Wunschliste standen. „Ich würde Whole Foods wählen."

„Warum?"

„Nun, Whole Foods scheint mir viel günstiger zu sein. Es hat bessere Owner Earnings als Costco und deshalb auch eine bessere Ten Cap. Mir gefallen auch seine Werte und sein CEO besser. Wären es Unternehmen in Privatbesitz und ich könnte sie ganz besitzen, würde ich definitiv Whole Foods wählen."

„Großartig. An diesen Punkt solltest du dich erinnern: Dir ist aufgefallen, dass Whole Foods dein Favorit ist. Also ist das deine erste Wahl."

Mein Vater erklärte, dass meine Wunschliste zwei Dinge enthalten sollte: die Namen der Unternehmen und die Preise, zu denen ich sie kaufen werde. Die Wunschliste und nicht der Markt insgesamt sollte uns sagen, wann wir tatsächlich kaufen sollten.

Ich fing an, es zu begreifen. „Die Wunschliste sagt mir, was ich kaufen soll. Und der Kaufpreis sagt mir, wann?"

„Genau."

„Ich kaufe nur das erste Unternehmen auf der Liste, das zum Angebotspreis zu haben ist?"

„Im Grunde genommen ist es so. Deshalb bezeichnen wir sie nicht wie alle anderen als Beobachtungsliste. Wir setzen nur Unternehmen auf die Wunschliste, die wir wirklich besitzen wollen, sobald ihr Preis fällt. Dann drücken wir den Auslöser und kaufen sie."

Wenn sie alle gemeinsam fallen (zum Beispiel bei einem Börsencrash), sollte ich zuerst mein Lieblingsunternehmen kaufen und von da aus meine Wunschliste durchgehen. Wenn das nicht passiert (zum Beispiel wenn ein bestimmtes Unternehmen ein Ereignis durchmacht), dann sollte ich dasjenige Unternehmen kaufen, das zuerst unter meinen Kaufpreis fällt. Das leuchtete ein, denn wer wusste schon, was mit den anderen passieren würde? Heu muss man machen, solange die Sonne scheint.

Der Wunschlisten-Kaufplan

Priorität	Unternehmen	Preisbereich	Mein Kaufpreis	Online-Warnmeldung für den Preis eingestellt?
1	Limonadenstand	Ten Cap: 200 Dollar Achtjähriger Payback-Time-Preis: 247 Dollar Preisauszeichnung: 480 Dollar MOS: 240 Dollar	Bei 250 Dollar oder darunter schaue ich ernsthaft hin.	Nein – den kann ich ja nicht online kaufen.
2	Whole Foods	Ten Cap: 29 Dollar Achtjähriger Payback-Time-Preis: 13 Dollar Preisauszeichnung: 39 Dollar MOS: 19 Dollar	Ich habe Übungsaktien gekauft und will jetzt weitere Aktien kaufen.	Ja

Ich erstellte einen ersten Entwurf meines Wunschlisten-Kaufplans.

Hmmm … Whole Foods. Als ich den Plan meinem Vater zeigte, damit er ihn überprüfen konnte, fiel ihm etwas auf.

„Früher hattest du Angst vor dem Kauf und jetzt kannst du es kaum erwarten, zu kaufen. Beide Emotionen sind gefährlich. Man muss ruhig sein, wenn man irrational ängstlich ist, und man muss ruhig sein, wenn man irrational begeistert ist."

„Manchmal ist es schwer, den Unterschied zwischen dem richtigen Ausmaß an Angst – der Sorte Angst, die mich schützt – und irrationaler Angst zu erkennen."

„Damit tun wir uns alle schwer. Das größte Geheimnis phänomenaler Anlage-Ergebnisse ist das einfache Axiom, das ich von Davy Crockett im Fernsehen gelernt habe, als ich etwa acht Jahre alt war: ‚Zuerst musst du dir sicher sein, dass du richtigliegst, und dann zieh es durch.' Ich dachte, Davy mit seiner Mütze aus Waschbärfell würde alles schaffen. Ich saß auf dem Boden vor dem Schwarzweißfernseher mit 48 Zentimeter Bilddiagonale und dachte: So benimmt man sich wie ein richtiger Mann – zuerst ist man sich sicher, dass man richtigliegt, und dann zieht man es einfach durch. Warren Buffett muss Davy Crockett interpretiert haben, denn er hat die Umkehrung formuliert: ‚Wenn man sich überhaupt nicht sicher ist, was man tun soll – ABWARTEN. Nichts machen.' Und deshalb möchte ich, um deine Emotionen als Anlegerneuling zu schonen, dass du ein bisschen anders kaufst als einen ganzen Brocken auf einmal. Ich möchte, dass du jedem Unternehmen vier Geldbeträge oder ‚Tranchen' zuteilst."

„Okay", sagte ich langsam. *Tranchen?*

In Tranchen kaufen

„Tranche" ist ein Begriff aus dem finanziell-industriellen Komplex für „Scheibe" oder „Portion".

„Weil man ein Unternehmen mitten in einem Ereignis kauft, alles klar? Und da wir keine Genies sind, werden wir die Sache definitiv nicht perfekt timen. Wir erwarten, dass der Preis eines Unternehmens sinkt und dann noch weiter sinkt. Wenn man in Tranchen kauft, kann man die Gelegenheit nutzen, Aktien wunderbarer Unternehmen zu immer günstigeren Preisen zu kaufen."

„Dein Tranchensystem geht also davon aus, dass der Preis sinken wird, und lässt mich den fallenden Aktienkurs ausnutzen."

„Genau. Der sinkende Preis", erklärte Dad, „sorgt für eine Gelegenheit, das großartige Unternehmen zu einem noch besseren Preis zu kaufen.

Stell es dir so vor: Wenn ich dir einen 100-Dollar-Schein für 50 Dollar verkaufen würde, würdest du dich dann über deinen Kauf ärgern, wenn du mir jetzt einen weiteren 100-Dollar-Schein für 25 Dollar abkaufen könntest? Und wärst du wirklich wütend auf dich selbst, wenn ich dir dann weitere 100 Dollar für 10 Dollar anbieten würde?"

„Nein, ich wäre begeistert, wenn ich den ersten kaufe, noch mehr begeistert, wenn ich den zweiten kaufe, und absolut entzückt, wenn ich den dritten kaufe."

„Natürlich! Die Tatsache, dass der Preis beim dritten viel besser war, schmälert die Tatsache nicht, dass auch der erste Preis großartig war. Du musst lernen, über alle Investitionen auf diese Art und Weise nachzudenken. Wenn du nervös bist, weil dir der Gedanke nicht gefällt, der Aktienkurs könnte sinken, nachdem du das Unternehmen gekauft hast, könnte deine Intuition dir sagen, dass du das Unternehmen nicht gut genug verstehst, um es zu besitzen. Achte auf deine innere Stimme, gehe deine Geschichte und ihre Umkehrung noch mal durch, bis du weißt, dass du es weißt. Aber wenn du weißt, warum der Preis fällt, und du auf deinen Kaufpreis vertraust und immer noch nervös bist, hast du vielleicht auf irgendeiner Ebene immer noch das Gefühl, dass der Preis etwas mit dem Wert zu tun hat. Denke einfach daran, dass dem nicht so ist. Der Preis ist genau das, was du bezahlt hast. Das ist alles. Er hat nichts mit dem Wert zu tun."

Indem ich plante, dass der Preis fällt, war ich beim Gedanken an einen Kauf begeistert anstatt beunruhigt.

Ich stellte mir eine Torte vor, die aus vier Böden besteht. Dieser Kuchen ist mein gesamtes Anlagebudget für ein bestimmtes Unternehmen und jede Schicht ist eine Tranche – 25 Prozent von dem, was ich für dieses Unternehmen ausgeben möchte. Ich kaufe meine erste 25-prozentige Tranche, warte dann ab, bis der Preis um, sagen wir, weitere zehn Prozent sinkt, und kaufe meine zweite Tranche. Nach einem weiteren Rückgang um zehn Prozent kaufe ich meine dritte Tranche. Mit der letzten Tranche warte ich einfach ab.

„Lass das Ding so weit fallen, wie es fallen will. Vielleicht fällt es um weitere 30 Prozent. Warte ab. Und wenn du dir ziemlich sicher bist, dass es nicht weiter nach unten geht, sondern wieder nach oben, kaufe die vierte Tranche."

„Das ist ja viel mehr Arbeit", beschwerte ich mich. *Was ist aus dem schönen, einfachen „Kaufe deinen Favoriten" geworden?* „Wenn ich 10.000 Dollar von diesem Unternehmen will, warum kaufe ich nicht einfach für 10.000 Dollar Aktien und es hat sich?"

„Das kannst du machen", sagte Dad, „aber natürlich verpasst du dann die immer niedrigeren Preise. Diese Strategie hilft dir, deine Emotionen zu kontrollieren, aber wenn sie dir nicht gefällt, ist das auch in Ordnung. Du musst es nicht so und nicht anders machen."

Ich beschloss, wenn der Preis anfangen würde zu steigen, würde ich meinen vollen Anteil kaufen und fertig. Ich wollte die Preise meiner Unternehmen nicht zu genau verfolgen oder die App-Box namens „Folter" auf meinem Handy öffnen müssen. Wenn ein zu hoher Aktienkurs angezeigt würde, über meinem Kaufpreis, dann würde ich ihm nicht nachlaufen. Entweder würde er auf das Niveau sinken, auf dem ich kaufen konnte, oder eben nicht. Es hat keinen Sinn, sich deswegen Stress zu machen.

„Du brauchst die Tranchen nicht perfekt abzustimmen", wiederholte Dad. „Achte nur darauf, dass du alle vier Tranchen kaufst, solange sich der Preis noch um deinen Kaufpreis bewegt."

„Ich kann den Wert der Tranche als psychologischen Trost betrachten. Ich kann mir den ganzen Tag lang sagen, dass der Preis nach meinem Kauf sinken sollte, aber ich weiß von meinen Übungsaktien, dass es wehtut, wenn das passiert."

„Wenn eines der Unternehmen auf deiner Wunschliste preisgünstig wird und du kein Kapital zum Investieren hast, tut es wirklich weh! In gewisser Weise ist das beschissen. Aber rational ist es ein großer Vorteil, wenn der Preis sinkt und wir zusätzliches Kapital für diese Investition zur Verfügung haben, denn dann können wir zu einem noch besseren

Preis kaufen. Also ja, dieses System der Tranchen ist so eingerichtet, dass es uns hilft, die bei der Geldanlage auftretenden Emotionen zu bewältigen und Vorteil daraus zu ziehen, dass wir nicht das perfekte Timing haben."

„Gibt es sonst noch etwas, das dabei hilft?", fragte ich.

„Noch etwas, das ich tue, um meine Emotionen im Zaum zu halten, wenn der Markt durch die Decke geht und ich abgehängt bin, ist, dass ich ein Auge auf zwei wichtige Informationen zum Geschehen am Gesamtmarkt werfe: das Shiller-KGV und den Buffett-Indikator."

„Ach ja, darüber haben wir vor Monaten gesprochen."

„Stimmt. Schau dir diese beiden Indikatoren an. Sie liefern dir eine gute Perspektive auf den Gesamtmarkt. Eigentlich mache ich noch etwas anderes, sodass ich es normalerweise automatisch vergesse. Finanziell gesehen ist es unbedeutend, aber es hilft mir."

„Großartig. Ich liebe Details."

„Wenn der Aktienkurs in der Nähe meines Kaufkurses steht, kaufe ich eine kleine Menge, um meine Entschlossenheit zu testen. Der Geldbetrag ist wichtig. Er muss klein genug sein, dass es kein Problem ist, einen Teil davon zu verlieren, aber groß genug, um mich nervös zu machen, wenn ich das, was ich zu wissen glaubte, nicht wirklich weiß. Wenn wirklich etwas auf dem Spiel steht, ändert sich meine Perspektive auf das Unternehmen. Aus Theorie wird Praxis, in meinem Nervensystem setzt sich eine Art unbewusster Mechanismus in Gang und ich fühle mich schnell körperlich und emotional gestresst, wenn ich nicht genug Arbeit geleistet habe, um ein echtes Gefühl der Gewissheit zu entwickeln. Klingt das ein bisschen verrückt?"

Er hatte mir bereits im letzten Monat davon erzählt. Meine Idee mit den Übungsaktien hat ihn wohl wirklich dazu veranlasst, darüber nachzudenken, wie er sich einer Aktie auf Zehenspitzen nähert.

„Ich habe sicherlich Fehler gemacht, auch nachdem ich mich mit meinem Wissen über das Unternehmen wohlfühlte. Aber ich glaube, wir wissen mehr, als wir bewusst nutzen können, und ich weiß, dass dieser Trick von einigen guten Regel-Nummer-1-Hedgefonds-Managern genutzt wird. Dadurch hält mich der Stress davon ab, den Laster zu beladen, bevor ich mich intensiv genug mit dem Geschehen befasst habe, um zu merken, dass die betreffende Aktie entweder zu schwierig oder ein solides Ja ist. Es besteht ein großer Unterschied zwischen der Vorstellung, ein Unternehmen zu besitzen, und dem tatsächlichen Besitz. Möglicherweise spürt man diesen Unterschied körperlich."

„Das ist hochinteressant. Genau das habe ich gemacht", sagte ich, „indem ich meine Übungsaktien kaufte. Eine kleine Menge kaufen, um die Emotionen herauszukitzeln und herauszufinden, ob es jetzt, wo ich mich als Eigentümerin dieser Firma verteidigen muss, etwas gibt, das ich übersehen habe."

„Das ist so ähnlich und es ist ähnlich nützlich. Ein weiterer kleiner Trick, den ich mir selbst gegenüber anwende, besteht darin, dass ich jemandem, dessen Urteil in Investmentangelegenheiten ich respektiere, erzähle, dass ich mir dieses Unternehmen ansehe. Ich sage nicht, dass ich es bereits besitze, denn dann halten sich die Leute vielleicht mit ihrer Kritik zurück. Nur dass ich es mir anschaue. Dann erzähle ich etwa eine Minute lang die Story des Unternehmens. Warum es interessant ist. Ich habe gelernt, dass ich auch hier nicht verraten darf, dass es mir gefällt, weil das die Art und Weise verändert, wie die betreffende Person reagiert. Natürlich bin ich die Idee bereits mit Freunden durchgegangen, mit denen ich das mache, aber das war vorher, noch bevor der Preis gesunken ist. Jetzt ist es fast an der Zeit, wirklich den Abzug zu betätigen. Dieser Trick ist einfach ein Weg, das Unterbewusstsein anzuregen, um versteckte unbekannte Aspekte aufzudecken."

Ich lachte. Es war ja so wahr. Jemandem, den ich respektiere, sagen zu müssen, dass ich mich für ein Unternehmen interessiere, hatte dazu geführt, dass sich meine eigene Meinung dazu ziemlich schnell herauskristallisierte.

So war es auch, als ich jemandem erzählt hatte, dass ich mein Leben ändern musste. Nachdem Dad und ich unseren langen Videoanruf beendet hatten, war ich eher mit Selbstbetrachtungen beschäftigt. Ich rief

Kamala an, um Hallo zu sagen. Sie hatte seit unserem ziemlich verzweifelten Gespräch im Januar nicht nur den Job gewechselt, sondern sich auch um ein Stipendium für eine angesehene Schreibkolonie beworben, die Künstler und Schriftsteller dafür bezahlt, dass sie in Hütten mitten im Nirgendwo wohnen und dort nichts anderes tun, als kreativ zu sein. Es gibt so viele Bewerber, dass die Chancen, angenommen zu werden, winzig klein sind – aber sie wurde angenommen. Jetzt dachte sie darüber nach, diese intensive Zeit zu nutzen, um eine Karriere als freiberufliche Schriftstellerin zu starten. Ich hätte nicht stolzer auf meine süße, knallharte Freundin sein können, die durchstartete.

Ich wusste, dass Kamala wusste, dass ich, als ich meine Anlagepraxis in Angriff nahm, daran dachte, ob ich unserem Gespräch vom Januar gerecht wurde. Keiner von uns hatte das jedoch bis jetzt angesprochen. Als wir uns darüber unterhielten, was in unserem Leben alles passierte, fragte sie nun: „Erinnerst du dich an unser Gespräch Anfang des Jahres?" Ich antwortete, dass ich mich selbstverständlich daran erinnerte.

„Nun, es ist verrückt" – und ihr Lachen klang ein wenig ungläubig –, „aber wir haben es beide irgendwie geschafft. Schau dir an, wie anders die Dinge für uns beide seitdem geworden sind. Und das ist noch nicht mal ein ganzes Jahr her."

„Es ist irgendwie ... erstaunlich", stimmte ich zu. Auch ich lachte. Was gab es nun noch zu tun? Ich war von der unbewussten Inkompetenz zu … nun ja, Bewusstsein hatte sich eingestellt und als ich meine bislang erworbenen Fähigkeiten im Geiste durchging, wurde mir klar, dass ich mich ziemlich kompetent fühlte. Ich war nicht mehr inkompetent darin, auf eigene Faust zu investieren? Ich? Ich lächelte.

„Wir mussten etwas ändern und wir *haben etwas geändert.* Aber selbst wenn mein Leben davon abgehangen hätte, hätte ich nicht vorhersehen können, dass es auf diese Weise passieren würde."

„Auf keinen Fall."

Das ist die Macht der Absicht. Und die Unterstützung einer guten Freundin, ohne ein Wort sagen zu müssen.

OKTOBER-ÜBUNG: Die Auswahl meines Lieblingsunternehmens bringt mich zum Lächeln. Wählen Sie Ihren Favoriten aus und schreiben Sie Ihren eigenen Wunschlisten-Kaufplan für Ihr antifragiles Portfolio. Lehnen Sie sich dann zurück und nehmen Sie sich einen Moment Zeit, um zu würdigen, dass Sie eine Liste von Unternehmen haben, die Sie selbst recherchiert haben und die Sie kaufen möchten – ist das nicht etwas völlig Anderes als noch vor ein paar Monaten?

KAPITEL 11

WANN SOLLTE MAN VERKAUFEN?

NOVEMBER

Diesen Monat:

- Berechnung der durch Folgendes reduzierten Basis:
  - Dividenden
  - Rückkäufe
- Festlegen, wann man verkauft

Ich war so begeistert davon, dass ich es jetzt tatsächlich machte. Ich erstellte in der Tabellenkalkulation eine detaillierte Einkaufsplan-Wunschliste und legte sie in meinem Ordner „Investmentpraxis“ ab.

Ich hatte keine Angst mehr. Ich wollte nicht mehr warten. Ich fühlte mich wie an Heiligabend, wenn man unbedingt auspacken will, was unter dem Baum liegt. Ich wollte das Gelernte jetzt einsetzen.

Ich wusste, dass Geduld entscheidend war. Aber ich wollte jetzt einsteigen und es jetzt tun.

Der Kauf kommt vor dem Verkauf

Mein Vater hatte von Anfang an gesagt, ich sollte mir in diesem ganzen Jahr nicht vornehmen, etwas zu kaufen, und er hatte sich nicht gerade gefreut, als ich es im Vormonat wieder erwähnte. Ich wusste nicht, ob mein Drang zu kaufen bedeutete, dass die Dinge besser oder schlechter gelaufen waren, als er erwartet hatte, aber ich wäre nicht so weit gekommen, wenn ich meine eigenen Instinkte ignoriert hätte. Ich würde natürlich auf den richtigen Zeitpunkt und den richtigen Preis warten, aber kaufen wollte ich unbedingt.

Ich dachte darüber nach, meinem Vater meine Entscheidung vorzuenthalten, aber das widersprach allem, was wir in den letzten Monaten gemeinsam aufgebaut hatten. Wir waren sozusagen zu einem Team geworden. Er hatte so viel in mich investiert und ich würde ihn gewiss nicht von einem solchen Moment aussperren. Hoffentlich konnte ich ihn überzeugen. Ich rief ihn in Atlanta an. Wir würden uns im Laufe des Monats zwar zu Thanksgiving sehen, aber bis dahin wollte ich nicht warten.

„Dad, ich will ein paar Aktien von Whole Foods kaufen. Es ist der richtige Zeitpunkt."

Ich pries ihm mein Vorhaben an. „Die haben einen riesigen Markengraben und treue Kunden, die im Sinne des Markennamens denken. Der Kurs ist so niedrig wie seit sechs Jahren nicht! Ich liebe die Firma und verstehe ihre Geschäfte. Ihre Schulden sind so niedrig, dass sie mit dem vorhandenen Bargeld zurückgezahlt werden könnten. Für einen Lebensmittelhändler hat sie eine hohe Gesamtrendite und eine hohe Eigenkapitalrendite. Die Owner Earnings sind enorm. Der CEO John Mackey ist ein Genie mit toller Integrität und Werten. Der Kurs steht etwas über dem Ten-Cap-Preis, aber das Unternehmen ist so beliebt, dass die Sorgen darum bereits eingepreist sind, und ich glaube nicht, dass es noch einmal tiefer fallen wird als jetzt. Ich glaube nicht, dass es mir mehr bringen würde als jetzt, wenn ich noch zwei Monate warten würde. Ich finde, es ist Zeit für mich, eine volle Position einzugehen. Die ganze. Jetzt."

Er dachte darüber nach und lange drang nichts aus dem Hörer. Ich ließ ihn das verdauen und wartete. Es war auch für ihn eine große Entscheidung. War ich bereit?

Er meldete sich wieder. „Ja, okay. Du hast geübt und jetzt bist du bereit. Es ist Zeit für dich, es zu tun."

Es war so viel einfacher, als ich gedacht hatte. Er liebte jetzt die Übungsaktien! Und er war auch der Meinung, dass ich bereit war.

Ich fühlte mich wie ein Vogel, der aus dem Nest flüchten wollte und einen kleinen Schubs bekommen hatte, um genau das zu tun. Er vertraute darauf, dass ich flügge war. Das war keine Kleinigkeit. Da er mein Lehrer war, stand ja mit meinen Investmententscheidungen auf einer gewissen Ebene auch sein Name auf dem Spiel. Obwohl ich mein eigenes Ding machen würde, waren wir natürlich, wie immer, bei diesem Unterfangen untrennbar miteinander verbunden. Es fühlte sich wie ein Bildungsabschluss an.

Ich wollte dieses Unternehmen wirklich besitzen. Ich kaufte Whole Foods zum Kurs von 30,85 Dollar.

Und es war ein Kinderspiel.

Es fiel mir fast so leicht wie ein Videospiel. Ich kaufte die Aktien, geriet nicht in Panik und ignorierte den Preis, zu dem ich sie gekauft hatte. Es war so einfach, dass ich mich fragte, ob ich tatsächlich gerade einen Teil meines kostbaren anzulegenden Geldes ausgegeben hatte oder ob ich mir das ganze fünfminütige Erlebnis nur eingebildet hatte.

Als ich mich von meinem Brokerage-Konto abgemeldet hatte, fragte ich mich, ob ich es noch einmal von Anfang an durchspielen sollte, nur um sicherzustellen, dass es erledigt war. Ich lehnte mich auf meinem Stuhl zurück und erinnerte mich daran, dass ich genau an dieser Stelle gesessen und gezittert hatte, als ich meine Übungsaktien kaufte. Ich freute mich sehr, dass ich geübt hatte, Aktien zu kaufen. Das Pendel der Emotionen hatte so weit in die andere Richtung ausgeschlagen, dass ich es kaum glauben konnte, selbst als es passierte. Und ich wollte wirklich, dass der Preis sinkt und nicht steigt, sodass ich eine weitere Tranche noch günstiger kaufen konnte.

Ich fühlte mich damals ziemlich antifragil. Ich schätze, dazu war meine ganze Praxis da.

Zu Thanksgiving versammelten sich meine Eltern (sie verstehen sich jetzt gut genug für gemeinsame Feiertage), die Frau meines Vaters, meine Schwester und ihr Mann, meine Schwägerin und ich als Familie im Haus meiner Schwester in San Diego. Wir hatten dort einen Gast: Nuno flog aus Zürich ein, um sie kennenzulernen. Ohne Druck. Sie waren begierig darauf, den Mann zu treffen, für den ich mein Leben verändert hatte, und ihm vorzuführen, worum es beim amerikanischen Thanksgiving geht.

Nach all dem Truthahn und dem Kartoffelpüree und dem Wein verstreuten wir uns im Haus, plauderten, spülten Geschirr und schauten Football (American Football, der echte Fußball, und der Gast aus Europa war klug genug, das kommentarlos zu akzeptieren). Dad und ich ließen uns auf die Couch im Wohnzimmer fallen. An mir nagte etwas, das ich ihn fragen musste.

Nun, da ich eine echte Investorin war, woher sollte ich wissen, wann ich verkaufen sollte? Ich konnte ja nicht einfach die Unternehmen für immer halten.

Vorsichtig, langsam wie ein durch Pinot Noir getöntes Zen-Koan, antwortete mein Vater: „Buffett sagt: ‚Der richtige Zeitpunkt, ein Unternehmen zu verkaufen, ist nie.'"

Nie? War ihm das Tryptophan aus dem Thanksgiving-Truthahn zu Kopf gestiegen? Ich machte ihm einen Espresso, um ihn aufzumuntern, und blieb dann beim Thema.

„Aber im wirklichen Leben", stellte ich klar, „in Wirklichkeit. Wann verkauft man?"

„Ich meine es ernst", beharrte er. „Wenn sich an der Story des Unternehmens nichts ändert, sollte man das Unternehmen nie verkaufen. Das ist ein weiterer Fehler, den ich gemacht habe, denn der Zinseszins hängt vom langfristigen Halten ab. Ich habe 2009 viele Unternehmen gekauft und sie 2015 wieder verkauft. Ich hätte länger dabeibleiben sollen, denn sie steigen immer noch. Es liegt nur an der Einstellung. Wenn du entscheidest, was du kaufen willst, solltest du die Einstellung haben, nie zu verkaufen. Ein kluger Investor, der ein wunderbares Unternehmen zu einem guten Preis kauft, sollte nicht daran denken, dieses Unternehmen jemals zu verkaufen. Weniger zu tun bedeutet tatsächlich, mehr zu erreichen."

Ich fasste seinen Standpunkt metaphorisch auf: die Einstellung haben, dass ich das Unternehmen nie verkaufen werde, dann nehme ich den Kauf viel ernster. Genau wie unsere *Maro*-Dankbarkeit würde mich der Vorsatz, ein Unternehmen für immer zu besitzen, definitiv in einen Geisteszustand der ernsthaften Verpflichtung versetzen.

Trotzdem musste ich wissen, wie ein Regel-Nummer-1-Anleger Gewinne mitnimmt. Im wirklichen Leben, in der wirklichen Welt. Ich wollte mein Geld ja nicht für immer wegsperren. „Buffett verkauft Unternehmen."

„Absolut", stimmte Dad zu. „Buffett verkauft regelmäßig Unternehmen. Und doch sagt er, dass er die Unternehmen nie verkaufen will. Wie können wir das in Einklang bringen?"

Ich starrte ihn an. Genau das meine ich.

„Der Grund dafür ist, dass er nur verkauft, wenn sich die Story ändert. Nur dann. Andernfalls würde er es behalten. Wozu verkaufen?"

Ich starrte ihn immer noch an.

„Stell es dir so vor: Du versuchst vielleicht um die 20 großartige Unternehmen zu finden, die du im Laufe deines Lebens zu Schnäppchenpreisen kaufen kannst. Was diese Unternehmen per Definition großartig macht, ist, dass sie große Wassergräben haben, die ihre Gewinne schützen, eine niedrige Verschuldung, hohe Owner Earnings und einen hohen freien Cashflow, und sie werden von großartigen Menschen mit einer Mission geführt, die deinen Werten entspricht. Wenn du das ganze Unternehmen besäßest, würdest du es niemals verkaufen."

„Definitiv nicht", stimmte ich zu. Besonders wenn daraus Dividenden auf mein Bankkonto flössen.

„Aber“, fuhr er fort, „Unternehmen halten sich nicht mehr so lange wie früher – auch wunderbare nicht. Heutzutage treten neue Ideen schneller an die Stelle alter Ideen als jemals in der Geschichte. Vor hundert Jahren belief sich die durchschnittliche Lebensdauer eines Unternehmens im S&P 500 auf 67 Jahre. Heute beträgt die durchschnittliche Lebensdauer eines solchen Unternehmens 15 Jahre.[47] Als Anleger müssen wir uns bewusst sein, wie sich die Story verändert – meistens dadurch, dass der Graben durch einen tief greifenden Wandel in der Branche überwunden wird, hervorgerufen durch eine große Veränderung in der Art und Weise, wie die Menschen konsumieren. Schau dir mal an, was Amazon mit den Einzelhandelsgeschäften macht. Oder was das Gesundheitsbewusstsein mit den Mittelgängen eines Lebensmittelgeschäfts gemacht hat. Oder was das iPhone mit Nokia und Blackberry gemacht hat. Solche Veränderungen in der Produktion, der Kultur oder der Technologie sind Formen der kreativen Zerstörung.“

Ich hatte das bei meiner Arbeit im Zusammenhang mit Start-ups und Venture Capital schon oft erlebt. Eine neue Idee taucht auf und verändert das Paradigma für die Funktionsweise eines bestimmten Marktes.

Gesellschaftlich betrachtet ist es fantastisch für uns, wenn es vorangeht und Innovationen aufkommen. Für mich als Anlegerin bedeutete das, dass ich über meine Storys auf dem Laufenden bleiben musste.

Jetzt kam Dad in Fahrt. „Schau dir die heutige Autovermietungsbranche an; sie steht kurz vor der Vernichtung durch Ridesharing und fahrerlose Autos. Diese Kombination bedeutet, dass dich in ein paar Jahren ein Tesla zur Arbeit fahren, dann den Tag damit verbringen wird, andere Leute durch die Stadt zu fahren, und dann kommt er am Ende des Tages zurück und holt dich von der Arbeit ab. Entweder bezahlst du das Auto mit den Einnahmen aus dem Ridesharing ab oder Tesla gibt dir das Auto einfach, damit du es in den Sharing-Pool einbringst; auf jeden Fall werden die Menschen weniger Autos brauchen. Eine Verkäuferin

[47] BBC, „Can a Company Live Forever?“, Januar 2012.

von Neiman Marcus hat mir erzählt, dass sie vor einem Jahr nach San Diego gezogen ist, sich kein Auto gekauft hat und den Weg zur Arbeit und zurück mit Lyft für fünf Dollar pro Strecke gefahren ist. Keine Raten für das Auto, kein Benzin, keine Reparaturen, keine Versicherung, keine Parkplatzprobleme, und das für nur etwa 200 Dollar im Monat. Und das Ganze in San Diego, wo man immer ein Auto brauchte. Jetzt nicht mehr. Das ist ein Paradigmenwechsel. Was bedeutet diese disruptive Technologie wohl für Autohersteller, Ridesharing-Unternehmen, Autovermietungen, den Gebrauchtwagenhandel und die vielen Unternehmen, die diese Unternehmen mit Versicherungen, Ersatzteilen, Parkplätzen und Darlehen versorgen? Wenn die Garagen leer sind, was passiert dann mit der Lagerindustrie? Als Anleger hat man entweder eine Meinung zur Beantwortung dieser Fragen oder das betreffende Unternehmen ist zu schwierig. Und daran, dass es zu schwierig ist, ist nichts Falsches."

Ich lachte. „Ich weiß!"

„Konzentriere dich einfach auf das, was nicht zu schwierig ist. Schau dir zum Beispiel an, welche Unternehmen Buffett und Munger besitzen. Buffett besitzt Apple und IBM, Wells Fargo und American Express, Coca-Cola und Kraft und Phillips 66. Alle haben den verlangten breiten Graben, der es den Mitbewerbern wirklich schwer macht, sie wegzufegen. Sogar Kraft mit all seinen total schrottigen Lebensmitteln aus den 1950er-Jahren wird auch in zehn Jahren noch gut laufen – schon allein deshalb, weil diese Lebensmittel billig und bekannt sind. Das sind Preis- und Markengräben. Buffetts Werte mögen nicht deine Werte sein, aber das ist nicht der Punkt – der springende Punkt ist, Unternehmen zu besitzen, die zu deinen Werten passen und dem Wandel trotzen, und sie dann niemals zu verkaufen."

„Buffetts Aussage, dass man nie verkaufen soll, bedeutet in Wirklichkeit: ‚Niemals verkaufen, solange die Story gleich bleibt.'"

„Genau. Bei vielen Unternehmen wird sich die Geschichte durch neue Technologien ändern. Andere werden davon unberührt bleiben. Dein Job ist es, den Überblick zu behalten. Bill Gates schlug Buffett einmal vor, er solle sich einen Computer und damit auch Computerfirmen kaufen, ‚weil sie alles verändern werden'. Buffett erwiderte: ‚Werden sie die Art und Weise ändern, wie die Menschen Kaugummi kauen?' Manche Unternehmen sind der Überwindung des Grabens viel stärker ausgesetzt als andere."

„Wenn der Graben überwunden wird, verkaufen wir auf jeden Fall. Und was ist mit dem Management?"

„Wenn es begonnen hat, die beteiligten Parteien zu verraten, verkaufen wir das Unternehmen auch. Also wenn die Schulden steigen, die Gesamtkapitalrendite fällt und der CEO uns nicht verrät, was wirklich los ist, dann ja, dann verkaufen wir vielleicht."

„Okay, Graben überwunden, Management schurkisch geworden. Wann sonst noch?"

„Manchmal auch, wenn der Preis viel zu hoch wird. Aber als Anfängerin im Regel-Nummer-1-Investing mit einem Einkommen außerhalb deiner Geldanlage, das dir einen stetigen Strom an investierbarem Bargeld beschert – wenn dir das Unternehmen gut gefällt und die Geschichte sich nicht ändert, bleibe einfach dabei und baue darauf, dass dich die Basisreduktion vor dem Auf und Ab des Marktes bewahrt."

Basisreduktion? War das so etwas wie eine schöne reduzierte Weißweinsoße für unseren Thanksgiving-Truthahn?

„Erkläre mir das bitte."

Die Basis reduzieren

„Ich verstehe unter ‚Basis' das bereinigte Anlagekapital, das du in der Aktie angelegt hast. Erinnerst du dich an die Planung der Allokation in deinem Portfolio? Wir haben als Beispiel die Anlage von insgesamt 10.000 Dollar in ein Unternehmen genommen. Also beläuft sich deine Basis in dieser Firma auf 10.000 Dollar."

Es hat also nichts mit Wein oder Soße zu tun. Foin.

„Deine Basis zu reduzieren bedeutet eine Senkung des Dollarbetrags, den du in die Aktie investiert hast. Das ist eines der größten Geheimnisse von Buffett, um das Risiko zu senken und die Gesamtrendite zu steigern. Er kauft Unternehmen, die im Laufe der Zeit den Betrag zurückzahlen, den er in sie investiert hat, indem sie ihm einen Teil ihres freien Cashflows überweisen. Der freie Cashflow, der Jahr für Jahr an den Eigentümer fließt, kann die Basis des Eigentümers reduzieren und je niedriger die Basis, desto geringer das Risiko des Eigentümers. Buffett hat ein Portfolio aus lauter Unternehmen, die ihm seine Anfangsinvestition bereits zurückgezahlt haben."

„Diese Unternehmen klammern sich nicht an das Geld, um zu versuchen, zu wachsen?"

„Der Free Cash Flow – erinnere dich, dass das ja die Barmittel sind, die übrig bleiben, nachdem das Unternehmen bereits in sein Wachstum investiert hat – kann für alles verwendet werden, was Vorstand und Aufsichtsrat wollen", fuhr er fort. „Um zu verhindern, dass Eigenkapitalrendite und Gesamtkapitalrendite sinken, weil das Unternehmen auf dem überschüssigen Bargeld einfach sitzen bleibt, können die CEOs von Buffetts Unternehmen es auf verschiedene Weise verwenden. Sie können es für das Wachstum des Unternehmens ausgeben, indem sie in eine neue Produktgeneration oder in aggressiveres Marketing investieren, das die Erträge und die Eigenkapitalrendite steigern könnte. Sie können es auch für externes Wachstum ausgeben, indem sie andere Unternehmen kaufen – vielleicht einen konkurrierenden Fertighausanbieter oder einen Teppichhersteller. Wenn alle diese Optionen bereits ausgeschöpft sind und das Unternehmen immer noch über überschüssiges Bargeld verfügt, können sie es an die Eigentümer des Unternehmens ausschütten – an Buffett, damit er investieren kann."

Mir fiel auf, dass ich alle Begriffe, die er benutzte, vollständig verstand, und ich lächelte in mich hinein. In nur zehn Monaten hatte ich viel gelernt. Es war ein schöner Moment des Sieges, der noch süßer wurde, als mir klar wurde, dass Dad diesen Sieg nicht im Geringsten bemerkte, weil er inzwischen gar nicht mehr infrage stellte, ob ich seine Sprache verstand. Wir waren zwei plaudernde Investoren.

„Ah, ich verstehe", wurde mir klar. „Wir reden hier von Dividenden."

„Stimmt, wenn ein Unternehmen dem Eigentümer Geld gibt, bezeichnet man das als Dividendenzahlung."

Dividenden

Viele Unternehmen zahlen vierteljährlich Bargeld direkt an die Aktionäre aus. Sie überweisen einem buchstäblich Geld auf das Brokerage-Konto, dafür, dass man nichts tut, außer die Aktien zu besitzen. Ziemlich cool. Eine Dividende gibt den Eigentümern einen Teil ihres Anlagekapitals zurück und reduziert ihre Basis. Wenn ich aufgrund meiner anfänglichen Investitionen eine Basis von 10.000 Dollar habe und diese Firma mir 100 Dollar schickt, ziehe ich einfach die 100 Dollar Dividende von meiner ursprünglichen Basis von 10.000 Dollar ab und habe dann eine angepasste oder bereinigte Basis von 9.900 Dollar. Diese Dividende ist mein Geld, das vom Tisch zu mir zurückkommt.

„Übrigens", fuhr mein Vater fort, „betrachten die meisten Menschen Aktien nur anhand des Ertrags, den sie aus dem Verkauf der Aktien erzielen. Ich betrachte das eher wie ein privater Investor. Ich will mein Geld so schnell wie möglich zurück. Ich will eine Rückzahlung meines Kapitals *an sich*, bevor ich mir Sorgen um eine Rendite *auf* mein Kapital mache." Damit bezog sich Dad auf Mark Twain, der einmal gesagt hat: „I am more concerned about the return *of* my money than the return *on* my money." [48]

„Du willst dein ganzes Geld in Form von Dividenden zurückbekommen?"

„Auf jeden Fall. Das wäre toll." Mein Vater führte als Beispiel die Dividendenzahlungen von Coca-Cola an, das von 2005 bis 2015 kumuliert 9,21 US-Dollar pro Aktie ausschüttete.[49] Die Aktie kostete Anfang

---

[48] Mark Twain Performs, 28. Oktober 2017, http://marktwainperforms.com/quotes.html

[49] Coca-Cola-Dividenden, http://www.coca-colacompany.com/investors/investors-info-dividends. Diese Dividendenbeträge müssen allerdings um spätere Aktiensplits bereinigt werden.

2005 rund 20 Dollar, sodass die bereinigte Basis pro Aktie nach zehn Jahren auf elf US-Dollar gefallen wäre. Das heißt, selbst wenn der Aktienkurs ins Leere fiel, verdoppelte sich die effektive Rendite.

Die Rendite verdoppelte sich! Nur dadurch, dass man mithilfe der Dividenden die Basis reduzierte!

War die Macht der Dividende etwas, von dem alle schon wussten?

„Oh, ja. Es kommt vor, dass Aktionäre süchtig nach Dividenden werden, und dann schreien sie Zeter und Mordio, wenn ihnen nicht so viel bezahlt wird, wie sie erwartet hatten", sagte Dad. Das stimmte und ich verstand auch, warum. Wenn ich Coca-Cola wegen seiner Dividende kaufen, diese aber nicht bekommen würde, wäre ich nicht erfreut. Viele Anleger versteifen sich auf solche Erwartungen und die Unternehmen behalten selbst dann, wenn es ihren Cashbestand belastet, die hohen Dividenden bei, um ihre Aktionäre nicht zu beunruhigen. Das passiert bereits: Der freie Cashflow von Coca-Cola ist gegenüber dem letzten Höchststand von 2014 deutlich gesunken, aber es hat seine Dividende wie gewohnt erhöht, als wäre alles in Ordnung.

Mir kam es verrückt vor, ein Unternehmen wegen seiner Dividende zu kaufen. Warum sollte ich nicht wollen, dass ein wunderbares Unternehmen mit einem Management, dem ich mein eigenes Geld anvertraue, mit dem Geld so umgeht, wie es das für richtig hält? Anlässlich einer Rezession, einer Marktstörung oder eines Ereignisses könnte es doch problemlos beschließen, dass das Unternehmen das Geld dringender braucht als die Aktionäre.

„Das liegt daran, dass Führungskräfte ebenso wie Fondsmanager nach ihren kurzfristigen Ergebnissen von Quartal zu Quartal beurteilt werden. Sie wollen die Aktionäre bei Laune halten und da sich die meisten Aktionäre nicht die Mühe machen, sich die Zahlen des Unternehmens anzuschauen, kommen sie damit oft durch, ohne infrage gestellt zu werden. Das ist ein Grund. Der andere Grund ist, dass die Menschen wirklich von der Dividende abhängig sind. Sie ist ein wichtiger Teil ihres Renteneinkommens und wenn dieser nicht kommt, ist es ein schwerer

Schlag für ihre Finanzplanung. Der Druck, die Dividende beizubehalten, ist hoch und wenn mit den Geschäften eines Unternehmens nichts Schlimmes passiert, wird es sie fließen lassen, solange es kann. Zum Beispiel hat BP seine Dividende gekürzt, als die Katastrophe im Golf von Mexiko geschah, sie aber so bald wie möglich wieder eingeführt, weil ein großer Teil der britischen Rentner auf die BP-Dividende angewiesen ist, um etwas zu essen zu haben."

Die Macht der Dividende wurde mir nun bewusst. Eine stetig steigende Dividende zieht Anleger an und schafft Vertrauen in das Unternehmen, aber sie drängt das Unternehmen in einen prinzipiell stillschweigenden Vertrag zwischen dem Unternehmen und seinen Aktionären bezüglich der Erwartungen, den das Unternehmen nicht brechen kann, nachdem es ihn eingegangen ist: einen Dividendenerwartungs-Vertrag. Im Rahmen eines Dividendenerwartungs-Vertrags wird vereinbart, dass das Unternehmen kontinuierlich eine steigende Dividende zahlt und die Aktionäre diese Zahlung als Zeichen für den guten finanziellen Zustand des Unternehmens interpretieren. Sollte das Unternehmen je aufhören, die Dividende zu zahlen – auch wenn es finanziell völlig gesund wäre und eine geschäftliche Entscheidung getroffen hätte, dass es seine Mittel besser einsetzen könnte –, würden die Aktionäre das als Verletzung des Dividendenerwartungs-Vertrags betrachten, das Vertrauen wäre dahin und der Aktienkurs würde wahrscheinlich fallen.

Dad schrieb in „Regel Nummer 1" darüber, dass General Motors seine Dividende mit geliehenem Geld bezahlte, weil es wusste, dass es durch Nichtbezahlung eine Panik auslösen und die Aktie in den Abgrund stoßen würde. Solange es die Dividende zahlte, gingen die Investoren davon aus, dass alles in Ordnung war, denn – denken Sie daran – eigentlich sollten Dividenden ja aus dem zusätzlichen Bargeld des Unternehmens gezahlt werden. General Motors schüttete seine Dividende bis zur Insolvenzerklärung im Jahr 2008 aus. Statt das Geld sinnvoll zu verwenden, wird die Dividendenzahlung also zum Selbstzweck. Das ist lächerlich.

Apple schüttete 16 Jahre lang keine Dividenden aus, weil Steve Jobs überzeugt war, das Unternehmen könnte dieses Geld nutzen, um mehr Marketing zu betreiben oder noch bessere Produkte zu erwerben, und zwar bei einer stets hohen Gesamtkapitalrendite und Eigenkapitalrendite – was gelang, obwohl es 100 Millionen Dollar in Cash hortete. Nach dem Krebstod von Jobs im Jahr 2011 kündigte sein Nachfolger 2012 eine vierteljährliche Dividende an.[50] Seitdem schüttet Apple seine Dividende in jedem Quartal aus und erhöht sie stetig. Trotzdem hat es, während ich dies schreibe, über 200 Milliarden Dollar in bar, seine Kapitalrenditen sind dramatisch gesunken und die Aktionäre blicken gierig auf dieses Geld. Mit der Entscheidung, Dividenden zu zahlen, hat sich Apple auf den Dividendenerwartungs-Vertrag eingelassen, den Steve Jobs vermeiden wollte.

Den Unternehmen ist der Dividendenerwartungs-Vertrag bekannt und sie nutzen ihn zu ihrem Vorteil. Wenn man finanzstark ist, kündigt man eine Dividende an, oder? Also kündigt es eine Dividende an, um die Menschen glauben zu machen, es sei finanzstark. „Dividenden sind eine knifflige Sache", sinnierte mein Vater. „Unternehmen, denen es gutgeht und die ihren zusätzlichen freien Cashflow nicht benötigen, sollten wahrscheinlich eine Dividende ausschütten. Aber dass Dividenden ausgeschüttet werden, bedeutet nicht automatisch, dass es einem Unternehmen gutgeht, und es bedeutet nicht automatisch, dass eine Dividende die beste Verwendung des Geldes ist."

Eine Dividende reduziert die Basis, ist aber nicht unbedingt die beste Verwendung des Firmenvermögens. Unternehmen A zahlt eine Dividende, Unternehmen B nicht. Wenn sie ansonsten genau gleich sind, welches ist dann die bessere Investition? Viele würden sagen, das Unternehmen mit der Dividende sei ein besseres Geschäft, weil sie den Scheck haben wollen.

[50] Chris Nerney, „Apple Declares First Dividend in 16 Years", ITWorld, 15. März 2012, http://www.itworld.com/article/2730792/mobile/apple-declares-first-dividend-in-16-years.html.

Die Antwort ist wieder mal ein Urteil mit Windkorrektur. Es gibt sehr viele Möglichkeiten, den freien Cashflow zum Wohle des Unternehmens zu nutzen. Es könnte andere Unternehmen kaufen, es könnte haufenweise Forschung und Entwicklung betreiben, es könnte seine eigenen Aktien zurückkaufen, es könnte das Geld für schlechte Zeiten aufbewahren. Der einzige Grund, es den Aktionären zu geben, ist, dass es einfach keine gute Investition gibt, für die es verwendet werden kann.

Was durchaus der Fall sein kann. Eine effiziente Aktiengesellschaft, die ihre Phase des größten Wachstums bereits hinter sich hat, wird genau wie eine effiziente Privatunternehmung wahrscheinlich (hoffentlich) nach alledem zusätzliches Geld haben. Sie wird sich dafür entscheiden, den freien Cashflow an ihre Eigentümer zurückzugeben. Unternehmen A ist nur dann das bessere Geschäft, wenn die beiden ansonsten wirklich genau gleich sind – was in der realen Welt natürlich nie der Fall ist.

Mein Vater fügte hinzu: „In der Praxis lautet die Antwort, dass keine zwei Unternehmen gleich sind. Man muss sich ansehen, wie viel Geld sie zur freien Verfügung haben und wie sie dieses in der Vergangenheit verwendet haben, und dann selbst entscheiden, ob das Management das Geld gut verteilt. Wie hoch ist die Eigenkapitalrendite? Beträgt sie, wie bei Apple, etwa 30 Prozent im Jahr? Wenn ja und wenn es das Geld stattdessen dir gibt, kannst du damit 30 Prozent im Jahr verdienen? Wenn nicht, sollte es das Geld behalten. Lass dich nicht in die Falle des Dividendenerwartungs-Vertrags locken. Vergiss den Vertrag. Es gibt keinen Vertrag."

„Die Sache ist aber, dass es sich – wieder in der realen Welt – ziemlich gut anhört, wenn Geld auf meinem Brokerage-Konto auftaucht."

„Ich glaube nicht, dass das eine gute Betrachtungsweise ist. Man will sein Geld in großartige Unternehmen investieren, weil großartige Unternehmen ihr Geld auf die beste Art und Weise einsetzen. Für manche ist das die Zahlung einer Dividende. Aber man sollte keine Unternehmen auf der Grundlage der Frage kaufen, ob sie eine Dividende zahlen oder nicht, es sei denn, man muss aus irgendeinem Grund von diesem Geld leben. Wenn man sich auf die Dividende konzentriert, könnte es sein, dass man zugunsten eines Unternehmens, das Dividenden ausschüttet, auf ein viel besseres Unternehmen verzichtet, und das ist keine gute Idee. Man sollte sich immer für das beste Unternehmen entscheiden und von ihm entscheiden lassen, wohin das Geld fließt. Das offensichtlichste Beispiel für diese Denkweise ist Berkshire Hathaway. Es ist seit circa 50 Jahren eine der besten Investitionen der Welt – und es hat nie eine Dividende gezahlt."

Er hielt inne und dachte eine Sekunde nach.

„Okay, also wenn man viel Geld hat und aus dem Portfolio ein Einkommen beziehen will, das man ausgeben kann – anstatt es zu reinvestieren –, dann ist die Investition in Unternehmen mit Dividenden eine Möglichkeit. Man bezieht die vierteljährlichen Dividenden, man lebt davon und hoffentlich steigen die Aktien auch noch. Falls nicht, hat man ja immer noch die Dividende."

Ähm …

„Schön für Leute mit viel Geld", begann ich und hoffte, er würde verstehen, was ich meine. „Aber für unsereins …"

„Ah!", rief er aus. „Ja, für unsereins sind Dividenden Geld, auf das vielleicht Steuern anfallen und das dann sofort wieder in eine andere Investition gesteckt werden muss. Für Anleger, die versuchen, zur finanziellen Freiheit zu gelangen, sind Dividenden ein gewisses Problem."

Ich dachte kurz darüber nach. War eine Dividende ein Problem?

„Denke einfach", antwortete er. „Konzentriere dich auf die Eigenkapitalrendite und die Entscheidungen, die das Management trifft. Halte dich an die Grundprinzipien des Regel-Nummer-1-Investings und lass dich nicht von anderen Dingen wie etwa Dividenden beeinflussen. Investiere in wunderbare Unternehmen und lass von ihnen entscheiden, wie sie das Kapital verteilen, nicht umgekehrt. Ich möchte, dass du Dividenden und Rückkäufe als Mittel zur Reduzierung der Basis verstehst, nicht als Mittel, um zu ermitteln, welches Unternehmen du besitzen willst."

Rückkäufe

Die Basis sinkt auch, wenn das Unternehmen eigene Aktien am Markt zurückkauft, weil dann jeder Aktionär einen prozentual höheren Anteil an der Gesellschaft besitzt, ohne dafür etwas zu tun. Das reduziert nicht so unmittelbar die Basis wie Dividenden, aber Rückkäufe wirken sich auf das Endergebnis aus. Charlie Munger nennt solche Unternehmen „Kannibalen", weil sie sich selbst verzehren. Das Endergebnis ist, dass jeder, der noch Aktien des Unternehmens besitzt, jetzt effektiv pro Aktie einen größeren Prozentsatz des Unternehmens kontrolliert als vor dem Zeitpunkt, als die betreffenden Aktien aus dem Verkehr gezogen wurden; und da das Eigenkapital des Unternehmens reduziert wird, steigen dann oft sofort die Gesamtkapitalrendite und die Eigenkapitalrendite. Das Gleiche gilt für den Gewinn je Aktie.

Es ist wie damals, als Ginger Spice die Spice Girls verließ und aus fünf Leuchtfeuern der Girlpower plötzlich vier wurden – aber diese vier waren immer noch die Spice Girls (zumindest für eine Weile). Sie wurden jeweils von 20 Prozent zu 25 Prozent der Gruppe, ohne etwas anderes zu tun, als dabeizubleiben. An der Börse ist es genau der gleiche Prozess, nur ist er schwerer zu erkennen, weil er in einem viel größeren Maßstab stattfindet.

IBM kauft seit 20 Jahren eigene Aktien zurück. Jeder, der seine Aktien 1996 gekauft hat, besitzt jetzt doppelt so viel Prozent des Unternehmens wie damals. Offensichtlich wissen viele Anleger, dass IBM seine eigenen Aktien gekauft und gelöscht hat, und haben deshalb IBM-Aktien gekauft, was den Aktienkurs in die Höhe trieb. In der Spitze hätte sich diese Investition in 20 Jahren dreimal verdoppelt, bei einer durchschnittlichen Jahresrendite von etwa zwölf Prozent über zwei Jahrzehnte. Ziemlich gut. Darüber hinaus zahlte IBM Dividenden in Höhe von insgesamt 43 Dollar aus, was die Investitionsbasis in weniger als 16 Jahren auf null reduzierte.

Eines störte mich daran jedoch.

„Für Rückkäufe wird man nicht wirklich bezahlt, oder? Man bekommt das Geld nicht."

„Man bekommt kein Bargeld, das stimmt. Aber anstelle einer Barzahlung steigt oft, wie bei IBM, der Aktienkurs, weil Rückkäufe den Gewinn pro Aktie erhöhen (weniger Aktien, gleicher Gewinn, höheres EPS), und man erhält mehr Bardividende für jede Aktie, die man besitzt. Aber selbst wenn das Management keinen besseren Ort findet, um unser Geld zu investieren, können Rückkäufe eine für das Unternehmen schlechte Entscheidung sein, wenn das Management Aktien zu einem Preis zurückkauft, der über dem tatsächlichen Wert des Unternehmens liegt."

„Einen Augenblick. Wieso kommt es auf den Kurs an, zu dem das Unternehmen die Aktien kauft?"

„Es muss sie – genau wie wir – günstig kaufen, sonst ist es eine schlechte Investition. Wenn IBM 200 Dollar pro Aktie wert ist und das Unternehmen seine Aktien für 120 Dollar zurückkauft, kommen die verbleibenden Aktionäre in den Genuss dieser Differenz von 80 Dollar pro Aktie. Das Unternehmen hat 120 Dollar bezahlt und dafür den Gegenwert von 200 Dollar bekommen. Das ist in jeder Hinsicht ein gutes Geschäft."

„Ein Rückkauf ist eine Art imaginärer Gewinn, denn ich freue mich, dass der Aktienkurs gestiegen ist, aber das ist nicht wie bei einer Dividende Geld, das ich in der Tasche habe."

„Stimmt genau", bestätigte Dad. „Das bedeutet Geld in deinem Wertpapierdepot, nicht auf deinem Bankkonto. Um die Gewinne zu realisieren, müsstest du Aktien verkaufen. Aber das ist der Sinn dessen, was wir hier machen. Wir wollen Unternehmen haben, die möglichst viel aus ihrem Geld herausholen. Dabei ist es uns egal, ob es sich dabei um Geld in unserem Depot oder auf unserem Bankkonto handelt, denn wir stecken es sowieso gleich wieder in das Unternehmen. Erinnerst du dich, als ich dir die unglaubliche Macht des Zinseszinses vorführte? Wenn man Dividenden wieder in das Unternehmen steckt, wenn es günstig zu haben ist, kommen solche unglaublichen Zahlen zustande."

„Also sollte ich nicht das Dividendengeld nehmen und mir den neuen Porsche 911 kaufen?" Ich hielt ihn zum Besten. Na ja, halb zum Besten.

Er lachte. „Tu, was immer du willst, aber wisse, welche Konsequenzen es hat, wenn du den Zinseszinseffekt bei den Renditen aufgibst."

Für amerikanische Unternehmen hat die Entscheidung, Dividenden auszuschütten oder Aktien zurückzukaufen, auch eine steuerliche Komponente. „Vergiss nicht den Einfluss steuerlicher Anreize", warnt mich mein Vater immer. Natürlich. Amerikanische Unternehmen, die Dividenden ausschütten, unterwerfen ihre Eigentümer einer Doppelbesteuerung: Das Unternehmen zahlt Steuern auf sein Einkommen und dann zahlen die Dividendenempfänger wieder Steuern auf ihr Dividendeneinkommen, das aus dem Gewinn des Unternehmens nach Steuern stammt. Das gleiche Geld, zweimal besteuert. Rückkäufe vermeiden eine Doppelbesteuerung. Nicht der beste Grund für ein Unternehmen, sich für Rückkäufe zu entscheiden, aber man sollte es unbedingt im Hinterkopf behalten.

„Dass Unternehmen ihre geschäftlichen Aufwendungen absetzen dürfen, verzerrt ihre Entscheidungen", fügte Dad hinzu und schimpfte nun über die Steuern. „Sie wissen, wenn sie einen großen Jet kaufen, den sie absetzen können, wird ein großer Teil davon mit Steuerersparnissen bezahlt. Unser Steuersystem ermutigt diese CEOs, immer und immer wieder Geld auszugeben, ohne sich besonders darum zu kümmern, da ja ein Teil davon aus Steuern stammt. Bei einem Steuersystem, das Sparen belohnt, wären unsere Unternehmen viel profitabler und viel mehr von diesen Gewinnen würden als unversteuerte Dividenden an die Eigentümer und in Form von höheren Löhnen und mehr Arbeitsplätzen an die Mitarbeiter zurückfließen."

„Und die Eigentümer sind meistens ganz normale Menschen, die für den Ruhestand sparen", bemerkte ich.

„Ja, so ist es. Pensionsfonds für Feuerwehrleute und Lehrer, steuergünstige Rentensparpläne … das sind die Besitzer der meisten Aktien amerikanischer Unternehmen. Wohl kaum die Bonzen, die manche Politiker zu sein vorgeben. Aber die Menschen wissen so wenig, dass sie für Menschen stimmen, die dazu beitragen, sie kleinzuhalten. Wenn wir einfach mehr Menschen dazu bringen können, dass sie verstehen, wie man investiert, hätten wir viel mehr besser informierte Wähler und viel weniger Vetternwirtschaft."

Dad zog vom Leder, wie ich es schon hundertmal gehört hatte. Das bedeutet nicht, dass er sich irrt. John Mackey ist ein zum Libertarismus konvertierter Sozialist, der in seinem Buch „Conscious Capitalism" genauso argumentiert. Wenn mehr von uns für unsere Werte und unser Eigeninteresse im Sinne unserer finanziellen Freiheit abstimmen würden, hätten wir ein besseres Land und würden nicht unmoralischen CEOs und Wall-Street-Ausbeutern auf den Leim gehen, die alles tun, was sie können, um uns über ihre Vergütungssysteme, das Steuersystem und die Fondsverwaltungssysteme im Unklaren zu halten. Deshalb ist die Mission so wichtig. Ich kann bei einem unethischen Unternehmen nicht darauf vertrauen, dass es seine Stakeholder schützt.

Nachdem ich meine eigenen Recherchen über Rückkäufe angestellt hatte, entdeckte ich zwei Bereiche, in denen man aufpassen muss. Erstens darf man nicht allein auf die Ankündigung von Rückkäufen vertrauen. Denken Sie daran, dass CEOs manchmal lügen. Rückkaufankündigungen treiben tendenziell den Aktienkurs in die Höhe und deshalb kündigen sie manchmal Aktienrückkäufe zu diesem Zweck an. Dem lassen sie nie wirklich den Kauf der Aktien folgen. Ich weiß, dass das betrügerische Schaumschlägerei ist. Überprüfen Sie, ob das Unternehmen die Aktien wirklich gekauft hat. Zweitens steigt, sobald ein Unternehmen den Rückkauf tatsächlich durchführt, sofort der Gewinn pro Aktie, weil es nun weniger Aktien gibt. Das lässt die Buchhaltung des Unternehmens besser aussehen, was den CEO besser dastehen lässt. Manchmal ist die Vergütung des CEOs an Ziele für den Gewinn je Aktie geknüpft, eine Anreizstruktur, die geradezu um Rückkäufe bettelt, die den Gewinn pro Aktie erhöhen. Sie nennen diesen Trick „Financial Engineering", ein Spiel, das es so aussehen lässt, als würden die Einnahmen wachsen. Ich überprüfe normalerweise, ob der wachsende Gewinn pro Aktie mit regelmäßigen Rückkäufen zusammenhängt, bevor ich den Zahlen glaube.

Dad und ich lehnten uns auf der Couch zurück und hörten uns die angenehmen Geräusche von Menschen an, die in der Küche das Geschirr spülten und nicht wir waren. Nuno erzählte meiner Mutter von Lissabon.

„Ich möchte für dich Folgendes", sagte mein Vater leise. „In zehn Jahren solltest du ein Portfolio aus Unternehmen haben, bei denen keine Basis mehr vorhanden ist und die dir weiterhin jedes Jahr ein schönes Einkommen in Form von Dividenden bezahlen."

„Das wäre fantastisch." Ich versuchte mir vorzustellen, wie mein erfolgreiches Investoren-Ich an dieser Praxis arbeitet, bis eines Tages, in nicht allzu vielen Jahren – meine genaue Zahl wusste ich gerade nicht –, die Praxis für mich arbeiten wird und ich für den Rest meines Lebens tun kann, was ich will. Freiheit.

„Und später", sagte er, „zeige ich dir, wie du mit Aktienoptionen noch mehr Cashflow aus deinem Portfolio herausholen kannst, ohne irgendein zusätzliches Risiko einzugehen."

Was? Es gab noch mehr? Ich lachte und fühlte mich ziemlich glücklich damit, weiterhin genau das zu praktizieren, was ich in diesem Jahr gelernt hatte. Vielleicht würde ich irgendwann ein paar neue Tricks lernen oder vielleicht auch nicht. Charlie hatte das nie getan. Ich wollte mich an Charlie halten.

Aber meine anfängliche Frage hatte er noch nicht vollständig beantwortet. „Ich weiß, der richtige Zeitpunkt für den Verkauf ist nie."

„Es sei denn, die Story ändert sich."

„Gut, aber woher weiß ich, ob sich die Story genug geändert hat, um zu verkaufen?"

Wann man das Handtuch werfen und verkaufen sollte

Dad sagte: „Zu wissen, wann man verkaufen sollte, beginnt mit der Umkehrung der Geschichte. Wenn du die Story umkehrst, findest du die Dinge heraus, die das Unternehmen zerstören können, die es zu einem nicht mehr wunderbaren Unternehmen oder zu einem nicht mehr preisgünstigen Unternehmen machen. Dinge wie überwundene Wassergräben, unehrenhafte CEOs und eine steigende Börse. Also hast du, sobald ein Unternehmen auf der Wunschliste steht, gewissermaßen bereits damit begonnen, den Zeitpunkt des Verkaufs zu bestimmen."

„Moment mal, ich denke schon darüber nach, wann ich das Ding verkaufen soll, das ich nie verkaufen werde, obwohl es mir noch gar nicht gehört?"

„Jawohl."

Ich brach zusammen. Dieser Typ! Der König der Widersprüche.

Dad lachte und protestierte: „Wenn man wissen will, wann man verkaufen soll, geht es ja eigentlich um eine Veränderung an der Geschichte, die besagt, dass man kaufen sollte. Wir verkaufen, wenn sich die Story ändert. Somit sagt uns die Umkehrung der Geschichte, wie das Unternehmen nach und nach aussehen wird, wenn die Zeit zum Verkaufen kommt."

Die Umkehrung der Geschichte hat mir bereits gesagt, was mit dem Unternehmen nicht stimmen könnte. Nun müsste ich die neuen Informationen in meine umgekehrte Story einsetzen, um zu sehen, ob es noch schlimmer kommen würde.

Dad gab mir ein Beispiel. „Gehen wir hin und kaufen im Jahr 2009 Chipotle Mexican Grill für 55 Dollar. Bis 2014 hatte sich an der Story nichts geändert, außer dass der Kurs über 600 Dollar gestiegen war. Das ist eine Änderung der Story, denn so viel war das Unternehmen einfach nicht wert, nicht einmal annähernd. Jetzt war es also an der Zeit, zu verkaufen und eine kumulierte Jahresrendite von 60 Prozent einzufahren. Nun steht die Aktie auf der Wunschliste, weil ich sie erneut kaufen möchte, wenn sie jemals wieder fällt. Sehr zu unserem Leidwesen steigt sie weiter, bis auf 749 Dollar, und dann tauchen E-Mail-Nachrichten auf, dass es ein Problem mit Kolibakterien gibt. Das ist ein großes Ereignis. Wir setzen das in die umgekehrte Story ein. Was stellt eine Lebensmittelvergiftung mit dem Markengraben nach dem Motto ‚Bei uns dreht sich alles um supergesunde Feinschmecker-Lebensmittel' an? Schlimme Dinge, oder? Das Argument kehrt sich um: ‚Kaufe dieses Unternehmen nicht, denn seine Marke ist ruiniert und niemand geht mehr in die Läden. Aber stimmt das? Geh hin und finde es heraus. Frage im örtlichen Chipotle nach. Was ist da draußen los? Nehmen wir an, wir beschließen, dass es kein langfristiges Problem ist, aber die Aktie ist immer noch zu teuer, um sie zu kaufen, doch gerade dann kommt ein weiteres Ereignis: wieder Befürchtungen wegen Kolibakterien. Jetzt fällt die Aktie wirklich auf 400 Dollar. Ist es nun an der Zeit, wieder Aktien zu kaufen? Mach die Umkehrung: Escherichia coli tötet die Marke. Umsatz und Gewinn werden sicherlich sinken. Dann mach dich an die Widerlegung, wie lange wird das Problem andauern? Zwei Jahre, drei Jahre, zehn Jahre? Wie lange haben Bedenken wegen Kolibakterien bei anderen Fast-Food-Läden angehalten? Du kommst zu dem Schluss, dass es sich nicht um einen langfristigen Grabenkiller handelt, und das bedeutet, dass es an der Zeit ist, mehr Aktien zu kaufen anstatt zu verkaufen. Aber zu welchem Preis? Setze nun die zwei bis drei Jahre mit üblen Gewinnen ein oder passe die windkorrigierte Wachstumsrate nach unten an. Wie sieht es bei dem Unternehmen mit dem Gewinn in zehn Jahren aus, wenn es in den ersten drei Jahren überhaupt keinen Gewinn machst? Du beschließt, dass der richtige Nachkaufpreis um die 300 Dollar beträgt. Das Unternehmen wandert mit einem Kaufziel von 300 Dollar auf deine Wunschliste."

Puh. Was hatte ich mir da eingebrockt, ständige Wachsamkeit? „Und was bedeutet das im richtigen Leben?", fragte ich ihn. „Wie viel Aufmerksamkeit muss ich diesen Unternehmen schenken?" So langsam klang es nach einem Vollzeitjob, nur über die zehn Unternehmen auf meiner Wunschliste auf dem Laufenden zu bleiben.

„So aufwendig ist das gar nicht", beruhigte er mich. „Du hast bereits alles getan, was du tun musstest, indem du vor dem Kauf über das Unternehmen recherchiert hast. Erstens wird das Unternehmen von Menschen geleitet, denen du vertraust. Da sie dein Unternehmen auf integre Weise führen, werden sie dir in jedem Quartal in dem Quartalsbericht, den sie bei der SEC einreichen, alles sagen, was du wissen musst, und wenn sie diesen Bericht veröffentlichen, machen sie normalerweise auch einen Live-Bericht, der etwa eine halbe Stunde lang über Webinare übertragen wird. Nach dem Bericht gibt es in der Regel eine ausführliche Fragerunde, in der Analysten von großen Investmentbanken und Hedgefonds Fragen stellen, und alles wird in der Regel noch am selben Tag protokolliert, sodass du es online lesen kannst."

„Gibt es zum Jahresbericht – zum 10-K – auch eine Fragestunde?"

„Ja, und wenn das Management den Jahresbericht abliefert, dauert sie länger – oft mehrere Stunden – und sie ist ebenfalls sowohl live als auch als Niederschrift verfügbar. Außerdem ist da noch die Jahreshauptversammlung. Die gesamte Zeit für die Überprüfung dieser Berichte beträgt etwa sechs Stunden pro Jahr und Unternehmen, wenn sich an der Story nicht viel ändert. Zehn Unternehmen, insgesamt 60 Stunden, was etwa einer Stunde pro Woche entspricht."

„Okay, das schaffe ich schon. Was noch?"

„Bleibe über Nachrichten und Research auf dem Laufenden. Du solltest auch weiterhin dein Wissen über Wettbewerber und die Branche erweitern, indem du es dir zur Gewohnheit machst, das *Wall Street Journal*, *Barron's*, *Fortune* und *Forbes* zu lesen. Lies die Analysen auf Seeking Alpha."

Ich hatte bereits E-Mail-Benachrichtigungen über meine Unternehmen eingerichtet. Dadurch kamen Neuigkeiten über sie direkt in mein E-Mail-Postfach, was großartig war, denn ich wusste, dass ich sie andernfalls irgendwie verpassen würde. Ich hatte auch Benachrichtigungen direkt von der SEC eingerichtet, wenn meine Unternehmen offizielle Unterlagen einreichten.

„Vergiss nicht, mithilfe der eingereichten Formulare 13F den Überblick darüber zu behalten, was die Gurus mit deinem Unternehmen machen", fügte Dad hinzu. „Diese Informationen kommen aufgrund der SEC-Anmeldefristen um bis zu 90 Tage verspätet, aber es lohnt sich trotzdem sehr, mitzubekommen, dass Pabrai oder Spier oder Buffett beginnt, eines der Unternehmen auf deiner Wunschliste zu kaufen oder zu verkaufen."

Es ist sehr schön, dass Warren und Charlie mir vierteljährlich verraten, was sie vorhaben.

„Und beobachte genau wie in meinem Chipotle-Beispiel den Unterschied zwischen Preis und Wert. Wie Buffett sagt: ‚Meine Käufe werden von einer einfachen Regel diktiert: Sei ängstlich, wenn andere gierig sind, und sei gierig, wenn andere ängstlich sind.'[51] Damit meint er, dass man bei Ereignissen kauft und dann verkauft, wenn der Preis zu hoch wird."

„Mach dir jetzt nicht zu viele Sorgen um den regelmäßigen Zeitaufwand", fuhr er fort. „Du wirst nicht über Nacht zehn Unternehmen auf deiner Wunschliste haben. Im Moment hast du nur ein paar. Du fängst einfach damit an, dass du etwas über ein Unternehmen herausfindest, das dir gefällt und das du verstehen kannst, und dann machst du so weiter, wie ich es dir beigebracht habe. Geh im für dich richtigen Tempo vor."

Ich lächelte. „Okay, Dad." Ich erinnerte mich an meine Idee, dies zu einer lebenslangen Praxis zu machen. Ich musste genau dort weitermachen, wo ich stand, genau wie beim Yoga, und durfte nicht versuchen, schneller vorzugehen, als ich es zum jeweiligen Zeitpunkt konnte.

„Die eigentliche Praxis ist einfach, so wie Charlie es gesagt hat. Aber, wie du gelernt hast, ist einfach nicht dasselbe wie leicht. Die Leichtigkeit kommt mit der Meisterschaft und die Meisterschaft kommt mit der Übung. Was du in diesem Jahr gelernt hast, wird für jede echte Investition gelten, die du im weiteren Laufe deines Lebens tätigen wirst. Diese Regeln gelten für Immobilienanlagen, Kommanditgesellschaften, den Kauf einer Farm, den Kauf eines eigenen Unternehmens oder einer Franchise, die Gründung eines eigenen Limonadenstands, für alles. Mit diesem Wissen vermeidest du viele Fehler und investierst nur dann, wenn du sicher bist, dass es sich künftig als gut entpuppen wird. Du wirst

[51] Diese berühmte Zitat von Buffett findet sich in seinem Gastkommentar für die *New York Times* vom 17. Oktober 2008.

in wunderbare Unternehmen investieren. Selbst wenn du mit dem Preis falschliegst, wird dir das richtige Unternehmen letztlich Geld einbringen – die Zeit wird alle deine Fehler heilen, solange du wunderbare Unternehmen kaufst, genauso wie bei Immobilien in guter Lage. Und das ist der Schlüssel dazu, nachts ruhig zu schlafen – zu wissen, dass das, was man besitzt, fantastisch ist, und sich keine Sorgen um den Preis zu machen, den man dafür bezahlt hat. Irgendwann wird alles viel besser laufen als jede andere Investition, die du tätigen kannst."

„Die einzigen Umstände, unter denen ich verkaufen sollte, liegen dann vor, wenn sich die Story des Unternehmens ändert", wiederholte ich. „Andernfalls ist der Zeitpunkt für den Ausstieg niemals. Mich mit E-Mail-Benachrichtigungen zu meinen Unternehmen auf dem Laufenden halten und auf die SEC-Einreichungen achten. Etwaige sich ändernde Fakten in die Story und die Umkehrung einsetzen, um zu sehen, ob ich dann aussteigen will."

„Übe weiter, Danielle", riet mir mein Vater und war wieder bei seiner Zen-Einstellung. „Du hast in den letzten Monaten erstaunlich viel gelernt. Ich habe dir alles beigebracht, was du brauchst, um vollständig, bewusst und selbstbewusst kompetent zu sein."

Alles?

NOVEMBER-ÜBUNG: Überprüfen Sie, ob eines der von Ihnen untersuchten Unternehmen Dividenden ausgeschüttet oder Rückkäufe getätigt hat. Es kann sein, dass es fast an der Zeit ist zu kaufen, also richten Sie eine Methode ein, um die von Ihnen gekauften Aktien zu verfolgen, die angepasste Basis und die verkauften Aktien eines Unternehmens, sodass Sie vollständig bereit sind. Keine Mathematik mehr!

KAPITEL 12

DANKBARKEIT LEBEN

DEZEMBER

Diesen Monat:

- Checkliste für die laufende Anlagepraxis
- *Maro* – Dankbarkeit

Als im Dezember die Weihnachtszeit begann, setzte ich mich vor meinem üblichen Investmentpraxis-Telefonat mit meinem Vater in meinen großen Sessel. Zum Ende des Jahres hin und gegen Weihnachten wurde es immer hektischer, also nahm ich mir bewusst einen Moment Zeit zum Entspannen. Ich merkte, dass mein Jahr der Investmentpraxis kurz vor dem Abschluss stand.

Und was das für ein Jahr gewesen war! Ich erkannte, dass die Auswirkungen dieses Jahres auf mich mehr darauf hinausliefen, wie es mir mit meinem Leben ging, als auf eine greifbare Veränderung in meinem Leben an sich. Ich dachte daran zurück, wie ich mich im Januar gefühlt hatte – eigentlich mein ganzes Leben lang bis zu diesem Januar. Vor fast einem Jahr, als ich auf diesem Sessel saß und über meine Gesundheit, meinen Job und meine finanzielle Zukunft in Panik geriet, hatte ich mich sehr verwundbar gefühlt. Unsicher. Unruhig. Ich hatte keine Ahnung, worauf ich mich konzentrieren sollte, um meine Finanzlage zu verbessern, oder wo ich überhaupt anfangen sollte. Mehr als alles andere hatte ich Angst. Ich hatte Angst vor der Zukunft, Angst vor dem, was passieren würde, wenn ich Schritte unternehmen würde, Angst vor der falschen finanziellen Entscheidung, Angst davor, Geld zu verlieren, und Angst davor, was es für mein Leben bedeutete, dass ich keine Wahlmöglichkeiten hatte.

Aber dann geschah etwas Außergewöhnliches, das ich erst im Nachhinein deutlich erkannte: Ich trug meine Absicht nach außen und bat um Hilfe aus dem Universum. Ich wusste weder, was ich in Bewegung setzte, noch hatte ich eine Ahnung, wie die Hilfe überhaupt aussehen würde. Ich wusste nur, dass ich sie brauchte. Ich dachte an mein Gespräch mit Kamala zurück, der es im Januar genauso gegangen war. Wir hatten beide die Hoffnung verloren, dass sich jemals irgendetwas zum Besseren ändern könnte, denn keine von uns hatte einen Schimmer, was realistischerweise anders sein könnte. Dennoch dachte ich über die Freiheit nach, ich sprach meinen Wunsch nach Freiheit laut aus und ich bat um Hilfe.

Ich trug meine Absicht der Freiheit ins Universum. Und als ich das tat, half mir das Universum auf eine Art und Weise, die ich nicht vorausgesehen hatte. Ich hatte nicht vorausgesehen, dass sich, nachdem ich diese Absicht nach außen getragen hatte, Möglichkeiten manifestieren würden, die mir fast sofort helfen würden. Ich hatte nicht vorausgesehen, dass die Entscheidung, zu handeln, zunächst so schwierig sein würde oder dass mich der Prozess der Entscheidung, was zu tun ist, zu einem der Schlüsselelemente meiner Investmentpraxis bringen würde – zu meinen Missionen. Ich hatte nicht vorausgesehen, dass ich mich nach weniger als einem Jahr meiner Investmentpraxis stärker mit den Menschen und der Infrastruktur um mich herum verbunden fühlen würde. Ich sah die Welt einfach dadurch aus der Sicht einer Investorin, dass ich lernte, wie man Unternehmen anhand der guten Dinge bewertet, die sie tun. Und indem ich die guten Dinge, die sie tun, zu schätzen lernte, verstand ich meine Welt besser. Ich hatte nicht vorausgesehen, dass die Angst, die ich empfand und die mich veranlasste, vor Investitionen zurückzuschrecken, der eigentliche Mittelpunkt des ganzen Jahres sein würde, eine Angst, die ich massierte und durchknetete, wenn sie mir nichts nutzte, und ich lernte, sie zu respektieren, wenn sie es doch tat. Meine Angst und ich waren nun viel engere Freunde als noch vor fast einem Jahr.

Ich hatte sicherlich nicht vorausgesehen, dass meine Investmentpraxis mich zwingen würde, mich mit den Narben aus meiner Kindheit auseinanderzusetzen, und dass sie durch die gemeinsame Arbeit meinem Vater und mir eine viel engere Beziehung bescheren würde. Eigentlich hatte ich unter anderem befürchtet, dass wir in diesem Jahr zusammenrasseln würden. Ich erwartete halb, mein Vater würde mich zu schnell drängen, Schritte zu unternehmen, mit denen ich mich nicht wohlfühlte, und das würde einen Keil zwischen uns treiben. Das ist aber nie passiert.

Stattdessen respektierte mein Vater, vielleicht zum ersten Mal in meinem Leben, mein Tempo. Ich dachte daran zurück, wie wir uns Charlies vier Prinzipien der Geldanlage anhörten. Ich hatte nicht gedacht, dass es noch etwas zu besprechen gäbe, und alleine hätte ich an diesem Punkt aufgehört. Dad wusste aber, dass ich eine richtige Ausbildung wollte, und er vertraute darauf, dass ich die Aufgaben erledigen würde, die er mir vorlegte.

Insbesondere vertraute er darauf, dass ich meine eigenen Ideen in diese Praxis einbringe, und er war sogar so flexibel, dass er einige seiner langjährigen Vorgehensweisen änderte. Der Mann änderte doch tatsächlich die Art und Weise, wie er Unternehmen bewertet, damit ich es leichter verstehen konnte. Das hatte keiner von uns erwartet. Als ich die Preis- und Bewertungsformeln lernen musste, vertraute er darauf, dass ich sie mir aneignete. Sein Glaube an mich war eine Liebeserklärung, die ich nie vergessen werde. Er vertraute darauf, dass ich das gut mache, und ich vertraute darauf, dass er das gut macht, und zusammen entwickelten wir eine noch bessere Praxis, als er es meines Erachtens erwartet hatte. Unsere Investmentpraxis als Ganzes wurde mehr als die Summe der einzelnen Teile; sie brachte meinen Vater und mich wieder zusammen.

Mein Vater und ich führten wieder einmal unser Telefonat über die Investmentpraxis.

„Dad, jetzt ist der offiziell letzte Monat meiner Anlagepraxis."

„Was, wie?", rief er aus. „Ich habe mich so sehr an unsere gemeinsamen Übungen gewöhnt, Schatz."

„Ich auch."

Ich hatte mich wirklich daran gewöhnt, regelmäßig von meinem Vater zu lernen. Er war dermaßen gut darin geworden, mir etwas beizubringen. Er hörte sich meine Sorgen und Ängste an und ging wirklich darauf ein. Auch ihm schien es Spaß zu machen.

„Es war ganz schön cool, zu sehen, wie du zur echten Investorin wurdest. Ich mache das schon so lange, dass ich mich kaum erinnere, es gelernt zu haben, aber es dir beizubringen hat etwas von dieser Begeisterung zurückgebracht. Dass ich mit dir über Geldanlage sprach, hat meine eigene Investitionstätigkeit verbessert. Ich denke darüber noch gründlicher nach als früher, denn ich will sichergehen, dass ich dir die richtigen Dinge beibringe."

„Ich habe eine echte Möglichkeit gelernt, auf mich selbst aufzupassen", erzählte ich ihm, „und das fühlt sich … außergewöhnlich an. Ich hatte das eigentlich nicht erwartet."

„Nein? Was hattest du denn erwartet?"

„Ich hatte erwartet, ich würde ein paar Grundlagen lernen, und hoffte, dass wir miteinander auskommen würden."

Er lachte. „Ich finde, diesbezüglich haben wir uns erstaunlich gut geschlagen. Es war wirklich etwas Besonderes, so regelmäßig miteinander zu reden, und ich habe das Gefühl, dass du mir jetzt etwas mehr vertraust."

„Nun, das eine oder andere weißt du schon", sagte ich scherzhaft.

„Ich weiß, ich weiß, aber ich meinte, du scheinst mir in einem allgemeineren Sinne mehr zu vertrauen, und ich hoffe, das stimmt."

„Das stimmt", bestätigte ich leise. „Du hast es mit mir ausgehalten, auch dann, wenn es schwer war."

„Natürlich habe ich das und auch wenn das Jahr jetzt zu Ende geht, wird unsere gemeinsame Investmentpraxis nicht enden. Es gibt noch viel zu üben."

„Das weiß ich. Erinnerst du dich noch, wie du mir gesagt hast, dass beim Lernen und gut Investieren ein sehr großer Teil darin besteht, zu wissen, was man nicht weiß?"

„Ja, natürlich."

„Nun, ich weiß sehr gut, wie viel ich nicht weiß. Versteh mich nicht falsch, ich weiß, dass ich viel gelernt habe. Ich hatte erwartet, ich würde lernen, wie du investierst. Ich hatte nicht wirklich erwartet, dass ich das verinnerlichen und zu meinem eigenen Ding machen würde. Besonders als ich mich monatelang so völlig inkompetent fühlte."

Es war so frustrierend gewesen, mich völlig, qualvoll, frustrierend inkompetent zu fühlen. Das war nicht die beste Phase des Jahres. Eine Zeit lang war ich nicht davon überzeugt, dass sich das jemals ändern würde. Es war beängstigend, mir meiner eigenen Inkompetenz bewusst zu sein – bei etwas, worin ich wirklich gut sein wollte. Nur das Wissen meines Vaters und sein Vertrauen in mich linderten diese Angst und es bedurfte vieler winziger Schritte, um aus diesem Nebel heraus und in eine klarere Sicht zu gelangen. Ich war den größten Teil meines Lebens eine unbewusst inkompetente Investorin gewesen und sobald ich bewusst inkompetent wurde, war das Erste, was mir bewusst war, meine Angst. Es dauerte einige Monate, bis ich genügend Wissen erworben hatte, um mit meiner Angst so umzugehen, dass sie meine Anlagepraxis beförderte und nicht behinderte.

Jetzt verfolgte ich die Nachrichten und suchte regelmäßig bei Unternehmen nach meinen Missionen. Mir fiel auf, wie vielen Unternehmen ich jeden Tag begegnete, und ich führte Notizen über die Menschen, die sie leiteten. Ich beobachtete größere markt- und makroökonomische Veränderungen und wusste genug, um eine Meinung dazu zu haben. Ich wusste, wie ich meine eigene Antifragilität in meinem Portfolio und in meinen eigenen Emotionen entwickeln konnte. Ich hatte einen Plan, was ich tun musste, wenn es mit dem Markt abwärts ging. Diese unglaubliche Angst, die ich im Januar hatte? Wissen ist wirklich eine große ausgleichende Kraft. Ich fühlte mich jetzt stark, nein, ich fühlte mich antifragil. Davor hatte ich Angst vor einem Börsencrash gehabt; ich wollte mein Geld unter meine

Matratze stopfen. Jetzt wusste ich genau, was zu tun war, wenn so etwas passieren würde. Im Widerspruch zu den gewöhnlichen Emotionen hoffte ich sogar, dass es passieren würde. Nicht weil ich wollte, dass jemand anders Geld verliert, sondern ganz einfach, weil ein Markt, wenn er überhitzt und die Preise höher sind als die Werte, von Gier dominiert wird und kein guter Ort ist, um sein hart verdientes Geld dort zu lassen. Und er muss wieder auf den Boden zurückkommen, damit ich investieren kann.

Ich wusste während dieser Praxis nach ein paar Monaten, dass ich ein wunderbares Unternehmen zum richtigen Preis auswählen konnte. Das ist eine außergewöhnliche Sache. Ich kann mir bequem von meiner Couch aus ein Unternehmen suchen, entscheiden, ob ich dem Management vertraue, nach drei verschiedenen Methoden den Preis berechnen, nach eigenem Ermessen entscheiden, welcher der richtige Preis ist, und entscheiden, wie viel von ihm in meinem Portfolio landen soll.

Und jetzt weiß ich auch, dass nichts Schlimmes passieren muss, wenn ich mich irre. In diese antifragile Praxis sind Sicherheitsvorkehrungen wie eine große Sicherheitsmarge auf den Preis, die Verteilung auf mehrere Unternehmen und bewährte Checklisten eingebaut, und sie verlangt, dass ich dann, wenn ich mir bei einem Teil davon nicht sicher bin, abwarten sollte.

Wie könnte ich dankbarer sein? Dem war nichts mehr hinzuzufügen. Ich hatte alle Zutaten.

Und ich wusste, dass ich vieles immer noch nicht wusste. Ich hatte gesehen, wie mühelos und selbstverständlich mein Vater Unternehmen bewertet. Als wir ein paar Monate zuvor zusammensaßen und über La Croix recherchierten, war das für uns ein großer Moment. Die nächste Stufe war, dass ich bei meinen Recherchen und Bewertungen schneller wurde, da ich mehr Informationen und Sichtweisen auf Branchen und Unternehmen verinnerlicht hatte, mehr Hintergrundwissen über berühmte Manager und mehr Vertrauen in die Bewertung hatte. Ich könnte es ertragen, noch viel mehr über Buchhaltung zu lernen, wenn ich es verdauen könnte. Die bewusste Kompetenz würde an sich schon viel Übung erfordern, das erkannte ich bereits. Es gibt immer eine nächste Stufe, auch für die Meister.

„Ich habe gemerkt, wie viel mehr ich noch wissen könnte", sagte ich zu meinem Vater, „und das gibt mir das Gefühl, wieder ganz am Anfang zu stehen."

Dad lachte schallend. „Genau wie beim Yoga! Das ist die Übung, Schatz. Es wird einfacher und du wirst auf jeden Fall viel besser darin werden. Aber im Inneren ist es immer ein Prozess der Feinabstimmung und der sorgfältigen Übung. Es gibt immer etwas, worin man besser sein kann. Es wird immer wieder ein neues Warnschild geben, das in die Checkliste aufgenommen werden muss. Deshalb hat mir deine Idee, das Regel-Nummer-1-Investing als Übungspraxis zu behandeln, so gut gefallen. Genau so übt man. Das ist die perfekte Einstellung zum lebenslangen Lernen und dem Weg zur Meisterschaft."

„Es ist schön, diese Praxis jetzt als mein Eigen zu betrachten. Sie ist ein bisschen anders als deine. Und deine ist anders als meine."

„So ist es", stimmte er zu, „und auch für mich war es eine echte Schulung, zu sehen, wie das Regel-Nummer-1-Investing aussieht, wenn es von meiner Tochter gemacht wird. Ich dachte, dass jeder, der diese Art der Geldanlage betreibt, das so machen würde, wie ich es mache, aber du verleihst ihr definitiv deinen eigenen Dreh, und das gefällt mir sehr gut. Es ist toll, zu sehen, dass du deine eigene Variante dieser Praxis hast. Es ist die gleiche Praxis, aber irgendwie auch deine."

„Zum Beispiel die Übungsaktien?", stichelte ich. Er lachte.

„Ich hatte Übungsaktien gekauft und wusste es nicht einmal! Also ja, genau so etwas. Und wie du über die Struktur von Unternehmen, über Management, Stimmrechte, die Funktionsweise von Indizes und Aktienmärkten nachdenkst. Ich kannte das alles, aber im Detail denke ich darüber nicht so nach wie du und das hat mich sicherlich zu einem besseren Investor gemacht."

Das war so lieb, dass ich nicht wusste, was ich sagen sollte. Ich rief ihm ins Bewusstsein: „Zum Glück haben wir ja den Podcast, sodass ich dich bezüglich all dieser Dinge weiter löchern kann. Unsere Praxis ist definitiv noch nicht vorbei."

„Nein", sagte er, „aber du bist jetzt viel freier als vorher. Spürst du es? Du scheinst auf jeden Fall ein Gefühl der Freiheit zu haben, was dich angeht."

Ich spürte es. Er hatte recht. Seit Monaten hatte ich mich nicht mehr mit dem Gefühl des fensterlosen Beton-Treppenhauses beschäftigt.

„Ich glaube, das hat viel damit zu tun, ohne diese ständige Angst vor der Zukunft zu leben", sinnierte ich. „Diese Reise war eine Achterbahnfahrt und ich bin sicher, dass sie noch nicht vorbei ist, aber ehrlich gesagt ist das Leben ohne finanzielle Angst auf eine sehr reale Weise Freiheit. Es ist sehr real und ich glaube nicht, dass ich in der Lage wäre, mich weiter mit der Geldanlage zu beschäftigen, ohne mich damit auseinandergesetzt zu haben."

Dem stimmte Dad von Herzen zu. „Und sprechen wir auch ein letztes Mal noch über die buchstäbliche finanzielle Freiheit – über die Zahlen. Jetzt, da du bereit bist zu investieren, erscheinen dir die Dollarbeträge und die Jahre, die wir geschätzt haben, realer, oder?"

„Um ehrlich zu sein", murmelte ich, „weiß ich meine Zahl gar nicht mehr. Und das will ich auch nicht! Das ist deprimierend."

Dad schwieg, er war sprachlos.

„Die Zahl ist so groß, dass sie sich unerreichbar anfühlt", erklärte ich. „Zahlen sind nicht mein Ding! Tut mir leid, aber meine Praxis hat daran nichts geändert. Ich würde lieber wissen, dass ich generell darauf hinarbeite. Das reicht mir."

„Okay", lenkte er ein, „wenn du es so willst. Ich glaube, du wirst dich mit deiner Zahl wohler fühlen, wenn du mit der Anlage ein bisschen was verdienst."

Das konnte ich mir vorstellen. Dann wäre es realer.

„Tatsächlich", fuhr Dad fort, „bist du noch besser vorbereitet, als ich erwartet hatte, denn du wolltest schon früher echte Aktien kaufen, als ich geplant hatte."

„Ähm, ja, ich nehme an, das war so", gab ich zu.

„Ich finde das aber gut. Das ist offensichtlich der Höhepunkt der Praxis, also passt es, dass du im Laufe des Jahres unserer Investmentpraxis Aktien gekauft hast. Jetzt hast du alles gemacht."

„Ich glaube, ich habe gute Unternehmen, mit denen ich anfangen kann, und ich habe den Kaufplan für meine Wunschliste, wenn diese Unternehmen preisgünstig werden."

„Du bist jetzt vorbereitet. Du bist bereit. Hast du Angst davor, Aktien zu kaufen, wenn die Preise deinen Kaufpreis erreichen?"

„Nicht im Geringsten. Ich bin begeistert."

Nachdem wir uns genug selbst beglückwünscht hatten, konnten wir kaum noch zu etwas Wesentlichem kommen, also verabschiedeten wir uns und legten auf.

In nur wenigen Monaten hatte sich mein Leben sehr verändert.

Das Ganze ist mehr als die Summe seiner einzelnen Teile. Irgendwie hatte ich überhaupt nicht erwartet, dass sich die Teile meiner Anlagepraxis zu einem so tief empfundenen, lebensverändernden, schönen Ganzen zusammenfügen würden. Wie konnte es sein, dass sich mein Leben verbesserte, indem ich etwas über Unternehmen und den Aktienmarkt lernte? Aber so war es.

Jetzt fühlte ich mich äußerst ruhig. Die Praxis des Regel-Nummer-1-Investings hatte mich gelehrt zu sehen, dass das Gewebe unserer Gesellschaft mit Menschen verflochten ist, die Dinge herstellen, Dienstleistungen erbringen, auf die eine oder andere Weise unternehmerisch denken und Gutes tun. Sie sind vor aller Augen versteckt. Und jetzt, als Investorin, sah ich sie. Ihre Unternehmen mochten für mich zu schwer zu verstehen sein, aber ich konnte sie sehen und vielleicht konnte ich ihre Missionen mit dem Geld unterstützen, das ich anlegen konnte. Es begeisterte mich, mit meinen Investitionen etwas zu bewirken, und ich hatte recht gehabt – in meine Missionen zu investieren erhielt bei der Suche nach Unternehmen, die mir sehr gut gefielen, mein Interesse aufrecht. Es hielt mich bei der Stange, wenn ich große Lust hatte, meine Praxis zugunsten leichterer Beschäftigungen aufzugeben, und es sorgte für Konzentration, wenn mir beim Lesen eines 10-K die Augen übergingen.

Die angestrebte Freiheit bedeutete für mich vor allem, weniger Stress zu haben und gesund zu sein. Ich war noch nicht so weit, aber einstweilen war die Freiheit einfach dadurch, dass ich mich auf sie konzentrierte und Raum schuf, damit sie in mein Leben Eingang findet, irgendwie doch schon da.

Zuvor hatte ich mit gesenktem Kopf gelebt und mich nur auf die Arbeit konzentriert, doch jetzt verreiste ich plötzlich regelmäßig, hatte unerwartet einen Nebenjob bei unserem Podcast „InvestED“ und in meinem Leben Platz für einen festen Freund geschaffen. Mit nichts davon hätte ich jemals gerechnet.

Wie sich zeigte, waren keine Unmengen Geld auf meinem Bankkonto in der exakten Höhe meiner Zahl nötig, damit ich mich frei fühlte. Es machte mich schon frei, dass ich die Kontrolle über meine Finanzen und meine finanziellen Dämonen übernahm. Mir wurde klar, dass das die ganze Zeit im Mittelpunkt stand. Erst als ich mich ihnen gestellt hatte, war ich offen genug, um überhaupt den Versuch zu machen, Geld anzulegen. Meine Gefühle in Bezug auf Geld haben eigentlich gar nichts mit Geld zu tun. Sie haben mit vielen anderen Dingen in meinem Kopf zu tun – mit meiner Vergangenheit, meinen Erfahrungen und Emotionen. Sie haben viel mit meiner Familie und ihrer Geschichte in Sachen Finanzen zu tun. Anderen Leuten bot die Finanzwelt eine Fülle von Möglichkeiten, positive Gefühle im Hinblick auf Geld zu erzeugen. Aber für mich war dafür innere Arbeit nötig. Ich hatte einen weiten Weg zurückgelegt, was Investments, Finanzen und mein Bild von mir in dieser Welt angeht.

Ich bin nicht die Einzige, die gemerkt hat, dass die Fokussierung auf den langfristigen Wert von Unternehmen auch in anderen Bereichen des Lebens einen Wert manifestiert hat. Guy Spier hat ein ganzes Buch darüber geschrieben, dass ihn seine Ausbildung zum Value-Investor auch aufklärte und zur Entwicklung seiner Werte beitrug. Buffett und Munger geben auf der Jahreshauptversammlung von Berkshire Hathaway in Omaha regelmäßig Ratschläge, wie man ein gutes Leben führen kann, und sie haben beobachtet, dass die Konzentration auf den Kauf wunderbarer Unternehmen langfristig vorteilhafte Lebensentscheidungen nach sich zieht.

Mir gefiel die Anlagepraxis viel besser, als ich je gedacht hätte. Das erworbene Wissen gab mir die Macht und die Kontrolle über mein Leben, die mir so schmerzlich gefehlt hatten. Sie gefiel mir besser als meine Anwaltstätigkeit.

Mein Freund lebte jenseits des Ozeans und keiner von uns beiden hatte einen flexiblen Job. Nuno bot an, alles aufzugeben und nach Boulder zu ziehen, aber ich wollte nicht, dass er wegen einer auf eine Anwaltskanzlei ausgerichteten Zukunft, von der ich gar nicht mehr wusste, ob ich sie wollte, in ein fremdes Land zog.

Ich wollte eine echte Investorin werden und ich wollte mich auf meinen Podcast mit meinem Vater konzentrieren. Ich war noch nicht einmal annähernd bei meiner Zahl angelangt, aber mir wurde klar, dass ich mir dank unseres Podcasts und dank des Wohnungsmarkts meine finanzielle Freiheit verschaffen konnte, indem ich meinen Anwaltsjob aufgab und mich auf die Geldanlage konzentrierte – vorerst würde es mehr als reichen.

Was nützt das Leben, wenn man nicht so viel wie möglich davon erlebt? Ich hatte keine Kinder, niemand war von mir abhängig und ich hatte auch sonst keinen Grund, zu bleiben. Ich wusste zwar, dass ich es schmerzlich vermissen würde, in der Unternehmensgemeinschaft zu arbeiten. Aber ich wusste auch, dass ich in irgendeiner Form in diese Welt zurückkehren würde und dass ich dann wirkungsvoller würde helfen können denn als erschöpfte, kranke Anwältin. Ich liebte sie zu sehr, um mich davon fernzuhalten. Vor allen Dingen aber wurde ich wieder gesund. Ich war genug zur Ruhe gekommen und ich fühlte nicht mehr das tödliche Maß an Müdigkeit, die nicht verschwinden wollte. Mein Magen hatte sich bereits beruhigt und die Haare fielen mir nicht mehr büschelweise aus. Meine Medikamente hatte ich abgesetzt und ich war nicht mehr auf einen Beutel voll Nahrungsergänzungsmittel angewiesen, um den Tag durchzustehen.

Ich hatte begonnen, mich wieder wie ich selbst zu fühlen – robust, stark, konzentriert. So langsam hatte ich das Gefühl, dass ich vielleicht ein wenig dem Bild ähnelte, das ich von mir selbst als erfolgreiche Investorin hatte.

Ich fasste meinen Entschluss.

Der Wohnungsmarkt drehte völlig durch. Ich verkaufte meine Eigentumswohnung mit Gewinn, bezahlte meine Studiendarlehen ab und wagte den Sprung: Ich kündigte meinen Anwaltsjob. Halb versetzte mich dieser verrückte Schritt in Schrecken, aber vor allem war ich von dem großen Unbekannten in der Zukunft begeistert.

Ich lagerte meine sämtlichen Möbel ein und zog mit ein paar Koffern ins Haus meiner Mutter in Wyoming. Offiziell wohnte ich bei meiner Mutter, aber ich empfand es als Aufstieg. Das bedeutete für mich Freiheit: Es war mir egal, was die anderen dachten. Ich schlug einen Haken und empfand tiefen Frieden vor dem Sprung ins kalte Wasser.

Ich fühlte mich glücklich. Ich fühlte mich frei.

Ich flog für ein paar Wochen nach Zürich und dann reisten Nuno und ich nach Lissabon, um Weihnachten mit seiner Familie zu verbringen. Nunos Eltern sprachen nicht viel Englisch und ich überhaupt kein Portugiesisch, also tranken wir Wein und radebrechten uns mit einem Mischmasch durch die Feiertage. Es war großartig.

Und ich begann, in die Zukunft zu schauen. Ich machte eine Liste, was ich in Zukunft tun wollte, um meine Praxis fortsetzen zu können.

Wenn ich heutzutage das Gefühl habe, auszuflippen, wenn ich zittrig bin und Angst davor habe, an der Börse echtes Geld zu investieren, greife ich auf meine Checkliste zurück. Die kalten, harten Fakten, die darin stehen, und die Anforderungen, die ich erfüllen muss, geben mir Stabilität. Die Checklisten – das versteht sich eigentlich von selbst – sorgen dafür, dass ich nichts Wichtiges vergesse.

Checkliste für die laufende Praxis

- Wunschlisten-Status. Die Quartals- und Jahresberichte jedes Unternehmens auf der Wunschliste in einen Kalender eintragen. Dafür legte ich in meinem Kalender eine separate Kategorie an, damit ich sie ausblenden kann, wenn ich sie nicht kontrollieren will. Registrierung für die Investoren-Updates jedes Unternehmens auf seiner Website, Einrichtung von E-Mail-Benachrichtigungen für die SEC-Formulare jedes Unternehmens und eines Filters für jedes Unternehmen, damit mein E-Mail-Eingang nicht von all diesen Benachrichtigungen überläuft. Ebenso wie beim

Kalender konnte ich auf diese Weise problemlos nachsehen, wenn ich das wollte, aber ansonsten nicht davon belästigt werden.

- Einmal im Quartal noch einmal meine Story zu jedem Unternehmen und die jeweilige Umkehrung lesen, um mich daran zu erinnern, wo ich angefangen habe. Kleine Veränderungen übersieht man leicht. Meine drei Kaufpreise mit den aktualisierten Zahlen aus dem Quartalsbericht neu berechnen.
- Marktbreite Indikatoren beobachten. Nicht sehr regelmäßig, aber das Shiller-KGV und den Buffett-Indikator im Auge behalten.
- Weitere Bücher über die Welt des Value-Investings lesen. „Poor Charlie's Almanack", ein schweres Bildband-Kompendium mit Sprüchen von Onkel Charlie, mit Geschichten und mit seiner Biografie, ist ein großartiger Ausgangspunkt. Ein Investor, den ich kenne, verriet mir, dass er es stets griffbereit hat, um ab und zu auf der Suche nach Rat darin zu blättern, und dass er darin immer etwas Nützliches findet. Ich wollte auch mehr über andere Value-Investoren und die Ratschläge erfahren, die sie denjenigen unter uns geben, die noch lernen.
- Research. Ich beschloss, weiterhin Geld für das *Wall Street Journal* auszugeben. Ich verwendete es oft für meine Recherchen und las es wegen der Nachrichten. Es verschaffte mir eine großartige Perspektive auf den Markt. Anfang des nächsten Jahres würde ich überlegen, ob ich eine weitere teure Quelle wie *Barron's* oder die *Financial Times* in meine Lohnliste aufnehmen würde.

Da meine Familie an Weihnachten über den ganzen Globus verstreut war, trafen wir uns alle eine Woche später in San Diego und feierten erst am Neujahrstag. Das erste Jahr meiner Investmentpraxis war vorbei und das, was wir „Neujahrs-Weihnachten" nannten, war der richtige Zeitpunkt, um die vielen Veränderungen zu feiern, die in diesem Jahr stattgefunden hatten.

Dad und ich fanden während der Feierlichkeiten einen Moment Zeit, um in unserer eigenen Sprache miteinander zu sprechen.

Er schaute mich an. „Das war ganz schön erstaunlich."

Wir nickten beide. „Nun, ich schätze, wir werden nicht mehr so viel miteinander reden wie bisher. Du brauchst mich ja nicht mehr wirklich", sagte er halb im Scherz. „Du kannst das jetzt allein gut."

Was? „Spinnst du? Ich muss doch meine Arbeit mit dir überprüfen und dir Ideen klauen. Können wir nicht weiterhin in Sachen Geldanlage miteinander telefonieren?"

Er lächelte. „Ja, ich meine, wenn es das braucht, damit wir reden, dann absolut."

Dann verstand ich, worauf er hinauswollte. „Nein, Dad, natürlich können wir auch über andere Dinge reden. Wir können … einfach reden."

„Ich will die Beziehung, die wir aufgebaut haben, nicht verlieren."

„Das werden wir nicht", versprach ich ihm. „Es liegt nur an uns, dass wir weitermachen. Es ist schön, dieses Problem zu haben."

Ich war ja so dankbar für meine Probleme. Ich musste lernen, mir selbst zu vertrauen. Das Vertrauen in meinen Vater, das ich aufgebaut hatte, war nur ein Bonus.

Das Jahr der Investmentpraxis mag zu Ende gegangen sein, aber meine Praxis und mein neues Leben standen erst am Anfang.

DEZEMBER-ÜBUNG: Sie haben es geschafft: ein ganzes Jahr lang Investmentpraxis. Nehmen Sie sich ein paar Minuten Zeit, um über Ihre Praxis im vergangenen Jahr nachzudenken. Achten Sie darauf, wie sich Ihr Leben verändert hat. Haben sich Ihre Probleme geändert? Entwickeln Sie Ihren eigenen Plan, um in Zukunft die Verantwortung für Ihre Anlagepraxis zu übernehmen.

EPILOG

Im Juni 2017 bekam ich per E-Mail-Alert die Nachricht, dass Amazon Whole Foods für 42 Dollar pro Aktie übernehmen würde. Mein Handy blinkte vor lauter SMS von Freunden, die wussten, dass mir dieses Unternehmen sehr gut gefiel, und dann rief mein Vater an, um mir zu gratulieren. Es war wie Geburtstag.

Ich hatte es richtig gemacht! Viele Dinge hätten verhindern können, dass das Potenzial von Whole Foods vollständig ausgeschöpft wird, sodass sich mein Volltreffer mit einem großartigen Unternehmen, das eine großartige Mission hat, anfühlte, als hätte ich das Spiel gewonnen. Die ganzen Kopfschmerzen, die viele Zeit, die ich damit verbracht hatte, Geschäftsberichte zu lesen, das ganze Research, all die emotionalen Höhen und Tiefen, all die Zweifel – nun hatte sich die ganze Praxis gelohnt.

Es war an einem frühen Abend in Zürich. Nuno und ich hatten unsere Rendezvous quer über den Atlantik noch nicht sehr lange fortgesetzt, als wir beschlossen, zu heiraten. Ich wusste, dass es für andere so aussah, als hätte sich unsere Beziehung schnell entwickelt. In unserer eigenen kleinen Blase kamen wir uns aber langsam vor und nach Monaten, in denen wir erfolglos versucht hatten, eine baldige Hochzeit mit unseren Familien zu organisieren, die auf verschiedenen Kontinenten schwer beschäftigt waren, gaben wir es auf und heirateten heimlich. Wir wurden an einem regnerischen Tag in Boulder in dem maroden Büro eines Richters getraut, ohne irgendwelchen Stress, außer dass wir pünktlich erscheinen mussten. Wir wussten, dass wir später mit unseren Familien feiern würden, und für uns ist dieser Tag eine wertvolle Erinnerung ganz für uns allein.

Bald darauf zogen ich und ein Versandcontainer voller Kleider und Möbel nach Zürich um. Der Umzug als frisch Vermählte in ein anderes Land war zwar mit besonderen Anpassungsschwierigkeiten verbunden, aber ich genoss sie. Es war wirklich ein ganz neues Leben.

Als ich an jenem Abend in meinem großen Sessel saß, musste ich unbedingt von meinem Vater erfahren, was ich mit meinen Whole-Foods-Aktien machen sollte. Ich rief ihn an.

„Verkaufe Whole Foods", wies mich mein Vater an. „Jetzt."

Der Aktienkurs lag knapp über dem Übernahmepreis von 42 Dollar und mein Vater wollte, dass ich ihn mir sicherte, bevor er fiel. Irgendwann nach Ankündigung eines Deals taucht ein anderer Käufer auf und bietet einen höheren Preis. Und manchmal platzt der Deal auch einfach. Hier hielten wir das jedoch für höchst unwahrscheinlich, denn John Mackey wollte eindeutig, dass Amazon und niemand sonst sein Baby kauft.

Mein Vater hatte recht, aber es ging schrecklich schnell. Nur wenige Stunden waren vergangen, seit ich die Nachrichten gehört hatte, und jetzt musste ich dieses Unternehmen verkaufen, das ich liebte? Ich fühlte mich, als würde ich in mich zusammenfallen. Alles, was ich mit diesem Unternehmen durchgemacht hatte, spitzte sich zu und jetzt würde ich kurzerhand verkaufen, so als würde ich *irgendein* Unternehmen loswerden? Als ob es mir überhaupt nichts bedeutet hätte?

Trotz unseres Wunsches, „nie zu verkaufen", war der Verkauf ein unvermeidlicher Teil dieser Praxis.

Ich atmete tief durch und beschloss, zu tun, was ich tun musste. Es machte mir keine Freude.

Ich gab die Verkaufsorder ein und riet, welche Kästchen ich ankreuzen musste – ich wusste nicht mehr, wie man eine Aktie verkauft. Ich platzierte den Cursor auf der „Verkaufen"-Schaltfläche. Dann verschob ich ihn wieder an einen sicheren Ort, an dem ein versehentlicher Klick meine Beziehung zu einem Unternehmen, das ich liebte, nicht beenden würde. Ich bewegte den Cursor zurück und dann wieder weg. Es war schwer, auf „Verkaufen" zu klicken. Diese Aktien waren *meine* Aktien. Sie waren mein Sprungbrett in die Geldanlage. Sie waren das, was ich geübt hatte. Wenn ich sie verkaufte, würde ich dann die Verbindung zu meinem ersten Jahr der Investmentpraxis verlieren? Wäre es dann so, als wäre es nie passiert?

Nein. Ich ermahnte mich selbst, dass mir niemand mein Wissen oder meine Praxis wegnehmen kann. Dieser Verkauf gehörte einfach zu dieser Praxis. Ich musste das Verkaufen genauso üben wie alles andere.

Sobald ich mich entschieden hatte, wollte der gierige Teil von mir abwarten, ob der Preis noch um ein paar Cent steigen würde. *Das ist Spekulation*, hörte ich die Stimme meines Vaters in meinem Kopf sagen. *Wir handeln nicht auf spekulative Gedanken hin. Wir handeln auf Gewissheiten hin.* Im Moment hatte ich einen gewissen Gewinn. Ich klickte auf „Verkaufen".

Auf dem Bildschirm stand: „Sie haben die Zeitbeschränkung für die Order überschritten." War das ein Zeichen? *Mist. Soll ich die Aktien doch behalten? Aber nein, verkaufe das Zeug einfach.*

Ich füllte das Formular noch einmal aus und klickte auf „Verkaufen". Ich sah „Order ausgeführt". Ich konnte nichts anderes mehr anschauen. Es war erledigt.

Nuno kam nach Hause, während ich meine Trennungsgefühle darin vergrub, dass ich (ironischerweise) Amazon Prime TV schaute und dabei Yoga machte. Ich berichtete ihm vom Drama meiner emotionalen Achterbahnfahrt wegen des Verkaufs von ein paar Aktien. „Weil du dich in das Unternehmen verliebt hast." Er lächelte und er hatte recht. Ich wusste, dass es ein Sieg war, aber es fühlte sich wie eine Niederlage an. Ich hatte meine erste Liebe verloren und ich war mir nicht sicher, ob ich jemals eine andere finden würde.

Ich ließ mich etwa eine Woche lang traurig hängen, weil ich Whole Foods verloren hatte, erst dann verspürte ich den Wunsch, genau zu berechnen, was ich gemacht hatte. Nachdem ich die Dividenden, die ich von dem Unternehmen bekommen hatte, hinzugerechnet hatte, um meine Basis zu berechnen, verglich ich diese mit meinem Verkaufspreis. *Moment mal.* Die Rendite meiner Investition betrug 41 Prozent … 41 Prozent!

41 Prozent!

Das war ein nettes kleines Abschiedsgeschenk. Ich konnte an nichts anderes mehr denken als daran, dass ich ins Schwarze getroffen hatte: 41 Prozent waren ein gutes Stück mehr als die 26 Prozent, die mein Vater als optimale Rendite festgelegt hatte, und ich lächelte bis zu den Zehen in mich hinein. Es war ein guter Anfang. Zeit, mich wieder auf die Suche nach Unternehmen zu machen und nach meinem nächsten Lieblingsunternehmen Ausschau zu halten. Ich hatte mich wirklich in diese Praxis verliebt. Ich wollte weitermachen.

NACHWORT VON PHIL TOWN

Während Danielle und ich an diesem Buch arbeiteten, schaute ich mir den Livestream der Jahreshauptversammlung von Warren Buffett in Omaha an. Er und Charlie Munger beantworteten Fragen aus dem Publikum und eine Frage lautete, was ihrer Ansicht nach ihr Vermächtnis sein sollte. Buffett antwortete, er möchte, dass man an ihn als guten Lehrer denkt.

Warren Buffett ist natürlich einer der reichsten Männer der Welt, ein Selfmademan, der seine Investmentkarriere mit 100 Dollar begann, und ein Mann, der mehr Geld für wohltätige Zwecke gespendet hat als jeder andere auf der Welt – und doch eröffnete er uns nun, dass ihm keiner dieser Erfolge so wichtig ist wie die Tatsache, dass er uns lehrt, wie man richtig investiert und ein besserer Mensch wird.

Ich finde, er hat sein Vermächtnis gut gewählt.

Meiner Meinung nach gehören er und Charlie zu den einflussreichsten Lehrern der letzten hundert Jahre und, gemessen an den finanziellen Auswirkungen ihres Unterrichts, vielleicht zu den wichtigsten Lehrern der Neuzeit. Ihre langfristigen und konstant erfolgreichen Anlageergebnisse waren eine der bedeutendsten Anomalien, was das Paradigma der Effizienzmarkthypothese angeht, und ein Ansporn für die Bemühungen der heutigen Generation von Ökonomen, die EMH vom Thron zu stoßen. Sie sind nicht nur für die Schaffung von Reichtum verantwortlich, sondern auch – und das ist noch wichtiger – von Wissen darüber, wie man Reichtum schafft, der über Generationen von Familien weitergegeben werden kann. Bei diesem Wissen über die Geldanlage zur Schaffung von „Generationenvermögen", das ich versucht habe, Danielle beizubringen, geht es nicht nur um rein finanziellen Wohlstand, sondern dafür ist es auch erforderlich, dass die eigenen Werte die Vermögensverwaltung anleiten. Und das Coolste für mich ist, dass die tiefe Verbindung zwischen Werten und Vermögensverwaltung diese Strategie des Vermögensaufbaus für Danielle bedeutsam machte.

Das war für mich eine große Sache; ich habe ihr ganzes Leben lang versucht, sie für die Geldanlage zu begeistern. Als sie ein Baby war, bekam sie manchmal mitten in der Nacht Bauchschmerzen. Im Dunkeln ging ich mit ihr umher und sang ihr „Ragtime Cowboy Joe" vor. Mein Vater hatte mir erzählt, dass dieses Lied die magische Kraft besitze, Babys in den Schlaf zu wiegen. Bei mir hatte es anscheinend funktioniert. Ich muss sagen, ich war skeptisch, aber jedes Mal, wenn ich es ihr vorsang, beruhigte sie sich, und manchmal, wenn sie wieder ruhig war und sich in meinen Armen wohlfühlte, ging ich mit ihr herum und erzählte ihr von den Unternehmen, in die ich investierte. Sie schlief sofort ein.

Sie und ich standen uns von Anfang an nahe, aber in ihren jungen Jahren trennte ich mich von meiner Frau. Danielle spürte, dass ich sie auch verließ, und das zerstörte das Vertrauen, das sie in mich hatte. Ich hatte nie herausgefunden, wie ich es mir wieder verdienen konnte. Dieses Buch und der Podcast, den wir zusammen machen, gaben mir eine weitere Chance, für sie da zu sein, eine Gelegenheit, die ich nie erwartet hatte. Ihre Entscheidung, Warren und Charlie zu vertrauen, war auch eine Entscheidung, mir zu vertrauen. Ich hoffe, ich habe das Beste daraus gemacht.

Die Möglichkeit, eine Reihe von Ideen an die nächste Generation weiterzugeben, die das Potenzial haben, „Generationenvermögen" zu schaffen, verändert die Spielregeln. Mohnish Pabrai schreibt in seinem tollen Buch „Der Dhando-Investor" über die Familie Patel als Beispiel für eine Familie mit Generationenvermögen, das wertvoller ist als ihr tatsächliches Vermögen, denn egal was passiert, das Wissen, wie man Reichtum schafft, kann einem nicht mehr genommen werden. Diese Familie wusste, wie man Hotels besitzt und betreibt, und als sie in den 1960er-Jahren mit nur wenigen Tausend Dollar und diesem Wissen in die Vereinigten Staaten emigrierte, kaufte sie ein heruntergekommenes Motel und begann von vorne. Heute, nur 50 Jahre später, besitzt die Großfamilie Patel 40 Prozent der Hotels und Motels in Amerika. So sieht die Kraft einer generationenübergreifenden Vermögensstrategie aus.

So viel weiß ich: Ich habe mein Bestes gegeben, um Danielle gut zu unterrichten, damit sie ihre eigenen Mittel und Wege besitzt, das Leben zu führen, das sie führen will. Ich denke, sie hat sich die Strategie des Regel-Nummer-1-Investings wirklich angeeignet, vielleicht in gewisser Weise besser als ich. Als ich sie erlernte, schien alles so zu sein, wie Charlie sagte: „Es ist alles so einfach und offensichtlich; was hätten sie während des restlichen Semesters noch zu tun?" Aber Danielle musste tief graben, um es zu erlernen, und ich glaube, dass ihre Bemühungen, es zu verstehen, einen tiefen Quell des Lernens für uns alle geschaffen haben. Für mich gilt das auf jeden Fall. Es gibt ein altes Sprichwort: Wenn du etwas beherrschen willst, lehre es. Ich würde noch hinzufügen: Wenn du etwas wirklich, wirklich, *wirklich* beherrschen willst, versuche, es deinem wirklich klugen Kind beizubringen.

Was Warren und Charlie getan haben, ist revolutionär. Sie haben eine Strategie entwickelt, die, wenn sie sorgfältig umgesetzt wird, jeden reich machen kann. So wie es das Generationenvermögen der Familie Patel den Familienmitgliedern, die es nutzen, ermöglicht, im Gastgewerbe reich zu werden, kann die Investmentstrategie der Regel-Nummer-1-Anlagestrategie es Ihren Familienangehörigen ermöglichen, durch Aktieninvestitionen reich zu werden. Diejenigen von uns, die diese Strategie befolgen, sind den Großvätern Warren und Charlie dankbar, die uns diese Weisheit geschenkt haben. Und ich stehe ihnen gegenüber in einer

Schuld, die ich niemals begleichen kann, denn sie haben mir meine Tochter zurückgegeben.

Danielle, ich habe dich lieb.

– Phil Town

RESSOURCEN FÜR IHRE ANLAGEPRAXIS

Sie machen das nicht allein. Sie gehören einer Familie erfolgreicher Anleger an, die bis 1934 zurückreicht, als Warren Buffetts Mentor Ben Graham buchstäblich das Buch über diese Anlagestrategie schrieb. In diesen gut 80 Jahren war diese Strategie für die Schaffung von unglaublichem Reichtum verantwortlich, darunter das Vermögen vieler der reichsten Menschen der Welt. Daher stehen viele Ressourcen zur Verfügung, die Ihnen bei der Aufnahme und Fortführung Ihrer eigenen Investmentpraxis helfen können.

Fangen Sie mit meiner Website an, danielletown.com. Dort biete ich einen personalisierten Plan und Unterstützung für Ihre eigene Investmentpraxis, viele zusätzliche Rechenhilfen, Ressourcen für Ihren Anlage-Intensivkurs, Beratung zum Kauf von Übungsaktien, Ideen für den Aufbau Ihres Investmentbüros, Hilfe bei der Gründung einer Anlegergruppe, Literaturlisten und noch vieles mehr. Diese Website wird auf das reagieren, was Sie (und ich!) brauchen, während wir unsere Investmentpraxis durchlaufen.

Ein konkreter Plan hilft, sich an eine Praxis zu halten. Ich fand es hilfreich, dass ich alle monatlichen Übungen an einem Ort beisammen hatte, damit ich mir einen besseren Eindruck davon verschaffen konnte, was ich vorhatte. Wenn Sie eine eigene Übersicht über alle monatlichen Übungen haben möchten, schicken Sie mir eine E-Mail an danielle@danielle town.com oder fordern Sie sie über danielletown .com/financial freedom an.

Wenn Sie meinen kostenlosen monatlichen Newsletter bekommen möchten, der Erkenntnisse aus meiner eigenen Investmentpraxis, Informationen über Unternehmen, die ich interessant finde, und die neuesten Ressourcen enthält, die wir entwickelt haben, melden Sie sich unter danielletown.com an.

Um herauszufinden, welche Unternehmen ich in Echtzeit beobachte und was ich vorhabe, folgen Sie mir:

Facebook: Danielle Town
Twitter: @danielle_town
LinkedIn: Danielle Town
Instagram: danielletown

Ich würde mich auch sehr gerne mit Ihnen in Verbindung setzen – hinterlassen Sie mir einen Kommentar oder eine Bemerkung, damit ich weiß, dass Sie das Buch gelesen haben und Ihre eigene Investmentpraxis beginnen.

Die Website meines Vaters, ruleoneinvesting.com/book, stellt Ihnen ebenfalls viele Ressourcen über Investments und Finanzen bereit. Hier können Sie Informationen erhalten, die schwer zu bekommen sind, zum Beispiel wer seine Lieblings-Investmentgurus sind und was sie gerade kaufen, sowie nützliche Rechner und Grundlagen der Buchhaltung. Wenn Sie eine Abkürzung zu den Zahlen und Jahresabschlüssen wünschen, steht Ihnen die Toolbox auf ruleoneinvesting.com/book zur Verfügung. Diese Toolbox führt für Sie die Suche nach Unternehmen durch, fasst alle SEC-Anmeldungen an einem Ort zusammen, berechnet die Wachstumsraten, die Graben- und Managementzahlen sowie die Preise und Bewertungen. Sie markiert sogar die Ergebnisse farblich, sodass Sie leicht erkennen können, welche nach oben tendieren. Mein Vater hält auch regelmäßig einen Live-Workshop, zu dem Sie sich unter ruleoneinvesting.com/book anmelden können – und manchmal tauche auch ich dort auf.

Unser Podcast, „InvestED: The Rule #1 Podcast“, ist in allen Podcast-Apps, unter anderem iTunes, Google Play und SoundCloud, sowie unter investedpodcast.com verfügbar. Mein Vater hat mir diese Anlagepraxis auf dem Podcast beigebracht und wenn Sie ihm zuhören, erhalten Sie die gleiche Schulung wie ich. Auch wird es Sie ein bisschen unterhalten, wenn Sie mir dabei zuhören, wie ich meinen Vater löchere, jede einzelne meiner Fragen zu beantworten, wie ich ihn gelegentlich davon überzeuge, seine Meinung zu ändern, und wie wir uns oft gegenseitig auf die Palme bringen. Wir haben von mehr als einer Person gehört, die sich alle Folgen von der ersten bis zur letzten angehört hat, und dann ein zweites Mal von vorne anfing, um sicherzustellen, dass sie jeden Punkt verstanden hat. Sie können uns Ihre Fragen und Kommentare zum Podcast per E-Mail an questions@investedpodcast.com senden.

Ich freue mich darauf, von Ihnen etwas über Ihre außergewöhnliche Praxis zum Erlangen der finanziellen Freiheit und darüber zu hören, wie Sie sie sich zu eigen gemacht haben.

Herzlichst, Danielle

ANHANG

Die Story des Mietshauses in Zahlen

FINANZABSCHLUSS	
Keine Ergebnisrechnung und keine Bilanz	
Kapitalflussrechnung	
Nettoergebnis	28.000 $
Operativer Cashflow	28.000 $
Investitionsaufwendungen für Instandhaltung	4.000 $
Investitionsaufwendungen für Wachstum	0 $
Windkorrigierte Wachstumsrate	3 %
OWNER EARNINGS	
Owner Earnings (Nettoergebnis zuzüglich Abschreibungen materieller und immaterieller Vermögensgegenstände zuzüglich Nettoveränderung: Forderungen aus Lieferungen und Leistungen zuzüglich Nettoveränderung: Abrechnungsverbindlichkeiten zuzüglich Ertragsteuer zuzüglich Investitionsaufwendungen für Instandhaltung)	24.000 $
FREE CASH FLOW	
Free Cash Flow (Netto-Cashflow aus operativer Geschäftstätigkeit zuzüglich Kauf von Sachanlagen zuzüglich (jegliche sonstigen Investitionsaufwendungen für Instandhaltung und Wachstum))	24.000 $

Die Story des Limonadenstands in Zahlen

FINANZABSCHLUSS	
Ergebnisrechnung	
Erlös/Umsatz	10.000 $
Aufwendungen	8.000 $
Ertragsteuer	500 $
Nettoergebnis (Erlös minus Aufwendungen)	2.000 $
Bilanz	
Vermögen	6.000 $
Verbindlichkeiten	1.000 $
Eigenkapital (Vermögen minus Verbindichkeiten)	5.000 $
Kapitalflussrechnung	
Nettoergebnis (Übertrag aus der Ergebnisrechnung)	2.000 $
Abschreibungen materieller und immaterieller Vermögensgegenstände (Übertrag aus der Ergebnisrechnung)	1.000 $
Nettoveränderung: Forderungen aus Lieferungen und Leistungen	(300 $)
Nettoveränderung: Abrechnungsverbindlichkeiten	100 $
Netto-Cashflow (aus operativer Geschäftstätigkeit)	2.800 $
Investitionsaufwendungen für Instandhaltung (in Abschlüssen nicht angegeben; die Kapitalflussrechnung auf instandhaltungsbezogene Investitionsaufwendungen hin durchsehen und dann zusammenzählen)	(500 $)
Investitionsaufwendungen für Wachstum (in Abschlüssen nicht angegeben; die Kapitalflussrechnung auf Investitionsaufwendungen hin durchsehen und dann zusammenzählen)	(800 $)
Owner Earnings (Nettoergebnis zuzüglich Abschreibungen materieller und immaterieller Vermögensgegenstände zuzüglich Nettoveränderung: Forderungen aus Lieferungen und Leistungen zuzüglich Nettoveränderung: Abrechnungsverbindlichkeiten zuzüglich Ertragsteuer zuzüglich Investitionsaufwendungen für Instandhaltung)	2.800 $
Free Cash Flow (Netto-Cashflow aus operativer Geschäftstätigkeit zuzüglich Kauf von Sachanlagen zuzüglich (jegliche sonstigen Investitionsaufwendungen für Instandhaltung und Wachstum)) (normalerweise nicht in Finanzabschlüssen angegeben, aber der Limonadenstand ist sein sehr gründliches Unternehmen)	1.500 $
DER BURGGRABEN: DIE VIER GROSSEN WACHSTUMSRATEN	
Ergebniswachstum in den letzten 10 Jahren	18%

Wachstum des Buchwerts/Eigenkapitals in den letzten 10 Jahren	16%
Umsatzwachstum in den letzten 10 Jahren	17%
Wachstum des operativen Cashflows in den letzten 10 Jahren	18%
Windkorrigierte Wachstumsrate	16%
MANAGEMENT-ZAHLEN (ANGESTREBT 10% ODER HÖHER)	
Eigenkapitalrendite (ROE)	40%
Gesamtkapitalrendite (ROIC)	33%
Langfristige Schulden	1.000 $
Lassen sich die Schulden innerhalb weniger als 2 Jahren aus dem Free Cash Flow bezahlen?	ja
OWNER EARNINGS	
Owner Earnings (Nettoergebnis zuzüglich Abschreibungen materieller und immaterieller Vermögensgegenstände zuzüglich Nettoveränderung: Forderungen aus Lieferungen und Leistungen zuzüglich Nettoveränderung: Abrechnungsverbindlichkeiten zuzüglich Ertragsteuer zuzüglich Investitionsaufwendungen für Instandhaltung)	2.800 $
FREE CASH FLOW	
Free Cash Flow (Netto-Cashflow aus operativer Geschäftstätigkeit zuzüglich Kauf von Sachanlagen zuzüglich (jegliche sonstigen Investitionsaufwendungen für Instandhaltung und Wachstum)	1.500 $
SICHERHEITSMARGEN-ZAHLEN	
Gewinn pro Aktie (EPS = Earnings Per Share)	20 $
Windkorrigierte Wachstumsrate	16%
Windkorrigiertes Kurs-Umsatz-Verhältnis (KGV)	22
Geringste annehmbare prozentuale Rendite	15%

Die Story von Whole Foods in Zahlen (2015)

FINANZABSCHLUSS	
Ergebnisrechnung	
Erlös/Umsatz (Whole Foods zählt auch Kapitalerträge dazu)	15.406.000.000 $
Aufwendungen	14.870.000.000 $
Ertragsteuer	342.000,000 $
Nettoergebnis (Erlös minus Aufwendungen)	536.000.000 $
Bilanz	
Vermögen	5.741.000 $
Verbindlichkeiten	1.972.000.000 $
Netto-Eigenkapital (Vermögen minus Verbindichkeiten) *(in den Finanzabschlüssen angegeben)*	3.769.000.000 $
Kapitalflussrechnung	
Nettoergebnis	536.000.000 $
Abschreibungen materieller und immaterieller Vermögensgegenstände	439.000.000 $
Nettoveränderung: Forderungen aus Lieferungen und Leistungen	(21.000.000 $)
Nettoveränderung: Abrechnungsverbindlichkeiten	20.000.000 $
Netto-Cashflow aus operativer Geschäftstätigkeit	1.129.000.000 $
Investitionsaufwendungen für Instandhaltung	(335.000.000 $)
Investitionsaufwendungen für Wachstum (Entwicklungskosten für neue Standorte)	(516.000.000 $)
Summe Investitionsaufwendungen	851.000.000 $
Owner Earnings (Nettoergebnis zuzüglich Abschreibungen materieller und immaterieller Vermögensgegenstände zuzüglich Nettoveränderung: Forderungen aus Lieferungen und Leistungen zuzüglich Nettoveränderung: Abrechnungsverbindlichkeiten zuzüglich Ertragsteuer zuzüglich Investitionsaufwendungen für Instandhaltung) *(ebenso wie der Limonadenstand ist Whole Foods ein sehr gründliches Unternehmen und gibt auf Seite 22 seines 10-K für 2015 die Cashflow-Zahlen an)*	981.000.000 $
Free Cash Flow (Netto-Cashflow aus operativer Geschäftstätigkeit abzüglich der Summe der Investitionsaufwendungen) (S. 22 im 10-K 2015)	278.000.000 $
DER BURGGRABEN: DIE VIER GROSSEN WACHSTUMSRATEN	
Ergebniswachstum in den letzten 10 Jahren	20 %

Wachstum des Buchwerts/Eigenkapitals in den letzten 10 Jahren	10%
Umsatzwachstum in den letzten 10 Jahren	10%
Wachstum des operativen Cashflows in den letzten 10 Jahren	5%
Windkorrigierte Wachstumsrate	14%
MANAGEMENT-ZAHLEN (ANGESTREBT 10% ODER HÖHER)	
Eigenkapitalrendite (ROE)	15%
Gesamtkapitalrendite (ROIC)	16%
Langfristige Schulden	62.000.000 $
Lassen sich die Schulden innerhalb weniger als 2 Jahren aus dem Free Cash Flow bezahlen?	ja
OWNER EARNINGS	
Owner Earnings (Nettoergebnis zuzüglich Abschreibungen materieller und immaterieller Vermögensgegenstände zuzüglich Nettoveränderung: Forderungen aus Lieferungen und Leistungen zuzüglich Nettoveränderung: Abrechnungsverbindlichkeiten zuzüglich Ertragsteuer zuzüglich Investitionsaufwendungen für Instandhaltung)	981.000.000 $
FREE CASH FLOW	
Free Cash Flow (Netto-Cashflow aus operativer Geschäftstätigkeit zuzüglich Kauf von Sachanlagen zuzüglich (jegliche sonstigen Investitionsaufwendungen für Instandhaltung und Wachstum)	278.000.000 $
SICHERHEITSMARGEN-ZAHLEN	
Gewinn pro Aktie (EPS = Earnings Per Share)	1,48 $
Windkorrigierte Wachstumsrate	14%
Windkorrigiertes Kurs-Umsatz-Verhältnis (KGV)	28
Geringste annehmbare prozentuale Rendite	15%

Superinvestoren mit überprüften Erfolgsbilanzen

Anleger	Beziehung zu Graham oder Buffett	Jahre der Geld-anlage	Ren-dite	Quelle
Benjamin Graham	Vater des Value-Investings und Mentor von Warren Buffett	25	17 %	Investopedia
Walter Schloss	Arbeitete für Graham	28	21 %	Vorlesung von Buffett an der Columbia University
Tom Knapp	Student von Graham	15	20 %	Vorlesung von Buffett an der Columbia University
Warren Buffett	Arbeitete für Graham	13	29 %	Vorlesung von Buffett an der Columbia University
Bill Ruane	Student von Graham	13	18 %	Vorlesung von Buffett an der Columbia University
Charles Munger	Partner von Buffett	13	20 %	Vorlesung von Buffett an der Columbia University
Rick Guerin	Freund von Munger	19	33 %	Vorlesung von Buffett an der Columbia University
Stan Perlmeter	Freund von Buffett	17	23 %	Vorlesung von Buffett an der Columbia University
Fondsmanager Nr. 1 der *Washington Post*	Student von Buffett	5	27 %	Vorlesung von Buffett an der Columbia University
Fondsmanager Nr. 2 der *Washington Post*	Student von Buffett	5	29 %	Vorlesung von Buffett an der Columbia University
Fondsmanager Nr. 3 der *Washington Post*	Student von Buffett	5	27 %	Vorlesung von Buffett an der Columbia University
Fondsmanager Nr. 4 der *Washington Post*	Student von Buffett	5	27 %	Vorlesung von Buffett an der Columbia University
Berkshire Hathaway	Unter Buffett und Munger	52	21 %	Stock CAGR 14 to 275 k
Julian Robertson	Graham und Buffett	20	32 %	Investopedia
David Einhorn	Buffett	20	17 %	Investopedia
Stanley Druckenmiller	Graham und Buffett	20	20 %	Investopedia
Edward Thorp	Buffett	20	28 %	*Buch „Die Formel des Glücks"*
Seth Klarman	Buffett (verwaltetes Vermögen 25 Milliarden Dollar)	20	21 %	https/www.valuewalk.com/2017/09/seth-klarman-cash-return-time-sell/

Die Payback Time von Whole Foods

Jahr	Free Cash Flow	Wachstumsrate	Für das nächste Jahr erwartetes Wachstum des Free Cash Flow	Kumulierter Free Cash Flow während meiner Anlagedauer	Payback-Time-Kaufpreis (PBT)
0	278.000.000 $	14%	38.920.000 $		
1	316.920.000 $	14%	44.368.800 $	316.920.000 $	Mein 1-Jahres-PBT
2	361.288.800 $	14%	50.580.432 $	678.208.800 $	Mein 2-Jahres-PBT
3	411.869.232 $	14%	57.661.692 $	1.090.078.032 $	Mein 3-Jahres-PBT
4	469.530.924 $	14%	65.734.329 $	1.559.608.956 $	Mein 4-Jahres-PBT
5	535.265.254 $	14%	74.937.136 $	2.094.874.210 $	Mein 5-Jahres-PBT
6	610.202.389 $	14%	85.428.335 $	2.705.076.600 $	Mein 6-Jahres-PBT
7	695.630.724 $	14%	97.388.301 $	3.400.707.324 $	Mein 7-Jahres-PBT
8	793.019.025 $	14%	111.022.664 $	4.193.726.349 $	Mein 8-Jahres-PBT

DANKSAGUNGEN

Ohne die Fragen und Antworten unserer engagierten Podcast-Hörer wären wir nie auf die Idee gekommen, über diese Investmentpraxis zu schreiben. Wir sind jedem von Ihnen stets dankbar, dass Sie mit uns zusammenarbeiten und Ihre eigene Anlagepraxis mit uns teilen. Ebenso gäbe es dieses Buch nicht ohne die Tradition der Meisteranleger, von denen wir die Weisheit des Value-Investments beziehen. Benjamin Graham, Warren Buffett und Charlie Munger sind in dieser Tradition führend und wir danken ihnen für die Entwicklung dieser Praxis sowie dafür, dass sie über das, was sie tun, sprechen und schreiben, damit wir versuchen können, ihre Arbeit nachzuahmen.

Dank an unsere außergewöhnlichen Literaturagenten Christy Fletcher und Sylvie Greenberg, die uns mit geschickten und freundlichen Händen durch jeden Schritt dieses Prozesses und zu dem wunderbaren Team von William Morrow/HarperCollins geführt haben. Dort hatten wir das Glück, mit unserem Lektor Matt Harper und der Redakteurin Alieza Schvimer zusammenzuarbeiten, deren harte Arbeit und kenntnisreicher Rat dieses Buch verbessert und es in die tief empfundene Geschichte verwandelt haben, die daraus geworden ist; an unsere Akquise-Lektorin Amy Bendell, deren frühzeitige Begeisterung entscheidend war; und an das gesamte Team unter der Leitung der unerschütterlichen Lisa Sharkey, unter anderem Tavia Kowalchuk, Shelby Meizlik, Lauren Janiec und Amelia Wood.

Wir sind unseren Freunden und Familienangehörigen, die Entwürfe des Buches gelesen haben, für ihre Zeit und ihre tiefgründigen Kommentare dankbar: Kamala Nair, David Kienzler, Jessi Trujillo, Brian Hubbard, Katie Caves Gahr, Sarah Barthelow, Samantha Carney, Chris Collins, Chris Hazlitt, Alaina Town Bennett, Adam Bennett und Nuno das Neves Cordeiro; unseren Familienangehörigen und Freunden, die im Laufe des Projekts zuhörten und Ratschläge gaben, insbesondere Steve Town, Jeff Town, Lianne Childress, Alexis Lawrence, Ilana Miller, Devin Licata, Lauren Ivison, Megan Rushall, Afra Moenter und Astrid Utrata; auch Danielles ehemaligen Kollegen für ihre Unterstützung bei der Arbeit und als sie aus Boulder wegzog, insbesondere Chris Hazlitt, Mark Weakley, Laurel Durham, Jason Haislmaier, Adam Sher, Sean Odendahl, Jason Werner, Lorraine Torres, Joan Sherman, John Gaddis, Carlos Cruz-Abrams, David Kendall, Jennifer Rosenthal, Matt McKinney, Kyle White und Brad Bernthal.

Guy Spier stellte uns großzügig etwas Platz in seiner Bibliothek unter einem gerahmten Foto von Charlie Munger zur Verfügung, wann immer es nötig war, und wir sind sehr dankbar für seine und Lory Spiers Ermutigung während des Schreibprozesses. Vielen Dank an Katharine Sephton für die Unterstützung durch ein ständiges Lächeln.

Unser tiefster Dank gilt unserer Familie dafür, dass sie uns während des gelegentlich mühsamen und oft emotionalen Schreib- und Bearbeitungsprozesses ertrug und uns die ganze Zeit über ermutigte: Melissa, Nuno, Mary, Alaina, Adam, Daniel und Hunter. Dieses Buch ist für euch.